STEFANIE VON VIERECK

Hinter
weißen Fassaden

Alwin Münchmeyer –
Ein Bankier betrachtet sein Leben

ROWOHLT

1. Auflage März 1988
Copyright © 1988 by Rowohlt Verlag GmbH
Reinbek bei Hamburg
Alle Rechte vorbehalten
Redaktion Ingke Brodersen
Umschlaggestaltung Walter Landmann
Satz Bembo (Linotron 202)
Gesamtherstellung Clausen & Bosse, Leck
Printed in Germany
ISBN 3 498 04313 7

Inhalt

Tochterphantasien in einer
Vaterwelt

Memoiren sind meistens subjektive Wahrnehmungen der Welt und Erinnerungen aus dem eigenen Leben. Ein Mensch erzählt Begebenheiten und Beobachtungen. Er erschöpft sich in blumigen Anekdoten – oder gewährt Einblick in seine Seele. Er allein muß sich in seinem Leben zurechtfinden; und er allein entscheidet auch darüber, was er für berichtenswert hält und welche Geheimnisse er preisgeben will. So vermittelt er dem Leser eine ureigene Vorstellung von seiner Wirklichkeit.

In dieser Geschichte ist es anders. Es gibt ein Leben und zwei Menschen, die versuchen, sich einer Wirklichkeit dieses Lebens zu nähern. Der eine ist der Vater. Er hat das Leben gelebt, und er betrachtet es wohlgefällig. Er käme nie auf den Gedanken, jene umfassende Sinnfrage zu stellen, die ein Leben bis zur Nichtigkeit schrumpfen läßt. Er stellt überhaupt keine Fragen. Sein Leben ist klar, der Weg gerade, und jedes Stück Weg führt zu einem Ziel, das sich eindeutig benennen läßt.

Der andere Mensch ist die Tochter. Anfangs weiß sie fast nichts von diesem Leben. Sie hat nur einen winzigen Ausschnitt gesehen, ausgefüllt von jenem Mann, den sie seit 32 Jahren ihren Vater nennt. Über den winzigen Ausschnitt hinaus gibt es Träume, Sehnsüchte und Hoffnungen. Das

Vaterbild ist größer als das kleine Stück Wirklichkeit, das sie bisher von diesem Mann kennt. Die Tochter stellt Fragen.

Doch wie weit kann sich gerade die Tochter der ganzen Wirklichkeit des Vaters nähern? Wird sie nicht immer versucht sein, eben soviel Raum im Dunkeln zu lassen, wie ihre Tochterphantasien brauchen, um sich nicht im Tageslicht zu verflüchtigen? Wird sie nicht versucht sein, den Vater immer neu zu erfinden, um ihre Kindervision zu retten? Und selbst wenn sie bereit ist, die Schmerzen zu ertragen, die die tausend Splitter eines zertrümmerten Vaterbildes verursachen – wird dann nicht der Vater versuchen, eine solche Zertrümmerung zu verhindern? Wird er nicht alles daransetzen, sich in manchen Bereichen vor seiner Tochter zu verbergen? Weiß er nicht intuitiv um jenes Bild von sich, das ein schönes ist, und weiß er nicht, daß Antworten den Zauber zerstören?

Er ahnt es höchstens. Seine subjektive Wirklichkeit ist für ihn über jeden Zweifel erhaben. Er lebt in einer Welt aus Selbstverständlichkeiten. In einer solchen Welt sind die Richtwerte gegeben, und das Wissen ist geerbt. Es gibt keine Notwendigkeit, zu beobachten, zu erkennen und für sich zu ordnen. Alle Dinge stehen auf einem festen Grund, den Fragen nicht erschüttern können. So ist der Vater sich zumindest keiner Befangenheit bewußt. In dem Frage-Antwort-Spiel, das nun beginnt, gibt er Auskunft, ohne sich vorher eine Taktik zu überlegen.

Anders die Tochter. Sie ist nicht nur befangen, weil ihre Kindervision neue Konturen gewinnt. Sie kann auch die unbewußte Überzeugung des Vaters von der Unerschütterlichkeit seiner Welt nicht teilen. Und deshalb bewegt sie sich vorsichtig in seinem Leben, tastend beinahe, um zunächst einmal die tragenden Säulen zu entdecken, denen sie nicht zu nahe kommen darf. Denn immerhin ist es sein Leben, und sie kann es nicht beliebig auseinandernehmen und wieder zusammensetzen – zumindest dann nicht, wenn er ihr dabei zusieht.

Die Wirklichkeit, die in diesem Buch entsteht, ist das Ergebnis eines Dialogs. Sie entspricht weder der subjektiven

Wahrnehmung der Tochter noch der des Vaters. Deshalb ist sie natürlich noch lange keine objektive Betrachtung, die gibt es nicht als Lebensgeschichte. Sie ist nur eine von vielen möglichen Wirklichkeiten, eine Erfindung in gewisser Weise, denn ein Stück weit bleibt jede Wirklichkeit eine Erfindung. Und dann ist die Tochter im Vorteil gegenüber jeder dritten Person. Schließlich ist auch sie in jener Welt aus Selbstverständlichkeiten groß geworden. Und besser als jeder andere kann sie die Vergangenheit nachempfinden, kann aus den kargen Berichten des Vaters und einigen wenigen Anhaltspunkten aus Fotoalben, Lebensbüchern und den Werken der Historiker die Wirklichkeit erschaffen, wie sie in der Jugend des Vaters ausgesehen haben muß.

Je weiter die Erzählung sich von der subjektiven Wirklichkeit des Vaters entfernt, desto schärfer wird die Großaufnahme. Die Strukturen jener Welt, die Wert- und Denksysteme, die über Generationen entwickelt worden sind, gewinnen an Klarheit, weil das Ich in der Erzählung sie aus der Ferne betrachtet. Die Jugend des Vaters ist lange vergangen, und so findet er sich damit ab, daß manche seiner Selbstverständlichkeiten aus der sicheren Schwarz-Weiß-Welt in unbekannte und unheimliche Grauzonen verschleppt werden. Das Ich berichtet noch von einer unverrückbaren Ordnung und unverbrüchlichen Werten, die jedoch schon deshalb ihren umfassenden Anspruch auf Absolutheit verlieren, weil sie als solche benannt, in einen größeren Zusammenhang gestellt und damit dem Nach-Denken zugänglich werden.

Das gilt zumindest für den ersten Teil der Geschichte. Später wird es immer schwieriger, den Vater auf die Betrachterebene zu locken. Er gefällt sich in der Rolle des Wirtschaftsführers und mag sich deshalb erst recht nicht mehr von sich selbst entfernen. Nur gelegentlich läßt er sich noch überlisten, und immer häufiger streift die Erzählung seine subjektive Wirklichkeit.

Doch gerade die Entwicklung von einer übergeordneten zu einer eigenen Identität gehört in diese Geschichte. Was hat den Vater geprägt, wie ist sein Weltbild entstanden, in welchen Traditionen blieb er verhaftet, ist ihm die Macht der Wirtschaft bewußt, wie weit bestimmt sein geerbtes Wissen bis heute sein Urteil und so fort.

Der Fragenkatalog ließe sich endlos fortführen. Der Dialog, der zwischen Vater und Tochter entstanden ist, füllt immerhin beinahe vierzig Tonbandkassetten und ein paar hundert Seiten von Gesprächsprotokollen. Das Ergebnis ist ein Kompromiß, denn sicher ließe sich manche Frage ohne Rücksicht auf den Vater deutlicher beantworten. Das Buch kann und soll jedoch auch keine präzise Analyse der Denkweise eines bestimmten Standes liefern, sondern eine Lebensgeschichte erzählen, die nicht zugunsten irgendwelcher – vermeintlicher oder auch richtiger – Erkenntnisse verfälscht werden darf. So dient der Kompromiß sogar in gewisser Weise dem Ziel. Doch wie groß waren nun die Schmerzen, unter denen er zustande gekommen ist? Wie sind Vater und Tochter einander begegnet, wo hatte das Frage-Antwort-Spiel seine Grenzen, und wie stehen die beiden heute zueinander? Das Thema wäre ein Buch für sich. Und doch will die Tochter – für die nur die dritte Person bleibt, weil sie das Ich schon für den Vater benutzt hat – einige wenige Antworten versuchen.

Am 21. April 1986 treffen Vater und Tochter sich zum ersten Gespräch. Von nun an finden die Treffen immer am gleichen Ort statt: Im Arbeitszimmer des Vaters in Rissen. Es gibt Tee aus Tassen, und wenn das Tonbandgerät abgeschaltet ist, gibt es Rotwein. Die ersten Gespräche klingen hoffnungslos unbeholfen. An jenem 21. April beginnt es so:

Tochter: «Jetzt läuft es – so Gott will.»

Vater: «Wir fangen also an mit dem Wecken?»

Tochter: «Genau. Du wurdest morgens geweckt – vom Kinderfräulein?»

Vater: «Vom Kinderfräulein.»

Tochter: «Und um wieviel Uhr?»

Vater (lachend): «Wenn ich das noch wüßte!»

Tochter: «Ist ja auch egal.»

Vater (rafft sich hörbar zusammen, ändert den Tonfall): «Relativ früh war das bei uns immer. Ich würde sagen, daß mein Vater um neun Uhr aus dem Haus ging und wir wohl um diese Zeit auch in die Schule – äh – in der Schule sein mußten, daß daher sicherlich um halb acht geweckt wurde.»

Der Vater ist es gewohnt, präzise Statements abzugeben. Kein Zögern, kein Zaudern, keine Zweifel, keine Nachdenklichkeit. Merkwürdig wirkt dieser Tonfall in dem mattgrünen Arbeitszimmer, besonders dann, wenn man den Inhalt bedenkt: Ein kleiner Junge wird geweckt. Wenn der Vater sich aufrafft und den Tonfall wechselt, steckt auch noch etwas anderes dahinter: das selbst auferlegte Gebot, keiner Frage auszuweichen, keine Antwort schuldig zu bleiben, sich zu stellen, gerade, aufrecht und diszipliniert, immer und in jedem Augenblick dem Bild entsprechend, das er von sich selber hat.

Die Antworten bleiben dann oft knapp und formal. Der Vater verstummt eher, als daß er mit seinen Erinnerungen spielt. Das Abwägen von Wahrscheinlichkeiten ist nicht seine Sache. Was er nicht mehr weiß, wird ihm auch nicht mehr einfallen. Und in den ersten Gesprächen ist die Tochter nicht weniger unbeholfen. Sie schafft es nicht, die Förmlichkeit zu durchbrechen, sondern fragt nach Uhrzeiten und Namen, sammelt Zahlen, Daten und Fakten. So fängt es an.

Wann ändert sich das? Wann füllt sich das Arbeitszimmer mit den Erinnerungen an längst Vergangenes, und wann wird diese Vergangenheit mit Fragezeichen versehen? Es braucht eine ganze Weile. Das Tonbandgerät läuft, und gelegentlich vergißt der Vater seine Gegenwart, erzählt irgend etwas von früher, und es klingt beinahe nach Plauderton. Die Tochter bleibt auf der Hut, hilft vorsichtig nach. Mehr, weiter, nur den Aufbruch nicht im Keim ersticken.

Und dann fällt irgendwann zum erstenmal das Wort «Doppelmoral». Die Tochter ist davon überzeugt, daß dieses Wort gerade auch bei jenen beheimatet ist, für die es den größten Schimpf bedeutet: bei den wohlanständigen und selbstgefälligen hanseatischen Kaufleuten. Sie sind nicht schlechter als andere, sind stets und immer auf ihren geschäftlichen Vorteil bedacht, spinnen Intrigen, pflegen Liebschaften und dergleichen mehr. Was sie von anderen unterscheidet ist nur, daß sie es verstehen, sich den Anschein zu geben, besser zu sein, aufrechter, anständiger – moralischer eben.

Der Vater ist einer von ihnen. Und er ist es auch wieder nicht. Die Tochter will ihn dort nicht sehen, schält ihn für sich heraus, läßt die Betrachtung von außen zu. Und der Vater spielt mit, vielleicht auch deshalb, weil nichts und niemand öffentlich denunziert wird, weil die Angriffe sich in Andeutungen erschöpfen. Das gehört zu dem Kompromiß.

Selbst als das Wort «Doppelmoral» im Arbeitszimmer fällt, ist es auf weit Entferntes gemünzt. Es ist die Zeit der Prohibition in den Vereinigten Staaten, und es geht um die Frage, ob es sich mit der Sittenstrenge und der Obrigkeitsgläubigkeit des Vaters vereinbaren läßt, daß er dort verbotenen Alkohol genießt. Die Tochter lernt: Ein Teil der Moral gilt nur zu Hause. Die Beschlüsse einer fremden Macht gehen den Vater nichts an.

Zu Hause geht die Moral dann bald für eine Weile verloren – nur in der Hansestadt nicht, davon sind jedenfalls die meisten ihrer Bürger überzeugt. Die Hamburger retten ihre Anständigkeit mühelos über die Nazizeit hinweg. Der Vater mit ihnen. Jetzt kehrt er mit der Tochter in das Dritte Reich zurück. Er weicht nicht aus. Das ist mutig, denn der Mann, dem sie dort begegnen, ist kein Held. Doch wer will sich anmaßen, darüber heute zu urteilen?

Während der Gespräche über jene Zeit gibt es im Arbeitszimmer einen Augenblick, da sind Vater und Tochter einander sehr nahe. Es geht um die Massenvernichtung, was hat er später erfahren, was weiß er heute darüber?
Vater: «Da hat man Bilder gesehen.»
Tochter: «Was für Bilder?»

Vater: «Darauf war zu sehen, wie sie in die Gräben gestoßen und dann erschossen wurden.»

Tochter: «Fotos oder...?»

Vater: «Fotos, ja.»

Tochter: «Hast du dich mal irgendwie damit beschäftigt, Augenzeugenberichte gelesen oder so?»

Vater: «Augenzeugenberichte? Wo sind die gebracht worden, in den Zeitungen?»

Die Tochter kennt sie nur aus Büchern. Sie erzählt dem Vater einige wenige Einzelheiten über die Massenerschießungen, die ein Bauarbeiter in der Ukraine beobachtet hat. Und die wenigen Sätze genügen. Der Vater bricht ein, der Grund gibt nach, die Grauen dringen bis zu ihm vor. Seine Stimme hat alle Entschiedenheit verloren, als er nach einer langen Weile murmelt: «Ich hätte ja gar nicht ins Ausland fahren können – eigentlich –, ich hätte mich ja gar nicht mit Herrn Grünebaum unterhalten können.» Herr Grünebaum war einer der jüdischen Bankiers, die Ende der dreißiger Jahre in die Vereinigten Staaten fliehen mußten.

Damals, nach 1945, hat der Vater seine Entschiedenheit nicht verloren. Damals hat es keinen solchen Augenblick gegeben. Er hat sich nicht einmal darum bemüht zu erfahren, was geschehen war. Sein Gewissen blieb unbenutzt. Mehr als vierzig Jahre später hört er in seinem Arbeitszimmer zum erstenmal von der Wannsee-Konferenz, und er hört zum erstenmal, daß gerade manche Hamburger Behörden musterhaft im Sinne der Nazis gearbeitet haben.

Warum nicht damals, warum nicht irgendwann später? Jetzt fragt die Tochter ins Leere. Jetzt gibt es keinen Einbruch mehr, sondern nur noch eine Antwort: Aufbau. Zu Hause an ihrem Schreibtisch beginnt sie, ihn zu hassen, den Aufbau und jenen Mann von damals, der all seine Kräfte der materiellen Wiederaufrüstung seines Vaterlandes widmete und später mit anderen die gemeinsame Leistung pries, als sei sie die Gottheit der modernen Zeit.

Doch die Tochter wütet gegen einen Mann, den es nicht

mehr gibt – den es vielleicht so nie gegeben hat. Ist sie nicht gerade dabei, eine seiner vielen Wirklichkeiten zu erfinden? Der, dem sie draußen in Rissen im Arbeitszimmer begegnet, scheint jedenfalls ein anderer zu sein. Mit dem Alter ist seine Unempfindlichkeit gewichen. Er ist berührbar geworden. Erst später, als der Vater den Text liest und sich über manches entrüstet, erst dann ist er in den Augen der Tochter für Augenblicke jener Mann von damals. Doch kaum richtet sich ihr ganzer Zorn gegen ihn, da verwandelt er sich wieder in den achtzigjährigen Vater. Sie kämpft gegen ein Phantom. Die Wut findet keinen Ausweg und frißt sich fest.

Irgendwann in jener Zeit liest die Tochter das Buch «Gebranntes Kind sucht Feuer» von Cordelia Edvardsen. Es ist mehr als ein Augenzeugenbericht – unendlich viel mehr. Und es geht tiefer. Gerade jetzt. Während die Tochter sich mit dem Vater in Paris aufhält, im besetzten Paris des Jahres 1942, während sie ihn dort bei seinen Geschäften beobachtet, ihn ins «Maxim» begleitet, mit ihm, der bei alledem immer hanseatisch anständig geblieben ist, durch das Nachtleben streift und Nazibonzen ausführt – währenddessen begibt ein Kind sich auf den Weg in die Hölle. Cordelia Edvardsen ist vierzehn Jahre alt, als sie nach Auschwitz kommt.

In den Schmerzen der Zerrissenheit geht der Vater verloren. Doch unter die Schmerzen mischt sich noch ein anderes Gefühl. Die Tochter denkt: Ich bin nicht wie er, ich bin besser als er, ich weine die Tränen, die er nicht geweint hat. Als sie sich bei diesen Gedanken ertappt, als sie sich dabei ertappt, genau das auszukosten, was sie bei anderen am meisten verachtet, ein Gefühl von moralischer Überlegenheit, das nicht minder anmaßend und selbstgefällig ist als das vermeintlich moralische Gehabe der Hanseaten – da taucht der Vater wieder auf. Da gerät sie wieder in seine Nähe, obwohl sie diese Nähe nicht gesucht hat. Ihrem Vater wollte sie anderswo begegnen – weit, weit fort von hier. Verstehen kann sie ihn jetzt allerdings besser. So fühlt es sich also an, wenn man weiße Kleider trägt.

Bald nach dem Krieg beginnt der Vater das, was er sein «eigentliches Leben» nennt. Jetzt ist er der Held, der Vorsitzende, der Präses, der Präsident. Es ist ein Leben in fremden Augen, denn Dritte bestimmen seinen gesellschaftlichen Wert, sein Ansehen – sein Selbstgefühl. Die Tochter versucht vergeblich, irgendeine Vater-Identität hinter dem Amtsinhaber von damals zu entdecken.

Der Vater im Arbeitszimmer dagegen wird lebhaft, als es in den Gesprächen endlich um sein Wirken und seine Leistung geht. Während sie bisher unter großen Mühen spärliche Erinnerungsfetzen gesammelt haben, bietet er der Tochter jetzt eine Fülle von Namen und wirtschaftspolitischen Leitsätzen an. Jetzt beginnt für ihn auch das eigentliche Buch. Kein Zögern, kein Zaudern, keine Zweifel. Der Wirtschaftsführer spricht, der Rundfunkreporter hält das Mikrofon, die Sendung wird live übertragen. Nur wird nun kein kleiner Junge mehr geweckt, Tonfall und Inhalt passen zusammen. Am 22. August 1986 zum Beispiel äußert sich der Wirtschaftsführer im Arbeitszimmer zum Thema Wettbewerb.

Vater: «Vernünftiges und ehrbares Geschäftsgebaren hätte ohne Wettbewerb keine Chance.»

Tochter: «Hmhm.»

Vater: «Das ist der Ursprung des Wettbewerbsgedankens und der Wettbewerbsgesellschaft. Wenn man einen Geschäftspartner über den Tisch zieht, kommt der Mitwettbewerber und sagt: ‹Mensch, laß dir das doch nicht gefallen, ich mache das anders.›»

Tochter: «Hmhm. So habe ich noch nie über Wettbewerb nachgedacht. Nur gibt es doch heute keinen gleichen Wettbewerb mehr. Irgendwer ist immer der Stärkere.»

Vater: «Ja, ja, das ist aber ein sehr weites Feld. Bleiben wir erst mal beim Kartell. Kartelle können den Wettbewerb verhindern. Deshalb bin ich ja auch immer ein Verfechter der Erhardschen Kartellgesetzgebung gewesen – im Gegensatz zum BDI.»

Tochter: «Hmhm.»

Vater: «Und ich habe mich in deutlichen und scharfen Worten dafür eingesetzt.»

Tochter: «Hmhm.»

Für den Vater ist das nicht leicht. Warum achtet die Tochter den Wirtschaftsführer nicht gebührend? Warum will sie nicht einsehen, daß sein Wirken bedeutend war, so bedeutend, daß alle Einzelheiten, Ansichten und Begegnungen in dieses Buch gehören? Warum will sie nicht einsehen, daß er, der Ehrenpräsident, gesellschaftliche Verpflichtungen hat, daß dieser und jener wichtige Mann unbedingt erwähnt werden muß – respektvoll natürlich, denn warum sollte man es ohne Not mit den Großen dieser Welt verderben? Der Vater hatte sich seine Memoiren etwas anders vorgestellt.

In den Gesprächen über jene Zeit bleiben die Konflikte jedoch meistens an der Oberfläche. Das gilt selbst dann, wenn der Wirtschaftsführer sich politisch äußert. Er steht nun einmal auf der anderen Seite, ist gegen die paritätische Mitbestimmung und für Atomkraftwerke, hält den Kniefall von Willy Brandt in Warschau beinahe für obszön und das linke Gewäsch der Jusos für groben Unfug.

In seiner Welt ohne Fragezeichen gibt es für jede Lebenssituation Regeln. Das gilt in der Familie, und das gilt in der Politik. So sagt der Vater über den Schah-Besuch im Sommer 1967: «Es ist die Pflicht eines Gastgebers, dafür zu sorgen, daß der Gast nicht beleidigt wird.» Und der Schah sei von den Demonstranten beleidigt worden. «Er ist ganz beleidigt abgereist», sagt der Vater, und seine Stimme klingt noch heute vorwurfsvoll. «Und was wußten denn die Demonstranten über Persien, keiner von denen ist dort gewesen.» Dann gibt es im Arbeitszimmer Streit, aber der Streit bleibt in den Köpfen, geht selten tiefer. Und meistens hält die Tochter sich ohnehin an die Rolle, die sie sich in diesem Spiel gegeben hat: Sie fragt.

Einmal sagt der Vater: «Eigentlich war ich immer unpolitisch.» Und wenig später: «Ich bin ein Liberaler.» Dafür sammelt er Beweise. Er war ein Gegner der Großen Koalition, weil dann die Opposition zu schwach sei. Er nennt Helmut Schmidt seinen Freund und hat schon beizeiten für die Anerkennung eines zweiten Deutschlands plädiert. Und hat er selbst nicht schließlich Ende der sechziger Jahre auf einem Spaziergang zu Ben Witter gesagt: «Es fehlt die heilsame Unzufriedenheit, ich sehe zuviel satte Sicherheit»? Ob er damit nicht eher einen Mangel an Leistungswillen beklagt hätte, will die Tochter wissen. Nein, nein, er habe die Probleme der Jugend im Grunde schon verstanden. Nur habe er aus seinen Erkenntnissen kaum Schlüsse gezogen. «Ich hatte keine Zeit», sagt der Vater. «Hmhm», sagt die Tochter.

Wen sucht die Tochter eigentlich in jenem Arbeitszimmer? Sie sucht keinen Widerstandskämpfer und keinen Wirtschaftsführer, keinen Helden und keinen politischen Verbündeten. Sie sucht die Umrisse jenes Mannes, von dem sie nur einen winzigen Ausschnitt kennt, weil er ein Leben lang «keine Zeit» hatte. Sie sucht ihren Vater. Und eben weil sie eigentlich nur ihn sucht, bleibt der Vater als Vater im Buch beinahe vollkommen verborgen. In jenes Ich kann die Tochter nicht schlüpfen. Das Verwechselspiel zwischen der ersten und der dritten Person hat seine Grenzen.

Und in der Wirklichkeit, jener Wirklichkeit, die während der Gespräche im Arbeitszimmer entsteht? Nach seiner Vaterrolle fragt die Tochter den Vater behutsam, zurückhaltend, schüchtern, fragt nach einer Zeit, die zwanzig Jahre vor ihrer eigenen Geburt liegt. Am 25. Juni 1986 geht es im Arbeitszimmer um die älteste Schwester, das erste Kind.

Tochter: «Hast du dir eigentlich vor Karens Geburt Gedanken darüber gemacht, was das Vater-Sein für dich selber bedeuten würde?»

Vater (entschieden): «Nein!»

Tochter: «Überhaupt nicht?»

Vater: «Nein.»

Tochter: «Hattest du auch keine Vorstellungen darüber, was du so einem Kind mitgeben wolltest, welche Werte du vermitteln wolltest oder so?»

Vater: «Die Wertvorstellungen waren ja sozusagen gegeben, die waren eigentlich noch ziemlich unverändert gegenüber der Kaiserzeit.»

Tochter: «Ja, das denke ich auch. Also hast du geglaubt, wenn dieses Kind in unserer Welt aufwächst, wird es schon die richtigen Werte mitbekommen?»

Vater: «Ja, so ist es.»

Tochter (etwas später): «Kannst du dich an Zärtlichkeiten zwischen dir und deiner ersten Tochter erinnern? Wann hast du Karen zum erstenmal auf den Arm genommen – hast du sie überhaupt öfter mal auf den Arm genommen?»

Vater: «Ja, sicher. Das habe ich sicher.»

Tochter: «Aber du kannst dich nicht mehr so genau daran erinnern?»

Vater: «Nein – eigentlich kann ich mich bei keinem der Kinder an solche Dinge erinnern. Ihr wart ja auch keine Kuschelkinder – wart alle keine Kuschelkinder.»

Tochter: «Das kommt ja irgendwo her» – lacht befangen –, «denke ich. Aber – hmhm – was wollte ich noch sagen – ach ja – gab es in eurer Ehe eine eindeutige Rollenverteilung?»

Die Tochter weicht aus. Das Thema macht ihr angst. Immer noch. Im Arbeitszimmer findet sie auch später nur jenen Tonfall, der seit Generationen der Tonfall ihrer Familie ist, den beißenden Spott, die böse Ironie. In diesem Tonfall wirft man dem anderen über große Distanzen hinweg Worte zu, die ihm tiefe Verletzungen beibringen können. Wer die Verletzungen eingesteht, ist ein Schwächling. «So war das doch nicht gemeint», sagt man dann begütigend von oben herab, «kannst du denn keinen Spaß verstehen?» Die Tochter haßt diesen Tonfall. Und doch benutzt sie ihn dem Vater gegenüber, wenn sie auf seine Vaterrolle anspielt. Manchmal jedenfalls. Meistens bleibt sie still.

«Ich habe mich viel mehr mit euch beschäftigt und viel mehr über euch gewußt, als du meinst», sagt der Vater eines Tages traurig. «Ach», sagt die Tochter und glaubt ihm nicht. Weiß sie es nicht besser? Für den Wirtschaftsführer hatte die

Familie doch nur eine Funktion. Sie bedeutete nichts weiter als eine standesgemäße Lebensausstattung. Und das Zuhause war nichts weiter als ein angenehmer Erholungsort. «Ich habe keinen Vater», hat die Tochter als Kind irgendwelchen Bekannten geantwortet, die sie nach dem Vater gefragt hatten.

Im Arbeitszimmer fallen der Tochter irgendwann keine Fragen mehr ein. «Wir machen ein Spiel», sagt sie zu dem Vater, «ich stelle dir jetzt einfach mal die Fragen aus dem FAZ-Fragebogen.» Der Vater richtet sich bequem in seinem schweren Sessel ein. Die beiden sind allein in dem großen Haus. «Ihr Lieblingsvogel?» heißt es irgendwann in dem Fragebogen, und der Vater sagt: «Zaunkönig.» Warum habe ich ihn das noch nie gefragt, denkt die Tochter. Ausgerechnet der Zaunkönig, der kleinste Vogel, den es gibt. «Den finde ich zu niedlich», sagt der Vater. Für die Tochter war er bis eben noch ein Mann, der keinen Lieblingsvogel hat. So fremd.

Und dann die vorletzte Frage in jenem Fragebogen: «Ihre gegenwärtige Geistesverfassung?» – «Müde», sagt der Vater. «Das stimmt nicht», sagt die Tochter. «Nein», sagt der Vater, «im Grunde bin ich wirklich zufrieden.» Er sieht aus dem Fenster. «Dankbar», sagt der Vater. Und die Tochter denkt, ich kenne ihn immer noch nicht. Oder ist nur das Vaterbild immer noch größer als der Ausschnitt, den sie gesehen hat? Seine Stimme ist weich geworden. Ich liebe ihn, denkt die Tochter. Vielleicht kann sie ihm noch einmal begegnen.

Posade, September 1987   Stefanie Viereck

Eine Marionette der Disziplin

Es gibt eine Zeit in meinem Leben, an die ich mich kaum erinnern kann, obwohl sie noch gar nicht lange zurückliegt: Ich meine den Herbst 1983. Am 1. November mußte das Bankhaus Schröder, Münchmeyer, Hengst & Co., kurz SMH, der Deutschen Bundesbank gegenüber drohende Zahlungsunfähigkeit bekennen. Mein Sohn gehörte zum Partnerkreis des Unternehmens, das mein Urgroßvater vor beinahe 150 Jahren gegründet hatte und das immerhin noch zu einem Drittel unseren Namen trug. Ich selbst war Vorsitzender eines Beirats.

Die Tage vor und nach der offiziellen Erklärung tauchen nur verschwommen in meinem Gedächtnis auf, denn ich wollte mich seither nicht an dieses Ereignis erinnern, wollte es ganz aus meinem Leben verdrängen. Gleich den schwarzen Augenbalken, die manchmal die Gesichtszüge eines Menschen in der Zeitung unkenntlich machen, so mag auch der Schatten des Vergessenwollens das Geschehen in meiner Erinnerung entstellen. Aber selbst damals ließ ich die Tatsachen, die Zahlen, Daten und Fakten kaum an mich heran. Der Zusammenbruch der Firma drohte mich und meine Vorfahren im eigentlichen Sinne unserer Existenz zu vernichten. Für unser Leben hatte es nur eine Rechtfertigung gegeben: die Firma – die Firma als Grundlage für Ansehen und Erfolg, als Beweis für Tüchtigkeit, Ehrbarkeit und Rein-

21

heit der weißen Kaufmannsweste, als Beweis der Anständigkeit, die für uns stets und immer über jeden Zweifel erhaben gewesen war. Jetzt stand sie auf dem Spiel.

Die SMH-Bank hatte den verschiedenen Firmen des Baumaschinenherstellers Horst Dieter Esch Gelder gewährt, die in der Summe jedes mit Anstand vertretbare Maß bei weitem überschritten. Aber es ging nicht allein um unser Vermögen. Der Verlust an Reichtum schreckte mich weniger. Sicher, ich hatte noch nie «von vorne anfangen» müssen, aber immerhin waren unsere materiellen Güter während der fast 150 Jahre unserer Geschäftstätigkeit häufig bedroht gewesen. Da hatte es Kriege gegeben, den Wechsel vom Kaiser zur Republik, Inflationen und dergleichen mehr, und in manchen Zeiten hatten wir auch schlecht gewirtschaftet. Jetzt jedoch bangte ich um den Verlust eines Gutes, dessen Wert sich nicht in verbindlichen Einheiten ausdrücken läßt: Ich bangte um den Verlust der Achtbarkeit. Und für einen solchen Verlust war ich nicht gerüstet, er war in meinem Leben nicht vorgesehen.

Äußerlich wurde ich in jenen Tagen zu einer Marionette meiner Disziplin. Ich bewegte mich, ich sprach, als sei meine Welt noch nicht aus den Fugen geraten. An solche Szenen kann ich mich gut erinnern, sie gefallen mir sogar, denn ich erscheine unerschütterlich. So feierten wir am 30. Oktober den Geburtstag von Omita, der Stiefmutter meiner Frau. Ich schüttelte Hände, ich küßte die leicht verknitterten Wangen älterer Damen, ich machte Witze und hielt mich sehr gerade und aufrecht in meinem hohen Kragen. Dabei dachte ich nur an eines: Die Deutsche Bank mußte uns retten. Noch etwa 24 Stunden sollte ich mich an die Hoffnung klammern können, daß die Deutsche Bank uns eine Kreditlinie einräumen oder sich an unserem Institut beteiligen würde. Allein würden wir das Esch-Engagement nicht länger verkraften können. Daran waren die Frankfurter Partner, Hans Lampert, Wolfgang Stryj und an ihrer Spitze Ferdinand Graf Galen schuld. Gegen das mündliche und schriftliche Votum meines Sohnes hatten sie auf manchen verschleierten Wegen immer neue

Gelder in den Konzern des vermeintlichen Wirtschaftswunderknaben Esch gepumpt.

Galen und Esch hatten sich in ihrer beider Großmannssucht gefunden und bestätigt, und nun war die Lage aussichtslos. So mußte Galen am 28. Oktober der Deutschen Bank die Situation gestehen.

Am Wochenende prüften die Deutschbanker unsere Bücher, und am Montag, dem 31. Oktober, schüttelten sie verneinend die Köpfe. Sie waren zu dem Ergebnis gekommen, daß der Finanzbedarf der SMH-Bank nicht eindeutig quantifizierbar sei. Und in ein Faß ohne Boden – zeitweilig war von nahezu einer Milliarde Mark die Rede, später reduzierte der Fehlbetrag sich jedoch beträchtlich – mochten sie ihre Millionen nicht stopfen.

Ich weiß nicht mehr, wann und wie ich von der Absage erfuhr. Die Konsequenzen waren mir allerdings vollkommen klar: Für uns war die SMH-Bank jetzt verloren. Unter der Schirmherrschaft der Deutschen Bank hätten die alten Partner und Teilhaber vielleicht noch eine Chance gehabt. Nun würde bestenfalls ein Bankenkonsortium das Institut auffangen. In den Chefetagen würden neue Herren sitzen. Das Kapital der Teilhaber war verloren, und die Partner würden zur Haftung herangezogen werden. Anmerken ließ ich mir nichts von alledem. Ich glaube, daß im Büro keiner etwas von meiner inneren Spannung spürte. Niemand schöpfte Verdacht, die Hamburger Mitarbeiter ahnten noch immer nicht, was sich in Frankfurt zusammenbraute.

An den folgenden Tag, Dienstag, den 1. November, kann ich mich kaum mehr erinnern. Ich glaube, ich saß den ganzen Tag über in meinem Büro und starrte abwechselnd auf das Telefon und auf die Alster. Mein Zimmer verließ ich nur selten. In der Bank herrschte eine unheimliche Stille. Irgendwelche Gerüchte mußten inzwischen auch Hamburg erreicht haben, aber es kam niemand zu mir, um mich zu fragen. Sicher war ich schon seit Jahren immer seltener einbezogen worden und hatte mich langsam an die Rolle der Randfigur gewöhnt; heute war ich jedoch vollkommen vom Geschehen abgeschnitten.

In Frankfurt hatten die SMH-Partner derweil die katastrophale Lage der Bank dem Bundesbankpräsidenten Karl Otto Pöhl gebeichtet. Pöhl hatte in aller Eile die Vorstände unserer großen Gläubigerbanken zusammengetrommelt. Noch immer galt für das Millionendesaster strengste Geheimhaltung. Noch immer durfte kein Unbeteiligter von unseren Nöten erfahren. Wäre die drohende Zahlungsunfähigkeit der SMH-Bank vorzeitig bekannt geworden, hätten Kunden und Gläubiger so rasch als möglich ihre Gelder abgezogen. Die Bank wäre nicht mehr zu retten gewesen. In der Frankfurter Nachtsitzung ging es jedoch darum, den totalen Zusammenbruch zu verhindern.

In meinem Hamburger Büro hatte das Telefon an jenem Dienstag nicht mehr geklingelt. Nur für kurze Zeit hatte man mich aus meiner Abgeschiedenheit hervorgeholt. Am späten Nachmittag feierten wir das Jubiläum eines langjährigen Mitarbeiters. Es gab einen Empfang im Foyer, die belegten Brote, den Sekt und die freundlichen Worte, die seit Bestehen unseres Hauses bei solchen Anlässen gesprochen wurden. Und weil mein Sohn natürlich an dem Gespräch in Frankfurt teilnehmen mußte, kam die Reihe auch an mich. In wohlgesetzten Worten hatte ich dem Jubilar vor versammelter Belegschaft zu gratulieren. Noch immer war ich beherrscht, noch immer taten wir, als sei alles in bester Ordnung.

Mein Chauffeur, Herr Kruse, fuhr mich dann nach Hause. Auf der Fahrt debattierten wir über Schleichwege, Abkürzungen und die ungünstige Schaltung der Ampeln. Das hatten wir schon ungezählte Male getan, längst kannten wir alle Tücken des Verkehrs auf der Route von unserem Büro am Ballindamm bis nach Rissen. Wir waren dennoch nie müde geworden, auf neue Spitzfindigkeiten zu sinnen. Und gerade heute sollte eben alles sein wie immer.

Am Abend war ich mit meiner Frau Gertrud allein zu Hause. Wir aßen miteinander, und dann saß jeder für sich, sie im Wohnzimmer und ich in meinem Arbeitszimmer. Warum wir das taten, weiß ich nicht. Vielleicht wußten wir nichts zu reden. Vielleicht wollte ich auch nicht durch Sätze aufgestört und in eine Wirklichkeit gestoßen werden, in der ich noch keinen Boden fand.

Später klingelte dann doch das Telefon. Friedrich Wilhelm Christians, Vorstandssprecher der Deutschen Bank, war am Apparat. Gertrud hatte abgenommen, und er wollte auch nicht mich, sondern sie sprechen. Er hatte die Sitzung bei der Bundesbank gerade für ein paar Minuten verlassen und wollte die kurze Pause nutzen, um ihr zu sagen, daß ihm das Ganze sehr leid täte, daß man in solchen Fällen auch den Kummer der Ehefrauen nicht vergessen dürfe, und daß er sehr an sie denke. Gertrud kam in mein Zimmer und weinte. Sie hatte die unsichtbare Grenze zwischen mühsam gewahrter Fassung und hoffnungsloser Verzweiflung für einen Augenblick überschritten. Sie weinte und ich sah ihr zu. Dann ging sie wieder zurück in das andere Zimmer.

Ich würde jetzt gerne erzählen, daß ich die ganze Zeit an meinen Sohn gedacht habe. An Hans Hermann, der mit seinen «anderen» Partnern in der Bundesbank ausharren mußte, während die Gläubiger über das SMH-Schicksal verhandelten. An meinen Sohn, den die Banker verantwortlich machen und den seine Gegner bestenfalls für schwach erklären würden, obwohl ihn doch in meinen Augen keinerlei Schuld traf. Und sicher dachte ich in jenen Tagen auch oft an ihn. Nur am Abend des 1. Novembers war ich viel zu weit von mir selbst entfernt, als daß ich meine Gedanken und Empfindungen auf ihn hätte richten können.

Ein Leben lang hatte ich mich in den Schlaf geflüchtet, wenn es galt, bedrohliche Situationen zu meistern. Und ich hatte mich damit gebrüstet, nie unter Lampenfieber oder gar irgendeinem Seelendruck zu leiden. So hatte mich auch in den vergangenen Nächten keine Schlaflosigkeit gequält. Im Gegenteil: Ich hatte den Schlaf mit in den Tag genommen und in traumwandlerischer Sicherheit alles getan, was üblicherweise von mir erwartet wurde. Jetzt, als ich in Rissen allein an meinem Schreibtisch saß, erwartete niemand mehr etwas von mir. Die schützenden Schleier sanken tiefer. Lange bevor die Zeit zum Schlafen kam, waren die wenigen Augenblicke Tag, die ich vom 1. November 1983 erinnern kann, verloschen.

Die SMH-Bank öffnete am Mittwoch, dem 2. November, ihre Türen und Schalter, als sei nichts geschehen. Die Vorstände der Gläubigerbanken hatten sich geeinigt. Sie hatten sich bereit erklärt, auf ihre Ansprüche zu verzichten und darüber hinaus für sämtliche Verbindlichkeiten gegenüber bundesdeutschen Nichtbanken und allen ausländischen Gläubigern geradezustehen. So war das Millionenloch über Nacht notdürftig gestopft, war ein Zusammenbruch verhindert worden, der wegen der engen Verknüpfung des weltweiten Bankennetzes die internationale Finanzwelt hätte erschüttern können.

Natürlich wußte ich um diese Zusammenhänge, und so hatte ich von der nächtlichen Sitzung in Frankfurt kaum ein anderes Ergebnis erwartet. Dennoch war ich erleichtert gewesen, als mein Sohn mich am Morgen in Rissen angerufen hatte. Der öffentliche Skandal, der nun folgen mußte, hatte ein wenig von seinem Schrecken verloren. Die Bilder von der Herstatt-Pleite vor fast zehn Jahren, die mir noch deutlich vor Augen standen, würden in unserem Fall nicht Wirklichkeit werden. Am Ballindamm würden keine Schaulustigen zusammenlaufen, und es würden keine Polizisten vor den geschlossenen Glastüren Wache halten. Keiner der Privatkunden würde vorwurfsvoll mit dem Finger auf mich zeigen, weil er um seine Anlagen fürchten mußte. Und unser Name würde zumindest nicht für alle Zeit mit einem internationalen Finanzkrach in Verbindung gebracht werden.

Seit die führenden Banker der Republik sich zu der Rettungsaktion entschlossen hatten, war unser Mißgeschick kein Geheimnis mehr. Unsere Frankfurter Partner steckten die Köpfe in den Sand. Als mein Sohn dort morgens um neun zur Postbesprechung erschien – er war nach der nächtlichen Bundesbanksitzung natürlich in Frankfurt geblieben –, sah er sich den leitenden Mitarbeitern allein gegenüber. Galen, Lampert und Stryj ließen sich nicht blicken. So mußte mein Sohn die Geschehnisse erläutern. Die offiziellen Fakten waren schon am frühen Morgen über den Ticker bekannt geworden.

Das galt auch für Hamburg. Als ich im Büro eintraf, wußten die Mitarbeiter längst Bescheid. Sie begegneten mir in scheuer Zurückhaltung, als hätte ich in der engsten Familie einen Trauerfall zu beklagen. Kaum einer bekundete offen sein Bedauern, aber sie drückten es in ihrer Haltung aus, sie flüsterten und traten leiser auf, wenn sie mich in der Nähe wußten. Auch über meinen Sohn fiel kein böses Wort. Der Zorn der Hamburger Mitarbeiter richtete sich geschlossen auf die drei Frankfurter Partner. Ich war erleichtert, erleichtert auch deshalb, weil die Ungewißheit der letzten Monate nun endgültig vorüber war. Immer wieder war ich von banger Hoffnung in furchtsamen Zweifel gefallen. Die Spannung war schließlich kaum noch zu ertragen gewesen. Jetzt war die Sache zumindest entschieden.

Am Abend feierte ein alter Freund seinen Geburtstag. Vielleicht hätte ich lieber wieder reglos und ohne zu denken in meinem Arbeitszimmer gesessen, aber solchen Wünschen nachzugeben erlaubte ich mir nicht. Ich durfte nicht nachgeben. Ich mußte weiter an meine eigene Stärke, an meine Standfestigkeit in jeder Lebenssituation glauben können, war dieser Glaube doch für den Augenblick mein einziger Halt. So fuhren Gertrud und ich zu dem Abendessen.

Zum erstenmal begegnete ich den Bekannten als ein Mann, den man mit gutem Grund bedauern konnte. Nur war eine Pleite eben doch etwas ganz anderes als ein Trauerfall. Sie kam in unseren Kreisen nicht alle Tage vor. Es mangelte an konventionellen Standardfloskeln, mit denen wir in der Regel unsere Unbeholfenheit in der Sprache des Gefühls zu überspielen wußten. Und so war es bald an mir, die anderen aus dem peinlichen Schweigen zu befreien. Für diesen Abend hatte ich meine Rolle gefunden.

Das Ausmaß des Desasters begriffen wir nur langsam. Anders läßt sich kaum erklären, warum wir bis zum letzten Augenblick zauderten, ein großes Diner abzusagen, das wir für den 5. November in Rissen geplant hatten. Ich wollte zunächst nicht einsehen, daß ein prunkvolles Abendessen in unserem Hause nur vier Tage nach dem Zusammenbruch leicht geschmacklos erscheinen konnte. Alles sollte unverändert bleiben. So war die große Tafel schon gedeckt, als wir uns dann doch entschlossen, Absagetelegramme zu verschicken. Gertrud hatte entschieden. Das Diner hatte ein «offizielles» werden sollen mit namhaften Gästen aus Politik und Wirtschaft. Eine solche Begegnung, so Gertrud, sei zu diesem Zeitpunkt für alle Beteiligten peinlich. Sie hatte recht. Die großen Silberleuchter und das Geschirr wurden wieder in die Schränke gestellt.

Statt der Gäste kamen die Kinder und Enkel. Sie kamen aus allen Himmelsrichtungen, ungerufen. In unserem Clan galten noch die alten, ungeschriebenen Sippengesetze. Eines davon besagte, daß man im Augenblick der Bedrohung ganz nahe aneinanderrücken müsse. So war das Haus am Wochenende voll. Anders als im Büro dämpfte hier niemand seine Schritte oder bemühte sich gar um eine leise Stimme. Wie immer wurde viel gegessen, getrunken und gelacht. Und auf den ersten Blick mochte die Täuschung gelingen, auf den ersten Blick mochte alles unverändert erscheinen. Hinter dem lauten Gelächter und den fröhlichen Mienen verbarg sich jedoch die Trauer um einen Verlust, den noch keiner genau zu benennen vermochte. Dennoch war mir das Schauspiel recht. Jede andere Art der Anteilnahme wäre mir fremd und unangenehm gewesen. So fühlte ich mich in meiner Familie geborgen. Und so überstand ich auch den Sonntag. Am Vormittag hielten wir in der Hamburger Bank eine Beiratssitzung und eine Gesellschafterversammlung ab. Was wir dort geredet haben, weiß ich nicht mehr. Die Atmosphäre war jedenfalls dem Anlaß entsprechend ungemütlich, und ich war froh, als ich mittags wieder auf dem Luusbarg ankam.

Als die Kinder fort waren, wurde es sehr still in dem großen Haus. Wir hatten zwar manche aufmunternden und teilnahmsvollen Briefe bekommen, aber die meisten unserer Bekannten hüllten sich fürs erste in Schweigen. Sie wußten nicht, wie sie ihr Bedauern ausdrücken sollten. Das Telefon klingelte nur selten.

Im Büro dagegen war die gedämpfte Stimmung mittlerweile in hektische Geschäftigkeit umgeschlagen – eine Geschäftigkeit, mit der ich selbst allerdings nichts zu schaffen hatte. Die führenden Mitarbeiter hingen tagelang am Telefon, um die aufgeschreckten Kunden zu besänftigen. Obwohl die Gläubigerbanken die Garantie übernommen hatten, waren zahlreiche Anleger um ihre Gelder besorgt. In der Tat gab es noch manche Ungewißheit. Die Kundengelder waren zwar nicht in Gefahr, aber was aus der Bank später werden würde, wußte noch keiner zu sagen. Erst kurz vor Weihnachten entschieden sich die Manager der Londoner Lloyds Bank, den gesunden Teil unseres Instituts – die gesamte Hamburger Bank und das Frankfurter Wertpapiergeschäft – zu übernehmen. Und erst dann brauchten die Mitarbeiter nicht mehr um ihre Stellung zu fürchten.

Ich selbst lebte in den ersten Wochen nach dem Zusammenbruch in einer ganz anderen Ungewißheit, einer Ungewißheit, die kaum weniger quälend war als der Wechsel zwischen Bangen und Hoffen vor dem 1. November. Sicher war die Sache formal entschieden, und sicher war die Bank für uns verloren. Nur was war mit jenem Gut geschehen, dessen Wert ich nicht benennen und dessen Verlust ich nicht ertragen konnte? War ich in den Augen der Welt ein achtbarer Mann geblieben? Ich mochte diese Frage zwar für mich selbst entscheiden, aber mein öffentliches Ansehen bestimmten andere. Und eben dieses Ansehen, die anerkannte Anständigkeit, die makellose weiße Weste hatten für mich und meine Vorfahren das Leben bedeutet.

Am 18. November tagte in Mainz der Beirat der Allgemeinen Kreditversicherungs AG. Bundesbankpräsident Pöhl war als Gastredner eingeladen, und manche der Gläubiger, die in jener dramatischen Nachtsitzung vor zweieinhalb Wochen um ihn versammelt gewesen waren, gehörten ebenfalls dem Beirat an. Ich selbst zählte als Ehrenvorsitzender zu den Gästen. Voller Unbehagen war ich nach Mainz gereist. Würde man mir die Achtung versagen?

Ich weiß nicht mehr, was geschah, als ich das Gebäude der Allgemeinen Kredit betrat. In jenem Augenblick brauchte ich alle Kraft, um Haltung zu bewahren. Später nahmen wir unsere Plätze ein. Der Vorstandsvorsitzende trat zum Rednerpult. Er begrüßte die Anwesenden, er begrüßte den Bundesbankpräsidenten, und er begrüßte mich, den Ehrenvorsitzenden. Als er das getan hatte, konnte er nicht fortfahren. Im Saal erklang Beifall. An irgendeiner Stelle war er ausgebrochen, und nun zog er sich durch die Reihen. – Jetzt hatte ich Gewißheit.

Ich will keineswegs bezweifeln, daß es auch andere Stimmen gegeben hat. In meiner Gegenwart sind sie jedoch bis zum heutigen Tage stumm geblieben, und darüber bin ich froh. Als ich damals aus Mainz zurückgekommen war, begann ich langsam, die Wirklichkeit zu erfassen. Es war, als würde ich aus einer Betäubung erwachen. Jetzt mußte ich mich mit den tatsächlichen Verlusten abfinden. Das Familienunternehmen war zerstört. Für den Augenblick reichte meine Kraft nicht mehr aus. Anfang Dezember wurde ich krank und brachte fast einen Monat im Bett und auf dem Sofa zu. In jener Zeit fing ich an, über mein Leben nachzudenken.

Wir Kaufmannskinder

In der Kaiserzeit war unsere Welt noch in Ordnung. Selbst der Erste Weltkrieg und der Rücktritt Wilhelms II. sollte sie in ihren Grundfesten nicht erschüttern. Als ich 1908 geboren wurde, war diese Welt schon fertig. Der materielle Wohlstand und die gesellschaftliche Stellung schienen für alle Zeit gesichert. «Die Alten ehre stets / Du bleibst nicht ewig Kind / Sie waren, was Du bist / Und Du wirst, was sie sind», schrieb meine Mutter neben das Foto der Großeltern in mein Lebensbuch. Das Leben lag bereit wie ein Maßanzug, in den die jeweils nachfolgende Generation nur noch hineinzuschlüpfen brauchte.

Mein Urgroßvater hatte diese Welt geschaffen. Er war der erste, der dem beschaulichen Leben unserer Vorfahren im Niedersächsischen den Rücken gekehrt hatte. Dort in dem Land um Hannover hatten sie als Ärzte, Pastoren und dergleichen mehr ein schlichtes Dasein geführt. Erst der Sohn des Stadtphysikus von Lüneburg war in die große Welt aufgebrochen: Irgendwann in den dreißiger Jahren des letzten Jahrhunderts wanderte mein Urgroßvater nach Haiti aus. Als reicher Mann kehrte er zurück und gründete 1846 in Hamburg unsere Firma. Wie der Sohn eines Stadtphysikus es binnen weniger Jahre zu einem solchen Vermögen hatte bringen können, gab den ehrwürdigen Hanseaten manche Rätsel auf. Die Anekdotenerzähler hatten jedoch bald eine Lösung gefunden: Mein Urgroßvater, so wußten die alten Kaufleute schmunzelnd zu berichten, sei damals mit einer Notenpresse im Gepäck in die Karibik gereist.

Auf Haiti habe er dann für den Kaiser Geld gedruckt. Er habe dem dunkelhäutigen Herrscher über das Inselreich jedoch nur jeden zweiten Schein in seine Staatstruhe gelegt und die übrigen für sich behalten. Und als es genügend Scheine gewesen seien, sei er nach Hamburg gekommen und habe eine Handelsfirma gegründet. Mehr als ein halbes

Jahrhundert darauf gehörten wir selbst zu den schmunzelnden Erzählern, obwohl sich in der Geschichte wohl kaum ein Körnchen Wahrheit verbarg.

Mein Vater war ein achtbarer Kaufmann. Er hatte die Firma Münchmeyer & Co. in der dritten Generation geerbt. Wir «machten» damals in Kaffee und anderen Überseeprodukten, wie es in Hamburg hieß. Wir «machten» jedoch auch schon seit Jahrzehnten in Geld. Bereits zu Zeiten jenes Urgroßvaters war der Firmenname im In- und Ausland so bekannt geworden, daß wir unser Akzept auch anderen Außenhandelshäusern zur Verfügung stellen konnten. Über diese Im- und Exportfinanzierung fingen wir an, uns im Bankgeschäft zu etablieren. Und je etablierter wir wurden, desto selbstverständlicher bot man uns angesehene Ehrenämter an, vom Präses der Hamburger Handelskammer bis zum Aufsichtsratsmandat bei der Deutschen Bank.

Meine Vorfahren hatten uns nicht nur eine Firma, sondern auch die dazugehörige Geisteshaltung vererbt. Die moralischen Verhaltensmöglichkeiten waren geprüft und gewogen. Wahrheitsliebe, Fairness, Selbstdisziplin und Leistungswille zählten zu den unverrückbaren Tugenden. Was sich als redlich und nützlich erwies, hatten wir uns zu eigen gemacht. Unser gesicherter Stand machte es uns leicht, die Spielregeln einzuhalten.

Die Kirche besuchten wir regelmäßig, ohne den lieben Gott alltäglich zu Rate zu ziehen. Mit der Obrigkeit hatten wir uns dahingehend arrangiert, daß wir allenfalls geplante Vorhaben kritisierten. Sobald ein Regierungsbeschluß erging, standen wir fest hinter der Entscheidung der höheren Gewalt. Wenn wir selbst rechtschaffen blieben, so meinten wir damals, trugen wir an großen politischen Veränderungen keine Schuld. Auch unser Verhältnis zum Kaiser war eindeutig. Im Bewußtsein unserer wirtschaftlichen Bedeutung nannten wir ihn unseren «hohen Verbündeten» und ließen es auch schon mal an preußischer Ehrerbietung mangeln. So teilte der Kaiser beispielsweise unserem Bürgermeister eines

Tages mit, er habe die Gnade gehabt, einen Hamburger Bürger in den Adelsstand zu erheben. Der Bürgermeister schrieb zurück, das wolle er den Betreffenden zwar gerne wissen lassen, müsse jedoch der Ordnung halber darauf hinweisen, daß man einen Hamburger nicht «erheben» könne. Obwohl schon Bismarck den Hanseaten deshalb Souveränitätsschwindel und politische Selbstüberschätzung vorgeworfen hatte, hielten wir an unserem Standpunkt fest. Zweifel fanden in unserer Welt keinen Platz.

Als ich klein war, ahnte ich noch wenig von den steifen Kleidern, die man mir schon geschneidert hatte. Meine Welt bestand aus Frau Beincke, die mich in ihrer gütigen Fülle und derben Zärtlichkeit vor allem Ungemach beschützte. Sie war die typische Kinderfrau mit Dutt und in gestreiften Kleidern, und sie sprach so missingsch, daß sie bei den Erwachsenen als Original galt.

Meine Eltern führten damals ein großes Haus. Selbstverständlich wohnten wir im richtigen Teil von Hamburg, nämlich rechts der Alster in der Pöseldorfer Magdalenenstraße. Das andere Alsterufer war einfach keine Gegend. Die Sommermonate verbrachten wir in Rissen an der Elbe. 1906 hatte mein Vater dort einen Besitz gekauft, der so groß war, daß ich als kleiner Junge immer Angst hatte, mich zu verirren. Natürlich gab es damals noch keinen Bus und keine S-Bahn. Mein Vater fuhr jeden Morgen eine halbe Stunde mit der Kutsche nach Blankenese und von dort mit dem Dampfzug in die Stadt.

Personal hatten wir reichlich. Kutscher und Gärtner, Silberputzer, Fensterputzer und Waschfrauen machten uns das Leben leicht und angenehm. Neben Frau Beincke zählten allein in der Magdalenenstraße vier weibliche Angestellte zum festen Stamm. In der Küche regierten Kochmamsell und Unterköchin. Für die Ordnung im Haus sorgten ein sogenanntes Serviermädchen und ein Kleinmädchen, das die oberen Stockwerke sauber hielt und gleichzeitig bei meiner Mutter die Zofenrolle spielte. Das Serviermädchen stand in der

Hierarchie darüber. Es war für die repräsentativen Räume im Parterre zuständig und bediente bei Tisch.

Während Frau Beincke bei uns Kindern schlief, teilten sich die vier anderen zwei Doppelzimmer im Souterrain. Sie hatten einmal in der Woche einen halben Tag und alle vierzehn Tage sonntags nachmittags frei. Was sie verdienten, weiß ich nicht mehr, viel kann es jedoch nicht gewesen sein. Als Gretchen, die frühere Unterköchin meiner Mutter, 1934 zu meiner Frau und mir kam, erhielt sie ganze 40 Reichsmark im Monat.

Sparsames Wirtschaften zählte zu den ersten Tugenden, und alle Ausgaben wurden penibel verbucht. Als im Januar 1909 jener Urgroßvater starb, hinterließ er uns immerhin 13 Millionen Goldmark. Und die Nachlaßverwalter bewährten sich. Über die Ausgaben, die zwischen dem Todestag und dem Tag der Testamentsvollstreckung getätigt wurden, fertigten sie eine detaillierte Aufstellung an. Daraus konnten die Erben der 13 Millionen Goldmark dann ersehen, daß sie in der Zwischenzeit unter anderem um 1,10 Mark für «Herdutensilien», um 9 Mark für «Kutscher Friedrichs Pelzhandschuhe» und um 20 Mark «Jahresbeitrag für den Pensionsverein unverheiratheter Lehrerinnen» ärmer geworden waren.

Allein mein Urgroßvater hätte sich vielleicht über diese Zahlenklauberei belustigt. Ich selbst kann mich natürlich nicht an ihn erinnern. Später erzählte man mir jedoch oft von ihm, und für mich behielt er immer ein wenig von einem geheimnisvollen Abenteurer. Obwohl er sich nach seinen Eskapaden auf Haiti als gesetzter Kaufmann gab und bald sogar der Commerzdeputation – der späteren Handelskammer – angehörte, kann ich ihn mir nicht steif und hanseatisch vorstellen. Schließlich soll er auch jeden Mittag eine ganze Flasche Bordeaux getrunken und auf die Frage, wie viele Havannazigarren er am Tag rauche, geantwortet haben: «Ungefähr ein Meter sechsundneunzig.» In der Firma machte er selbst meinem Vater noch das Leben schwer. Er wurde 94 Jahre alt – sein Sohn, mein Großvater, galt als schwach und empfindsam und war lange vor ihm gestorben – und führte bis zum letzten Tag im Geschäft das Wort. Als er starb, war ich ein Jahr alt.

Im Haus meines Vaters wurden meine beiden jüngeren Schwestern und ich schon früh als die «gnädige Herrschaft» behandelt. Genau wie unsere Eltern hatten wir zu den Angestellten ein freundliches, aber distanziertes Verhältnis. Zärtlichkeiten gab es nicht. Den jungen Herrn nahm man nicht auf den Schoß. Allein der Gärtner Westphalen hatte eine Ausnahmestellung. Er plante mit meinem Vater und einem Gartenbauarchitekten die Bepflanzung des Besitzes in Rissen und machte sich als umsichtiger Mann verdient. Wir Kinder mußten ihn seither «Herr Westphalen» nennen, während er uns unablässig mit einem nassen Sack verglich, wenn er uns nachmittags Reitunterricht gab. Früher war er Wachtmeister bei der Kavallerie gewesen, und in der Reitbahn brüllte er noch heute im gleichen Tonfall. Dem Mann gebührte Respekt. Sein Sohn Hans war mir lieber – damals jedenfalls. Er brachte mir Plattdeutsch bei und spielte mit mir in entfernten Ecken des Gartens, wo die Erwachsenen uns nicht sehen konnten.

Vater Westphalen brüllte im übrigen ganz im Sinne meines Vaters, der zwar leiser, aber kaum weniger streng darauf achtete, daß wir nicht verwöhnt oder gar verzärtelt wurden. Im Winter mußten wir ohne Handschuhe gehen, und unsere Schlafzimmer wurden nie geheizt. Als meine Großmutter meinen beiden Schwestern deshalb einmal dicke grüne Steppdecken zu Weihnachten schenkte, stieg mein Vater noch in der gleichen Nacht persönlich in ihr Zimmer und nahm sie ihnen wieder weg. Er sorgte auch dafür, daß wir nachts mit ausgestreckten Beinen schliefen. Meine Schwestern wollen sich sogar daran erinnern, daß er mit einer Reitpeitsche erschien, wenn er sie mit angewinkelten Knien erwischte. Auf jeden Fall hieß es in den anderen Hamburger Häusern: «Wenn ihr nicht artig seid, werdet ihr erzogen wie die Kinder Münchmeyer.» Darauf waren wir beinahe stolz. Wir haben meinen Vater trotzdem sehr verehrt und kamen auch später noch mit allen Problemen zu ihm. Das galt auch für jene Großmutter, die – von den Steppdecken einmal abgesehen – kaum weniger streng war als mein Vater. Bei ihr brachte ich einmal sechs Stunden allein am Eßtisch zu, vor mir einen Teller mit Biersuppe, die ich nicht mochte. Das hatte ich beim Mittagessen in aller Deutlichkeit erklärt, aber es hatte mir nichts genützt. Wir Kinder mußten essen, was auf den Tisch kam, und so mußte ich hier sitzen, bis ich den Teller schließlich doch geleert hatte.

Die Erwachsenen waren allerdings mit sich selbst kaum weniger streng. Mein Vater stand jeden Morgen um sechs Uhr auf, um zu reiten, und ging nach dem Frühstück eine halbe Stunde zu Fuß ins Kontor. Ein eigenes Auto hat er nie besessen. Selbst eine eigene Kutsche gab es nur draußen in Rissen. Wenn meine Eltern abends ausgingen, wurde eines der Hausmädchen rechtzeitig zum Droschkenhalteplatz geschickt, um eine Mietdroschke zu bestellen.

Und ausgehen taten sie oft. Ein rechter Hanseat hatte seine gesellschaftlichen Verpflichtungen. Montags traf man sich im Philharmonischen Konzert. Die Liebe zur Musik spielte dabei die geringste Rolle. Es gehörte sich einfach, dort gesehen zu werden. Wer in der Pause nicht grüßend durch die Halle wanderte und mit einigen anderen Kaufleuten angelegentlich die Tee- und Kaffeepreise verglich, setzte seine Zugehörigkeit zur Kaufmannselite aufs Spiel.

Im Winter folgten dann noch mindestens zwei Diners pro Woche. Lohndiener wurden bestellt, und die Köchinnen liefen mit langen Listen zu dem renommierten Feinkosthändler Michelsen. Bei den Gesellschaften trugen die Herren Frack und rauchten nach dem Essen in der Bibliothek. Die Damen trugen lange Kleider und saßen später auf feinen Seidenmöbeln im Salon. Die Kaufleute blieben fast immer unter sich. Mein Vater kannte eigentlich nur Geschäftsfreunde und Regimentskameraden. Aus seiner Zeit bei den Düsseldorfer Ulanen kannte er auch Franz von Papen, mit dem er noch später die Meinung und die Irrtümer teilen sollte.

Die reichen Hamburger Bürger wollten sich jedoch auf keinen Fall gesellschaftliche Inzucht nachsagen lassen. Es gehörte deshalb zum guten Ton, sich zwei bis drei exotische Bekannte zu halten. So kann ich mich erinnern, daß bei uns zuweilen eine pompöse, schillernde Person auftauchte, die laut Kaufmannsjargon «in Arien machte». Die unterhaltsame Dame namens Münch war nämlich Opernsängerin.

Nur zweimal im Jahr ging es bei uns in der Tat weniger steif zu. Dann tagte der Aufsichtsrat, den mein Vater eigens für die Verwaltung seines Weinkellers ernannt hatte. In der Magdalenenstraße lagerten immerhin fast 5000 Flaschen. In dem Weinkeller herrschte eine penible Ordnung. Mein Vater betrieb selbst sein Hobby nach ehrbaren kaufmännischen Grundsätzen und notierte in gestochener feiner Schrift jede Bestandsveränderung in seinem großen Weinbuch. Nach den nächtlichen Aufsichtsratssitzungen jedoch erschien sogar er manchmal recht blaß am Frühstückstisch.

In unserer ordentlichen Kaufmannswelt hatte natürlich auch meine Mutter ihren festen Platz. Sie wußte genau, was sie als Frau ihres Mannes zu tun hatte, und damit war sie denn auch fast ununterbrochen beschäftigt. Wir Kinder bekamen sie eigentlich nur bei den Mahlzeiten zu Gesicht. Morgens beaufsichtigte sie den Haushalt, gab Anweisungen an das Personal und führte das Ausgabenbuch, das mein Vater regelmäßig kontrollierte. Nachmittags ging sie zu Wohltätigkeitsveranstaltungen, zum Schneider oder zu irgendwelchen Teegesellschaften.

An eine dieser Teegesellschaften bei uns zu Hause kann ich mich noch gut erinnern. Es muß im Sommer gewesen sein, denn die Damen trugen helle Kleider und weiße Hüte. Frau Beincke hatte mich prächtig herausgeputzt und mir einen frischen Matrosenanzug und blütenweiße Socken angezogen. Sogar die Mütze mit dem Schriftzug «MS Preußen» mußte ich heute aufsetzen, obwohl wir Hanseaten doch eigentlich gar nicht so preußisch gesinnt waren. Der Aufwand geschah nicht etwa für die Freundinnen meiner Mutter, sondern Wilhelm II. war in der Stadt. Der Bürgermeister hatte ihn wie üblich am Dammtor begrüßt, wo zu seiner Ankunft immer ein roter Teppich ausgerollt wurde. Später im Rathaus ließ er den Kaiser dann wieder den Hanseatenstolz spüren. Der Bürgermeister empfing ihn nicht etwa unten vor dem Portal, sondern erwartete ihn stehend oben an der Treppe. So fuhr denn der Kaiser auch nicht gleich nach seiner Ankunft ins Rathaus. Sein erster Weg führte ihn in die preußische Gesandtschaft, die neben meinem Elternhaus lag.

Die prachtvolle Kutsche mit dem schneidigen «hohen Verbündeten» wollten sich auch die Damen der Teegesellschaft nicht entgehen lassen. Und so standen sie mit uns Kindern in der Einfahrt, bis der Kaiser endlich heranrollte. Das große Empfangskomitee muß Wilhelm II. einigermaßen überrascht haben. Die Hamburger zollten ihm meistens nur sparsamen Beifall. Anders als in Berlin wurde auf den Straßen selten Hurra geschrien, und meine Eltern hatten auch kein Kaiserbild im Wohnzimmer. Im Vorbeifahren beugte er sich denn auch weit aus der Kutsche, um die Damen auf das charmanteste zu grüßen. Vermutlich wurde selten bei einer hanseatischen Teegesellschaft so begeistert von ihm gesprochen wie nach dieser Begegnung.

Im April 1914 kam ich in die Schule. Jeden Morgen mußte ich nun mit meinem Vater zu Fuß an der Alster entlang bis zur Esplanade gehen. Dort unterrichtete Fräulein Lachmund, die furchtbar streng war und ihrem Namen kaum Ehre machte. Natürlich ging ich auf eine Privatschule, und manchmal kam der Schulbesitzer, Herr Bertram, persönlich in die Klasse. Er trug einen steifen Gehrock und prüfte uns ausschließlich im Rechnen. Dafür hatte er guten Grund. In seiner Schule waren die Söhne der gesamten Hamburger Kaufmannschaft versammelt, die später einmal die Preise exotischer Gewürze im Schlaf kalkulieren sollten. In der Tat war die Schule sehr elitär. Das Namenregister meiner ersten Klasse liest sich fast wie der heutige Hamburger Stadtplan. Es waren die gleichen Namen, die auch auf den Einladungslisten meiner Eltern standen. Und selbst als Zweijähriger, so schreibt meine Mutter in meinem Lebensbuch, feierte ich meinen Geburtstag schon mit Carl Edgar Petersen, aus dessen Familie zahlreiche Bürgermeister hervorgingen.

Die Nachmittage blieben der körperlichen Ertüchtigung vorbehalten. Im Sommer war es der Reitunterricht, im Winter turnte Herr Leuschner mit uns auf den Dachböden der verschiedenen Stadthäuser. Dort hatten die Kaufmannsfamilien für ihre Söhne Reck und Barren aufgestellt. Wir waren etwa ein halbes Dutzend Jungen, und Herr Leuschner war ein braver Mann, lange nicht so streng wie der Gärtner Westphalen. Der Turnlehrer hatte es allerdings auch leichter, denn auf den Dachböden war es feucht und kalt. Dort bewegten wir uns von allein.

Wir Kaufmannskinder wuchsen vollkommen isoliert auf. Es gab zwei Welten, die unsere und die andere. Von der Existenz der anderen sollte ich allerdings erst am Ende der Kaiserzeit erfahren.

Wenige Monate nach meiner Einschulung feierte mein Vater seinen 39. Geburtstag. Er hatte seine besten Freunde nach Rissen eingeladen. Wir Kinder tobten um den Tisch und genossen die Ausgelassenheit der Erwachsenen. Plötzlich schlug die Stimmung um. Das Telefon hatte ein paarmal geklingelt, und die Fröhlichkeit in den Gesichtern war einem verstörten Ausdruck gewichen, den ich nicht verstand.

Wir schrieben den 30. Juli 1914. Am nächsten Tag sollte Reichskanzler von Bethmann Hollweg offiziell von der russischen Generalmobilmachung erfahren. Über den bevorstehenden Kriegsausbruch gab es schon am Vorabend keinen Zweifel mehr. Die Anrufer hatten meinen Vater und seine Freunde zu ihren Regimentern berufen.

«Krieg ist wie Weihnachten», soll damals ein junger Leutnant ausgerufen haben, und in den Chroniken wimmelt es von lachenden Kriegsbegeisterten und blumengeschmückten Gewehrläufen. Bei uns war das anders. Mein Vater und seine Freunde gehorchten zwar widerstandslos ihrem patriotischen Pflichtbewußtsein – aber in erster Linie waren sie doch hanseatische Kaufleute. Mit dem Ausland machten sie Geschäfte, und in den Partnerfirmen dort saßen ihresgleichen. Auch jetzt verbot ihre Ordnung ihnen jegliche Zweifel. Die Obrigkeit hatte entschieden. Sie zogen jedoch mit größtem Unbehagen an die Front.

Als mein Vater und sein Bruder fort waren, blieb die Firma ohne Führung. Statt täglich Rechenschaftsberichte abzustatten, führten die Mitarbeiter jetzt ein detailliertes Tagebuch. Es beginnt am Sonntag, dem 2. August: «Herr Hermann Münchmeyer verabschiedete sich heute morgen. Herr Albert Münchmeyer reiste bereits gestern abend zur Front ab. Unsere herzlichsten Wünsche für eine glückliche Wiederkehr begleiten unsere Chefs.» Über Hunderte von Seiten folgen dann genaue Angaben über die einzelnen Geschäfte und ihre Entwicklung während der Abwesenheit der Firmeninhaber. Wie viele der Angestellten ins Feld mußten, weiß ich nicht. Im Firmentagebuch findet sich zu diesem Punkt nur folgende Eintragung: «Den Gestellungspflichtigen haben wir Gehalt bis 1. Oktober 1914 und Wiedereinstellung zugesichert.» Am 5. August verliert die Firma dann noch einen Mitarbeiter. «England hat Deutschland den Krieg erklärt», heißt der erste Satz für diesen Tag – die Patrioten hatten immer eine eindeutige Sicht – und wenig später: «Norman A. Pogson wurde wegen seiner englischen Nationalität mit Gehalt bis heute und einem guten Zeugnis sofort entlassen.»

Wir Kinder merkten vom Krieg zunächst fast gar nichts. Mein Vater war für eine Weile fort. Uns erschien der Abschied von Frau Beincke jedoch viel schlimmer. Sie war eben nur eine Kinderfrau, die nicht einmal richtig deutsch sprach. Da ich nun zur Schule ging, mußte ein gebildetes Kinderfräulein ins Haus. Fräulein Otto trug nicht mehr gestreifte, sondern eigene Kleider und durfte mit uns im Eßzimmer essen.

Gebildet wird sie wohl auch gewesen sein, aber wir konnten sie nicht leiden.

Im Februar 1915 fiel Albert Münchmeyer, der Bruder meines Vaters, in der Masurenschlacht. Jetzt wußte ich, daß Krieg Tod bedeutet. «Heldentod» nannten es meine Mutter und die Lehrer. Die Männer «fielen auf dem Felde der Ehre». Mein Vater kam nach dem Tod seines einzigen Bruders zurück und war in Hamburg zuständig für die Gefangeneninspektion beim neunten Armeekorps in Altona. Das Firmentagebuch endet am 29. April 1915.

Neun Monate war mein Vater im Krieg gewesen. Erzählt hat er uns nichts darüber. Aus den Aufzeichnungen meiner Mutter weiß ich, daß er schon bald das Eiserne Kreuz bekam. Er hat den Marnerückzug und die aussichtslosen Schützengrabenkämpfe an der Aisne mitgemacht. Vielleicht ahnte er schon 1915 etwas über den Ausgang. Zweifel zu äußern wäre ihm jedoch auch jetzt einem Verrat am Vaterland gleichgekommen.

Zwischen Heldentod und Lebensmitteln schien es einen merkwürdigen Zusammenhang zu geben. Je häufiger das Wort auftauchte, desto weniger gab es zu essen. Wir lernten schon früh, was Lebensmittelkarten bedeuteten. Die Butter wurde rationiert. Später bekam jeder dreißig Gramm in der Woche. Meiner jüngsten Schwester erzählten wir damals, Schlagsahne sei aus Walfischfett gemacht. Sie ekelte sich davor, und wir konnten ihre Portion mitessen.

Trotzdem ging das gesellschaftliche Leben weiter. Montags die Philharmonie und dann die Diners. Meine Mutter entwickelte eine Menge Phantasie. Ich habe noch eine handgeschriebene Menükarte aus dem Jahr 1917. Als Vorspeise gab es Steckrübensuppe, als Hauptgang Steckrübensteak und zum Nachtisch Steckrübenpudding. Später machte uns auch die Kälte zu schaffen. Die Alliierten saßen auf den Kohlen. Wir sammelten Holz und Tannenzapfen oder froren. Überhaupt schien das Sammeln für alle, die nicht an der Front waren, gegen Ende des Krieges die wichtigste Beschäftigung zu sein. Die Regierung sammelte Gold, vom Ehering bis zur Uhrkette, und gab uns dafür Eisenschmuck. Die Sozialdemokraten sammelten Stimmen, und wir Kinder sammelten Altmaterial.

Ich war damals schon auf dem Wilhelm-Gymnasium, denn die Vorschule dauerte nur drei Jahre. Die Lehrer ermunterten uns immer wieder, alte Blechkonserven und altes Papier zusammenzutragen. Meine Mutter unterstützte das sehr. In mein Lebensbuch schrieb sie damals: «Jedes Kind wurde patriotisch erzogen. Jeder mußte, wenn auch noch so klein, helfen, wo und wie er konnte.» So zogen mein Freund Hinni Berckemeyer und ich dann auch nachmittags von Haus zu Haus. Zwar lernten wir auf diese Weise die Köchinnen der Nachbarschaft kennen, aber auch jetzt blieben wir in unserem Viertel und damit in unserer Welt.

Wenn wir kein Altmaterial sammelten, spielten wir Krieg. Zu Weihnachten und zum Geburtstag bekamen wir damals fast immer Kanonen und Soldaten. Wir bauten riesige Schlachtenformationen auf, und im Kinderzimmer tobten die Kämpfe. Wir wußten allerdings zuwenig über den tatsächlichen Krieg, als daß unsere Schlachten irgendeinen Bezug zur Realität gehabt hätten. Und wir hatten auch kein klares Feindbild. Es waren nicht etwa Engländer, Franzosen oder Russen, die wir Deutschen besiegten. Wir identifizierten uns mit den vielfarbigen Heerscharen, die unsere Phantasie geschaffen hatte.

In der Wirklichkeit wurde die Zahl unserer Feinde immer größer. Zu Beginn des Krieges hatten wir noch auf die Unterstützung der Japaner und insbesondere der Italiener gehofft. Nur mühsam fanden wir uns damit ab, daß sie sich auf die Seite der Stärkeren schlugen. Dennoch glaubten wir wohl an unseren Sieg, bis im April 1917 der amerikanische Kongreß der Kriegserklärung gegen Deutschland zustimmte. Die Übermacht aus Übersee machte uns berechtigte Angst.

Gegen Ende des Krieges erstarkten ganz andere Feinde. Sie sprachen unsere Sprache und lebten in unserem Land. Nur waren sie eben in jener anderen Welt zu Hause, von der wir Kaufmannskinder nichts wußten. Ihre Anführer waren auch keine feindlichen Generäle, gegen die man mit Geschützen vorgehen konnte. Nach Kriegsende sollten einige von ihnen skrupellos ermordet werden. Sie hießen Karl Liebknecht oder Rosa Luxemburg und kämpften mit Worten, die wir nicht verstanden. Wir wußten nur, daß sie etwas wollten, das unsere Ordnung nachhaltig erschüttern konnte. Ihre Anhänger waren deshalb eindeutige Gegner und hießen bei uns zu Hause «die schrecklichen Kerls».

Am 6. November 1918 bin ich ihnen zum erstenmal begegnet. Sie kamen mir entgegen, als ich aus der Schule kam. Es waren lauter Matrosen. Sie standen auf Lastwagen, schwenkten rote Wimpel und brüllten: «Nieder mit dem Kapitalismus, nieder mit dem Kaiser, es lebe der Arbeiter- und Soldatenrat» und ähnliche Parolen, die ich nicht mehr genau erinnern kann.

Wenige Tage zuvor hatten einige Admirale auf eigene Faust einen wohl aussichtslosen Angriff auf die britische Flotte geplant, um die Ehre ihrer Waffengattung noch im letzten Augenblick zu retten. Die Matrosen hatten sich geweigert und in Kiel den ersten Matrosenrat eingerichtet. Von dort breiteten sich die Unruhen aus, und jetzt marschierten die Aufständischen zum Hamburger Rathaus.

Ihr Geschrei und die roten Fahnen machten mir panische Angst. Ich war völlig durcheinander. So schnell ich konnte, lief ich in das erste Haus, das ich kannte. Glücklicherweise wohnte dort meine Großmutter, der ich schluchzend in die Arme fiel. Jetzt war ich auf einer vertrauten Insel geborgen, und von dort aus rückten wir die Dinge für uns zurecht.

Die Männer da draußen waren gefährlich und würden möglicherweise schießen. Der Kaiser mußte vermutlich zurücktreten, und wir hatten keine Ahnung, ob die Kommunisten oder die Sozialdemokraten den Sieg davontragen würden. Obwohl wir den Kaiser preußischer Herkunft nicht sonderlich geliebt hatten, schienen uns doch ohne ihn und die bewährte Monarchie an jeder Ecke verborgene Gefahren zu lauern. Zwar kannten wir in Hamburg schon so etwas wie eine Demokratie, denn unsere Bürgerschaft wählten wir schon lange. Selbst mein Urgroßvater hatte ihr im vergangenen Jahrhundert für ein paar Jahre angehört. Aber bisher hatte es doch zumindest ein Klassenwahlrecht gegeben, das unsere sozialen Vorrechte sicherte. Seit wir denken konnten, waren Kaufmannschaft und politische Führung in Hamburg identisch.

Wir fürchteten auch um unser Geld. Die 13 Millionen, die mein Urgroßvater uns hinterlassen hatte, waren vermutlich kräftig geschrumpft. In guter patriotischer Gesinnung hatten wir einen großen Teil in Kriegsanleihen angelegt, und die waren bald wertlos. Auch die Geschäfte gingen schlecht. Ob es nach dem Krieg gelingen würde, die gestörten Auslandskontakte rechtzeitig wiederherzustellen, erschien fraglich.

Meine Großmutter wußte das alles, denn sie war eine kluge Frau – die einzige Frau im übrigen, die selbst mein Vater ernst nahm. Als elfjähriger Junge verstand ich natürlich nur wenig. Sie konnte mich jedoch davon überzeugen, daß die Meuterei da draußen trotz allem noch nicht unser Ende bedeutete. Solange wir an unseren Werten festhielten und unseren Vorfahren treu blieben, hatten wir uns nichts vorzuwerfen.

Als meine Großmutter mich endlich beruhigt hatte, entließ sie mich mit den Worten: «Nun erst recht, mein Junge.»

Das Tor zur Welt blieb geschlossen

Wir blieben, was wir waren, und wir blieben in unserer Welt. Wir zweifelten nicht, und deshalb verzweifelten wir auch nicht. Das Gebäude unserer Werte, in dem wir jeden Raum kannten und um freundliche helle Plätze und verbotene Winkel wußten, verrammelten wir winterfest, um im Chaos der jungen Republik sicher zu überleben.

Der Kaiser blieb in Holland. In Hamburg hatte der Arbeiter- und Soldatenrat vom 13. November 1918 an für 140 Tage das Sagen. Die neuen Herren im Rathaus mühten sich zwar nach Kräften um die Wiederherstellung der öffentlichen Ordnung, aber obwohl sie zu diesem Zweck schon bald eine Volkswehr aufstellten, hatten sie anfangs wenig Erfolg. In den reichen Villenvororten lebten wir gefährlich. «Das Gehen auf den Straßen wird unsicher, gemordet, geplündert und gestohlen wird viel», schrieb meine Mutter damals in mein Lebensbuch.

Wir wußten uns jedoch zu helfen. Zahlreiche Bürgersöhne waren gleich nach der Schule in den Krieg gezogen und fanden zunächst ohnehin keinen rechten Platz in der Friedensordnung. Sie schlossen sich zu sogenannten Freikorps zusammen, die in Hamburg nach ihrem Hauptquartier die Bahrenfelder hießen. Und auf die Bahrenfelder war Verlaß. Auf unsere Sicherheit gaben sie weit besser acht als die Mitglieder der Volkswehr. Sie verteidigten uns gegen Kommunisten und andere Aufständische.

Und sie verteidigten so zugleich die neue Regierung, obwohl sicher keiner von ihnen über Nacht zum Republikaner oder gar zum Sozialdemokraten geworden war. Nur schienen ihnen Ebert und Noske im Vergleich zu den Kommunisten als das weitaus geringere Übel. So konnten die Sozialdemokraten sich im ganzen Land auf die unerwarteten Bündnispartner aus dem etablierten Bürgertum und der bewährten Armee verlassen.

Für uns Jungen waren die Bahrenfelder Freiwilligen Helden. Mein Onkel Hans Heinrich Waitz gehörte dazu und ebenso mein späterer Schwager Ascan Lutteroth, den ich damals allerdings noch nicht kannte. Während des Krieges hatten wir immer nur von Helden gehört und selten einen zu Gesicht bekommen. Jetzt sahen wir sie täglich und durften ihren Schilderungen lauschen. Ich beneidete meinen Onkel um seine Uniform, und die Straßenschlachten erschienen mir keineswegs weniger glorreich als die Feldzüge in ferne Länder.

In Wirklichkeit waren es jedoch kaum hehre und patriotische Angelegenheiten, die den Kampfgeist der jeweiligen Gegner schürten. Die größte Schlacht lieferten sich Freiwillige und Aufständische um verdorbene Sülze. Die Lebensmittelversorgung blieb in den ersten Nachkriegsjahren schlecht. Als dann im Juni 1919 bekannt wurde, daß eine Hamburger Fleischwarenfabrik verdorbene Sülze verkaufte, verwandelte der Hunger sich augenblicklich in Wut. Es kam zum Volksaufstand. Hungernde Arbeiter stürmten die Fabrik und plünderten zahlreiche Lebensmittelläden. Schließlich wollten sie sogar das Rathaus besetzen, aber da hatten sie die Rechnung ohne meine Helden gemacht: Tapfer verteidigten die Bahrenfelder den Sitz ihrer Stadtväter.

Drei Tage später wurde ein «Waffenstillstand» vereinbart. Nur hatte das Volk sich noch lange nicht beruhigt. Als die Freiwilligen ohne Waffen abzogen, wurden einige von ihnen ergriffen und in einer Art Lynchjustiz übel zugerichtet. Natürlich waren wir empört – und die Regierenden mit uns. So wurde an höchster Stelle entschieden, daß wir namhafte Unterstützung bekamen: Am 1. Juli zog der kampferprobte General von Lettow-Vorbeck mit seinen Freikorps in Hamburg ein. Er sorgte für Ruhe, und aus seinem Gefolge entstand im Herbst die neue hanseatische Ordnungspolizei. Dann waren wir beruhigt.

Die Freiwilligen sollten mit ihrer Unterstützung der gemäßigten Linken recht behalten. Die Sozialdemokraten erwiesen sich insbesondere in Hamburg als sehr verständig. Im März 1919 fanden die ersten freien und gleichen Bürgerschaftswahlen statt. Die Stimmen wurden jetzt nicht mehr nach dem versteuerten Jahreseinkommen der Wähler gewichtet, und die Sozialdemokraten erlangten mit 82 Mandaten die absolute Mehrheit. Uns Kaufleuten wollten sie deshalb noch lange nicht an den Kragen. Ihr alter Vorkämpfer Otto Stolten lieferte dafür den besten Beweis: Er gab sich zugunsten von Werner von Melle mit dem Amt des zweiten Bürgermeisters zufrieden. Seine wörtliche Begründung: «An die Spitze des hamburgischen Staates gehört ein Mann, der auch den alten Familien nahesteht.»

Nun hatten wir zwar schon vorher gewußt, daß die Sozialdemokraten keine roten Revolutionäre waren, denn schließlich trugen sie schwarze Gehröcke. Aber von so viel Einsicht in die hanseatischen Verhältnisse waren wir doch angenehm überrascht. Unser Mißtrauen gegenüber dem neuen Staat behielten wir uns trotzdem vor. Au fond blieben wir schwarzweiß-rot und bewahrten so im Herzen getreulich die Farben der Monarchie. Nur nach außen gebärdeten wir uns zweckmäßigerweise als schwarz-rot-goldene Republikaner. «Vernunftrepublikaner» nannte es mein Vater.

Viele dachten so. Kaum schien die kommunistische Gefahr gebannt, versagten sie Ebert und seiner Partei die Stimme. Die Sozialdemokraten galten jetzt als die Hauptverantwortlichen für das neue System. Schon bei den Wahlen zur Nationalversammlung im Januar hatten sie nur 38 Prozent der Stimmen erhalten. Wir sahen uns bestätigt.

In hanseatischer Zurückhaltung übten wir jedoch keine offene Kritik. Wir schoben lieber den Hafenarbeiter vor, der auf die Frage nach seiner Einstellung zu Ebert geantwortet haben soll: «'n gelernten Kaiser is mich lieber!» Und wir vergaßen dann auch nicht zu erwähnen, daß Ebert schließlich etwas ganz anderes gelernt hatte: Er war von Haus aus Sattler.

Kurt Tucholsky – den wir damals natürlich nicht kannten –

soll Ebert einmal als «persönlich rein und sachlich schmutzig» charakterisiert haben. Und so ähnlich hätten wir es vielleicht auch ausgedrückt. Nur wollte Tucholsky mit seinem Ausspruch Eberts wenig revolutionäre Haltung anprangern, während wir dem braven Sattler eben gerade sein sozialdemokratisches Gehabe übelnahmen.

Von Demokratie verstanden wir noch nicht viel, und die Parteien betrachteten wir eher als Standesorganisationen. So war es für meinen Vater selbstverständlich, der Deutschen Volkspartei (DVP) Sympathie und Unterstützung zu gewähren. Denn in der DVP vereinigten sich zahlreiche Namensträger der Handelshäuser, der gehobene Mittelstand und diejenigen Vertreter der Industrie, denen Hugenbergs Deutschnationale Volkspartei (DNVP) zu rechtslastig erschien. Gustav Stresemann dagegen, der die DVP 1919 im Geiste der nationalliberalen Tradition aus der Vorkriegszeit gründete, hielten wir für einen würdigen Repräsentanten. Und darin sollten wir recht behalten.

Erst langsam lernten wir, daß wir in dem neuen System unsere Interessen auch der Mehrheit schmackhaft machen mußten. Es reichte nicht mehr, daß wir uns untereinander einig waren. Daß nun Unterköchin, Kleinmädchen und Kutscher die gleiche Partei wählen sollten wie ihre Herrschaft, ging manchen dieser Herrschaften doch zu weit. Wir, die wir schneller verstanden, machten uns schon bald über die Begriffsstutzigkeit dieser alten Garde lustig. Wir nannten jedoch keine Namen, sondern behalfen uns wiederum mit einer Anekdote: Eine Senatorentochter engagierte sich sehr aktiv für die Konservativen. Eines Tages wurde sie gefragt, ob sie auch ihre Dienstboten schon überzeugt habe. «Natürlich nicht», antwortete sie prompt, «die wählen SPD, das ist für die doch auch die richtige Partei.»

Im einzelnen befaßte sich allerdings keiner von uns mit dem neuen Staat. Was die Väter der Verfassung in Weimar gedacht und geschrieben hatten, blieb uns weitgehend unbekannt – und spielte in unserem Alltag auch keine Rolle. Denn im Alltag galt allein das «Nun erst recht» meiner Großmutter. Wir mußten Haltung bewahren und durften nicht die Nerven verlieren. Albert Ballin war uns ein warnendes Beispiel. Er, der ehemalige Generaldirektor der Hamburg-Amerika Linie und der einzige Hanseat, der als Vertrauter Wilhelms II. gelten konnte, war im Denken und Handeln zu fest in der Monarchie verwurzelt gewesen. Den abrupten Systemwechsel hatte er nicht verkraftet. Sein Tod hatte uns erschüttert. Wir wußten jedoch, daß wir stärker sein mußten. Und es fiel uns leichter, weil wir stets die nötige Distanz bewahrten.

Während des Krieges waren unsere ausländischen Geschäftskontakte fast sämtlich eingeschlafen. So mühte mein Vater sich nach Kräften darum, den Handel wieder in Schwung zu bringen. Und das tat er nicht nur für uns. Natürlich hatte auch er sich über die ungeheuerlichen Reparationsforderungen empört, die die Alliierten in Versailles geltend gemacht hatten. Unsere Regierung hatte jedoch notgedrungen unterschrieben, und nun mußten wir Deutschen zahlen.

Der Handel entwickelte sich rasch. Erstens machten wir die meisten unserer Geschäfte mit Firmen deutschstämmiger Familien in Südamerika, und deshalb spielten nationalfeindliche Vorbehalte für Münchmeyer & Co. kaum eine Rolle. Und zweitens war die Verpflichtung, Banknoten in Gold einzulösen, aufgehoben. Der Geldumlauf mußte also nicht mehr in Gold gedeckt sein. Die Kaufkraft nahm zu, das Warengeschäft nahm zu, und mit dem internationalen Warengeschäft erhöhte sich auch das Volumen der Außenhandelsfinanzierung. Unser Bankgeschäft blühte auf.

Die vielen Scheine waren jedoch schon bald fast nichts mehr wert. Kaum hatten wir uns in dem neuen Staat eingerichtet, kaum gehörten Kälte und Steckrüben endlich der Vergangenheit an, da erstickte die Inflation den Aufschwung im Keim. Unsere Kaufmannswelt stand kopf. Plötzlich gehörte es zum guten Ton, Schulden zu machen und diese später mit neuen Schulden zu bezahlen, denn so konnte man die Inflation gewinnbringend nutzen.

Die Verantwortlichen für die Entwertung hatten wir schnell gefunden. Die gewählte Regierung schaffte es noch immer nicht, die Reparationsforderungen auf dem Verhandlungsweg zu mindern. Und weil die Alliierten keine Sachvergütung akzeptierten, mußten wir immer neues Geld drucken, um Devisen zu kaufen und unsere Schulden zu bezahlen. Wir machten uns damals nicht klar, daß schon die Kriegsfinanzierung über Milliardenanleihen die Geldmenge verfünffacht hatte. Das Quatrillionen-Desaster von 1923 wurde ausschließlich der ohnehin nur geduldeten neuen Staatsform angerechnet, der Demokratie.

Der Mittelstand und das Kleinbürgertum, die Angestellten und Beamten, wurden von der Entwertung am härtesten getroffen. Die Selbstmordquote schnellte damals in Hamburg rapide hoch. Zahlreiche Kleinunternehmer machten pleite. Andere bereicherten sich in der klassischen Manier der Inflationsgewinnler. So regierte beispielsweise Hugo Stinnes am Ende über ein kaum überschaubares Imperium von Unternehmen aus verschiedensten Branchen. Rücksichtslos hatte er an die fünftausend geschwächte Betriebe aufgekauft. Solche Geschäfte ließen sich mit unserer hanseatischen Kaufmannsehre natürlich nicht vereinbaren. Und doch klang so etwas wie Bewunderung an, wenn wir uns damals folgenden Witz erzählten: Als Hugo Stinnes in den Himmel kam, rief der heilige Petrus seine Engelscharen zusammen und sagte: «Stinnes kommt. Jetzt heißt es achtgeben, Kinder, sonst gehört ihm in zwei Wochen der ganze Betrieb.»

Auch ohne Tricks und Schiebereien kamen einige Unternehmen glimpflich davon. In gewisser Weise galt das auch für Münchmeyer & Co. Wir handelten in erster Linie in fremder Währung und beschränkten uns im Bankgeschäft im wesentlichen auf die Finanzierung des Außenhandels. Wir refinanzierten uns in London oder New York, und so litten wir im täglichen Geschäft wenig unter der Entwertung. Unser Kapital blieb natürlich nicht verschont. Als wir nach der Rentenreform unsere Bilanzbücher nicht mehr in Billionen führten und die erste reale Bewertung vornahmen, war das Erbe meines Urgroßvaters noch mehr geschrumpft: Von den 13 Millionen Goldmark blieben uns nach dem Ersten Weltkrieg und der Inflation noch 1,7 Millionen Rentenmark.

Wir Kaufmannskinder hatten während der Inflation wenig von dem Elend gespürt. Unser eigenes Leben hatte sich kaum verändert. Arglos stimmten wir in die Ohrwürmer der Zeit ein und dachten uns nichts dabei, wenn der Refrain hieß: «Wir versaufen unser Oma ihr klein Häuschen und die erste und die zweite Hypothek.» Wir ahnten nicht, was das für die Oma und ihre Erben in der anderen Welt bedeutete. Und wir wußten kaum etwas von dem Gerenne um zeitige Wechseleinlösung, von dem Kampf um eine verlängerte Mittagspause, damit das Geld beim Einkaufen ein paar Stunden später nicht noch weniger wert war, von der Verzweiflung, wenn zwischen Lohnauszahlung und Ladenschluß nicht genügend Zeit blieb, um sich mit dem Nötigsten zu versorgen.

Nur unser Taschengeld, das merkten wir wohl, reichte nicht einmal mehr für ein paar Bonbons. Knapp bemessen war es ohnehin schon. Die aufwendige Abrechnung, zu der wir natürlich verpflichtet waren, lohnte sich kaum noch. Meine jüngeren Schwestern wußten sich zu helfen. Wenn meine Eltern draußen in Rissen Besuch erwarteten, fingen sie die Gäste vorher auf einem Waldweg ab. «Lösegeld oder Gefängnis» riefen sie dann und bekamen bei dem Spiel schnell ein paar hundert Mark zusammen. Auf ihren Fahrrädern rasten sie ins Dorf – vielleicht war jede Minute ein Viertelbonbon – und kauften Süßigkeiten.

Die Freunde meiner Eltern zahlten immer bereitwillig und schmunzelnd das Lösegeld. Nur mit einem Dienstmädchen hatten die beiden einmal Pech. Es weigerte sich, denn schließlich war sein Lohn jetzt noch weniger wert. Meine Schwestern kannten kein Erbarmen. Sie sperrten das arme Mädchen zur Strafe ins Eishaus, ein kleines grünes Strohdachhaus im Wald, in dem Eisstangen gelagert wurden. Elektrische Kühlschränke gab es damals noch nicht. Wie lange das Mädchen dort frieren mußte, weiß ich nicht. Jedenfalls erfuhr mein Vater nichts davon, sonst hätten meine Schwestern bestimmt eine saftige Strafe bekommen.

Ich selbst kann mich an die «Erpresserspiele» ohnehin kaum erinnern und habe mich sicher nie beteiligt. Ich war jetzt auch schon konfirmiert und bekam zum Frühstück anstelle des Bechers eine Tasse und anstelle des Buschens – so hießen bei uns die Kinderlätzchen – eine richtige Serviette. Die Dienstboten nannten mich «Herr Alwin». Sie sprachen in der dritten Person mit mir: «Wünschen Herr Alwin noch eine Tasse Kaffee?» Anfangs machte mich das schüchtern, aber ich gewöhnte mich schnell daran.

Im Winter mußte ich nun nachmittags auch nicht mehr mit Herrn Leuschner auf dem Dachboden turnen, sondern ich besuchte die Tanzschule Knoll. Dort brachte man mir – vom Handkuß bis zum Walzer – alles bei, was ich für meine ersten Auftritte in der Hamburger Gesellschaft können mußte. Auf dem Tanzparkett bewegte ich mich anfangs etwas unbeholfen. Ich hatte wenig Gefühl für Musik und mußte die Schritte auswendig lernen. Die Töchter aus gutem Hause machten sich deshalb über mich lustig. Wegen meiner Haarfarbe nannten sie mich ohnehin schon den «roten Alwin», und beim Kotillon bekam ich immer die Bürste. Bei diesem Tanz konnten die Mädchen uns Jungen übel mitspielen. Wenn sie unsere Aufforderung ablehnen wollten, zeigten sie uns tatsächlich eine kleine Bürste, die sie in den zusammengelegten Händen verborgen hielten. Bei anderen Tänzen durften sie das nicht. Und obwohl mein Vater noch bei meiner Einsegnung vor allen Gästen versichert hatte, daß ich meinen Eltern immer nur Freude bereitet hätte, erfuhr ich in der Tanzstunde nun häufig eine solche schroffe Ablehnung. Vielleicht war das der Unterschied zwischen dem Knaben und dem Jüngling, über den mein Vater ebenfalls – und etwas rätselhaft – gesprochen hatte. Jedenfalls besaß ich jetzt einen eigenen Anzug und war wohl kein Kind mehr.

Die Tragweite der Inflation begriff ich deshalb noch lange

nicht. Was sich hinter den vielstelligen Zahlen in den Schaufenstern der Kaufmannsläden verbarg, das ahnte ich nur sehr verschwommen. Anfang Oktober 1923 kostete ein Liter Milch 5,4 Millionen und wenige Wochen später 360 Milliarden Mark. Insgesamt waren mehr als drei Quatrillionen Mark im Umlauf.

Unsere Köchin bekam eine riesige alte Handtasche meiner Mutter, um darin die vielen Scheine zu verstauen, die sie jetzt zum Einkaufen brauchte. Meine arme Mutter geriet mit ihrem Ausgabenbuch in arge Nöte. Wie immer mußte sie meinem Vater jeden Abend über den Tag berichten und die Abrechnung vorlegen. Sie saßen dann nicht etwa beieinander, sondern mein Vater nahm an seinem Schreibtisch Platz und klopfte streng und erwartungsvoll auf die Holzplatte. Meine Mutter stand neben ihm stramm und zitterte innerlich noch mehr als sonst, weil sie die Millionen und Milliarden nur allzu leicht durcheinanderbrachte. Unser Geldgeschäft war noch nie ihre Sache gewesen. Sie bewunderte meinen Vater und widersprach ihm nie. Und sie hatte sich seine Prinzipien vollkommen zu eigen gemacht. Auch sie lebte nach dem Motto «Nun erst recht» und stürzte sich im Sommer in Rissen mit besonderem Eifer in die Spargelbeete und die Johannisbeersträucher. Ihr Verhalten entsprach ganz dem herkömmlichen Muster, und sie fügte sich. Als mein Vater später alle drei Wochen zum Friseur nach Berlin reiste, obgleich er kein einziges Haar mehr auf dem Kopf trug, schmunzelte sie darüber wie alle anderen auch. Für die Männer hatte die Sittenstrenge der Väter schon immer Schlupflöcher gelassen, und wer keinen Anlaß zum Schmunzeln gab, war kein rechter Mann. So hatte sie es gelernt.

Im November 1923 kam ein amerikanischer Geschäftsfreund meines Vaters zu Besuch. Mein Vater nutzte die Gelegenheit, um uns eine Vorstellung von dem Wert unseres Geldes zu geben. Er rief uns alle in sein Arbeitszimmer. Dann schloß er seinen Schreibtisch auf und legte einen riesigen Pakken Banknoten auf den Tisch. Er nannte dem Amerikaner den Betrag und bat ihn, den Gegenwert in Dollar daneben zu legen. Der Geschäftsfreund griff lässig in die Hosentasche, zog zwei oder drei zerknitterte Eindollarscheine hervor und gab noch eine Münze dazu. Der Dollarkurs lag damals bei 4,2 Billionen Mark.

Persönlich kannten wir eigentlich nur einen Mann, dem die Inflation besonders hart mitspielte: Wilhelm Cuno. Er war der Nachfolger Ballins bei der Hamburg-Amerika Linie, und ich kann mich noch gut an seine große, elegante Erscheinung erinnern. Er verkehrte gelegentlich bei meinen Eltern, und er war mir nicht unsympathisch. Ein armer Mann wurde allerdings auch Cuno nicht. Er war weniger in die finanziellen als in die politischen Wirren der Inflationszeit verstrickt – und verlor durch die Geldentwertung immerhin den Posten des Reichskanzlers. Im November 1922 hatte Ebert den parteilosen Hanseaten beauftragt, eine neue Regierung zu bilden. Das Kabinett Wirth war bald nach der Ermordung des Außenministers Rathenau zurückgetreten, und von Cuno erwarteten besonders wir Hamburger nun eine Menge.

Meine Mutter schrieb damals in mein Lebensbuch: «Mit der Ernennung des Herrn Geheimrat Cuno kommt ein neuer Zug in unsere Regierung. Mit fester deutscher Art tritt er auf, den raubgierigen Feinden sagte er ein ‹Nein›.» Gemeint waren in erster Linie die Franzosen, die sich allerdings wenig um Cunos feste deutsche Art scherten und im Januar 1923 das Ruhrgebiet besetzten. Der Herr Geheimrat wurde weder mit den Alliierten noch mit den Arbeitern fertig. Weil die Mark nichts mehr wert war, streikten letztere im ganzen Land. Als schließlich auch die Drucker von den Notenpressen fernblieben, entstand ein bedrohlicher Mangel an Papiergeld. Der Reichstag entzog Cuno das Vertrauen, und schon elf Monate nach Amtsantritt kehrte er zur Hamburg-Amerika Linie zurück.

Im Herbst 1923 nahmen die Unruhen auch in Hamburg bedrohliche Formen an. Seit Hafenarbeiter und Handelsmatrosen sich an den landesweiten Streiks beteiligten, herrschte im Hafen tödliche Flaute. Das Tor zur Welt blieb geschlossen, und die Kaufleute konnten keine Geschäfte mehr machen. Die Waren lagerten in den Schuppen, und die Diebstähle nahmen täglich zu. Mein Vater war damals Handelskammerpräses. Schon vor Monaten hatte er energisch Polizeischutz für die Handelsfracht und ein Untersuchungsgefängnis im Freihafen gefordert. Die Regierenden hatten jedoch nicht auf seinen strammen Kurs einschwenken mögen, und nun war es zu spät. Im Hafen ging es drunter und drüber. Nur ein stabiles Zahlungsmittel, so das Fazit der Kaufleute, konnte jetzt noch Abhilfe schaffen.

Am 24. Oktober gründeten sie deshalb die «Hamburgische Bank von 1923». Neben Max Warburg und Rudolf Blohm gehörte auch mein Vater zu den Initiatoren. Sie hatten lange an dem Modell gebastelt, und die neue Bank arbeitete nach folgendem Prinzip: Handelshäuser und Betriebe erhielten dort gegen bestehende Giro-Goldmark-Guthaben sogenannte Verrechnungsanweisungen, die vorübergehend ein stabiles Zahlungsmittel ersetzten. Zudem konnten Devisen gegen Gutscheine eingelöst werden, die die gleiche Funktion erfüllten. Und das Prinzip funktionierte. So behalfen die Kaufleute sich für die letzten Wochen der Inflation und waren stolz darauf.

Ende November hatten Reichsbankpräsident Schacht und Finanzminister Luther das Rentenwunder schließlich vollbracht. Da mein Vater Sympathie und Anerkennung sehr wohl auseinanderhalten konnte, lobte er Schachts Werk in den höchsten Tönen. Dem Finanzmann Schacht zollte er jetzt noch größeren Respekt. Persönlich mochte er den Präsidenten, den er aus dem Beirat der Reichsbank recht gut kannte, weniger leiden. Er hielt ihn für das, was er «charakterlich nicht ganz einwandfrei» nannte.

Die neue Mark war durch Pfandbriefe gedeckt, die auf Kapitaleinlagen in der Industrie und der Landwirtschaft beruhten. Schacht hatte streng auf die Begrenzung der Geldmenge geachtet, um eine neue Inflation zu verhindern. Es fehlte an Sparguthaben, und der Kapitalmarkt war eng. Viele Unternehmen borgten ihr Geld deshalb im Ausland. Dort wurden uns die Kredite reichlich angeboten. Daß die wachsende Auslandsverschuldung uns irgendwann einmal gefährlich werden könnte, bedachten wir nicht. Fürs erste glaubten wir an eine solide Finanzierung unseres neuen Wohlstands. Wir amüsierten uns und tanzten auf einem Vulkan, ohne von seiner Sprengkraft etwas zu ahnen. Selbst wir Kaufmannskinder wagten in den sogenannten goldenen zwanziger Jahren schüchterne Ausschweifungsversuche. Die Zeit meiner Feste begann auf Rentenmark-Basis.

Fremde konnten unsere Spielregeln nicht durchschauen

Seit ich meinen Anzug häufiger trug, nahm ich mehr und mehr das Denken meines Vaters an. Jahrelang beobachtete ich ihn sehr genau, um die Spielregeln, die in unserer Welt eine unverrückbare Gültigkeit besaßen, von ihm zu lernen. Und die Regeln waren kompliziert, denn sie bestanden fast nur aus ungeschriebenen Gesetzen. Fremde konnten diese Gesetze nie ganz durchschauen. Meinesgleichen hingegen erkannte ich später daran, daß sie unsere Regeln beherrschten. So durfte ich beispielsweise in der Schule schummeln, allerdings nur, wenn ich mich nicht erwischen ließ. Hätte ich wegen Mogelns eine ungenügende Note bekommen, hätte mein Vater mir ganz sicher moralische Vorhaltungen gemacht. Solange ich jedoch unausgesprochen etwas tat, was jedermann tat, wurde es gleichfalls unausgesprochen gebilligt.

Im Februar 1926 bestand ich als drittbester Schüler meines Jahrgangs das Abitur. Besonders stolz war ich darauf nicht, denn Leistung und Erfolg hielt ich damals schon für selbstverständlich. Bis zur Untertertia hatte mein Vater fast täglich meine Hausaufgaben kontrolliert, dann war ich selbst verantwortlich. Nun konnte ich griechische und lateinische Texte hersagen und wußte zahllose deutsche Verse auswendig. Ich ließ mich von den Dichtern jedoch nicht verführen. Selbst die Metamorphosen des Ovid bedeuteten mir nichts als eine Aneinanderreihung von Vokabeln, die es zu übersetzen galt. Niemand lehrte mich, die Texte anders zu lesen. Die Lehrer bewahrten uns Kaufmannskinder vor dem Zauber der schönen Geister, als sei er ein böser Spuk. Die Musen blieben Fremde. Ich kann mich nur an einen Klassenkameraden erinnern, der wirklich Freude an schöngeistigen Dingen hatte. Und der wurde dann auch kein Kaufmann, sondern suchte seinen Erfolg anderswo.

Wir übrigen, die wir wohlgerüstet in die Fußstapfen unserer Väter treten sollten, hatten in der Freizeit anderes zu tun. Wir trieben Sport und übten uns in sportlicher Fairness. Wir lernten, um Ehrentitel zu kämpfen, als Sieger bescheiden zu bleiben und im Falle einer Niederlage dem Gewinner die Hand zu reichen. Ich trainierte damals in den verschiedensten Disziplinen, wurde Hamburger Meister im Wettlauf der Oberschüler über hundert Meter und gehörte zu der Fußballmannschaft, die im Endspiel um die Hamburger Schulmeisterschaft auf dem berühmten HSV-Platz am Rothenbaum spielen durfte.

Auf dem Fußballfeld fielen für mehr als eine Halbzeit die Schranken der Herkunft. Wir kamen alle gut miteinander aus, weil wir sportlich und unpolitisch waren. Nach dem Spiel tranken wir manchmal einen Schnaps zusammen. Dabei blieb es. Wenn die Eltern sich nicht kannten, luden wir die Söhne auch nicht nach Hause ein. Wir dachten darüber nicht nach, sondern fügten uns selbstverständlich in die Tradition.

Nach der Schulzeit hatte ich andere Sportkameraden. Ich

wurde Mitglied in zwei ehrwürdigen Hamburger Clubs. Beide Vereine verbürgten sich schon deshalb für ihre Einzigartigkeit, weil der Artikel zum Namen gehörte. «Der Club an der Alster», kurz DCadA, nahm mich als Junior auf. Ich spielte mich schon bald in die erste Hockeymannschaft, der ich dann – mit Unterbrechungen – immerhin bis 1947 angehörte.

«Der Hamburger Ruderclub», kurz DHRC, war ein ähnlich renommierter Verein. Dort pflegte man den englischen Sportsgeist. «Fair play» hieß das oberste Gebot. Damit allein war es jedoch nicht getan. Neben der Fairness übten wir auch die Enthaltsamkeit. Wir mußten uns per Handschlag verpflichten, während des Trainings in den Sommermonaten nicht zu trinken, nicht zu rauchen und uns nicht mit Mädchen zu vergnügen. Und es wäre uns nicht eingefallen, gegen diese Gebote zu verstoßen. Wer als Hanseat und Kaufmann etwas auf sich hielt, gehörte dem «Club» an. Eine Verletzung der Spielregeln hätte dem guten Namen ebenso geschadet wie die Verletzung einer Geschäftsvereinbarung.

Die sittenstrengen und patriotischen Senioren unter den Clubmitgliedern gaben den Ton an. Sie waren derart traditionsbewußt, daß sie noch acht Jahre nach der Flucht des Kaisers zu den Farben der Monarchie hielten: Als 1926 das neunzigjährige Bestehen des DHRC gefeiert wurde, ließ man im Schlußlied den Club, die Frauen und das Vaterland unter dem schwarz-weiß-roten Banner hochleben.

Sie waren nicht die einzigen. Noch immer wurde am Sedan-Tag auf einigen Häusern die Kaiserflagge gehißt, obwohl es eigentlich verboten war. Und an jedem Volkstrauertag gab es Streit um die Schleifen für die Kränze. Die Konservativen plädierten natürlich für Schwarz-Weiß-Rot. Ihr Argument: Die jungen Männer seien schließlich unter dieser Fahne gefallen. Der Streit um die Flagge kümmerte mich wenig. Mein Vater hatte – zumindest äußerlich – mit der Republik seinen Frieden gemacht, und daran hielt ich mich. Im Club interessierten mich allein der Takt im Achter und die Größe der Pokale, die wir gewannen.

Zur gleichen Zeit lernte ich bei meinem Vater das Kaufmanns-ABC. Drei Wochen nach dem Abitur trat ich bei Münchmeyer & Co. als Lehrling ein. Mein Vater wollte mich nicht etwa schonen, als er mich in die eigene Firma nahm. Nur war unsere Kombination aus Bank und Handelshaus, das klassische Geschäft des Merchant-Bankers, wenig üblich, und ich sollte schließlich zu seinem Nachfolger ausgebildet werden.

Wie in alten Zeiten stand ich nun beim Chef der Firma in Lehre und Kost, denn natürlich wohnte ich nach dem Abitur weiter zu Hause. Anders als die herkömmlichen Lehrlinge wurde ich nicht mehr zu Hausdiensten herangezogen, wie es noch Ende des letzten Jahrhunderts in Hamburg üblich gewesen war. Aber ich hatte mich bescheiden zu betragen. Als ich abends auf der Treppe einmal rief: «Dora, zwei Flaschen Bier ans Bett!», gab es ein gewaltiges Donnerwetter.

Die Firma war für mich eine neue Welt. Dort begegnete ich ganz anderen Menschen als in der Hamburger Gesellschaft. Sie trugen Straßenanzüge und vertauschten diese am Schreibtisch gegen ihre Bürojacken. Die Buchhalter saßen mit schwarzen Ärmelschonern und runden Brillengläsern vor einfachen Rechenmaschinen, die sie mit einer Handkurbel bedienten. Bis heute ist mir ein Rätsel, wie sie in der Inflationszeit mit diesen einfachen Maschinen ungezählte Billionen addiert haben mochten.

Die Sekretärinnen trugen hochgeschlossene Blusen und dunkle Röcke, die etwa bis zur Mitte der Wade reichten. Wenn sie in der Mittagspause das Büro verließen, setzten sie fast immer einen Hut auf. Meistens packten sie jedoch – das war auch bei den Männern üblich – am Schreibtisch ihre mitgebrachten Stullen aus. Sie waren von einer Art selbstbewußter Biederkeit, die ich bisher nicht kannte. Mir waren nur Frauen begegnet – von meiner Volksschullehrerin Fräulein Lachmund und unseren Hausangestellten einmal abgesehen –, die sich ohne Beruf ausschließlich in der Gesellschaft bewegten. Einmal im Jahr feierten wir ein Firmenfest, und dann sahen die Sekretärinnen wieder anders aus, «sehr zurechtgemacht», wie meine Mutter mit hochgezogenen Augenbrauen bemerkte. Am Anfang war ich dann schüchtern, später tanzten und tranken wir miteinander.

Überhaupt begann ich langsam zu begreifen, daß die Welt nicht ganz so einfach war, wie ich sie mir gedacht hatte. Früher schien die Trennungslinie deutlich. Da gab es zwei Welten. Mit der Zugehörigkeit zu der unseren verband ich Sicherheit, Wissen und Überlegenheit. Jetzt traf ich auf einmal Menschen, die viel mehr wußten als ich und die doch in der anderen Welt zu Hause waren. Auf den ersten Blick erschien der Unterschied zwischen uns gar nicht so groß – auch sie strebten nach dem Leistungsprinzip, erfüllten ihre Pflicht und achteten die kaufmännische Moral. Sie beherrschten zwar unsere gesellschaftlichen Spielregeln nicht, und ich begegnete ihnen auch nie in den Clubs, aber sie machten mich doch befangen. Ich wurde schüchtern und unsicher. Ich merkte, daß es nicht ausreichte, sich auf den Hamburger Diners einigermaßen anständig zu benehmen und beim Rudern Pokale zu gewinnen. Und ich spürte, daß ich diese Unsicherheit nur überwinden würde, wenn meine Leistungen allgemeine Anerkennung finden würden.

Eine Lehrstelle bei Münchmeyer & Co. betrachteten wir damals als ein Privileg, das eigentlich nur den Söhnen von Geschäftsfreunden zukam. Herr Erasmi, der Leiter unserer Importabteilung, brüstete sich gerne mit dem großen Andrang. Wenn jemand ihn fragte, ob sein Sohn zu uns in die Lehre kommen könnte, fragte er zurück: «Ist der schon geboren?» Zu meiner Zeit waren wir sechs oder sieben «Privilegierte» in unserem Kontor. Mein Vater nahm die Ausbildung sehr ernst. Nicht Geld, sondern Kenntnisse, so betonte er immer wieder, stellten für den Kaufmann das einzige immer bleibende Kapital dar. Und natürlich die weiße Weste. Unsere Vorfahren hatten sie aus verschiedenen Tuchen gewebt und gründlich gebleicht. Wir durften nur ja keine Flecken darauf machen, denn die Weste wies uns als achtbare Kaufleute aus. Wenn wir sie trugen, hoben wir uns deutlich von den sogenannten Geschäftemachern ab. Man vertraute uns sein Geld an und trieb gerne mit uns Handel. Schließlich schonten wir unsere Handelspartner auch nach Möglichkeit, wenn sie einmal wirklich in Not waren. Mein Vater lehrte uns nämlich noch einen dritten Grundsatz, den er von den alten Chinesen übernommen hatte. Er lautete: «Du sollst nie eines Mannes Reisschale zerbrechen.» Im Kaufmannsjargon bedeutete das, einen Geschäftspartner mit den eigenen Forderungen nicht so weit in die Enge zu treiben, daß ihm keine Chance mehr blieb.

So lieferte mein Vater die Leitsätze, und sein erster Prokurist stellte den Ausbildungsplan auf. Herr Düsterdieck saß im Zimmer neben dem Chef. Sein Vater hatte schon für meinen Großvater gearbeitet, und Herr Düsterdieck nahm seine Sache ernst. Er verteilte uns Lehrlinge so auf die Abteilungen, daß wir immer möglichst weit voneinander entfernt saßen. Da nützte es uns wenig, daß wir uns selbst schon für recht erwachsen hielten. Der erste Prokurist traute uns alle möglichen Dummenjungenstreiche zu und trennte uns strikt. Und er achtete sehr genau darauf, daß keiner von uns auch nur eine einzige Abteilung ausließ. So lernte ich in den folgenden zweieinhalb Jahren von der Materialverwaltung bis zur Poststelle, von der Kreditabteilung bis zum Kaffeeimport sämtliche Sparten unseres Geschäfts kennen. Es gab damals noch keine Berufsschule und keine Lehrlingsprüfung. Die Mitglieder der Handelskammer hielten es nicht für nötig, sich von unseren Kenntnissen und Qualitäten zu überzeugen. So trug Herr Düsterdieck in der Tat eine schwere Verantwortung.

Mein Vater überwachte die Ausbildung aus der Ferne und erkundigte sich regelmäßig nach meinen Leistungen. Er gab sich alle Mühe, mich nicht spüren zu lassen, daß ich der Sohn vom Chef war. Eines Tages fuhr er auf der Straße in seiner Kutsche an mir vorbei. Es war ein Sonnabend. Wir hatten wie immer bis zum Mittag im Kontor gearbeitet. Ich war dann mit dem Zug nach Blankenese gefahren und jetzt zu Fuß auf dem Weg nach Rissen. Es nieselte, und ich hatte immerhin fast eine Stunde zu gehen. Mein Vater war nicht allein in der Kutsche. Neben ihm saß ein Geschäftsfreund. Als die beiden an mir vorüber kamen, zupfte der Geschäftsfreund meinen Vater am Ärmel und sagte: «War das eben nicht Ihr Sohn, wollen wir den nicht mitnehmen?» Mein Vater wandte sich nicht einmal nach mir um, sondern antwortete nur: «Kommt überhaupt nicht in Frage. Der ist noch Lehrling, der geht zu Fuß.» Wir waren beide stolz auf diese Geschichte.

Ähnlich erging es mir nach meiner ersten durchzechten Nacht. Es war Winter, und wir wohnten nicht in Rissen, sondern in der Magdalenenstraße. Morgens um sechs kam ich durchgefroren und ziemlich betrunken nach Hause. Ich freute mich auf eine heiße Dusche, eine knappe Stunde im Bett und Doras starken Kaffee. Im Flur begegnete ich meinem Vater, der gerade zum Reiten gehen wollte. Er musterte mich von oben bis unten. Dann nickte er mir spöttisch zu und sagte: «Recht so, mein Junge. Wenn du so früh ins Kontor gehst, wird noch mal was aus dir!» Und ehe ich mich versah, stand ich wieder vor der Tür.

Am Dammtor-Bahnhof reichten meine letzten Groschen gerade noch für einen schlechten Kaffee. Dann saß ich blaß und übelriechend und viel zu früh an meinem Schreibtisch. Ich weiß noch genau, daß ich an jenem Tag das Portobuch führen mußte. Als ich abends die Zahlen addieren wollte, kam ich zu unstimmigen Ergebnissen. Ich wunderte mich eine ganze Weile über die eigenartigen Summen. Schließlich merkte ich, daß ich auf der einen Seite die Daten und auf der anderen Seite die Beträge zusammengezählt hatte. Ich konnte meinen Fehler noch korrigieren und tat gut daran. An diesem Tag erkundigte mein Vater sich besonders genau nach meinen Leistungen.

Sobald ich am folgenden Morgen wieder ordnungsgemäß im Kontor erschien, hatte er nichts gegen meine langen

Nächte. Im Gegenteil. Schon zu meiner Konfirmation hatte meine Mutter mir in mein Lebensbuch geschrieben: «Mögest Du ein echter, rechter deutscher Mann werden.» Die Ausflüge ins Nachtleben gehörten dazu. Nun entdeckte ich selbst die Schlupflöcher, durch die mein Vater zu seinem «Berliner Friseur» entwischte. Ich mußte mich nicht einmal heimlich davonschleichen. Die scheinbar verbotenen Orte lagen innerhalb der Spielfeldgrenzen. Jede Moral hatte offenbar zwei Seiten, eine Vorderseite und eine Rückseite. Die Vorderseite ließ sich mit hehren Grundsätzen beschreiben. Wichtig war jedoch, daß man sich auch für die Rückseite nicht zu schämen brauchte. Sie mußte vorzeigbar sein, obwohl man sie nicht öffentlich zur Schau stellte. Es war genau wie mit dem Mogeln in der Schule. Auch auf der anderen Seite der Schlupflöcher war die Welt abgesteckt.

Ganz Deutschland wurde damals von einer Amüsierwelle erfaßt. Ihre Ausläufer machten selbst vor den Toren unserer prüden und puritanischen Hansestadt nicht halt. Schon während der Inflation war eine wahre Tanzwut ausgebrochen. Mit dem Verfall der Mark schienen auch die Sitten zu verfallen. Eine Art Endzeitstimmung hatte sich breitgemacht. Nach dem Motto «Man lebt ja nur so kurze Zeit und ist so lange tot» hatte man die letzten Billionen vertrunken, bevor sie am nächsten Tag nichts mehr wert gewesen waren. Damals war ich noch zu jung gewesen, aber die Vergnügungslust hatte das Rentenwunder überdauert.

Wir Kaufmannssöhne wußten allerdings Maß zu halten. Wir taumelten nicht durch düstere Kaschemmen, sondern blieben fast immer in unseren angestammten Gefilden. Wir bevorzugten Tanzlokale, die man soigniert nannte, und Bars, in denen distinguierte Herren verkehrten. In der Capo-Bar mischten wir uns nach dem Hockey unter die etablierten Geschäftsleute und probten mal das lässige und mal das altväterliche Gehabe. Im «Trocadero» in den Großen Bleichen trafen wir uns mit den jungen Ehepaaren der ersten Hamburger Gesellschaft. Die Bardamen verbargen sorgsam ihren Busen, und die Kapellmusiker versuchten sich in neumodischer amerikanischer Jazzmusik.

Wir Junggesellen hatten oft das Nachsehen, denn unverheiratete Mädchen aus gutem Hause durften sich hier allenfalls einmal in Begleitung eines Bruders blicken lassen. Die alten Hanseaten blieben skeptisch. Sie wollten zumindest ihre Töchter vor den Lastern der neuen Zeit bewahren. Schon wenn die Mädchen sich nach der neuen Mode einen Bubikopf schneiden ließen, gab es mit den Eltern Krach. Wenn sie sich die Lippen anmalten, zählten ihre Väter sie beinahe schon zur Halbwelt und drohten, sie aus dem Haus zu werfen. So konnten wir sie nur auf den großen Festen in Clubs oder Privathäusern treffen. Wir trugen Frack, die Mädchen lange Kleider, und unsere Flirts waren so harmlos, daß ich mich nicht einmal an einen Kuß erinnern kann.

So ein großes Jugendfest – in den Privathäusern nannte man es noch einen Hausball – begann meistens nicht vor neun Uhr. Es gab in der Regel nicht viel zu essen, und die besorgten Eltern hatten der Bowle reichlich Wasser beigemengt. Die Kellner hießen noch Lohndiener. Sie trugen schwarze Hosen und weiße Jacken, und sie hatten noch gelernt, ihre Gesichtsmuskeln einzufrieren. Anfangs ging es steif zu, steifer noch als bei den Erwachsenen, denn wir mußten den höflich distanzierten Plauderton erst lernen. Mit den Klängen der Musik verloren wir dann langsam unsere Unbeholfenheit. Meistens spielte eine ganze Kapelle. Die Musiker trugen schwarze Fliegen und waren mindestens doppelt so alt wie wir. Und sie hielten nicht viel von den Mißtönen der modernen Zeit. Manchmal konnten wir sie zu später Stunde dennoch dazu überreden, die beliebtesten Schlager aus den Tanzlokalen zu spielen. Dann dröhnten fremde Klänge durch die ehrwürdigen getäfelten Hallen. Die Ohrwürmer hatten so alberne Titel wie: «Ausgerechnet Bananen», «Mein Papagei frißt keine harten Eier» oder «Was macht der Maier am Himalaya». Und falls der langsame Walzer uns nicht schon zu sehr ermüdet hatte, dann ließen wir weit nach Mitternacht lauthals den Maier am Himalaya ausgerechnet Bananen fressen.

Die Alten auf dem Drachenfels – so hieß die abgelegene Sitzecke, von der aus Eltern und Tanten uns überwachten – schüttelten die Köpfe. Seit sie denken konnten, hatten sie den züchtigen viktorianischen Stil gepflegt. Die zügellose Jugend machte nun binnen kurzem alles zunichte.

Nach solchen Festen landeten wir – natürlich ohne die Mädchen – oft in der ESP-Bar im alten Hotel Esplanade. ESP stand für «Ein süßes Plätzchen». Der Name mochte bei Neulingen die Vorstellung von verborgenen Winkeln wecken, in denen man die heimlichen Zärtlichkeiten erheischen konnte, die auf den hellen Festen verboten waren. Sie wurden jedoch schnell enttäuscht. In den Augen der Väter mochten die Bardamen zwar der Halbwelt angehören, aber heimliche Nischen gab es nicht. Die ESP-Bar war grundsolide.

Wenn wir uns dort genügend Mut angetrunken hatten, wagten wir manchmal einen zaghaften Vorstoß in die verruchten Viertel unserer Stadt. Wir «gingen» dann nicht mehr «aus», sondern wir «bummelten». Wir bummelten in den «Himmel der Matrosen». So nannte man damals St. Pauli. Wir blieben allerdings zur Sicherheit nahe bei der Himmelspforte. Der «Trichter» lag ganz am Anfang der Reeperbahn und der «Alkazar» nicht weit davon entfernt. In beiden Lokalen gab es Revuen zu sehen, und die Ankündigungen versprachen anrüchige Exotik. Im «Wunderland der Liebe», so hieß es dort, sollten wir «Frauen der Südsee im Taumel toller Leidenschaften» erleben und wenig später das Zittern einer ganzen «Haremsfracht im Orkan». Die Darbietungen hielten nicht, was die Ankündigungen versprachen. Die Revuen im «Alkazar» und im «Trichter» waren eigentlich eher harmlos, die Tanzmädchen bis in die frühen Morgenstunden sehr zurückhaltend. Weiter trauten wir uns jedoch damals nicht nach St. Pauli hinein.

Unsere politische Meinung war geerbt

Die Weltereignisse und die Wirren von Weimar spielten sich nur am Rande meines Gesichtsfeldes ab. Ich kann mich nicht daran erinnern, daß wir je über Politik diskutiert haben. Es gab Dinge, über die man nicht sprach. Man hatte sie einfach. Man hatte Geld, und man hatte auch eine politische Meinung. Beides war geerbt, und beides mußte man klug verwalten, um sich nicht in Armut oder Zweifel zu verlieren.

Ich las damals auch kaum Zeitungen. Zwischen Portobuch, Rudertraining und «Trocadero» blieb dafür wenig Zeit, und so überflog ich bestenfalls die Überschriften. Überregionale Blätter wie die *Neue Zürcher* oder die *Frankfurter Zeitung* gab es bei uns zu Hause ohnehin nicht. Mein Vater hatte die *Hamburger Nachrichten* abonniert, und gelegentlich tauchte in der Magdalenenstraße wohl auch das *Hamburger Fremdenblatt* auf. Die *Hamburger Nachrichten* waren streng konservativ. Das *Fremdenblatt* galt als ausgesprochen liberal, als «doch etwas sehr freizügig», wie die Kaufleute mißbilligend bemerkten. In der Firma bekamen wir dann noch den *Hamburgischen Correspondenten*, in dem in erster Linie über Handel und Schiffahrt berichtet wurde – und zwar zuverlässig seit 1731. Für uns Kaufleute war das die wichtigste Zeitung.

So hielt ich mich in politischen Dingen an meinen Vater. Wir atmeten auf, als Hindenburg 1925 Reichspräsident wurde. Die Gefahr von links, so glaubten wir, sei nun endgültig gebannt. Und wir ließen uns in diesem Glauben auch nicht erschüttern, als Hindenburg sich in seiner Antrittsrede überraschend deutlich zum Prinzip der Volkssouveränität bekannte. Der große Feldmarschall würde die Zukunft der Republik schon richten.

Die DVP blieb unsere Partei, denn in dieser Partei sprach man unsere Sprache. Was für die Wirtschaft gut sei, so lautete die schlichte und prägnante Devise, diene auch dem Wohl der Nation. Das leuchtete uns ein. Und wir bewunderten Stresemann. Wir sahen ihn als gewandten Außenpolitiker im gestreiften Anzug, der weder in London oder Locarno noch in Paris oder Den Haag die Interessen der Wirtschaft vergaß. Der Dawes-Plan und der Young-Plan halfen auch dem Außenhandel, die Reparationen wurden herabgesetzt, und wir hofften auf einen neuen Aufschwung.

Wir machten nie einen Unterschied zwischen dem Außenminister und seiner Partei. Daß der rechte Flügel der DVP Stresemann zunehmend Kopfzerbrechen bereitete, wußten wir damals nicht. Und daß er sich Sorgen machte über die finanzielle Abhängigkeit seiner Partei von industriellen Interessengruppen, blieb uns ebenfalls verborgen. Das waren politische Details, und mit der Industrie hatten wir ohnehin wenig zu schaffen. Vermutlich unterstützten auch wir die DVP mit Spenden, aber das weiß ich nicht mehr genau. Jedenfalls engagierten wir Jüngeren uns tatkräftig im Wahlkampf.

Wir stellten uns vor den Wahllokalen auf und hängten uns große Plakate vor den Bauch. Darauf war das Motto der Partei zu lesen: «Von roten Ketten macht uns frei allein die Deutsche Volkspartei.» Anders als jene, die uns die roten Ketten anlegen wollten, bewahrten wir selbst im Wahlkampf die distinguierte Haltung unserer Väter. Wir verfielen nicht etwa in laute Sprechchöre oder gar rhythmisches Stampfen, sondern wir standen dort ganz still. Wenn die Wahllokale geschlossen wurden, gingen wir wieder nach Hause.

In Hamburg konnten wir DVP-Anhänger leicht als freiheitlich gesinnte Demokraten gelten. Denn in Hamburg schlug die DVP sich auf die Seite der Liberalen. Von 1924 bis 1933 unterstützte sie die regierende Koalition, der damals neben der SPD die Deutsche Demokratische Partei und die Vereinigten Liberalen angehörten. Die SPD hatte nämlich die absolute Mehrheit von 1919 schon bald wieder verloren.

Und selbst auf Landesebene setzte Stresemann sich bis zu seinem Tod 1929 immer wieder gegen die reaktionären Parteimitglieder durch. Zwar hatte DVP-Führer Ernst Scholz schon 1926 abgelehnt, an einer Koalition mitzuwirken, in der die SPD dominierte. Aber 1928 erinnerte Parteigründer Stresemann die DVP noch einmal energisch an ihre liberal-demokratische Tradition und brachte eine Beteiligung an der Regierung des SPD-Kanzlers Hermann Müller zustande.

Notgedrungen billigten wir solche Koalitionen. «Zweckehe» nannten wir die Verbindung unserer Partei mit den Sozialdemokraten, und die «Zweckehen» sollten der politischen Stabilität in unserem Land dienen. Soviel hatten selbst wir Vernunftrepublikaner schon über Demokratie gelernt. Bevor aus der zweckmäßigen Vernunft jedoch eine tiefere Überzeugung wachsen konnte, war es mit der Demokratie fürs erste schon wieder vorbei. Auf jenen Hermann Müller folgte Heinrich Brüning, und Brüning regierte bald mit Notverordnungen. Daß er so das Prinzip der demokratischen Legitimation außer Kraft setzte, machten wir uns damals nicht klar. Die Feinheiten des neuen Systems hatten wir noch lange nicht verstanden. Und im Prinzip, so meinten wir, hatte Brüning recht. Er kam nur zu spät. Seine Finanzreform mit entsprechenden Sparmaßnahmen verschärfte die Deflation.

So mußte Brüning sich schon bald den Spitznamen Hungerkanzler gefallen lassen. Anders als zu Beginn der zwanziger Jahre behielt die Mark zwar jetzt ihren Wert, aber dafür war sie äußerst knapp. Bis zum «Schwarzen Freitag», dem großen New Yorker Börsenkrach im Oktober 1929, hatten die Amerikaner großzügig mit Krediten ausgeholfen. Dann versiegte der Geldstrom jedoch, und wir sollten das geborgte Kapital plötzlich von einem Tag auf den anderen zurückzahlen. Auch andere europäische Länder hatten sich in den USA verschuldet. Nur war Deutschland besonders hart getroffen, weil auch die Reparationsverpflichtungen gegenüber den Alliierten weiter finanziert werden mußten. Als die Darmstädter und Nationalbank in diesem Dilemma schließlich ihre Schalter schließen mußte und auch bei anderen Banken das Geld auszugehen drohte, griff die Reichsregierung ein.

Strenge Kredit- und Devisenverordnungen wurden erlassen. Das war für lange Jahre das Ende der freien Wirtschaft, und das begriffen wir Kaufleute weit schneller als das Ende der Demokratie. Wir dachten in wirtschaftlichen, nicht in politischen Kategorien. In unserem eigenen Metier konnten wir die Entwicklung besser einschätzen. Als es mit der wirtschaftlichen Freiheit aus war, schlugen wir jedoch noch lange keinen Alarm. Wir fügten uns so gut es ging in die neuen Verhältnisse.

Unsere Firma nahm am «Schwarzen Freitag» nicht allzu großen Schaden. Mein Vater war ein vorsichtiger Mann, und er hatte sich selbst während der Scheinblüte vor langfristigen Engagements gehütet. Meistens hatten wir sogar nur sogenannte selbstliquidierende Kredite gewährt: Wenn wir beispielsweise eine Ladung Kaffee bevorschußten, die aus Brasilien nach Deutschland kam, behielten wir als Sicherheit die Dokumente. Ohne sie war die Ware nichts wert und konnte nicht verkauft werden. Die Dokumente gaben wir dann erst gegen die Zahlung des Importeurs frei.

Die ganze Vorsicht nützte uns allerdings wenig, wenn der Importeur nicht mehr zahlen konnte. Hatten wir seine Ladung bevorschußt oder uns auf den internationalen Märkten für ihn verbürgt, dann wurden wir jetzt zur Kasse gebeten. Besonders häufig kam das in der Häute- und Fellbranche vor. Genau wie wir waren auch unsere späteren Fusionspartner Schröder Gebrüder schon damals stark in dieser Branche engagiert, und so saßen wir häufig Seite an Seite in den Gläubigerversammlungen.

Große Probleme hatten wir schließlich auch mit dem Geld, das wir der renommierten Hamburg-Amerika Linie geborgt hatten. Daß das Unternehmen selbst mit der Wirtschaftskrise in Schwierigkeiten geriet und seine Schiffe in der Flaute zu rosten begannen, war nicht weiter verwunderlich. Nur hatten wir dennoch für eine ganze Weile an die Sicherheit unseres Geldes geglaubt, weil die Kredite an die Hamburg-Amerika Linie mit Akzepten unterlegt waren, die wir jederzeit bei der Reichsbank diskontieren konnten. Erst als diese Zusage im Zuge der neuen Verordnungen plötzlich aufgehoben wurde, war das risikofreie Geschäft zum Flop geworden.

Ich weiß nicht mehr, wieviel Geld wir damals verloren haben, aber ich kann mich noch gut daran erinnern, daß ich selbst mit unserem Prokuristen Hoffmann nach Berlin fuhr. Ich war damals gerade in Deutschland – eigentlich lebte ich von 1928 bis 1933 fast ausschließlich im Ausland –, und mein Vater hielt die Angelegenheit wohl für geeignet, um mich einmal mehr hinter die Kulissen meiner zukünftigen Bühne schauen zu lassen. Wegen der aufgehobenen Zusage der Reichsbank fand nämlich in Berlin im Hauptsitzungssaal der Deutschen Bank eine große Versammlung all derer statt, die bei dem Schiffahrtsunternehmen engagiert waren. Und obwohl wir selbst zu den Kleineren zählten, sollte ich von den Großbankiers lernen, wie man in einer solchen Situation am besten verhandelte.

Der Ausflug zur Deutschen Bank gefiel mir, der Ausflug in unsere Hauptstadt sagte mir weniger zu. Ich mochte Berlin nicht sehr und fühlte mich dort nie zu Hause. Es war einfach nicht meine Stadt, und von jeder Geschäftsreise dorthin kehrte ich so schnell als möglich nach Hamburg zurück. Nicht einmal das berüchtigte Nachtleben oder die große Welt des Theaters konnten mich locken.

Im Bann der Geschäfte blieb für die Kultur ohnehin noch weniger Zeit als für die Politik. Weder Carl Sternheim noch Oskar Schlemmer drangen bis in die Magdalenenstraße vor, und mein Vater diskutierte sicherlich nicht über den Ödipuskomplex oder die Relativitätstheorie. Auch meine Freunde wollten von Freud oder Einstein nichts wissen. Was den Zeitgeist umtrieb, ließ uns Kaufleute unberührt. Wir lebten in der Welt der Ruderpokale und der Gewürzpreise. In unseren Zeitungen gab es meist kein Feuilleton. Über Kunst, Architektur und Literatur wurde nur in jenen Zeitschriften ausführlich berichtet, die wir nicht lasen. Die geistige Blüte der Weimarer Zeit ging spurlos an uns vorüber. Nur ins Kino gingen wir oft. Lilian Harvey und Emil Jannings waren meine Lieblingsschauspieler.

So gab es auch nach der Schule niemanden, der mir den Weg zu den Dichtern und Denkern hätte weisen können. Mein Vater studierte abends in der Bibliothek auf dem roten Samtsofa, auf dem sonst keiner sitzen durfte, umfangreiche historische Werke – und ließ wenig darüber verlauten. Aus jener Zeit kann ich eigentlich nur zwei Schriftstellernamen erinnern: Thomas Mann und Hermann Sudermann. Und natürlich Oswald Spengler. Den «Untergang des Abendlandes» lasen wir damals alle. Seine Prognosen klangen bedrohlich. Wie es nun einmal unsere Art war, ließen wir uns jedoch wenig irritieren. Wir konnten ohnehin nicht mehr tun, als im eigenen Leben Disziplin und Ordnung zu bewahren.

Nach der Lehre lernte ich, auch fremden Befehlen zu gehorchen. Ich sollte ein «richtiger Kerl» werden, und deshalb schickte mein Vater mich auf die Reit- und Fahrschule nach Eutin. Dort mußte ich antreten, mich melden und strammstehen. Hinter der harmlosen Bezeichnung verbarg sich eine Einrichtung, bei der ich eine Art Ersatzwehrdienst zu leisten hatte. Nur schießen mußte ich nicht, das war verboten. Die Alliierten achteten nach dem Ersten Weltkrieg streng darauf, daß in Deutschland nicht zu viele Soldaten ausgebildet wurden. Offiziell beschränkte unsere militärische Stärke sich auf das erlaubte Hunderttausend-Mann-Heer. Inoffiziell waren wir bald stärker.

Es gab nicht nur Sportschulen, die neben der körperlichen Ertüchtigung die militärische Disziplin pflegten, es gab sogar eine sogenannte schwarze Reichswehr. Ihre Einheiten waren allerdings illegal, und die Ausbildung dort verstieß eindeutig gegen die Verträge mit den Siegermächten. Und obwohl die Herzen in meinem Elternhaus in patriotischem Takt schlugen und das Erstarken deutscher Truppen mit verschwiegener Freude beobachtet wurde, hatte ich in den illegalen Einheiten nichts zu suchen. Die Spielregeln waren eben kompliziert, ich mußte gut aufpassen.

Gemeinsam mit meinem Freund, Hinni Berckemeyer, war ich dann ungefähr vier Monate in Eutin. Die Schule war allerdings keineswegs elitär, und wir Kaufmannssöhne trabten und marschierten dort Seite an Seite mit den Stallknechten der Gutsbesitzer aus der Umgebung. Wie schon während der Schulzeit auf dem Fußballfeld, so spielte auch hier die Herkunft für den Augenblick keine Rolle. Anders auf der Yachtschule in Neustadt, wo ich im Anschluß noch zwei Monate verbrachte. Dort ging es weniger militärisch und mehr sportlich und gesellschaftlich zu. Ein «richtiger Kerl» konnte ich dort nicht mehr werden.

Den letzten Schliff erhielt ein hanseatischer Kaufmannssohn traditionell im Ausland. Wer sich hinreichend in fremden Ländern getummelt hatte, galt weit mehr als einer, der an der Universität Diplom und Doktortitel erwarb. Die vielfältigen Spielarten des Außenhandels und seiner Finanzierung wollten gelernt sein. Dazu gehörten vor allem Kenntnisse, die ein Professor nicht vermitteln konnte. Es gab keine Seminare über weltmännisches Gehabe, und die Handelspartner sprachen eine eigene Sprache, selbst wenn sie englische oder spanische Vokabeln benutzten. So dachte kaum einer von uns an ein Studium, sondern wir zogen für ein paar Jahre in ferne Länder. Dort sollte ich bald merken, daß unsere Welt keine geographischen Grenzen hatte. In London und New York, in Antwerpen und Buenos Aires traf ich Menschen, die dachten und lebten wie wir. Sie trieben Handel und Sport und blieben unter sich.

Im Oktober 1928 schickte mein Vater mich zunächst nach England. In London arbeitete ich sechs Monate bei J. Henry Schroder & Co. Der damalige Seniorchef Bruno Schroder war früher ein echter Merchantbanker gewesen, hatte das Im- und Exportgeschäft jedoch inzwischen weitgehend aufgegeben. Sein Partner hieß Tjarks und hatte einen schönen Besitz in Chislehurst, wo ich mit der Mannschaft der Bank oft Hockey spielte. Und Tjarks hatte eine geborene Brödermann – in der Hamburger Magdalenenstraße unsere Nachbarn – zur Frau.

Brunos Sohn Helmuth war selbst nicht sonderlich am Geschäft interessiert, ließ jedoch seinen Sohn, Bruno junior, in Hamburg bei Schröder Gebrüder ausbilden. Die Schwester dieses Bruno junior heiratete dann einen jungen Mallinckrodt, der wiederum bei Münchmeyer & Co. in die Lehre ging und später eine bedeutende Rolle bei der Londoner Schroder Bank – inzwischen J. H. Schroder Wagg & Co. – spielte. So tauschten die Kaufleute ihre Kinder. Sie reisten hin und her über den Kanal, brachten hohe Kragen, helle Trenchcoats und steife Sitten mit und webten über Generationen ein haltbares Netz. Zu meiner Zeit waren die Maschen schon längst so fein, daß kein Fremder mehr hineinschlüpfen konnte.

Bruno senior war in diesem Netz ein wichtiger Knoten. Er galt als untadeliger Geschäftsmann, hatte keine häßlichen Flecken auf seiner weißen Weste – und doch gab es in seinem Leben einen Punkt, über den die patriotischen Hanseaten lieber Schweigen bewahrten. Von Geburt war Schroder Deutscher. Anfangs hatte er nur das «ö» in ein «o» verwandelt, aber zu Beginn des Ersten Weltkriegs verlangten die Engländer ein deutlicheres Zeichen seiner britischen Gesinnung. Bruno senior wurde englischer Staatsbürger, und nur auf seinen Briefköpfen stand noch zu lesen «german by origin». Was den seriösen Geschäften dienlich war, mußte noch kein Vaterlandsverrat sein. So nahmen wir schweigend zur Kenntnis, daß er die Staatsbürgerschaft wechselte. Ein leises Unbehagen blieb jedoch zurück.

In London lebte ich bescheiden, denn die wahre Bescheidenheit des jungen Mannes zählte zu den ersten Tugenden meiner Väter. Später gönnten sie sich zwar ein aufwendiges Leben, aber sie protzten nicht, und im Kleinen blieben sie genau. Weil sie in großen Dingen verschwenderisch sein konnten, retteten sie ihre Tugend in den Beutel für das Silbergeld. So versagten sie sich die Lust am Reichtum und blieben Puritaner.

Schon in Hamburg hatte ich mir meinen ersten Smoking selbst verdienen müssen: Mit einer kleinen Handsäge hatte ich in Rissen ungezählte Bäume von toten Ästen befreit. Den Anzug hatte ich dann bei dem kleinen Schneider Heudorn in der Hermannstraße fertigen lassen. Herr Heudorn war ein einfacher Mann, und in seiner Werkstatt roch es immer schrecklich nach Apfelsinen. Zu dem etablierten Herrenausstatter Staben durfte ich jedoch als Lehrling noch nicht gehen. Und auch für meine Lehrjahre im Ausland hatte man mich nicht sonderlich ausgestattet. Ich reiste nicht mit messingbeschlagenen schweren Koffern, Hutschachteln und Handschuhkästen. Ich reiste mit leichtem Gepäck und einem kleinen Wörterbuch, das schon bald zerfleddert war.

So hatte ich denn in London auch kein elegantes Junggesellen-Apartment in Chelsea, sondern wohnte im Boardinghouse bei Mrs. Riddle, 66 Queensborough Terrace. Im Vergleich zu den Landsitzen der Tjarks und der Schroders ging es dort spartanisch zu. Mrs. Riddle kochte mir wohl den Kaffee und machte mein Bett, aber schon das Badezimmer mußte ich mit einigen jungen Engländern teilen, die sich gleichfalls bei besten Adressen in Handels- und Geldgeschäften übten.

Zu meinem 21. Geburtstag kamen meine Eltern nach London. Zum erstenmal ging ich mit ihnen zusammen in ein großes Kaufhaus. Bei Harrod's rissen schwarzbefrackte Herren die Flügeltüren zu immer neuen Abteilungen auf. Das gefiel mir. Und mir gefiel auch der Duft, den der Überfluß zwischen getäfelten Wänden und schweren Teppichen auszuströmen pflegt. Meine Eltern schenkten mir eine Sportjacke aus bestem englischem Tuch. Die Jacke war für einen Mann geschneidert, und ich trage sie noch heute. Jetzt war ich erwachsen.

Mein Leben durfte ich deshalb noch lange nicht nach eigenem Gutdünken gestalten. Mein Vater hatte den Lehrplan für seinen Erben sorgfältig ausgearbeitet. Von London aus schickte er mich für drei Monate zu unserem Vertreter nach Liverpool. Mister Fraser verkaufte in England, was Münchmeyer & Co. aus Argentinien importierte: Gerbstoffe. Und Mister Fraser war ein einfacher Mann, Vertreter von den

Haarwurzeln bis zu den Zehenspitzen – und ungemein tüchtig. Vom ersten Tag an mußte auch ich über Land zu den englischen Gerbern reisen und verkaufen. Zum erstenmal war ich für meine Abschlüsse selbst verantwortlich, und zum erstenmal empfand ich die Lust am geschäftlichen Erfolg. So machte es mir wenig aus, daß Liverpool eine graue Hafenstadt war ohne die geringste Spur von feinen englischen Sitten und großen Landsitzen.

In Antwerpen stimmte die Gesellschaft wieder. Ich wurde Volontär bei dem Importeur Max Osterrieth, einem distinguierten Mann der alten Schule. Und doch gab es Probleme. Wenn ich den Seniorchef und seine Frau auf ihrem Landsitz besuchte, begrüßten sie mich herzlich in meiner Muttersprache. Kaum trat jedoch ein vierter ins Zimmer – sei es das Hausmädchen, ein Diener oder ein belgischer Gast –, wechselten die Osterrieths augenblicklich vom Deutschen ins Französische.

Die Belgier hatten nicht vergessen. Im Ersten Weltkrieg waren wir Deutschen in den Nachbarstaat einmarschiert, um nach dem Plan des Generals Schlieffen die Franzosen von der Flanke anzugreifen. Wir hatten das Neutralitätsabkommen gebrochen, und die Belgier hatten ebenso unerwarteten wie erbitterten Widerstand geleistet. So bekam ich nun zum erstenmal Vorbehalte gegenüber meiner Nationalität zu spüren. Die Osterrieths gaben sich zwar alle Mühe, mich die Ablehnung möglichst wenig fühlen zu lassen, aber selbst der Einfluß des angesehenen Importeurs half nicht immer. Einer der vornehmsten Vereine von Antwerpen, der Beerschot Club, blieb mir verschlossen. So spielte ich Hockey mit der flämischen Mittelklasse im Racing d'Anvers, und als ich abfuhr, stand fast die ganze Mannschaft auf dem Bahnhof.

Die Absage, die die erste Gesellschaft Antwerpens mir erteilt hatte, nahm ich um so gelassener hin, als ich den Grund für die Zurückweisung nicht zu verantworten hatte. Ich kam nicht auf den Gedanken, mich für den Wortbruch meiner Landsleute zu schämen. Hätte ein Kaufmann so gehandelt wie der Kaiser und seine Generäle, hätte er seine weiße Weste gleich in ein Faß mit schwarzer Tinte stopfen können. Für das Vaterland galten andere Maßstäbe. Und man hatte sich selbst zu einer Obrigkeit zu bekennen, die die eigenen Werte auf den Kopf stellte. Man blieb trotzdem ein anständiger Mann. «Right or wrong my country» lautete die einfache Devise, die wir von den Engländern übernommen hatten. Und wer damals protestiert hätte, wäre als unpatriotisch angesehen worden.

Weil die Osterrieths der alten Schule angehörten, gab es in der Firma natürlich auch schon einen Junior. Sohn Frederic hatte ganz andere Gründe für eine gewisse Zurückhaltung. Er witterte in mir den zukünftigen Konkurrenten und ließ mich im Kontor nur selten über seine Schulter schauen. Statt dessen bummelte er mit mir durch die Nächte von Antwerpen. Das gefiel mir. Nur wurden die Straßen der belgischen Stadt mir bald zu eng. Als ich nach Hause kam, hatte ich einen Wunsch: Paris.

Mein Vater sagte nein. Paris sei zu gefährlich. Ich ließ es nie auf einen ernsthaften Krach mit ihm ankommen – und machte mir auch jetzt schnell seine Argumente zu eigen. Sicher lag Frankreich uns geschäftlich fern, und wir hatten dort kaum Bankverbindungen. Und in diesem Fall meldete sich selbst meine Mutter zu Wort: «Der Junge», so etwa ließ sie sich vernehmen, «hat ohnehin einen Hang zum ‹Stich ins Köstliche›.» Vielleicht dachte sie so, weil sie mich auf den Firmenfesten mit den «sehr zurechtgemachten» Sekretärinnen hatte tanzen sehen, denn anderswo hatte sie mich kaum mit «köstlichen Mädchen» beobachten können. Paris sei jedenfalls kein Pflaster für mich, pflichtete sie meinem Vater bei, und so gab er mich nach New York in die Obhut von Paul Warburg. Am 27. Juli 1930 kam ich dort an.

Paul Warburg leitete die International Acceptance Bank, ein kleines, aber hochfeines Institut, und dort wurde ich wieder Volontär. Der Begriff des Akzepthauses war in der New Yorker Bankenwelt – anders als in London – bis vor kurzem noch unbekannt gewesen. Warburg hatte ihn in der Wall Street salonfähig gemacht. Er war davon überzeugt gewesen, daß das internationale Akzeptgeschäft nicht nur in Pfund, sondern auch in Dollar eine einträgliche Angelegenheit sein müsse – und die Gründung der IAB hatte sich als großer Erfolg erwiesen. Noch während meiner Zeit in New York fusionierte das Institut mit der Bank of Manhattan.

Gerade in jener Zeit konnten sich nur wenige Geschäftsleute solcher Erfolge rühmen. Im Gegenteil: Das ganze Land bekam die Nachwirkungen des Börsenkrachs vom Oktober 1929 zu spüren. Unzählige Firmen gingen pleite, und bis 1932 sollte jeder vierte Amerikaner seinen Job verloren haben. Präsident Hoover gab sich gelassen und vertraute auf die Kräfte des Marktes. Die Arbeitslosen erhielten keinerlei staatliche Unterstützung. Sie waren allein auf Wohltätigkeitsvereine aller Art angewiesen. Private Hilfsinitiativen schossen zwar wie Pilze aus dem Boden, aber erst die New-Deal-Politik von Hoovers Nachfolger Roosevelt sollte die Lage für die Armen nachhaltig verbessern.

Damals wußte ich wenig von dem Elend. Genau wie in Deutschland sprach ich auch in Amerika nie über Politik. Und die Menschen, die ich kennenlernte, konnten ihre Dienstboten an die Tür schicken, wenn der Hunger anklopfte. Auch lebte ich selbst schon besser als in London. Ich wohnte in der 56. Straße zwischen Lexington und Park Avenue in einem behaglichen kleinen Apartment, das heute vermutlich für einen jungen Mann unbezahlbar wäre. Wieviel es damals kostete, weiß ich nicht mehr. Ich mußte jedenfalls mit 300 Dollar im Monat auskommen. Das reichte immerhin noch für ein winziges Häuschen in der Nähe von Bernardsville auf dem Lande, das ich mir mit zwei anderen Deutschen aus Frankfurt teilte. Wir verbrachten dort fast jedes Wochenende, und im Sommer flohen wir manchmal sogar nur für einen Abend aus der Hitze der Stadt. New York war ein Backofen, und obwohl wir einen vertrödelten Vorortzug benutzen mußten – für ein Auto reichte das Geld dann doch nicht mehr –, lohnte der Ausflug sich immer.

Es war die Zeit der Prohibition, und doch habe ich selten so viele Drinks angeboten bekommen wie damals in New York. Es gehörte unbedingt zum guten Ton, im Besitz von Alkohol zu sein. Alle Leute, die ich kannte, hatten irgendwelche geheimen Bezugsquellen und gute Beziehungen zu dem Besitzer oder Türsteher eines «speakeasy». So hießen die Bars, in denen man den Alkohol beim Kellner bestellen konnte. Nur wer als Gast bekannt war, wurde hereingelassen. Für die übrigen Lokale trug man einen Flachmann bei sich. Dort wurde wirklich kein Alkohol ausgeschenkt, und dort tranken wir den Whiskey im Kaffee oder zumindest doch aus Tassen, die keinerlei Verdacht erregten.

Daß ich nun täglich gegen die Gebote einer Obrigkeit verstieß – schließlich hatte die Regierung die Prohibition verordnet – und mich in gewisser Weise zum stillen Komplizen von Al Capone machte, kümmerte mich wenig. Die Obrigkeit war nicht meine Obrigkeit, und der berüchtigte Mafiaboss mochte sich an seinen Schwarzmarktgeschäften mit Whiskey und Champagner eine goldene Nase verdienen. In Amerika mußte ich nicht als Verfechter einer hehren Moral auftreten – oder doch nur, wenn es um meine persönlichen Dinge ging. Ich hatte mir ein einfaches Schema zurechtgelegt. Danach gab es drei Kategorien: Für meine eigenen Beschlüsse war ich immer verantwortlich, und sie durften nicht gegen meine Moralvorstellungen verstoßen. Für das Vaterland ordnete ich mich notgedrungen unter. Die Beschlüsse einer dritten Macht gingen mich nichts an. Ich mußte sie weder gutheißen noch mich daran halten.

Und hätte ich vielleicht als einziger das Glas zurückweisen sollen, wenn es auf der Hochzeit der Tochter von «Seligman Brothers» im alten Waldorf Astoria Hotel soviel Champagner gab, wie man wollte? Der Alkohol kam mir im übrigen gerade recht, denn ich hatte die Schüchternheit, die mich während der Lehre plötzlich überfallen hatte, noch nicht ganz überwunden. So plauderte ich nach ein paar Drinks leichter mit den Mädchen vom renommierten Vassar College und mit der Dame aus Hawaii, die mich in Bernardsville besuchte. Und ich ging auch leichter mit den ungewohnten Eigenarten der Amerikanerinnen um. Ich trug es mit Fassung, wenn der große Flirt der letzten Cocktailparty mich ein paar Tage später bei ähnlicher Gelegenheit mit einem beiläufigen «Haven't we met before?» begrüßte. Ich übte mich als Charmeur – obwohl manche der Sitten, die unter uns Freunden herrschten, nicht eben charmant waren. So hatten wir beispielsweise bei den üblichen Pflichttänzen ein sehr praktisches Ablösesystem entwickelt, falls eine Tanzpartnerin unattraktiv war. Auf den großen Festen galt es als unhöflich, die Tischdame nicht augenblicklich aufzufordern, wenn die Musik erklang. Und es war mindestens ebenso unhöflich, die Dame wieder am Tisch abzuliefern, bevor die Kapelle eine Pause machte. Nur wenn ein anderer Mann mit der höflichen Formel «May I cut in?» dazwischentrat, konnte man sie vorher loswerden. Und das kostete Geld. Im Rücken der Dame hoben wir einen Finger, um einem Freund zu signalisieren: Einen Dollar, wenn du mich ablöst! Das Angebot ließ sich beliebig erhöhen, und das System funktionierte fast immer, denn irgendwer hatte meistens Geldsorgen.

Als ich nach Hause kam, gab ich mich weltläufig. Ich erzählte von meinen Abenteuern auf dem New Yorker Parkett, und bevor ich geendet hatte, bevor ich sah und hörte, was 1931 in Deutschland geschah, fand ich mich schon wieder auf einem großen Dampfer. Über die politischen Verhältnisse hatte mein Vater mir nichts gesagt, sondern mir statt dessen eine weitere Lehre in der Kaufmannsmoral erteilt: Für die Überfahrt nach Buenos Aires hatte die Hamburg Süd mir eine der besten Kabinen zum Vorzugspreis angeboten, denn Münchmeyer & Co. war als Verlader ein guter Kunde. Mein Vater hatte mir den Luxus zwar nicht verboten, aber er appellierte an meine Kaufmannsehre. Konnte ich später noch als unabhängiger Verhandlungspartner gegenüber der Schifffahrtslinie auftreten, wenn ich einmal eine Vergünstigung angenommen hatte? Ich verstand, bevor er geendet hatte, und lehnte die schöne Kabine dankend ab.

In Buenos Aires, in Montevideo und Rio de Janeiro war ich aufs neue bei besten Adressen aufgehoben. Die Handelspartner meines Vaters zeigten mir ihr Geschäft. Fast zwei Jahre blieb ich in Südamerika. Meine Lehrmeister hießen in Buenos Aires Rappard, in Montevideo Wagenknecht und in Rio Krause & Keppich. In Rio verbuchte ich auch den ersten Erfolg auf eigene Faust. Münchmeyer & Co. hatte von der Reichsbank den Auftrag erhalten, mit der brasilianischen Regierung über mögliche Kompensationsgeschäfte zu verhandeln. Bei solchen Geschäften wurden Waren gegen Waren getauscht, und beide Länder sparten Devisen. In diesem Fall wollten die Deutschen Kohle gegen brasilianischen Kaffee liefern. Ich verhandelte sechs Monate mit den Managern der Banco do Brasil und den Beamten im Finanzministerium und brachte nach langen Mühen tatsächlich ein Abkommen zustande. Ich war erst 24 Jahre alt und sehr stolz.

In Rio hatte ich auch andere Erfolge. Ich lernte Samba tanzen, feierte Karneval, und die Mädchen mochten mich, weil ich blond war. Ich wurde mutiger und wagte Reisen, deren Routen nicht nur mit ersten Adressen gepflastert waren. So reiste ich durch den Urwald und in die deutschen Kolonien. Ich bekam Durchfall von einer zu großen, frischen Zigarre, sah zu, wie eine Kuh von Piranhas aufgefressen wurde, ritt auf einem Maulesel durch die Berge und wunderte mich über einen Neger im Hotel, der «Verdammt noch mal» verstehen konnte und selber perfekt in deutscher Sprache fluchte.

In den südamerikanischen Kolonien war die einheimische Bevölkerung damals sehr arm. Die Weltwirtschaftskrise traf Rohstoffländer wie Argentinien und Brasilien weit härter als die Mutterländer. In Europa und in den USA hatte man eigene Sorgen und kümmerte sich nicht im mindesten um das Elend in der Dritten Welt, die ohnehin ausschließlich wegen der reichen Ausbeute von Interesse war. Kaffee, Mais und

Weizen wurden tonnenweise ins Meer geschaufelt, weil sich keine zahlungskräftigen Abnehmer fanden. Die Preise sanken um mehr als die Hälfte. Die Menschen hungerten, und überall kam es zu nationalen Aufständen. Meistens waren es jedoch nur Strohfeuer, und die Unruhen fanden ebenso schnell ein Ende, wie sie begonnen hatten. Noch gab es keine weitreichend organisierten Bewegungen.

Die Oberschicht war klein, reich und – zum Teil – sehr gebildet. Bei Caio Prado, einem der größten brasilianischen Ablader für Kaffee, sprach man auf portugiesisch über Kaffee und Baumwolle, auf französisch über das Pariser Theater und auf deutsch über Kant und seine Philosophie. Mir blieb nichts übrig, als zu schweigen – selbst in meiner eigenen Sprache. Und ich schwieg auch über die unsagbar großen Unterschiede zwischen den Angehörigen dieser Oberschicht und den Millionen von sehr armen und in meinen Augen sehr primitiven Einheimischen, die ich auf meinen Reisen und in manchen Slums gesehen hatte. Ich wäre deshalb auch nicht auf den Gedanken gekommen, an der Ordnung zu zweifeln, die in diesen Ländern herrschte. In Südamerika lagen die zwei Welten, die ich aus meiner Heimat kannte, eben noch ein ganzes Stück weiter auseinander. Erst später sollte ich lernen, daß sich gerade in der Dritten Welt die kommunistische Gefahr nur abwenden ließ, wenn man den nationalen Bewegungen wirtschaftspolitische Zugeständnisse machte. Anfang der dreißiger Jahre erlebte ich die Aufstände als Abenteuer.

Da wurde ein als Revolutionär verdächtiger Lokführer verhaftet, und ich blieb mit meinen zwei Koffern in der Landschaft stehen. Ein anderes Mal wurde ich selbst von der Polizei kontrolliert. Man fand einen Revolver in meinem Gepäck, den ich längst vergessen hatte. Irgendein besorgter Kaufmann hatte ihn mir zu meinem Schutz mit auf die Reise gegeben. So landete ich im Gefängnis, doch nur für wenige Stunden. Ein deutscher Konsul – «Sind Sie Alwin Münchmeyer aus Hamburg?» – hatte mich bald befreit.

Soweit ich mich auch von den angestammten Pfaden fortbewegte, im Notfall kam mir stets ein Mann mit Einfluß zur Hilfe. Ich lernte, daß meine Herkunft fast überall auf der Welt eine gewisse Sicherheit garantierte. Sie spannte sich wie ein Netz über alle Abgründe, und wenn ich das Gleichgewicht verlor, fiel ich weich. Die Webfäden des Netzes waren aus verschiedenem Material gemacht. Da gab es einmal die Beziehungen meines Vaters und der Firma, die weit verzweigt über alle Länder und Kontinente reichten. Und zum zweiten gab es die Stränge der Ordnung und der Moral, die durch den Glauben an ihre Richtigkeit fest miteinander verknüpft waren. So landete ich auf meinen abenteuerlichen Reisen weder in den Fängen der Revolutionäre noch in den Abgründen der Verzweiflung über die Ungerechtigkeit der Welt.

In den großen Städten blieb ich in der Gesellschaft und meistens auch unter meinen Landsleuten. Viele Deutsche hatten in den rohstoffreichen Ländern Niederlassungen gegründet, und manche hatten sogar den Hauptsitz ihres Geschäfts nach Übersee verlagert. Sie residierten dort in prachtvollen Stadthäusern und öffneten an den Wochenenden die Tore ihrer Landsitze für die wohlerzogene Jugend.

In Buenos Aires teilte ich mit Paulchen Heuser, Junggeselle und Vertreter eines großen deutschen Industrieunternehmens, eine schöne Wohnung mitten in Belgrano, dem ersten Viertel der Stadt. Meine ganze Clique wohnte rundherum, und das Zentrum der Clique war das Haus der Böthlingks, die einen Tennisplatz hatten, einen Swimmingpool und eine große Hacienda mit ungezählten Dienstboten nördlich der Stadt. «Las Chilcas» hieß der Besitz, auf dem ich oft die Wochenenden verbrachte, und ich schrieb meiner Mutter darüber. Sie schickte mir daraufhin einen Brief meines Vaters aus dem Jahre 1899, in dem er seinerseits begeistert von den Annehmlichkeiten der Hacienda und den freundlichen Gastgebern berichtete. Den Brief zeigte ich Vater Böthlingk, und Vater Böthlingk konnte sich gut an den jungen Mann von damals erinnern. Unsere Welt war eben klein.

Das sollte sie bleiben, auch in Brasilien. Meine Freunde

waren junge deutsche Ehepaare, und meistens hielt ich mich im deutschen Club auf. Bei der Familie meines Schulfreundes Michahelles feierte ich Weihnachten und Silvester. Das Jahr 1933 begann. Noch bevor ich nach Deutschland zurückkehrte, kam Hitler an die Macht. Schon bei den Wahlen 1930 hatte die NSDAP 107 Reichstagsmandate erlangt. Zu jener Zeit war ich in New York gewesen, und die Amerikaner dort hatten nichts von deutscher Politik gewußt. In Brasilien war das anders. Die Auslandsdeutschen verfolgten aus der Ferne sehr wohl, was in ihrer Heimat geschah. Brüning hatte bald abgewirtschaftet. Der Mittelstand war von seiner Finanzreform enttäuscht, die Sozialdemokraten begannen gegen den andauernden Gebrauch des Notverordnungsrechts zu murren, selbst Hindenburg hatte sein ursprüngliches Vertrauen zu ihm verloren, und am 30. Mai 1932 mußte Brüning zurücktreten. Der General Kurt von Schleicher avancierte zum Drahtzieher im Hintergrund und machte Franz von Papen zum nächsten Kanzler.

Papen, der früher auch bei meinen Eltern verkehrt hatte, war der Typ des forschen Herrenreiters. Das sahen viele so. Ich kann mich noch gut an eine Karikatur erinnern, in der Papen als Jagdreiter dargestellt war, der mit geschlossenen Augen eine riesige Hürde nahm. Papen war zwar sehr entscheidungsfreudig, aber wir hielten ihn nicht für besonders intelligent. Dennoch setzten wir einiges Vertrauen in seine Integrität. Seine Vorstellung von einem modernen Ständestaat mochte auch so schlecht nicht sein, nur erschienen seine Pläne zum damaligen Zeitpunkt vollkommen unrealistisch. Das waren sie wohl auch, denn sein Protektor, der einflußreiche General von Schleicher, zeigte sich bald verärgert und machte sich selbst zum Kanzler. Nicht für lange. Am 30. Januar 1933 wurde Adolf Hitler Reichskanzler und der Herrenreiter sein Vize. Die NSDAP war mit 230 Sitzen inzwischen die bei weitem stärkste Partei.

In Rio und São Paulo wußte man, was man von Hitler zu halten hatte. Fast alle Leute, die ich kannte, sprachen schlecht über ihn. Die Kaufleute und Bankiers hatten größte Bedenken. Sie beurteilten das Ganze allein aus der Sicht der Wirtschaft, und schließlich bezeichnete Hitler sich nicht nur als national, sondern auch als Sozialisten. So befürchteten sie in Deutschland restriktive Bestimmungen für den Im- und Export. Und da sie hauptsächlich mit deutschen Firmen Handel trieben, konnten solche Bestimmungen für ihre Geschäfte katastrophale Folgen haben.

Schon in Übersee sah ich den künftigen Führer als den Mann der kleinen Leute an. In den deutschen Sängervereinigungen und dergleichen wurde Hitler als der große Retter des Vaterlandes gefeiert. Die Deutschtümelei nahm bei solchen Leuten im Ausland oft extreme Formen an, und sie waren fast noch größere Nazis als die Deutschen in Deutschland.

Um die Demokratie machte sich kaum einer Sorgen. Wir wollten sie zwar erhalten, weil wir keine Alternative wußten, aber viel taugte das neue System anscheinend nicht. Die gewählten deutschen Regierungen hatten sich eigentlich alle als unfähig erwiesen, und für uns bildete allein die Außenpolitik Stresemanns eine Ausnahme. Schließlich war Hitler auch legal an die Macht gekommen und hatte seinen Eid auf die Verfassung geleistet. So vertrauten wir darauf, daß er mit dieser Verfassung auch regieren würde. Und selbst das Ermächtigungsgesetz wurde am 23. März 1933 ordnungsgemäß vom Reichstag verabschiedet. Daß die 81 Plätze der gewählten KPD-Abgeordneten leer blieben, weil die Kommunisten angeblich den Reichstag angezündet hatten und hinter Gittern saßen, daß selbst 26 Sozialdemokraten von SA und SS daran gehindert wurden, das Parlament zu erreichen, blieb uns im einzelnen verborgen. Hitlers Machtergreifung erschien uns noch immer legal.

Wenige Wochen später kehrte ich aus Brasilien nach Deutschland zurück. Am 13. April 1933 landete mein Schiff in Bremerhaven. Ich kam in ein Land, in dem ich zunächst vieles nicht verstand.

Erinnerung stirbt im Schweigen

Die Zeit, die jetzt folgen soll, ist tief versunken, der Erinnerung kaum mehr zugänglich. Wir haben uns beeilt zu vergessen. Nach den langen Kriegsjahren hatten wir nicht die Kraft, uns um Verstehen zu bemühen. Und weil wir nicht verstanden hatten, was geschehen war, konnten wir auch nicht sagen, was wir getan oder unterlassen, welche Rolle wir im Dritten Reich gespielt hatten. Später verbargen wir uns hinter dem «Nicht-Wissen». Man glaubte uns nicht, und wir wurden erst recht still. Und die Stille half uns, mehr und mehr zu vergessen, denn Erinnerung, die nicht in der Erzählung lebt, stirbt mit der Zeit.

Es ist schwer für meine Generation, dorthin zurückzukehren, Verdrängtes zurückzurufen und das schützende Schweigen zu verlassen. Und wie können wir uns heute erklären in einer Zeit, in der jeder um die Grauen, kaum einer jedoch um den Alltag des Dritten Reiches weiß. Wenn die Jugend heute zurückschaut und anklagt, so tut sie es zu Recht. Was damals geschehen ist, übersteigt das menschliche Fassungsvermögen. Nur ist niemandem damit gedient, die Zeit zwischen 1933 und 1945 auf die Zahl der Opfer des Nationalsozialismus zu reduzieren. Dieses deutsche Verbrechen ist so groß, daß ich dafür keine Worte finden mag. Und eben diese Sprachlosigkeit führt in ein neues Schweigen.

Ich will versuchen, meine Geschichte zu erzählen, meinen Alltag unter Hitler. Das ist schwer genug, denn wer wäre nicht gerne der Held seiner eigenen Geschichte? Aber ich war kein Held. Ich war unpolitisch, naiv und nicht besonders mutig. Und gerade in Hamburg zählte ich als Kaufmann und Bankier wohl auch zu den Privilegierten des Systems. In der Zeit, da Juden und politische Widersacher schon längst einem unerträglichen Druck ausgesetzt waren, da die namenlosen Leiden in den Konzentrationslagern schon längst begonnen hatten, in dieser Zeit lebte ich beinahe wie auf einer Insel.

Wenn ich heute versuche, mich zu erinnern, und meine Erinnerungen mit dem vergleiche, was öffentlich wieder und wieder diskutiert wird, dann habe ich manchmal fast das Gefühl, mit anderen auf eine Zeit zurückzuschauen, die ich selbst nicht erlebt habe. Mich und meinen Alltag kann ich dort nicht finden.

Wir haben gearbeitet, geheiratet, Kinder bekommen und Feste gefeiert. Wir haben intuitiv gespürt, daß etwas nicht in Ordnung war, aber wir haben uns verhalten wie die berühmten drei Affen: Nichts sehen, nichts hören, nichts sagen. Wir haben uns arrangiert, so gut es ging, und als Hamburger Kaufleute hatten wir einen verhältnismäßig großen Spielraum. Die Freiheiten, die wir uns erlauben konnten, haben uns erst recht dazu verleitet, die Nazis nicht ernst zu nehmen – lange nicht.

Wenn sie auftauchten, haben wir unsere Rolläden heruntergelassen, unsere Silberbestecke und die Denkart unserer Väter hervorgeholt. Wenn ihre Stimmen im Volksempfänger ertönten, haben wir ihn abgeschaltet, und den *Stürmer* hätten wir nicht einmal als Fußabtreter benutzt und waren stolz darauf. Wir haben unseren Verantwortungsbereich erst recht auf unseren Sichtkreis beschränkt, uns mehr denn je an den hergebrachten Werten festgehalten und unsere Anständigkeit so eng und so genau definiert als irgend möglich. Unsere Obrigkeitsgläubigkeit hat uns dabei geholfen. Und dann war es zu spät. Als wir manches ahnten, hatten wir Angst. Wir haben unsere Augen noch fester verschlossen und auf ein Ende gewartet.

Ich bewundere die Menschen des Widerstandes. Aber ich war – und wäre auch heute – nicht bereit, mein Leben und das meiner Familie zu riskieren. Der Wille zu überleben war stärker als alles andere. Ich glaube, daß diejenigen, die heute schnell urteilen, dankbar sein sollten, daß sie eine solche Entscheidung nicht fällen, nicht mit ihr leben müssen und nicht für eine solche Entscheidung zur Rechenschaft gezogen werden. Damals habe ich mich wohl kaum so bewußt entschieden, wie das jetzt klingen mag. Es ist schwer, vergangene Gedanken und Zeiten in die zugehörige Ordnung zu bringen, aber ich will versuchen, mich zurückzuversetzen.

Im Frühjahr 1933, bald nach meiner Rückkehr aus Brasilien, begegnete ich in Hamburg meinem Freund Ernst Borries. Wir hatten früher zusammen gerudert und auch sonst viel miteinander unternommen. Jetzt traf ich ihn auf der Straße, und er trug eine braune SA-Uniform. Ich glaubte meinen Augen nicht trauen zu können. Zwar hatte ich kaum eine Ahnung von Hitler und seinen politischen Vorstellungen, aber eines meinte ich sicher zu wissen: Wir hatten in der Anhängerschaft dieses hergelaufenen Volksredners nichts verloren.

«Wie kannst du nur», fragte ich Borries dann auch einigermaßen fassungslos nach ein paar flüchtigen Begrüßungsfloskeln, «wie kannst du nur eine solche Uniform tragen?» Borries begann förmlich zu sprudeln. Er erzählte von furchtbaren Straßenschlachten zwischen linken und rechten Kadern, von der Hilflosigkeit der Polizei, von den chaotischen Zuständen im Parlament: Keine regierungsfähigen Mehrheiten, keine sinnvollen Beschlüsse und so fort. In der Wirtschaft sei es drunter und drüber gegangen, und nun seien mehr als sechs Millionen Menschen arbeitslos. In der Tat erzählte er mir damals auf der Straße alles das, was sich heute kaum von den stereotypen Erklärungsversuchen für das Erstarken des Nationalsozialismus unterscheiden läßt. Und er versäumte nicht hinzuzufügen, daß die NSDAP unsere letzte Chance sei. «Du kannst das nicht verstehen, du warst zu lange im Ausland», endete er seinen Monolog.

Manches, so fand ich, hatte ich schließlich auch von Brasilien aus verfolgt, und mein Freund – der übrigens schon lange vor Kriegsausbruch die braune Uniform wieder auszog und nach Schweden ging – hörte sich damals fast an wie die Mitglieder der deutschen Sängervereine in Übersee. Dennoch stimmte er mich nachdenklich. Wenn er schon so dachte, war vielleicht doch etwas dran. Und vielleicht hätte ich wirklich selbst eine Uniform angezogen oder wäre Parteimitglied geworden, wenn ich nicht so lange im Ausland gelebt hätte. Eines hatte das Gespräch zumindest bewirkt: Ich begann, die Nationalsozialisten als nützliches Übel zu betrachten. Diese Art zu denken sollte sich in der nächsten Zeit noch verfestigen.

Ich war gerade 26 Jahre alt geworden und kam mir nach meinem Auslandsaufenthalt sehr weltmännisch und sehr erwachsen vor – ein differenziertes politisches Bewußtsein hatte ich nicht. Ich wollte, daß unsere Ordnung fortbestand, weil sie Sicherheit gewährte. Und wenn ich damals die Feinde unserer Ordnung benennen sollte, fielen mir wie selbstverständlich zuerst die Kommunisten ein.

Ich hatte deshalb auch wenig Zweifel daran, daß sie in erster Linie für die furchtbaren Straßenschlachten verantwortlich zu machen seien, von denen man mir so viel erzählte. Ich selbst kann mich übrigens an keine blutigen Auseinandersetzungen erinnern. In Hamburg muß es nach der Machtübernahme schnell still geworden sein. Die Berichte der anderen ließen mir die Existenz von SA und SS jedoch zumindest plausibel erscheinen. Und hatten wir nicht 1918 etwas Ähnliches erlebt? Damals hatten die Bahrenfelder Freiwilligen uns verteidigt. Es gab allerdings Unterschiede: Während die Bahrenfelder sich im wesentlichen aus jungen Offizieren der Oberschicht rekrutiert hatten, bestanden Hitlers Truppen – mit wenigen Ausnahmen – aus ungehobelten Krakeelern. Irgendwann würden wir sie in ihre Schranken verweisen müssen. Im Augenblick sorgten sie jedoch für Ruhe, denn schließlich hatten sich auch Sozialdemokraten und Kommunisten mit dem «Reichsbanner» und der «Rotfront» schlagkräftige Einheiten zugelegt.

Zunächst war es erschienen, als hätten die Konservativen unseres Schlages – Reichspräsident Hindenburg und Vizekanzler Papen – Hitler fest im Griff. «Wir haben ihn uns engagiert» soll Papen noch wenige Wochen vor dem Ermächtigungsgesetz geprahlt haben. Wir hatten uns in Sicherheit gewähnt. Und wir merkten dann auch nicht, daß wir mit dem Ermächtigungsgesetz als Staatsbürger faktisch entmündigt waren, daß jede Form von Kontrolle ausgeschaltet wurde. Unsere alten, ungeschriebenen Rechte galten uns mehr als die neuen, die in der Verfassung verankert waren. Und weil wir es gewohnt waren, unter uns zu bleiben, unternahm auch niemand den Versuch, uns über unsere Irrtümer aufzuklären.

Schon Brüning hatte mit Notverordnungen regiert, und was das hieß, war uns auch nicht recht klar gewesen. Zu Hitler entwickelten wir ein ambivalentes Verhältnis. Immerhin repräsentierte der hergelaufene Volksredner die Obrigkeit, und an der hatten wir bisher nie gezweifelt. So entschlossen wir uns, auch Hitler fürs erste zu glauben, und ließen uns gerne versichern, daß die Verfassung sogleich wieder in Kraft treten würde, wenn die kommunistische Gefahr gebannt sei. Verfassung hin, Verfassung her, wer gegen die Kommunisten war, konnte nicht gegen uns sein. Da wir einmal soweit waren, beunruhigte es uns dann auch nur noch am Rande, daß die Konservativen nach und nach aus der Regierung verdrängt, daß schon im Juli 1933 alle anderen Parteien verboten wurden. Das Ganze war ja nur auf Zeit.

So begann unsere Gratwanderung. Wir konzentrierten uns auf unsere Firmen und erklärten uns ausschließlich für Soll und Haben verantwortlich. Alles, was uns darüber hinaus zu Ohren kam, verharmlosten wir bis zur Unkenntlichkeit. Wir bestätigten uns darin gegenseitig. Das geschah nicht aus kalter Absicht, sondern zunächst aus bequemer Nachlässigkeit und später aus Angst, Angst auch vor einem Wissen, mit dem wir irgend etwas hätten anfangen müssen.

Ich bin sicher, daß ich schon Anfang der dreißiger Jahre von der Existenz der Konzentrationslager wußte. Ich habe mir große Baracken vorgestellt, in denen die Leute unter Bedingungen hausten, die allemal besser waren als im Gefängnis. Woher ich diese Vorstellung hatte, weiß ich nicht. Die Insassen? Ich meinte, es seien die linken Krawallmacher, die radikalen Systemveränderer, die für eine Weile abgeschirmt werden sollten, bis sich alles beruhigt hätte.

Es ließ sich auch nicht übersehen, daß die antijüdische Stimmung zunahm. Noch gab es jedoch keine Rassengesetze, und der Antisemitismus in Deutschland reichte weit zurück. Ich war damit aufgewachsen. Schon während meiner Schulzeit wurden an die Pulte der Juden manchmal kleine Zettel geklebt, auf denen Beschimpfungen standen. Ich hielt das für eine harmlose Spielerci. Später hatte ich eine Erklärung für den zunehmenden Antisemitismus parat, die mir jemand geliefert hatte, der über jeden Verdacht erhaben war: der Jude Max Warburg. Auf einem Sommerfest, es muß schon 1926 oder 1927 gewesen sein, sagte er zu mir, daß der enorme Zustrom der Ostjuden es für die alteingesessenen Juden in Deutschland einmal schwierig machen würde. Die Ostjuden nahmen alle irgendeine Handelstätigkeit auf, waren außerordentlich geschickt und ließen bald Neid aufkommen. Daß ich ihnen nicht gerade das größte Wohlwollen entgegenbrachte, beschämte mich nicht, denn ich wußte mich ja in guter Gesellschaft. Hitlers unflätige Parolen mußte ich mir deshalb noch lange nicht zu eigen machen. Und die wenigen Juden, die ich kannte, waren 1933 auch noch keiner existentiellen Bedrohung ausgesetzt. Das sollte sich ändern, aber davon später.

Zunächst gelang es Hitler mit erstaunlicher Geschwindigkeit, unsere größten Bedenken zu zerstreuen. Mit Genugtuung nahmen wir zur Kenntnis, daß er das Wort Sozialist wohl nur zwecks Stimmenfang in Arbeiterkreisen gebraucht hatte. Er war klüger, als wir ahnten, und er war klüger als wir selbst. Er wußte, daß er uns brauchte. Und er umgarnte uns sehr geschickt. Der Historiker Gordon Craig hat einmal die folgenden Sätze Hitlers notiert, die dieser schon 1930 gegenüber Otto Strasser aussprach: «Halten Sie mich für so verrückt, daß ich die deutsche Großindustrie zerstören will? Die Unternehmer haben sich auf Grund ihrer Tüchtigkeit an die Spitze gearbeitet. Und auf Grund dieser Auslese, die wiederum die höhere Rasse beweist, haben sie ein Recht, zu führen.» Diesen Ausspruch kannte ich damals natürlich nicht, und wir, die wir Handel trieben und Handel finanzierten, gehörten auch nicht zur Großindustrie. Daß unser Status nicht bedroht schien und die neuen Machthaber uns nicht an den Kragen wollten, davon waren wir bald überzeugt. Wir konnten uns unseren Geschäften widmen, und die Geschäfte hatten es bitter nötig, denn die Folgen des Ersten Weltkriegs und der Weltwirtschaftskrise waren noch lange nicht überwunden.

Sympathischer wurden uns die Nazis deshalb nicht. Eine Partei begriffen wir noch immer als eine Art Standesorganisation, und so lautete bald eines der ungeschriebenen Gesetze: «Unsereiner gehört nicht in die NSDAP.» Nach der schlichten Devise: «Pack kommt, Pack geht», ließen wir den Dingen ihren Lauf. Und diejenigen unter uns, die sich zu lautstarken Fürsprechern der neuen Regierung entwickelten – natürlich gab es auch solche –, betrachteten wir mit Skepsis. Wir hätten sie allerdings kaum offen geschnitten, das war nicht unsere Art. Wir wurden wohl nur etwas zurückhaltender.

Einer von ihnen war Carl Vincent Krogmann. Er hatte aus seiner Begeisterung für Hitler nie einen Hehl gemacht, hatte schon vor der Machtübernahme dem wirtschaftspolitischen Beraterkreis des Führers angehört und wurde im März 1933 Erster Bürgermeister in Hamburg. Krogmann war ein Vetter meiner Mutter, und mein Vater konnte ihn nicht leiden. Er galt bei uns als unzuverlässig und als idealistischer Spinner, den man nie mit beiden Beinen auf dem Boden antraf. Und nun – typisch – war er natürlich den Nazis auf den Leim gegangen. Manchmal tat er uns fast leid. Er hatte nämlich eine furchtbar energische und ehrgeizige Frau – später hieß sie bei uns nur noch «die gräßliche Nazisse» –, und nach dem Motto: «Mann, steh auf, wir woll'n was werden» hatte sie ihn sicher in das neue Amt gedrängt.

So schüttelten wir über Krogmann die Köpfe. Und doch:

schließlich war und blieb er einer von uns. Er mochte ein wenig unberechenbar sein, aber solange er das neue System repräsentierte, mußten wir uns wohl nicht ernsthaft beunruhigen. Und Krogmann war nicht der einzige Bekannte in der Spitze der neuen Verwaltung. Zweiter Bürgermeister wurde zunächst Wilhelm Burchard-Motz. Er gehörte der DVP an – bis es sie nicht mehr gab – und genoß so unser volles Vertrauen.

Die Gleichschaltung aller gesellschaftlichen Organe habe ich deshalb auch keineswegs als radikale Säuberungsaktion in Erinnerung. Es waren nicht die Proleten von der Straße, die jetzt öffentliche und Ehrenämter besetzten, sondern im Grunde ganz honorige Leute. Die Nazis wählten ihre Repräsentanten sehr geschickt, und so bewahrten wir den gleichgeschalteten Institutionen unser Vertrauen.

Das galt auch für die Handelskammer, der mein Vater angehörte. Die Mitglieder wurden jetzt nicht mehr gewählt, sondern vom Senat ernannt. Wir mußten uns den reichseinheitlichen Namen «Industrie- und Handelskammer» – später sogar «Gauwirtschaftskammer» – gefallen lassen, und zum Präses wurde der parteitreue Hermann Viktor Hübbe berufen. Und Hübbe, darüber bestand kein Zweifel, war im Grunde ein ordentlicher Mann. Schließlich war schon sein Vater Kammerpräses gewesen, und der junge Hübbe selbst gehörte immerhin dem Vorstand der Deutsch-Südamerikanischen Bank an.

Daß Figuren wie Krogmann, Burchard-Motz und Hübbe in erster Linie unserer Beruhigung dienen sollten, wird mir erst heute klar. Sie machten sich zu willfährigen Erfüllungsgehilfen, zu Marionetten der Strategen des tausendjährigen Reichs, obwohl sie meiner Ansicht nach alle miteinander keine fanatischen Nationalsozialisten waren. Der Erste Bürgermeister hatte jedenfalls schon bald nichts mehr zu sagen. Er gab sich mit der Rolle der behäbigen Galionsfigur zufrieden, und aus dem Dunkel hinter den Kulissen tauchte Karl Kaufmann auf. Am 16. Mai 1933 wurde er – bisher einfacher

Gauleiter – zum Reichsstatthalter ernannt. Er hatte das Recht, die Mitglieder der Landesregierung zu bestimmen. Seine Entscheidungen wurden für uns zu Gesetzen. Obwohl seine Allmacht kaum zu übersehen war, bewahrten wir uns noch eine ganze Weile den Glauben an eine nicht näher definierte Kontrolle durch die konservativen Vertreter der Kaufmannschaft.

In gewisser Weise waren wir sogar stolz auf unseren eigenen Reichsstatthalter. Wir dachten nicht demokratisch, sondern wettbewerbsorientiert, und unter den drei nördlichen Hansestädten gab es eine alte Rivalität. Nun hatten Lübeck und Bremen keinen eigenen Aufpasser ersten Ranges bekommen, sondern mußten sich den Vertreter des Reiches mit ihren jeweiligen Nachbarländern, Oldenburg und Mecklenburg, teilen. Diese Differenzierung verschaffte uns Genugtuung. Wir hatten keineswegs das Gefühl, entmündigt worden zu sein. Im Gegenteil: An alleroberster Stelle hatte man endlich begriffen, daß wir die bedeutenderen Hanseaten waren. So nahmen wir es Kaufmann nicht einmal besonders übel, daß er kein gebürtiger Hamburger war. Schon im alten China hatten sich die Eroberer bald von der Atmosphäre des Landes anstecken lassen, so versicherten wir uns gegenseitig. Warum sollten wir also aus Kaufmann keinen ordentlichen Hamburger machen? Als Nazifunktionär konnte er natürlich nie einer von uns werden, aber er konnte zumindest lernen, unsere Interessen zu akzeptieren.

Aus dieser ersten Zeit der Nazidiktatur erinnere ich eigentlich nur eine einzige Maßnahme, die uns persönlich betraf: Kurz nach der Machtergreifung wurde mein Vater aus dem Aufsichtsrat der Hamburg-Amerika Linie verbannt. Alle Mitglieder dieses Gremiums erhielten damals den gleichen Brief. Kurz und bündig wurde ihnen mitgeteilt, daß ihr Mandat erloschen sei. Die Unterschrift: «Heil Hitler, gez. Ahrens, Staatsrat». Dieser Ahrens war Kaufmanns rechte Hand. Und der Reichsstatthalter hatte seinen Adlatus ganz sicher nicht umsonst damit beauftragt, die Briefe zu unterschreiben. Er selbst wollte sein Verhältnis zur Kaufmannschaft möglichst wenig trüben.

Im Vergleich zu allen anderen Maßnahmen der ersten Stunde, von denen ich damals wußte, erschien mir die Entlassung des Aufsichtsrats als besonders radikal. Dafür gab es wohl zwei Gründe: Zum einen verfügte die Hamburg-Amerika Linie über die bedeutendste deutsche Handelsflotte, und die wollten die Nazis sicher unter Kontrolle haben. Und zum zweiten hatte ein Jude dem Schiffahrtsunternehmen zu Rang und Namen verholfen: Albert Ballin war zwar schon fünfzehn Jahre tot, aber vergessen war er noch lange nicht. Selbst die Straße, die nach ihm benannt worden war, und an der im übrigen unser Kontor lag, mußte jetzt wieder Alsterdamm heißen.

Im Rückblick erscheint die Angelegenheit harmlos. In der Tat gab es andere Maßnahmen, die die Bezeichnung «radikal» verdienten. Mein Vater war damals jedoch tief getroffen. So hatte ihm noch keiner mitgespielt. Er strafte den Senat mit wortloser Mißachtung. Er kam nicht auf den Gedanken, lauthals zu protestieren. In Hamburg übte man feine Zurückhaltung, ganz gleich, was einem widerfuhr.

Das Ausmaß der Gleichschaltung blieb uns jedenfalls verborgen. Wir dachten nicht in staatsweiten Dimensionen und wußten nichts von selbstbestimmten Bürgern. Wir merkten nicht, daß ein Apparat geschaffen, eine Maschinerie installiert wurde, in der wir uns bald nur noch als fremdbestimmte Räder zu drehen hatten. Wir nahmen nur wahr, was in unserer unmittelbaren Umgebung geschah, und trösteten uns mit der fatalen Formel «auf Zeit».

Das alles mag heute unwahrscheinlich klingen, und ich selbst kann im Rückblick kaum noch verstehen, daß Hitler ungestört seine Herrschaft etablierte, während wir Kaffeepreise und Kredite kalkulierten. Aber genauso war es. Und Hitler umgarnte uns nicht nur verbal. Er schuf Fakten. So ernannte er schon im März 1933 Hjalmar Schacht aufs neue zum Präsidenten der Reichsbank.

Schacht hatten wir nicht nur die Rentenreform nach der katastrophalen Inflation zu verdanken, sondern er hatte sich auch in der Kabinettskrise von 1930 als konsequenter Vertreter der kapitalistischen Ordnung erwiesen. Als Reichsbankpräsident hatte er zusätzliche Kredite für die Arbeitslosenversicherung verweigert, weil die Regierung sich gegen seine Vorschläge für eine umfassende Finanzreform sperrte. Er war gescheitert und von seinem Amt zurückgetreten. Daß Hitler diesen fähigen und verläßlichen Finanzmann nun wieder in eine für uns so wichtige Funktion berief, trug nicht unwesentlich dazu bei, uns von der Richtigkeit seiner wirtschaftspolitischen Absichten zu überzeugen.

Im August 1934 machte er Schacht sogar zum Wirtschaftsminister. Und Schacht enttäuschte uns nicht. Er mühte sich nach Kräften um eine Belebung des Außenhandels. Sein Plan: Die ausländischen Handelspartner deutscher Importeure sollten als Zahlungsmittel Reichsmarkgutschriften akzeptieren und im Wert dieser Gutschriften Waren auf dem deutschen Markt kaufen. Solche Abkommen nach Art moderner Kompensationsgeschäfte – wie ich selbst sie schon in Brasilien verhandelt hatte – brachte er immerhin mit mehr als zwanzig Ländern zustande. Der Außenhandel konnte zwischen 1934 und 1936 um etwa zwanzig Prozent gesteigert werden.

Als Reichsbankpräsident wirkte Schacht auch federführend an der sogenannten Bankenreform von 1933 mit. Unter anderem erhielt die Reichsbank das Recht, Offenmarktpolitik zu betreiben. Über den An- und Verkauf von Wertpapieren konnte sie so das Geldvolumen in der Wirtschaft wesentlich beeinflussen. Daß ein Mann wie Schacht mit solchen Kompetenzen ausgestattet wurde, machte uns Mut. Zudem kam die Offenmarktpolitik aus Amerika und hatte sich dort – das wußte ich aus Erfahrung während meiner Lehrzeit in New York – als sinnvoll erwiesen. Die neue Regierung schien zu modernen Reformen bereit. Endlich geschah etwas, das uns aus dem wirtschaftlichen Chaos hinausführen würde.

Noch heute werden an jedem Stammtisch zwei Dinge mit

Hitler in Verbindung gebracht, die als Synonyme für den wirtschaftlichen Aufschwung gelten: der Bau der Autobahn und die Beseitigung der Arbeitslosigkeit. Im Rückblick erscheint es manchmal so, als sei der fast naive Stolz auf die großen neuen Straßen nur in den weniger gebildeten Bevölkerungsschichten empfunden worden. Ich glaube, das stimmt nicht. Nach dem verlorenen Krieg und der «Schmach» von Versailles waren wir alle nur zu bereit, nach jedem Strohhalm zu greifen, der unsere Selbstachtung stärken konnte. Wir wollten wieder etwas darstellen. Und – so merkwürdig es klingen mag – ein modernes Autobahnnetz verlieh unserem gedemütigten Land einen Glanz, für den wir sehr empfänglich waren.

Für das Unternehmen Reichsautobahn, im Juni 1933 per Gesetz beschlossen, holten die Nazis dann auch ungezählte Arbeitslose von der Straße. Schon im Herbst des gleichen Jahres war die Zahl um zwei auf vier Millionen gesunken. 1936 waren nur noch gut eine Million Menschen ohne Beschäftigung, und etwa von 1937 an herrschte Vollbeschäftigung. Eine hohe Arbeitslosigkeit hatten wir schon immer als bedrohlich empfunden. Wer auf der Straße herumlungerte und zuviel Zeit hatte, ließ sich leicht von den Kommunisten beschwatzen. Wer dagegen Autobahnen baute, kam nicht auf dumme Gedanken. Wirtschaftliche und politische Stabilität nahmen zu.

Ich weiß nicht mehr genau, wie lange unser Vertrauen in den Aufschwung ungetrübt blieb, meine allerdings, daß uns schon früh erste Zweifel kamen. Denn eines hatten wir Bankiers mit Sicherheit gelernt: Ohne Geld konnte man weder Autobahnen bauen noch anderweitige Beschaffungsprogramme finanzieren. Hitlers Maßnahmen waren teuer, und der Staat verschuldete sich mehr und mehr. Das Ausmaß der Verschuldung kannten wir jedoch nicht. Da wir den Handel finanzierten und nicht die Industrie, durchschauten wir auch die Finanzierung mit den sogenannten Mefo-Wechseln nicht so recht. Sie dienten dazu, den Investitionsbedarf der Rüstungsindustrie zu decken. Die entsprechenden Unternehmen konnten Wechsel auf die Metallurgische Forschungsgesellschaft mbH – daher das Kürzel Mefo – ziehen, die von der Reichsbank diskontiert wurden. Die Geldmenge ließ sich so bei Bedarf künstlich aufblasen, ohne daß reale Werte dahintersteckten. Obwohl wir ein vages Mißtrauen hegten, bemühten wir uns nicht darum, die verschiedenen Finanzierungsinstrumente genau zu durchschauen. Wir wollten den Aufschwung. So verdrängten wir selbst unsere ökonomischen Bedenken.

Die Ostertour

Im Rückblick erscheint das Jahr 1933 einzig und allein im Zeichen der Machtergreifung. Und wer heute zurückschaut, erliegt oft dem Trugschluß, daß es in ganz Deutschland nur dieses eine Thema gegeben hätte. Aber erst mit dem Wissen um spätere Verbrechen erhält die Machtergreifung ihre ungeheure Tragweite. Für uns änderte sich zunächst gar nichts, und der Alltag blieb, wie er immer gewesen war. In meinem täglichen Leben spielte Hitler allenfalls eine Statistenrolle.

Als ich am 13. April 1933 mit dem Schiff in Bremerhaven angekommen war, fuhr ich mit dem Zug gleich weiter nach Coburg auf die «Ostertour». Die «Ostertour» war damals in unserer Familie schon zur Tradition geworden. Kaum waren wir Kinder groß genug gewesen, um mit schwerem Gepäck mehrere Stunden zu marschieren, da hatte mein Vater diesen Brauch eingeführt. Seit 1924 – soweit reicht das «offizielle» Tourenbuch zurück – wanderten wir nun jedes Jahr in der Osterwoche durch irgendeinen Teil von Deutschland. Nur über die Grenzen durfte es nicht hinausgehen. Später hieß es dann einfach: «Das ist Tradition», und damit war die Frage der möglichen Grenzüberschreitung in jene Grauzone gerückt, in der alles Überlieferte ebenso unklar wie unantastbar erscheint.

Mein Vater – der gestrenge Vater meiner Kindheit, der achtbare Kaufmann, der autoritäre Firmenchef –, mein Vater war auf diesen Touren so ausgelassen, wie wir ihn sonst eigentlich nie erlebten. Er ließ sich – in Umkehr seines Namens Hermann – gerne Onkel Merhan nennen, und er zeigte gelegentlich schon morgens Gelüste, die uns jedes Jahr aufs neue aus der Fassung brachten. «Ich zische jetzt erst mal ein Helles», ließ er uns kurz nach dem Frühstück aus heiterem Himmel wissen, und vor Staunen vergaßen wir Jüngeren zu fragen, ob wir denn auch eins bestellen dürften. Und fragen mußten wir, mußte auch ich noch im Alter von 26 Jahren und gerade von einem fremden Kontinent zurückgekehrt. Der Patriarch gab sich zwar gesellig, aber keiner von uns hätte gewagt, seine Autorität auch nur für einen Augenblick in Zweifel zu ziehen. Das galt auch für die Älteren. Die Tour war nämlich nicht nur auf die Kleinfamilie beschränkt, sondern Tanten, Onkel, Vettern und Cousinen zogen mit uns durch die um Ostern meist noch graue oder gar verschneite Landschaft. Es gab eine Gemeinschaftskasse und eine Ämterliste, und mein Vater hatte selbstverständlich die oberste Tourenleitung. Jede Bestellung – und war es nur ein Glas Mineralwasser – mußte genehmigt werden. Und natürlich war es auch er, der den Tagesplan aufstellte und die Marschroute festlegte.

Ein Amt hatte jeder von uns. Von der Zimmerverteilung bis zur Kaltverpflegung für das Picknick, von der Tischdekoration bis zur Kulturführung – jede Sehenswürdigkeit am Wegesrand wurde erklärt – waren alle Aufgaben verteilt. Besonders unangenehm habe ich mir immer das Amt «Fußpflege» vorgestellt. Man mußte morgens vor dem Frühstück die wundgelaufenen und blasenübersäten Füße der empfindlichen Wanderer verpflastern. Rothaarig und weißhäutig wie wir Münchmeyers nun einmal waren, gab es da oft eine Menge zu tun. Zu meinem Glück ein Frauenamt, wie sich unschwer denken läßt, und meine jüngste Schwester brachte es darin bald zur Perfektion.

Während der Wanderung mußten wir unser gesamtes Gepäck auf dem Rücken tragen: Ein Paar ordentliche Schuhe für den Abend, eine mehr oder minder gebügelte Hose, Hemden, Pullover und Waschzeug. Nach dem Frühstück wurde dann noch die Kaltverpflegung verteilt, und seither weiß ich, wie schwer Äpfel und Apfelsinen wiegen. War meine Tante Tudi mit von der Partie, so hatte ich auch noch ihre Brennschere zu verstauen. Sie war für uns damals der Inbegriff der mondänen Frau. Jeden Abend verwandelte sie ihren verregneten Kopf in ein neues Lockenwunder, rauchte Zigaretten mit einer langen Spitze und trug bis ins hohe Alter helle, zarte Tüllkleider.

Für ein Land, in dem Deutschtum und Volkstümelei regierten, war sie entschieden zu mondän, und sie bekam denn auch später gefährlichen Ärger mit den Nationalsozialisten. Sie wohnte auf einem großen Landsitz in Hessen und soll dort in Gegenwart eines Fleischlieferanten oder dergleichen eine abfällige Bemerkung über Hitler gemacht haben. Vermutlich war es einer jener harmlosen Sätze, die etwa hießen: «Der Führer kann mir mal gestohlen bleiben» – und die damals den Kopf kosten konnten. Tante Tudi brachte allerdings nur kurze Zeit in Lauterbach in Schutzhaft zu. Warum sie so schnell wieder freikam und wer ihr damals geholfen hat, weiß ich nicht. Die ganze Geschichte ist merkwürdig unklar. In anderen Familien wurden solche Begebenheiten später als antinationalsozialistische Heldentaten gefeiert. Bei uns wurde darüber geschwiegen. Sicher lebten wir selbst unter Hitler noch lange in der Vorstellung, daß jeder, der im Gefängnis saß, irgend etwas Fragwürdiges getan hatte.

Auf den Ostertouren jedenfalls trug Tante Tudi selbst an grauen feuchten Tagen so etwas wie modischen Schick über die matschigen Feldwege, und da konnten wir natürlich nicht mithalten. Zumindest achtete mein Vater jedoch selbst im Nebel auf Ordnung. Ich kann mich nicht daran erinnern, jemals einem Onkel oder einem Vetter ohne Schlips im Wald begegnet zu sein. Wir Männer wanderten in Kniebundhosen und karierten Jacken aus festem englischem Tuch, die Frauen in knielangen dunklen Röcken und Lodenmänteln. Meistens hatten sie auch graue oder grüne Lodenhüte auf, an denen alle möglichen Blechsouvenirs von früheren Touren klimperten.

Wir waren alle spartanisch und gleichzeitig im Überfluß erzogen worden, und diese merkwürdige Mischung bestimmte auch die Ostertouren. So reisten wir im Zug in der Holzklasse und wohnten vorzugsweise in Zimmern von nahezu mönchhafter Einfachheit. Kaum hatte der Kellner jedoch abends die erste Weinflasche entkorkt, da konnte von Sparsamkeit keine Rede mehr sein. Was zu Hause verpönt war, galt hier als zünftig: Der Alkohol floß in Strömen. Und doch behielt unser puritanisches Prinzip «Keine Lust ohne Strafe» seine Gültigkeit. Wer am nächsten Tag mit einem Kater zu kämpfen hatte, war schlecht dran. Die eiserne Regel «Mittags gibt es nichts zu trinken» wurde nie gebrochen. Wenn man Glück hatte, bekam man beim Picknick eine Apfelsine zum Auslutschen.

Zum Wandern gehörte das Lachen. Witze reißen wurde zum Leistungssport. Mein Vater trainierte uns darauf, mit frechen, geistreichen Bemerkungen zu kontern. Originelle Wortspiele wurden belohnt, selbst Schlüpfrigkeiten waren erlaubt. Zweideutige Scherze hatten sogar meistens den größten Erfolg. Wir kleideten das Unaussprechliche in harmlose Metaphern und brachen in befreiendes und verbindendes Gelächter aus.

Ein beliebtes Spiel war der sogenannte Auflauf. Es handelte sich dabei nicht etwa um eine gebackene Makkaronispeise, sondern wer aufgelaufen war, glich eher einem Dampfer auf einer Sandbank. Er hatte sich anschmieren lassen, und wir riefen «Auflauf, Auflauf», was soviel bedeutete wie «April, April». An einen Auflauf kann ich mich noch besonders gut erinnern. Etwa eine Stunde vor dem Abendessen ging ich zu Tante Tudi und mühte mich um einen zerknirschten Gesichtsausdruck. Ihre Brennschere, so erklärte ich, hätte ich wohl leider im Wald liegengelassen. Ich hätte beim Picknick nach Äpfeln gesucht, meinen Rucksack deshalb fast vollständig ausgepackt, und nun könnte ich das Ding nicht mehr finden. Die Tante geriet in großen Zorn und verlangte, daß wir sofort zurücklaufen und suchen sollten. In diesem Augenblick kam mein Vater, der eingeweiht war, wie zufällig über den Flur und erkundigte sich nach dem Grund der Aufregung. Er erteilte mir einen strengen Tadel, machte der Tante dann jedoch klar, daß er mich und die Vettern jetzt in der Dunkelheit unmöglich in den Wald schicken könnte.

Zum Abendessen erschien Tante Tudi mit einem schwarzen Turban. Kaum hatte sie sich hingesetzt, da brach der ganze Clan in johlendes Gelächter aus, und ich überreichte ihr grinsend die Brennschere, die die ganze Zeit über sicher in meinem Zimmer gelegen hatte. Tante Tudi kannte die Spielregeln – und lachte. Sehr lustig hatte sie den Auflauf allerdings nicht gefunden.

Wer sich als besonders schnell und witzig erwies, wurde spätestens auf der nächsten Tour mit dem Amt «Manöverkritik» betraut. Bei dieser Rede am letzten Abend war so ziemlich alles erlaubt, was die Zuhörer zum Lachen brachte. Empfindlichkeiten waren verpönt. Spott mußte man nicht nur austeilen, sondern auch einstecken können. Der Redner nahm sich die Ämterliste vor, und jeder der Teilnehmer wurde mit einer gehörigen Portion Ironie abgefertigt.

In diese Welt kehrte ich also im April 1933 zurück. Hitler fand nicht statt. Mein Vater wollte auf der Ostertour erst recht nichts von Politik wissen. Sicher wimmelte es in den Zügen und auf den Straßen von Uniformierten, nur beunruhigten sie mich nicht sehr. Gewalttätigkeit, die sich in gebügeltes Tuch kleidete, war für mich nicht auf den ersten Blick als solche erkennbar. Vor den aufständischen Arbeitern und Matrosen von 1918 hatte ich Angst gehabt. Die Uniformierten befremdeten mich allenfalls, weil ihr Auftreten eine vertraute Atmosphäre veränderte. Mein politisches Empfinden war viel zuwenig ausgeprägt, als daß ich das Gewand des totalitären Regimes erkannt hätte. Ich konnte auch nicht abstrahieren. Schon der Begriff totalitäres Regime war für mich eindeutig Moskau zugeordnet, und ich brachte ihn widersprüchlicherweise nie mit Uniformierten in Verbindung. Letztere hatten in meinem Weltbild einen festen Platz, sie standen nie auf der falschen Seite. Und hatten sie nicht auch in Südamerika eine Ordnung verteidigt, die mir als die richtige erschien?

Von Angst spürte ich nichts in diesen ersten Tagen. Später wurden wir zwar vorsichtiger, aber bis 1939, bis zum Kriegsausbruch, wanderten wir jeden Ostern, lachten und ließen unser Motto erschallen. An eine sehr bezeichnende Begebenheit – ich weiß nicht mehr genau, aus welchem Jahr – kann ich mich noch gut erinnern. Ein junger Amerikaner namens Graydon Upton arbeitete als Volontär bei Münchmeyer & Co., und wir hatten ihn auf die Ostertour eingeladen. Er hatte viel Humor, verstand unsere Witze und machte sich unsere Ironie und unseren Spott schnell zu eigen. Eines Tages begegneten wir auf einem Feldweg einem Lastwagen, auf dem lauter SA-Leute standen. Als sie an uns vorbeifuhren, nahm Graydon Upton Haltung an, streckte den Arm gerade heraus und rief schneidig: «Heil Hitler!» Kaum war der Wagen vorüber, brüllte er hinterher: «Auflauf, Auflauf!» Die SA-Leute reagierten nicht und wußten wohl glücklicherweise auch nicht, was damit gemeint war. Wir konnten uns dagegen vor Lachen kaum halten. Upton war der Held des Tages. Noch Jahre später wurde die Geschichte immer wieder erzählt. Zeigte sie nicht deutlich unsere Einstellung zu den Nationalsozialisten? Vielleicht hätten wir uns selbst nicht so verhalten, aber für Uptons Einschätzung der Machthaber fühlten wir uns verantwortlich und waren stolz darauf.

Nach der Ostertour 1933 kehrte ich endgültig nach Hamburg zurück. Ich war froh, wieder zu Hause zu sein, und kam gar nicht auf den Gedanken, mir eine eigene Wohnung zu nehmen. Die elterliche Fürsorge war mir äußerst angenehm. Und weil ich so lange fort gewesen war, erschienen mir die vertrauten und unveränderten Gewohnheiten besonders liebenswert.

Es war Frühling, und wie in jedem Jahr verlegten wir unseren Haushalt bald nach Rissen. «Ein sehr rühriger und behaglicher Sommer mit Eltern und Geschwistern», schrieb meine Mutter über das Jahr 1933 in mein Lebensbuch. Hier draußen auf dem großen Grundstück über der Elbe war nun in der Tat von Veränderungen gar nichts mehr zu spüren. Nicht einmal Uniformierte irritierten den Blick. Der Luusbarg war eine Art Insel. In der Welt mochte es toben, wie es wollte, hier blieb alles beim alten. Und darauf gaben wir auch acht. Die tradierten Strukturen sollten auch im täglichen Miteinander erhalten bleiben. So schufen wir uns intuitiv eine doppelte Sicherheit, eine räumliche und eine gedankliche.

Schon in den Kleinigkeiten des Alltags hatten wir Riten und Bräuche entwickelt, die als unverbrüchlich galten. Sonntags morgens wurde um sechs Uhr früh geritten. Um neun Uhr gab es Frühstück, und nur wer geritten war, bekam Spiegeleier und einen Schnaps. Seit wir im Sommer draußen wohnten, gingen wir während dieser Monate nicht mehr regelmäßig in die Kirche, und so stand nach dem Frühstück Gartenarbeit auf dem Programm. Die Männer waren für die Bäume verantwortlich und die Frauen für die Sträucher. Während mein Vater und ich tote Zweige aus dem Geäst sägten, hockten meine Mutter und meine Schwestern zwischen Johannis- und Stachelbeerbüschen. Oft mußte ich meinem Vater sogar in der Woche nach Büroschluß noch im Garten helfen. Er trug dann immer die gleiche braune Jacke, einen Schlips und selbst bei großer Hitze einen alten braunen Hut.

Am Sonntag wurde nach der Gartenarbeit geschwommen, und pünktlich um ein Uhr gab es Mittagessen. Dann herrschte absolute Ruhe bis zum Tee um vier Uhr. Und bei der Gestaltung dieser Teestunde zeigte sich, daß wir eben doch recht flexibel waren: Bei schönem Wetter schleppten wir Silberkannen und Geschirr auf den sogenannten Pavillon, den höchsten Punkt des Grundstücks, auf dem in der Tat ein kleiner runder Strohdachpavillon errichtet war. Und bei schlechtem Wetter nahmen wir den Tee im Wohnzimmer ein.

Bis zu diesen Zeitpunkt durften Freunde teilhaben. Der Sonntagabend jedoch war heilig und allein der Familie vorbehalten. Eine Ausnahme machte mein Vater nur bei Geschäftsfreunden aus Übersee. Sie mußten weder im Garten arbeiten, noch wurden sie vor dem Sonntagsbraten nach Hause geschickt. Sollte ihnen jedoch einfallen, sich länger als bis zehn Uhr bei uns aufzuhalten, wurden energische Maßnahmen eingeleitet.

Herr Wagenknecht aus Montevideo wagte es einmal, die Gastfreundschaft meines Vaters über Gebühr zu strapazieren. Als es an der Zeit gewesen wäre, uns zu verlassen, steckte er sich noch eine dicke Zigarre an. Für meine Eltern bedurfte es keiner weiteren Verständigung. Meine Mutter verließ wortlos das Zimmer und kehrte bald darauf zurück, um dem Gast mitzuteilen: «Herr Wagenknecht, ich fürchte, Ihr Wagen wird gleich ohne Sie wegfahren.» Der arme Mann trat höchst verdattert seinen Rückzug an, und die Geschichte seines Mißgeschicks wurde auch Dritten gegenüber so oft erzählt, daß es meines Wissens nie wieder jemand gewagt hat, die festgeschriebene Zeit zu überschreiten.

Wir Kinder hingegen durften an Sonntagen das Haus in der Regel nicht verlassen. Sicher gehörte es dazu, daß wir sonnabends manchmal auf die Jugendfeste der Hamburger Gesellschaft gingen, aber sonntags gehörten wir in den Garten und an den Tisch unserer Eltern. Nur wenn es um Pokale ging – sei es beim Hockey oder beim Rudern –, durfte ich mich für den Sonntag verabschieden. Damals erschien uns das selbstverständlich. Weder meine Schwestern noch ich wären auf den Gedanken gekommen, uns gegen diese Sitten aufzulehnen. Wir kannten keinen Widerspruch, und weil wir ihn nicht kannten, mußten wir ihn auch nicht unterdrücken. Unsere Freunde taten es uns gleich.

Am 15. Mai 1933 trat ich als Prokurist bei Münchmeyer & Co. ein. Ich glaube allerdings kaum, daß mein Vater mir zwischen Ostertour und Arbeitsbeginn Zeit zur Muße ließ. Soweit ich mich erinnern kann, mußte ich vom ersten Tag an morgens mit ihm ins Kontor. Nur war mein offizieller Firmeneintritt eben auf den 15. Mai datiert, obwohl an diesem Tag nichts Besonderes geschah. Ich kann mich weder an Blumen noch an Glückwünsche, gute Worte oder gar einen Sherry-Umtrunk erinnern. Ich hatte dergleichen auch nicht erwartet. In den zwanziger Jahren war ich als Lehrling in dieses Büro gegangen, nun kam ich eben als Prokurist und hatte ein eigenes Zimmer. Und so erschien es mir angemessen, denn schließlich hatte ich während meiner fünf Jahre im Ausland eine Menge gelernt.

In den ersten Wochen war ich denn auch hauptsächlich damit beschäftigt, die Ergebnisse dieses Auslandsaufenthaltes aufzuarbeiten, höfliche Briefe zu schreiben und alte und neue Kontakte zu wärmen. Über jenes Kaffee-Kohle-Kompensationsgeschäft, das ich mit den Brasilianern ausgehandelt hatte, mußte ich schon bald persönlich bei der Reichsbank Bericht abstatten. So fuhr ich mit Herrn Hoffmann, der als Abteilungsleiter bei Münchmeyer & Co. für das Bankgeschäft zuständig war, nach Berlin. Hjalmar Schacht habe ich damals nicht kennengelernt, dafür waren meine Schuhe noch ein paar Nummern zu klein. Wir sprachen mit Herrn Tüngler, der für die Handelsfinanzierung verantwortlich zeichnete. Für mich war der Besuch eindrucksvoll. Zum erstenmal fühlte ich mich als verantwortlicher Geschäftsmann, der eigenständig entschieden hatte, und dessen Entscheidung von kompetenten Leuten gebilligt wurde.

Daß selbst mein Vater unseren Berlin-Besuch in einem Nebensatz als «erfreulich» bezeichnete – ein größeres Lob konnte man sich von ihm kaum denken –, hatte noch andere Gründe. Die neuen Machthaber wollten zwar eine gesunde

Wirtschaft, aber sie sollte allein nach ihren Spielregeln funktionieren. Sie richteten Überwachungsstellen ein, verteilten Importkontingente und hatten so bald den gesamten Handel unter Kontrolle. Die Kontingente der einzelnen Firmen richteten sich in der Regel nach dem Volumen der vergangenen Jahre. Wer jedoch durch besondere Verrechnungsmöglichkeiten zusätzliche Geschäfte versprechen konnte, erhielt einen größeren Spielraum. Und für solche Zusatzkontingente hatten wir uns mit dem Brasilien-Abkommen qualifiziert.

Viele der neuen Vorschriften stammten schon aus der Zeit vor der Machtergreifung. Das Ende der freien Wirtschaft hatte sich gleich nach dem «Schwarzen Freitag» angekündigt. Die Nationalsozialisten nahmen es mit den Kontrollen allerdings sehr viel genauer. Ohne offizielle Genehmigung durften wir bald kein Pfund Kaffee mehr einführen. Sie diktierten uns sogar die Geschäftsbedingungen. In ganz Deutschland liefen Preiskommissare mit dicken Knüppeln herum, und wenn wir auf unsere Importe zu hohe Aufschläge kalkulierten, zeigten sie uns an.

Umgekehrt sorgte der Staat jedoch auch dafür, daß wir auf den internationalen Märkten wettbewerbsfähig blieben. Als Devisenbringer wurden wir stark gefördert. Wenn wir mit unseren Exportprodukten im Ausland nicht die erforderlichen Preise erzielen konnten, übernahm der Staat die Differenz. Dieser Zuschuß wurde nach einem ganz bestimmten Schlüssel kalkuliert, der im sogenannten Zusatz-Ausfuhr-Verfahren festgelegt war. So bestimmten die Nationalsozialisten schließlich sogar den angemessenen Gewinn.

Ich arbeitete damals eng mit Herrn Erasmi, dem Leiter unserer Importabteilung, und jenem Geldspezialisten Hoffmann zusammen. Mein Onkel Hans Heinrich Waitz, Bruder meiner Mutter, aber nur elf Jahre älter als ich, war für den Export zuständig, und mein Vater führte die Oberaufsicht. Wir alle teilten mehr oder minder ungebrochen den wirtschaftlichen Optimismus. Der Aufschwung erhöhte die Bonität unserer Geldkunden, und unsere ausstehenden Kredite wurden besser. Der Handel florierte und mußte finanziert werden. Über die Bedingungen und Veränderungen diskutierten wir nicht. Ich kann mich an kein einziges politisches Gespräch im Kontor erinnern. Wir lernten, mit den Preiskommissaren zu leben, und wir gewöhnten uns daran, daß man uns über die Schulter schaute. Die Vorschriften waren schließlich nicht zu unserem Schaden. Die Zahlen in unseren Büchern bestätigten uns, daß die Aufpasser nicht gegen unsere Interessen handelten. So vertrauten wir dem Staat unsere früheren Freiheiten an und ließen ihn gewähren.

Die Regeln waren eindeutig. Wir wußten, daß wir nur im Fall eines Verstoßes mit ernsthaften Konsequenzen zu rechnen hatten. Solange wir uns an die neuen Gesetze und ihre Ausführungsbestimmungen hielten, waren wir sicher. Obwohl die Kontrollen im Laufe der Jahre immer strenger wurden, erschien der Druck uns deshalb keineswegs unerträglich.

Das galt zumindest für das reine Geschäftsgebaren. Viel schwieriger wurde es, wenn die Nationalsozialisten politische Treuebekenntnisse verlangten. Wenn der Führer sprach, sollten wir die Belegschaft vor dem Volksempfänger zusammentrommeln, wenn er kam, sollten wir Fahnen aus den Bürofenstern hängen, wenn seine Gefolgsleute ihre braunen Paraden veranstalteten, sollten wir mitmarschieren. Zu Anfang weigerten wir uns strikt und taten das Ganze als unsinnigen Firlefanz ab. Was hatten wir als achtbare Kaufleute mit diesem zweitklassigen Spektakel zu schaffen? Wir merkten jedoch bald, daß wir nicht so leicht davonkamen. So begannen wir, Schliche und vorsichtige Kompromisse zu ersinnen, mit denen wir vor uns selbst bestehen konnten. Wir suchten uns durch das nationalsozialistische Gestrüpp zu winden, ohne uns die Gesichter so sehr zu zerkratzen, daß wir nicht mehr in den Spiegel schauen konnten.

So waren wir zwar nicht Mitglieder der Partei – eine Ausnahme bildete später Herr Hoffmann –, aber wir waren Mit-

glieder in der Deutschen Arbeitsfront. Daß diese Mitgliedschaft uns ganz und gar nicht paßte, läßt sich unschwer denken. Erstens waren Massenorganisationen ohnehin nicht
nach unserem Geschmack, und zweitens war die Arbeitsfront schließlich die Nachfolgeorganisation der Gewerkschaften. Daß die Arbeiter selbst nichts mehr zu sagen hatten,
weil Hitlers Truppen die ursprünglichen Gewerkschaften
brutal zerschlagen und das Vermögen beschlagnahmt hatten,
wußten wir nicht so genau. Und es hätte die Sache auch auf
keinen Fall besser gemacht. Wir hatten einfach von Haus aus
in der Arbeitsfront nichts verloren, und ihr neuer Chef, Robert Ley, war nicht gerade dazu angetan, uns umzustimmen.
Alle «Schaffenden der Stirn und der Faust», so lautet dann
jedoch die Parole im Nazijargon, gehörten unbedingt in diese
Organisation. Da waren auch wir gemeint. Und damit man
uns in Ruhe weiter schaffen ließ, fügten wir uns widerstre-
bend.

Mit Geld allein waren unsere Pflichten in der Arbeitsfront
leider nicht erledigt, die finanziellen Beiträge reichten dem
Führer nicht aus. Seiner Ansicht nach gehörten wir am 1. Mai
auch auf die Straße. Überhaupt sollten wir alle möglichen
Dinge Hitler zu Ehren tun oder lassen, und in jeder Firma gab
es bald einen Betriebsobmann, der kontrollierte, ob man ihm
und den übrigen Nazigrößen im täglichen Verhalten genügend Respekt zollte. So ein Nazispitzel konnte zu einer rechten Plage und später sehr gefährlich werden. Wir wußten uns
jedoch zu helfen und drehten den Spieß um. Wir stellten
einen Mann ein, der uns treu ergeben war und gleichzeitig
das volle Vertrauen der Nationalsozialisten genoß.

Herr Holldorf war ein Schwager unseres Prokuristen
Erasmi, und Erasmi bürgte für seine Rechtschaffenheit. Zudem war Holldorf arbeitslos gewesen. Wir hatten ihn von der
Straße geholt, und das, so beteuerte er immer wieder, würde
er uns nie vergessen. Besondere Qualitäten konnte er nicht
vorweisen. Er taugte nur bedingt fürs Geschäft, und wir setzten ihn in die Materialverwaltung. Eines hatte er uns jedoch

allen voraus: Er gehörte zu den Nationalsozialisten der ersten Stunde und durfte sich «Alter Kämpfer» nennen. In dieser Eigenschaft wurde der kleine Mann mit den braunen Knopfaugen unser Betriebsobmann und erwies uns in den folgenden Jahren unschätzbare Dienste.

Wann immer Beschwerden eingingen – weil wir irgendeine Führerrede in der Firma nicht übertragen hatten, weil in irgendeinem Konferenzzimmer ein Führerbild fehlte oder weil der Pförtner wieder einmal den «Deutschen Gruß» vergessen hatte –, wir schickten Herrn Holldorf. Er trabte dann brav zum zuständigen Parteibüro, zeigte dort sein «Alter-Kämpfer»-Abzeichen vor und versicherte den Hamburger Statthaltern des Reiches, daß bei uns alles in Ordnung sei.

Am Anfang klappte das reibungslos. Später mußten wir Herrn Holldorf Tatsachen mit auf den Weg geben. Die Parteioberen glaubten unserem Vorzeigenazi nicht mehr so ohne weiteres. Sie wollten Beweise. Selbst mein Vater marschierte deshalb – es muß etwa Mitte der dreißiger Jahre gewesen sein – einmal bei einer Parade am 1. Mai mit. Unter den begeisterten Führeranhängern fühlten wir uns natürlich vollkommen deplaziert. Der Gedanke an Verrat kam uns allerdings nicht. Jeder vernünftige Mensch mußte doch wissen, daß wir nicht dazugehörten, sondern nur ein Opfer fürs Geschäft brachten. Herr Holldorf konnte dann bei den Parteibonzen auf unsere Teilnahme verweisen, und so blieben uns eine Menge Ärger, lästige Überprüfungen und ein paar schrille Reden aus dem Lautsprecher erspart.

Ich selbst gewöhnte mir damals an, meine Briefe «mit Deutschem Gruß» zu unterzeichnen. «Heil Hitler» kam mir weder aus der Feder noch über die Lippen. Herr Holldorf akzeptierte das nicht nur, sondern machte sich diese kleine Provokation – zumindest im Umgang mit mir – selbst zu eigen. Wann immer er mir auf der Straße begegnete, zog er den Hut und sagte: «Guten Tag.» So hielt er es bis 1945.

Knappe Formeln für die Dinge
des Herzens

Das Jahr 1933 endete für mich mit einem Ereignis, das alle Braunhemden, Volksredner und Preiskommissare dieser Welt in den letzten Winkel meiner Wahrnehmung verdrängte: Ich lernte Gertrud Nolte kennen. Als welterfahrener Junggeselle und angehender Partner einer renommierten Firma hatte ich bald einen festen Platz auf der sogenannten Hamburger Tänzerliste. Und obwohl ich noch immer kein besonders guter und schon gar kein leidenschaftlicher Tänzer war, wurde ich zu allen Festen der Gesellschaft eingeladen. So auch bei den Noltes.

Gertruds Mutter war früh gestorben. Ihr Vater lebte mit seiner zweiten Frau und seinen vier Kindern im Winter in der Alsterchaussee und im Sommer in Reinbek etwas außerhalb von Hamburg. Hans Nolte war Notar, und er war anders als wir. Wenn er abends nach Hause ging, ließ er die Paragraphen im Büro und widmete sich der schöngeistigen Literatur. Im Winter fanden einmal im Monat Dichterlesungen in seinem Hause statt. Die «Nolte-Abende» waren berühmt. Von Franz Werfel bis zu Rainer Maria Rilke trugen dort die ersten Dichter der Zeit ihre Verse vor.

Nun konnten wir Münchmeyers das Wort Lyrik allerdings nur mit Mühe buchstabieren, und so gehörte ich nicht zu den ausgesuchten Gästen der literarischen Abende. Einmal im Jahr gab Gertruds Vater jedoch für seine vier Kinder einen großen Ball. Gertrud und ihre Schwester mußten dann die Einladungen schreiben. Eine leidige Aufgabe, wie Gertrud fand, und eine, die es schnell zu erledigen galt. So adressierte sie denn auch einen Umschlag an «Fräulein Alwine Münchmeyer». Nur den gestrengen Augen irgendeiner Tante hatte ich es zu verdanken, daß ich auf meinem ersten Ball bei den Noltes dann doch als rechter Mann erscheinen durfte. Der Fehler war rechtzeitig korrigiert worden.

Und nun wird es schwierig, denn von Liebesdingen zu berichten ist eigentlich nicht meine Art. Sie war anders als alle anderen, hell und klar und unendlich jung. Sie spielte nicht, wußte nichts von Händen in Handschuhen und Fächern, hinter denen man den boshaften Spott austauschen konnte. Sie ahnte nichts von Freundlichkeit, hinter der sich etwas anderes verbarg. Sie war einfach da, und sie war wunderschön. Ich tanzte mit ihr. Als sie fort mußte – ihr Vater achtete darauf, daß sie mit ihren achtzehn Jahren zur geziemenden Zeit das Fest verließ –, mochte ich nicht mehr tanzen.

Ich sprach mit niemandem darüber, nicht einmal mit meinem besten Freund Obbie Hachmann. Ich tat nur eine einzige Äußerung, um ein baldiges Wiedersehen zu erreichen. Als meine Mutter kurz nach dem Ball über ihre Pläne für ein Faschingsfest im Februar sprach, sagte ich beiläufig: «Lade doch auch die kleine Nolte mal ein.» Und das war nun gar nicht so einfach, denn immerhin gab es zwei. Die eine sei hübsch, so erfuhr meine Mutter bei ihren Erkundigungen, die andere temperamentvoll. Sie entschied sich für die Temperamentvolle, und es war die Richtige.

Feste waren damals anders als heute. Es gab nicht nur mehr Dienstboten, sondern bei der gesamten Gestaltung wurde ein größerer Aufwand getrieben. Für das Faschingsfest Anfang Februar 1934 hatte meine Mutter unser Haus in der Magdalenenstraße in eine Hölle verwandelt – oder zumindest in das, was sie und die Dekorateure von der Kunstschule sich darunter vorstellten. Es wimmelte von roten Teufelchen und unheimlichen Phantasiegestalten. Sie hatte zum «Rutsch in die Hölle» eingeladen, und in der Tat führte vom ersten Stock anstelle der Treppe eine Art Rutschbahn in die Halle hinunter. Die Gäste gingen über die Hintertreppe nach oben, gaben dort ihre Garderobe ab und rutschten dann in ihren Teufelskostümen mitten in das Reich des Satans. Dort stand meine Mutter als des Teufels Großmutter verkleidet, und jeder Gast bekam zur Begrüßung einen Höllencocktail.

Gertrud behauptet bis heute, daß ich das lasterhafte Ambiente mißbraucht und in einer dunklen Ecke versucht hätte, sie zu küssen. Daran kann ich mich zwar nicht mehr erinnern, aber vielleicht bewirkte ihr äußerer Widerstand, daß ich meinen inneren Widerstand langsam aufgab. Ich machte zumindest bald keinen Hehl mehr daraus, daß ich sie mochte. Von Liebe sprach ich natürlich nicht.

Ich weiß noch ganz genau, wann ich beschloß, sie zu heiraten. Wir hatten uns auf einem der üblichen Hamburger Feste getroffen. Meine Schwester Margarete, inzwischen schon verheiratet mit Ascan Lutteroth, war auch dabei. Wir drei boten Gertrud an, sie im Auto mit nach Hause zu nehmen. Unterwegs kamen wir an der Capo-Bar vorbei, und Ascan schlug vor, auf einen kurzen Drink dort einzukehren. Gertrud lehnte ab. Sie sagte einfach nur: «Das hat mein Vater mir verboten», und selbst meine beredte Schwester konnte sie nicht umstimmen. Sie erweckte auch gar nicht den Anschein, als komme sie sich dabei klein und albern vor. Sie liebte ihren Vater, und deshalb tat sie nichts, was ihn verletzen konnte. Sie fuhr nach Hause, wir gingen in die Bar, und in der Tür sagte ich zu Margarete: «Das Mädchen heirate ich.»

Ein paar Wochen später konnte ich Gertrud dann doch dazu bringen, ihren Vater ein einziges Mal mit einer kleinen Unwahrheit zu täuschen. Ich lud sie zum Essen ein, und daheim erzählte sie, sie ginge «mit Freunden». Man hätte ihr nie erlaubt, den Abend alleine mit einem jungen Mann zu verbringen. Wir aßen im Bürgerhaus. Das war anständig. Sie trug eine Bluse und einen Hut ihrer Schwester, und wieder fand ich sie wunderschön und verstand nicht, warum sie in der Gesellschaft allein ihres Temperaments wegen bekannt war.

Ich bestellte beizeiten ein Taxi, denn schließlich mußte Gertrud am nächsten Morgen früh in die Schule. Auch das war anständig. An der Rabenstraße bat ich den Fahrer zu halten. Die letzten Schritte, so sagte ich, wollten wir zu Fuß gehen. Es dauerte nur ein paar hundert Meter – genaugenommen bis zur Milchstraße –, und wir waren verlobt. Ich küßte sie, und es war anständig, denn nun war sie meine Braut. Nur der Hut der Schwester, der ging dabei verloren.

In den folgenden Tagen und Wochen fand das übliche Zeremoniell statt. Bei Hans Nolte hielt ich offiziell um Gertruds Hand an, die Eltern statteten sich gegenseitig erste Besuche ab, Verlobungsessen wurden veranstaltet, und in Zeitungsannoncen und auf privaten Briefkarten «beehrten» wir uns umständlich, die Verlobung «hierdurch anzuzeigen». Die Eltern waren es zufrieden. Hatte doch Gertruds Großvater schon meinem Großvater und meinem Urgroßvater als Notar beratend zur Seite gestanden und in unserer Familie so manches Testament aufgesetzt. Die Verbindungen waren alt und solide. Der Name Nolte bürgte für Tradition. Der Stammbaum stimmte. Gertruds Mutter war eine geborene Siemsen, ihre Großmutter eine geborene Blohm – beides Namen aus der ersten hanseatischen Gesellschaft und weit ältere im übrigen, als die Münchmeyers vorzuweisen hatten.

Eltern und Freunde – Gertruds Vater mag da eine Ausnahme gewesen sein – nahmen die Ankündigung unserer Heirat ohne große Bewegung zur Kenntnis. Sie fanden knappe Formeln für die Dinge des Herzens, die als ganze Sätze in der Luft auf Hamburger immer peinlich wirkten. Typisch war die Reaktion meines Schwagers Ascan, mit dem ich mich damals schon sehr befreundet fühlte. Er war einer der ersten, denen ich von meiner Verlobung erzählte. Wir saßen in der Capo-Bar. Sein Kommentar: «Sehr alert, mein lieber Alwin – John, zwei Cognac bitte!» Gefühlsäußerungen waren nicht unsere Sache. Man nickte wohlgefällig und wandte sich wieder den Geschäften zu.

Daß die Firma ausnahmslos die erste Rolle spielte, lernte Gertrud schon auf unserem Verlobungsessen bei meinen Eltern. «Du mußt wissen, liebes Kind», so etwa sagte mein Vater in seiner Tischrede, «daß das Geschäft immer vorgeht. Wenn Alwin drei Tage vor eurer Hochzeit dringend nach Südamerika reisen muß, dann wird die Hochzeit eben verschoben.» Sie erschauerte unter der Härte unserer Regeln.

Doch die brauchten wir in dieser Zeit mehr denn je. Wenn wir sie befolgten, so meinten wir, konnten wir keine Fehler begehen.

Unsere Verlobungszeit dauerte nicht lange. Am 2. Mai hatten wir den Hut verloren, am 18. August sagten wir in der Kirche ja. Und das war gut so, denn Anstand und Sitte erlaubten einem Brautpaar damals keinerlei Zweisamkeit. Zuverlässige Tanten spielten abwechselnd den Chaperon, begleiteten uns bei allen möglichen passenden und unpassenden Gelegenheiten und bewachten mit keuschen Augen unsere Tugend. Nur manchmal, wenn wir mit Freunden ausgingen, konnte ich Gertrud abends alleine nach Hause bringen. «Wahre Liebe blüht im Hausflur nur», spottete ich dann über unsere Treppenhausromanze.

Den Müttern dagegen erschien die Zeit natürlich viel zu kurz, denn für sie gab es eine Unmenge zu tun. Da wurden Berge von Leinen bestellt und mit Initialen bestickt. Da galt es, das Sonntagsservice und das Alltagsgeschirr auszusuchen, die gestreiften und die schwarzen Kleider für das Hausmädchen, Suppentöpfe, Bratpfannen und Weingläser und in den renommierten Hamburger Geschäften entsprechende Listen auszulegen. Die Hochzeitsgäste fragten dann dort nach der Liste des Brautpaars Münchmeyer und schenkten irgendeinen der aufgeführten Gegenstände.

Und die Garderobe! Aus dem Schulkind in Wollwäsche wollte Gertruds zweite Mutter, die wir Mammusch nannten, binnen weniger Wochen die Frau eines jungen Bankiers zaubern. Eine schwierige Aufgabe, aber damit nicht genug. Die Hochzeit sollte vier Tage währen, und schon Wochen vorher wurde gekocht, gebacken und gedichtet. Nur Gertrud selbst schien nicht sonderlich unter den Mühen und Plagen zu leiden. Sie liebte, die anderen nähten – oder veranlaßten zumindest Dritte zum Nähen –, und so kam es ihr gerade recht.

Als es endlich soweit war, erschienen die Mütter denn auch etwas blaß und angestrengt. Das kümmerte jedoch kaum jemanden, denn jetzt, da es Ernst wurde, standen ohnehin die Väter im Vordergrund. Wir wußten, was wir unserer Tradition schuldig waren, und so hießen unsere Trauzeugen Hans Nolte und Hermann Münchmeyer. Am Mittwoch, dem 15. August, gingen wir mit ihnen auf das Standesamt und unterschrieben den Trauschein. Vor dem Gesetz waren wir nun Mann und Frau, aber natürlich durften wir einander nicht näherkommen, bevor nicht auch der liebe Gott seinen Segen gegeben hatte. Wir gingen anschließend in Schümanns Austernkeller, nahmen dort ein umfängliches Champagnerfrühstück zu uns, und dann fuhr jeder mit seinen Eltern nach Hause.

Am Donnerstag war der Polterabend. Ich weiß nicht, warum ausgerechnet wir Münchmeyers bei jeder Gelegenheit unsere Dichtkunst unter Beweis stellen mußten. Ob es sich um Geburtstagsbriefe handelte, um Gästebucheintragungen oder um Antwortbriefe auf die Einladungen zur Ostertour – die Verse holperten unermüdlich aus den Kaufmannsfedern. Ich mochte die Reime meiner Verwandten sehr, obwohl sie meistens schlecht waren. Und ich selbst habe mich auch nie in dieser artfremden Disziplin versucht. Der Polterabend gab nun jedenfalls all den verkappten Dichtergrößen ausreichend Gelegenheit, den liebevollen Spott über das Brautpaar in Verse zu fassen. Die Devise lautete: Witzig und frech.

Dort, wo heute auf dem Luusbarg unser Haus steht, war ein riesiges Zelt für 120 Gäste aufgebaut, und die Aufführungen fanden davor im Freien statt. An viele Einzelheiten kann ich mich nicht mehr erinnern. Ich weiß nur noch, daß meine Nichte Astrid als Amor verkleidet auf eine Linde geklettert war und kleine glitzernde Pfeile in den Rasen schoß, daß eine Polterhymne gesungen wurde, geheimnisvolle Wahrsager auftraten, die Freunde aus meinen Flegeljahren berichteten und eine Szene natürlich in der Capo-Bar spielte. Das Ganze war ein rechtes Spektakel.

Wir aßen, wir lachten und tanzten, und die Welt schien in

Ordnung. Sie schien sogar so sehr in Ordnung, daß mein Vater seine alte Abneigung gegenüber Carl Vincent Krogmann vorübergehend überwunden und ihn zum Polterabend eingeladen hatte. Auf unsere Toleranz waren wir schon immer stolz gewesen, und Krogmann – Nazi hin, Nazi her – gehörte schließlich zur Familie. Soweit ich mich erinnern kann, erschien allerdings bloß seine ehrgeizige Frau. Der Bürgermeister selbst war wohl verhindert.

Am nächsten Tag waren wir zwar müde und verkatert, aber an eine Festpause durften wir nicht einmal denken. Sämtliche Münchmeyers und Noltes trafen sich zum Mittagessen bei meiner Schwester Margarete in der Rabenstraße. Am Abend vor der Hochzeit war ich dann schon in einem Gästezimmer in Reinbek untergebracht. Vielleicht fürchtete man, daß ich sonst noch einmal mit meinen Junggesellenfreunden das zweifelhafte Amüsierviertel um die Reeperbahn aufgesucht hätte. Mit ihrem Schwiegersohn Ascan hatten meine Eltern da schlechte Erfahrungen gemacht. Bei den Noltes wußten sie mich jedenfalls sicher aufgehoben.

Der Abschied von meiner Familie war allerdings kurz. Schon früh am nächsten Morgen erschienen Eltern und Geschwister in Reinbek zum sogenannten Brautsingen. Nicht einen der bewährten alten Bräuche ließen wir aus. Ein wenig belustigten wir uns zwar schon damals über die eigenartige Sitte, der Braut am Hochzeitsmorgen ihre Jungfräulichkeit in einem Ständchen zu bestätigen. Aber es gehörte sich eben so und hatte aus zweierlei Gründen auch seinen Sinn: Zum einen waren wir so gezwungen, auch in der Zeit ausschweifender Festlichkeit die Disziplin zu wahren und nicht etwa wider die Selbstzucht einen verschleppten Rausch auszuschlafen. Und zum zweiten hätten ganz sicher Tanten und Onkel hinter Brillantbrillen und Monokelgläsern am Abend Unaussprechliches gemunkelt, wenn wir die Reinheit der Braut des Morgens nicht lauthals besungen hätten. «Wir winden dir den Jungfernkranz aus lauter Heil und Segen», schmetterten wir unter Gertruds Fenster in die morgendliche Stille. Und erst dann durfte sie aufstehen, obwohl sie bestimmt schon lange wach war.

Nach dem frühen Singen hätte ich die eigentliche Hochzeit am Nachmittag beinahe verschlafen. Ein Dienstmädchen hatte wohl mehrmals geklopft, aber ich hatte nichts gehört. Das Mädchen lief dann aufgeregt zu Gertrud und versetzte ihr mit den Worten: «Ich glaube, Herr Münchmeyer ist weg», einen gehörigen Schrecken. Im Brautkleid hätte ich sie eigentlich erst vor der Kirche sehen dürfen. Nun erschien sie jedoch schon ganz in Weiß und noch ohne den meterlangen verhüllenden Schleier. Sie war verstört und dann glücklich erleichtert, weil das Dienstmädchen doch einfach nicht lange genug geklopft hatte. Ich war bezaubert. Später hütete ich mich allerdings, dergleichen zu äußern. Ich blieb meiner Rolle treu, blieb ganz der souveräne Weltmann, und berichtete zum Beweis meiner Gelassenheit allein von dem überlangen Mittagsschlaf.

Der 18. August 1934 war ein schöner Tag. «Köstliches, sonniges Wetter», schrieb meine Mutter in mein Lebensbuch. Und es war auch ein schönes Bild, als die ganze Gesellschaft in Fräcken und langen Kleidern nachmittags um fünf in der Wohltorfer Kirche Einzug hielt. Im Rückblick vergewissert man sich beim Blättern ein zweites Mal des Datums. Denn im Rückblick scheint ein solches Bild in dem Jahr nach der Machtergreifung keinen Platz zu haben.

Pastor Aly sagte unseren Trauspruch: «Denn Gott der Herr ist Sonne und Schild, der Herr gibt Gnade und Ehre. Er wird kein Gutes mangeln lassen den Frommen.» Und wir glaubten ihm. Es klang etwas an, das wir verstanden: Die Frommen, die Folgsamen, die Redlichen... glaubte ich auch an Gott? Ich bin mir nicht sicher. Ohne ihn ging es nicht. In unserer Ordnung hatte er seinen festen Platz. Aber eigentlich war es eben doch unsere Ordnung, die uns vor Schaden bewahrte. Wenn sie zerbrach, wenn die Werte und das Wissen der Väter verlorengingen, dann konnte auch Gott nicht mehr helfen. So dachte ich auch nicht darüber nach, ob ich

Gottes Beistand in der Ehe brauchen würde. In unserer Familie gab es keine Scheidungen. Geborgen in der Tradition, konnte mir nichts widerfahren.

Am Abend sagten dann die Väter etwas Ähnliches. Wir saßen an einer großen, hufeisenförmigen Tafel in «Weltevreden» – so hieß der Besitz von Gertruds Familie in Reinbek. Den Polterabend hatten meine Eltern ausgerichtet, die Hochzeit gaben die Eltern der Braut. So entsprach es der Sitte. Der Tisch war über und über mit Rosen geschmückt. Das Brautpaar hatte seinen Platz in der Mitte, eingerahmt von den Eltern. Uns gegenüber saß Tante Tudi und hatte schönere Locken denn je. Die Tischordnung ist im Lebensbuch festgehalten. Auch der spätere Bürgermeister Rudolf Petersen zählte zu den Gästen und ebenso Ernst Borries, der seine SA-Uniform tunlichst gegen einen Frack vertauscht hatte.

Hans Nolte hieß uns Münchmeyers willkommen. Er hielt eine sehr persönliche Rede und gab uns ein Geleitwort mit auf den Weg, das wir uns zu Herzen nahmen: «Wer nicht das erste Wort nach Spannungen findet, soll nicht heiraten.» Über die Politik verlor er kein Wort. Anders mein Vater. Er sprach nicht nur herzliche Familienworte, sondern auch über die «innerdeutsche Entwicklung, die wir dankbar begrüßen». Ich glaube kaum, daß er aus politischem Kalkül so redete, schließlich begrüßten wir doch die wirtschaftliche Entwicklung und taten die ersten Schrecken der nationalsozialistischen Herrschaft als mißliche Randerscheinungen ab. Im Ausland hatte man auf die antijüdischen Gewaltakte der SA und der SS sensibler reagiert. Spontane Boykottaktionen waren die Folge gewesen, auf die mein Vater warnend anspielte, denn solche Aktionen konnten dem Handel empfindlich schaden.

Am Abend unserer Hochzeit hatte ich jedoch für ernste Worte und politische Bekenntnisse wenig Sinn. Der Zeitpunkt war kaum geeignet, Bedenken zu wecken, die mir ohnehin fremd waren. Und ich vertraute meinem Vater rückhaltlos. Noch immer teilte ich in jeder Hinsicht seine

Meinung. So begnügte ich mich damit, für einen Augenblick ein ernstes Gesicht aufzusetzen. Dann war der Augenblick vorüber. Wir tranken auf die Gastgeber und riefen dreimal laut: «Hurrah!»

Die Redefolge war genau festgelegt. Nach den Vätern sprach Pastor Aly auf die Großmütter, dann Gertruds Bruder Hans Herbert auf die Brautjungfern. Und dann ich. Das gehörte keineswegs zum offiziellen Programm. Ich war fröhlich berauscht und fragte mich plötzlich, warum eigentlich niemand die Brautführer hochleben ließ. So klopfte ich an mein Glas. Ich habe keine Ahnung mehr, was ich eigentlich sagte. Den Erwachsenen – oder war ich jetzt einer von ihnen? – schien es zu gefallen. Später waren wir sehr ausgelassen miteinander. Meine Mutter schrieb in mein Lebensbuch: «Es wird getanzt, es ist vergnügt, ein jeder freut sich mit des Glückes im Hause Nolte.»

Irgendwann verließen Gertrud und ich dieses Haus und fuhren ins Hotel Atlantic, wo man uns ein Zimmer gemietet hatte. Schon früh am nächsten Morgen ging unser Zug via München an den Gardasee. Und die Familie hatte immer noch nicht genug, hatte ihren Witz am Polterabend offensichtlich noch nicht verschossen: An jeder Station wurde eifrig nach dem Hochzeitspaar Münchmeyer gefahndet, ein livrierter Bahnbeamter überreichte uns ein Telegramm, und natürlich waren es Spottverse, die man uns in Richtung Süden nachsandte. Erst lachten wir, aber bald wurde es uns zu dumm. Das Hochzeitspaar Münchmeyer war nicht mehr aufzufinden. In Rissen klingelte dann bis tief in die nächste Nacht ununterbrochen das Telefon, und dienstbeflissen erklärten die Fräulein vom Amt, daß wieder ein Telegramm nicht hätte zugestellt werden können.

Die Hochzeitsreise dauerte vier Wochen. Vom Gardasee fuhren wir nach Venedig und wohnten in dem wunderschönen Hotel Danieli. Stundenlang wanderten wir durch die Stadt und ließen uns keine Sehenswürdigkeit entgehen. Wir Münchmeyers hatten zwar mit Literatur und Musik nichts im Sinn, aber die genaue Kenntnis über alle Kulturdenkmäler dieser Welt gehörte für uns unbedingt zur Allgemeinbildung. Schon morgens im Bett studierte ich den Reiseführer – den Baedeker selbstverständlich –, und dann mußte Gertrud mit mir jeden Kirchturm besteigen, der im Reiseführer irgendwo erwähnt war. Ich kam mir sehr erwachsen vor und hatte Spaß daran, ihr die frühen Stätten der italienischen Geschichte zu zeigen. Sicher war es auch ein bißchen Pflichtgefühl. Kultur gehörte eben dazu. Selbst auf der Hochzeitsreise wäre ich nicht auf den Gedanken gekommen, einen ganzen Tag einfach zu verbummeln. Ich machte Programm. Auf dem Rückweg blieben wir noch ein paar Tage in Bozen im Hotel Greiff, unternahmen ausgedehnte Touren in einem Mietwagen und kehrten am 18. September nach Hamburg zurück.

Am Bahnhof erwartete uns meine Mutter. Gertrud war schon auf der Zugfahrt übel gewesen. Nun konnte sie nicht mehr an sich halten und spuckte in hohem Bogen auf die Gleise. Wir waren ahnungslos und zerbrachen uns den Kopf darüber, wann und wo sie wohl etwas Schlechtes hätte gegessen haben können. Nur meine Mutter hielt sich betont zurück und schlug peinlich berührt die Augen nieder. Der allzu deutliche Beweis einer Liebesreise – als erfahrene Frau hatte sie gleich gemerkt, daß Gertrud ein Kind erwartete – war ihr unangenehm.

In Hamburg wohnten wir dann in der Feldbrunnenstraße in einer Viereinhalb-Zimmer-Wohnung. Die Möbel hatten wir schon vor der Hochzeitsreise ausgesucht. Gertrud hatte eigentlich keinen ausgeprägten Geschmack, und ich setzte mich mit meiner Vorliebe für schwere Eiche durch. Das waren feste Stücke zum Anfassen. Ich setzte mich überhaupt meistens durch. Die Rollenverteilung war in unseren ersten Ehejahren nicht viel anders, als ich es bei meinen Eltern beobachtet hatte. Gertrud führte den Haushalt und das Ausgabenbuch, ich traf die Entscheidungen. Nur mußte sie mir abends nicht im Stehen Bericht erstatten. Erst nach dem Krieg änderte sich einiges. Alleine hatte sie ihre Kinder durch Bombennächte und Hungersnöte gebracht und war sehr selbständig geworden.

Gertruds Schwangerschaft war uns nach der Hochzeitsreise natürlich nicht lange verborgen geblieben. Ich freute mich, ohne mir große Gedanken zu machen. Erziehung? Ich wußte doch, wie meine Eltern es gehalten hatten. Das meiste würde sich in unserer festgefügten Welt ohnehin von alleine ergeben. Wir hatten allerdings auch keine Ahnung, wie so ein Kind überhaupt in diese Welt kam. Am Tag vor der Geburt machten wir mit Obbie Hachmann einen Ausflug aufs Land. Wir aßen Kirschen, spuckten die Kerne um die Wette in einen See und waren ziemlich albern. Plötzlich war es soweit. Wir erschraken, denn keiner von uns wußte, was los war. Nicht einmal Gertrud. Erst später erklärte ihr der Arzt, es sei das Fruchtwasser gewesen. Wir fuhren so schnell wie möglich in die Stadt zurück und gleich ins Vereinshospital, wo früher mein Großvater Waitz Chefarzt gewesen war. Gertrud verschwand, und ich wartete eine Weile. Schließlich fuhr ich nach Hause. Wie immer, wenn etwas Aufregendes in meinem Leben geschah, legte ich mich schlafen. Als das Telefon klingelte, war meine Tochter Karen geboren. Wir schrieben den 26. Mai 1935.

Heil und deutsch

Was wäre damals wohl geschehen, wenn jemand versucht hätte, mich aufzurütteln, meinen Schutzwall aus Arbeit, Alltag und Familie zu durchbrechen? Wenn mir jemand von den Konzentrationslagern Fuhlsbüttel und Neuengamme erzählt hätte, von der «natürlichen Auslese», von der Behandlung der Geisteskranken, die schließlich zu Hunderten aus den

Alsterdorfer Anstalten in den Tod geschickt wurden? Wenn mir jemand gesagt hätte, daß gerade die Hamburger Behörden sich um die «Rassenpflege» besonders verdient machten? Daß unsere Spenden für die Winterhilfe allein denjenigen zugute kamen, die dem «Volksganzen» noch einmal von Nutzen sein konnten? Daß es Ärzte gab, die mit Menschen medizinische Versuche perfidester Art anstellten? Daß Hitler Mord meinte, als er später von der Endlösung der Judenfrage sprach? Daß er Menschen wie Max und Eric Warburg, meinen Freund Jochen Scharlach und die Brüder Grünebaum von der Essener Hirschland-Bank, die in Hamburg eine Filiale unterhielten, in seinen Gaskammern umbringen wollte? Ich hätte es nicht geglaubt. Heute weiß mein Verstand, daß die Grauen wahr sind. Glauben kann ich sie noch immer nicht.

Wir Hamburger haben uns später oft darauf berufen, daß bei uns «alles gar nicht so schlimm» gewesen sei. Wir hätten die Nationalsozialisten nicht gemocht, die Nationalsozialisten hätten uns nicht gemocht, die großen Parteibonzen seien deshalb nur selten in unserer Stadt erschienen und so fort. Wir hielten gerne an dieser Vorstellung fest. Wenn «alles gar nicht so schlimm» gewesen war, trugen wir doch wohl auch keine «schlimme» Schuld.

War es in Hamburg wirklich anders? Viele Tatsachen sprechen dagegen. Fuhlsbüttel. Neuengamme. Die Alsterdorfer Anstalten. Und selbst die statistisch belegte Sympathie der Hanseaten für die Nazis. Bei der Reichstagswahl am 5. März 1933 hatten zwar nur 38,5 Prozent der Hamburger für die NSDAP gestimmt, während Hitlers Partei im Reichsdurchschnitt 43,9 Prozent der Stimmen erhalten hatte. Aber schon Anfang 1935 lagen die Hamburger, gemessen an der Parteizugehörigkeit, über dem Reichsdurchschnitt.

Diente die Formel von der Hamburger Besonderheit also nur dazu, Geschehenes zu verharmlosen und unser Gewissen zu beruhigen? Ich glaube, nicht ganz. Es gab Unterschiede. Die sprichwörtliche hanseatische Zurückhaltung trug dazu bei, die Zustände zu verschleiern.

Wir Hamburger jubelten nicht laut. Was schon für den Kaiser gegolten hatte, galt auch für Hitler. Ich kann mich nur an einen einzigen Besuch des Führers in Hamburg erinnern, obwohl er etwa ein dutzendmal hier war. Wir standen an den Fenstern unseres Büros am Alsterdamm und schauten zu, während die schwarze Kolonne aus schweren Limousinen zum Rathaus kroch. Sicher gab es Fahnen. Möglicherweise hatten auch wir eine aus dem Fenster gehängt, das weiß ich nicht mehr genau. Sicher gab es ausgestreckte Arme, und sicher gab es unzählige «Heil-Hitler»-Rufe. Nur war es keine euphorische und brausende Menge, auf die ich da hinabsah. Das Spektakel wirkte verhalten. Ich glaube nicht, daß ich mir da im nachhinein etwas vormache. Aber ein Spektakel war es. Auch da dürfen wir uns nichts vormachen.

Später registrierten wir mit seismographischer Genauigkeit jedes winzige Anzeichen von Auflehnung, und eine unserer liebsten Geschichten wurde die über den Goebbels-Besuch beim Hamburger Galopp-Derby im Sommer 1934. Der Röhm-Putsch lag erst wenige Tage zurück. Und der Röhm-Putsch «stank», wie wir in Hamburg sagten. Hitler hatte nicht nur seinen Duzfreund, den SA-Chef, ermorden lassen, sondern auch andere potentielle Widersacher wie beispielsweise General von Schleicher. Als nun Goebbels, der nächste Vertraute des Führers, beim Derby in protziger Kutsche und großer Aufmachung über die Rennbahn donnerte, rührte sich keine Hand. Erst als das bescheidenere Gespann von Papens folgte – seinen Rücktritt als Vizekanzler muß er kurz darauf bekanntgegeben haben –, ertönte Beifall. Vor mir stand ein hoher SS-Offizier mit seiner Frau. Ich hörte, wie er sagte: «Siehst du, Kindchen, wir sind eben in Hamburg.»

So widersprüchlich es auch klingen mag, unsere traditionelle Distanz zu den Herrschenden ließ uns die Kompromisse mit den Nationalsozialisten bedeutungslos erscheinen. Wer nicht begeistert ja sagte, mußte auch nicht entschieden nein sagen. Ein bißchen mitmachen – der eine oder andere Beitrag zur Arbeitsfront, die eine oder andere Maiparade –

zählte nicht. Für den Hausgebrauch hatten wir unsere eigene Form gefunden: den Spott. In der Ironie wahrten wir die Distanz.

Selbst wenn wir uns lustig machten, hüteten wir uns jedoch vor offener Ablehnung. Wir wählten Umwege. So hatten wir zu Hause einen Scotchterrier, der auf den Ruf: «Mach Mussolini» die Pfote zum deutschen Gruß hob. Gemeint war natürlich Hitler. Nur repräsentierte der Führer eben die Obrigkeit, und einer Obrigkeit gegenüber mochten wir uns nicht einmal im Spott eindeutig ablehnend verhalten.

Schon zu Eberts Zeiten hatten wir bei solchen Gelegenheiten auch gerne den kleinen Mann sprechen lassen. Damals war es der Hafenarbeiter gewesen, der sich nach «'n gelernten Kaiser» zurückgesehnt hatte. In der Nazizeit hieß unser kleiner Mann Adolf Stinke. Eines Tages ging er aufs Standesamt, um seinen Namen ändern zu lassen. Der Beamte zeigte Verständnis. «Wie würden Sie denn gerne heißen», fragte er, «Meyer, Müller oder vielleicht Schulze?» Und dann erlebte der parteitreue Behördenschreiber eine Überraschung: «Paul Stinke», antwortete unser kleiner Mann, ohne zu zögern.

Wenn wir diesen Witz erzählten, hatten wir zweierlei erreicht. Zum einen konnten wir spotten, ohne selbst in Erscheinung zu treten. Zum zweiten versicherten wir uns gegenseitig, daß auch der kleine Mann nicht anders dachte als wir. Das war beruhigend. Wenn alle Welt die Nationalsozialisten nicht leiden konnte, so würden sie schon von alleine verschwinden, nachdem sie für Ordnung gesorgt hatten.

Bevor wir den Scotchterrier oder Adolf Stinke auftreten ließen, vergewisserten wir uns, ob auch keine Parteispitzel hinter uns standen. Es war doch besser, vorsichtig zu sein und unnötigen Ärger zu vermeiden. So warfen wir rasch einen prüfenden Blick nach hinten. Dieses schnelle Umwenden nannten wir den neuen «deutschen Gruß». Manchmal klappten wir auch das Revers unserer Jacke hoch, um unserem Gegenüber zu beweisen, daß sich dort kein Parteiabzeichen verbarg. Es gab nämlich sogenannte Revers-Nazis. Sie mochten sich zwar nicht in aller Öffentlichkeit zu Hitler bekennen, trugen jedoch unter dem Jackenaufschlag für alle Fälle die Parteinadel.

Mit Humor, so meinten wir, ließe sich diese widersprüchliche Zeit am besten überstehen. Und die nationalsozialistischen Wortschöpfungen boten sich dafür geradezu an. Da wir nun – in der Arbeitsfront verbunden – alle zu den «Schaffenden der Stirn und der Faust» zählten, blieb nur die Frage offen, welcher Körperteil dominierte. Und natürlich hieß es dann: «Du gehörst wohl doch mehr zur Faust», wenn wir einen Freund bei einer Dummheit ertappten.

Alle Schaffenden sollten sich nun nach der Arbeit körperlich ertüchtigen und im Urlaub auf sonnige Inseln reisen. «Kraft durch Freude» tauften die Nazis ihre sozialen Errungenschaften zum Segen des Volkes. Und weil sie gleichzeitig die Vermehrung propagierten, machten wir schlüpfrige Witze über «Kraft» und «Freude» und die gesunde neue Freizeitbeschäftigung der Deutschen. Wir wären nicht auf den Gedanken gekommen, daß auch wir gemeint waren, obwohl wir im Club an der Alster fleißig «Volkssport» trieben. Selbst in dem Elite-Verein hatte die neue Terminologie Einzug gehalten. Das mußte nun jedem vernünftigen Menschen als absurd erscheinen, und man konnte wirklich nur darüber lachen.

Daß wir selbst die antijüdischen Hetzkampagnen in keiner Weise ernst nahmen, macht folgende Begebenheit in erschreckender Weise deutlich. Am 1. Mai mobilisierten die Machthaber neben den Betrieben auch Clubs und Sportvereine aller Art. Irgendwann Mitte der dreißiger Jahre sollten wir Volkssportler vom Club an der Alster plötzlich auch mitmarschieren. Wir erkoren ein hübsches, sehr blondes Mädchen zur Bannerträgerin unseres Clubs. Wegen ihres dunklen Teints hieß sie bei uns nur der «braune Bomber». Natürlich wußten wir, daß sie nicht rein arisch war, und in der Tat mußte der Vorstand des Clubs daraufhin zurücktreten. Wir verschwendeten nicht einen Gedanken daran, daß wir auch das Mädchen gefährdet hatten. Zum Glück geschah ihr nichts. Wir lachten und meinten, ein wahrer Bubenstreich sei uns gelungen, und wir hätten die Machthaber prächtig an der Nase herumgeführt. Angst hatten wir nicht.

Warum eigentlich nicht? Warum fühlten wir uns – zumindest bis 1938 – sicher in einem Staat, der die Instrumente seiner totalitären Herrschaft auf perfide Art zu handhaben wußte? Wir kannten zwar keine Einzelheiten, aber uns entging nicht, daß mit politischen Widersachern auch in der sogenannten guten Nazizeit kurzer Prozeß gemacht wurde. Nur gehörten wir nicht zu den Widersachern. Wir hatten in diesem Punkt ein «reines Gewissen». Das war ein Grund, warum wir keine Angst haben mußten.

Der zweite war wichtiger. Anderswo hätte vielleicht schon der Spott hinter vorgehaltener Hand ins Konzentrationslager und in den Tod geführt. In Hamburg nicht – für uns nicht. Wir Kaufleute waren privilegiert. Wir brachten dem Führer Devisen ins Land. Und solange Schacht Wirtschaftsminister war, sorgte er dafür, daß wir – trotz strenger Kontrollen – verhältnismäßig ungestört Handel treiben konnten. Die Nazis hatten von ihm gelernt. Nach dem ersten Boykott deutscher Waren im Ausland hatte Hitler schon Anfang April 1933 seinerseits zum Boykott jüdischer Geschäfte in Deutschland aufgerufen. Denn daß allein das internationale Judentum für den Boykott deutscher Waren im Ausland verantwortlich gewesen war, stand für ihn außer Frage. Schacht hatte ihn jedoch davon überzeugen können, daß solche Aktionen der deutschen Außenhandelsbilanz erst recht schadeten. Die Nazis hatten ihre Taktik geändert und mühten sich jetzt nach außen um ein friedliches Bild. Und deshalb mühten sie sich auch um uns. Wir sollten unseren ausländischen Handelspartnern dieses Bild vermitteln.

Da wir uns umgekehrt kompromißbereit zeigten und gelegentlich an dem braunen Spuk teilnahmen, konnten wir uns Freiheiten erlauben, die in anderen Teilen des Reiches vermutlich undenkbar gewesen wären.

Noch 1937 erteilte mein Vater den Nazis eine deutliche Abfuhr, ohne daß er irgendwelche Folgen zu spüren bekam. An die Szene kann ich mich noch genau erinnern, denn ich war gerade in seinem Kontor. Er stand an seinem Stehpult, und das Telefon klingelte. «Der Herr Staatsrat von Essen», meldete die Sekretärin. Mein Vater nahm den Hörer ab. Er lauschte einen Augenblick und sagte dann: «Der Senat hat es für richtig befunden, sich 1933 von mir zu trennen. Ich fühle mich sehr wohl dabei und denke nicht daran, zu kommen.» Ohne ein Abschiedswort legte er den Hörer wieder auf. Was war geschehen? Der neue Reichswirtschaftsminister Walter Funk – er hatte Schacht gerade in dieser für uns wichtigen Funktion abgelöst – plante einen Besuch in Hamburg. Der Staatsrat hatte meinen Vater im Auftrag des Reichsstatthalters Kaufmann aus diesem Anlaß zu einem Mittagessen im kleinen Kreis eingeladen.

Die energische Reaktion meines Vaters mag überraschend erscheinen. Hätte so ein Mittagessen uns nicht mehr genützt als manche Mai-Parade? In diesem Fall lagen die Dinge jedoch anders. Der Senat hatte meinen Vater persönlich getroffen. Daß er 1933 aus dem Aufsichtsrat der Hamburg-Amerika Linie schnöde verabschiedet worden war, hatte er dem Reichsstatthalter und seinen Adlaten nicht vergessen. Dergleichen ließ er sich nicht einfach gefallen. Die Toleranz hatte Grenzen.

Der Reichsstatthalter akzeptierte seine Absage. Nicht ein einziges mahnendes Wort erklang deshalb aus dem Rathaus. Wir fühlten uns bestätigt. Mit den neuen Machthabern konnte man leben. Und im übrigen blieb die Hamburg-Amerika Linie ein Einzelfall. Mein Vater saß weiterhin im Beirat der Reichsbahn und behielt seine Aufsichtsratsmandate bei Siemens & Halske, bei der Deutschen Bank und bei anderen Unternehmen.

Ich selbst machte bei anderer Gelegenheit eine ähnliche Erfahrung. 1936 feierten wir das hundertjährige Bestehen des Hamburger Ruderclubs. Natürlich sollte es ein Fest werden, das der alten Tradition Ehre machte. Und natürlich war die Kleiderordnung vorgeschrieben: Frack und lange Abendrobe. Ich gehörte dem Festkomitee an und hatte auf ein insgesamt stilgerechtes Ambiente zu achten. In den vergangenen hundert Jahren war allerdings ganz sicher kein Mensch auf den Gedanken gekommen, auf einem Clubfest einen anderen als den vorgeschriebenen Anzug zu tragen. Doch an jenem Abend 1936 schwebte die Tradition für einen Augenblick in Gefahr. Am Eingang erschien ein Hamburger Anwalt. Und er trug keinen Frack, sondern eine schwarze SS-Uniform und schwarze Langschäfter. Ich wurde sofort gerufen. In aller Höflichkeit machte ich den Herrn darauf aufmerksam, daß ein solcher Aufzug hier nicht am Platze sei. «So muß ich Sie leider bitten, das Fest augenblicklich zu verlassen», erklärte ich ihm, versicherte ihm jedoch gleichzeitig, daß er in passender Aufmachung willkommen wäre. Nicht die Zugehörigkeit zur SS empörte uns, sondern der Mangel an Respekt vor unseren Sitten.

Rund zehn Jahre später hatte der Vorfall ein Nachspiel. Der Anwalt gab mich in seinem Entnazifizierungsverfahren als Zeugen an. Vor Gericht mußte ich bestätigen, daß er mir nach der Anzug-Affäre keine Schwierigkeiten gemacht hatte. Soweit ich mich erinnern kann, hatte seine schwarze Zeit dann auch für ihn keine weiteren Folgen.

1936 machte sein Verhalten uns glauben, daß die SS eben doch nicht so schlimm sei, wie manche Leute behaupteten. Und hatte man nicht beispielsweise den Flottbeker Reiterverein geschlossen der SS einverleibt? Sicher waren unsere unpolitischen Reiterfreunde nicht alle miteinander von einem Tag auf den anderen zu fanatischen Gefolgsleuten des Führers geworden. Nicht alle SS-Leute mußten schlecht sein.

Unsympathisch blieben sie uns trotzdem – die meisten jedenfalls. Sie traten großspurig auf, und gleichzeitig huldigten sie dem Führer in devoter Ergebenheit. Ihr Verhalten erschien uns oft lächerlich. So wußten wir zum Beispiel von jenem Anwalt, daß er seine Kinder rassisch vermessen ließ. Er prahlte damit, daß ihre Schädelformen angeblich den arischen Idealmaßen entsprachen. Wir fanden ihn «overspönsch», wie man in Hamburg sagt, wenn jemand total übertreibt und ein wenig verrückt ist. Ihn und seinesgleichen nannten wir achselzuckend «die Hundertfünfzigprozentigen». Wir machten uns lustig und ahnten nicht, daß es mit dem Hamburger Vermessungsinstitut eine lebensgefährliche Bewandtnis hatte. Wer keinen «arischen Stammbaum» und die «falschen Maße» hatte, landete im KZ.

Noch immer verschlossen wir nach Möglichkeit die Ohren vor den schrillen Tönen aus dem Volksempfänger. Was dennoch zu uns durchdrang, taten wir leichthin als Unsinn ab. In manchen Dingen hielten wir die Nazis für ungeheuer naiv. So glaubten wir beispielsweise, mit dem düsteren Geschwafel von Blut und Boden wäre so etwas wie eine mittelalterliche Bauernwirtschaft gemeint. Wir konnten uns nichts Genaues darunter vorstellen. In der Tat waren eher wir die Naiven.

Selbst die Bücherverbrennungen nannten wir alberne Freudenfeuerwerke. Daß viele Schriftsteller dann unser Land verließen, konnten wir verstehen. Schließlich waren sie beleidigt worden. Wer uns hätte weismachen wollen, daß Thomas Mann oder Arnold Zweig in Deutschland irgendwelchen Gefahren ausgesetzt wären, den hätten wir für verrückt erklärt. Wir dachten auch nicht daran, unsere Bücherborde zu überprüfen, um etwa Verbotenes auszusortieren. Wir machten uns nicht einmal die Mühe, uns zu merken, was nun eigentlich wirklich verboten war.

Die sogenannte entartete Kunst war uns ohnehin fremd. Beckmann, Kokoschka und andere kannten wir kaum, und was wir von den modernen Künstlern kannten, mochten wir nicht leiden. Sicher war das noch kein Grund, eine derart aufwendige Kampagne zu veranstalten, aber wir kümmerten uns nicht weiter darum.

Und wenn uns doch einmal Dinge zu Ohren kamen, die wir nicht harmlos, lächerlich oder dumm nennen konnten?

Dann gab es andere, die für die Entgleisungen der unteren Chargen eine Entschuldigung parat hatten: «Wenn das der Führer wüßte», hieß es in solchen Fällen. Wir waren schnell wieder beruhigt. Zumindest an der Spitze schien doch alles einigermaßen in Ordnung. Es gelang den Machthabern recht gut, uns das Bild einer heilen Welt zu vermitteln, denn wir wollten nichts anderes sehen.

Heil und deutsch war die Welt auch im Kino. Gertrud und ich gingen in den dreißiger Jahren oft in den Hamburger Ufa-Palast. Wir sahen die Filme, die unter Goebbels' Oberaufsicht entstanden waren, und wir mochten sie. Wir merkten nicht, daß die treu-nationalen Helden ganz im Sinne des Führers über die Leinwand marschierten, daß die Kamerakunst im Dienste der Propaganda stand. Soweit ich mich erinnern kann, waren die Filme auch nicht plump und aufdringlich, sondern zum großen Teil sehr gut gemacht. Damals zumindest hatten sie für mich keinerlei völkischen Beigeschmack. Und wenn mein Lieblingsschauspieler Emil Jannings auftrat, erschien mir ohnehin jede Parallele zu den Nationalsozialisten abwegig.

Und heil mußte unsere Welt wohl auch dem Ausland erscheinen. Im Bann des Führers befanden wir uns in internationaler Gesellschaft. Im August 1936 feierten die Nazis einen weltweiten Erfolg im eigenen Land: die Olympischen Spiele in Berlin. Hätte die zahlreiche Prominenz aus Europa und Übersee einem verbrecherischen Regime ihre Reverenz erwiesen? Niemand verwies den Führer in seine Schranken – so handelte er wohl recht.

Ich selbst war damals gerade auf Geschäftsreise in Südamerika, und was mir dort zu Ohren kam, stand ganz im Zeichen der glänzenden Festakte. Ich kann nicht leugnen, daß das neue Ansehen Deutschlands mir schmeichelte. Endlich stellten wir in der Welt wieder etwas dar. Daß man uns wohl gleichzeitig auch ein wenig fürchtete, war uns ganz recht. Das nannten wir Respekt. Wir waren uns dessen zwar nicht bewußt, aber das Anerkennen von Macht war ein Element unserer Erziehung. Wir hatten eine latente Neigung, uns unterzuordnen. Und Macht stellte Hitler damals in aller Deutlichkeit zur Schau. Energisch hatte er Deutschland Achtung verschafft.

Seine erste außenpolitische Tat war 1933 der Austritt aus dem Völkerbund gewesen. Und es war uns als die erste selbstbewußte Handlung seit der doppelten Niederlage – im Krieg und in Versailles – erschienen. Die zweite war die Besetzung des Rheinlands. Anfang 1936 ließ Hitler die Wehrmacht dort einmarschieren, obwohl das Gebiet nach dem Locarnovertrag eine entmilitarisierte Zone hätte bleiben sollen. Der Führer scherte sich nicht um dergleichen Abkommen – Abkommen im übrigen, die der von uns bewunderte Stresemann ausgehandelt hatte. In diesem Fall waren wir jedoch mit dem Führer einer Meinung. Vertragsbruch hin, Vertragsbruch her – das Rheinland gehörte zu uns. In vaterländischen Sphären kannten wir kein Unrechtsbewußtsein.

Ob ich in Südamerika oder in Europa auf Reisen war, fast überall hörte ich Stimmen der Bewunderung. Der Handel kam in Schwung, wirtschaftlich ging es auch in anderen Ländern langsam bergauf, die Kaufleute aus aller Welt schienen unseren Optimismus zu teilen. Ich bin sicher, daß andere Reisende auch andere Stimmen hörten. Gehör ist eine ausgesprochen subjektive Angelegenheit. Schon vor 1938 gab es jüdische Emigranten, die in Kaufmannskreisen verkehrten und die Wahrheit über unser Land berichteten. Und auch ich begegnete Menschen, die Zweifel äußerten, sich über die Rassenverfolgung empörten oder doch zumindest die Einengung der persönlichen Freiheiten zu bedenken gaben. Manches hielt ich für absurde Schauermärchen, manches für böswillige Gerüchte. Ich weiß nicht mehr, was ich geantwortet habe. Vermutlich blieb ich meistens still.

Und schließlich gab es auch in anderen Ländern Nationalsozialisten, die zwar nicht an der Macht, aber auch nicht ohne Einfluß waren. In England war die braune Bewegung besonders stark, und ich glaube, das «deutsche Vorbild» trug nicht unwesentlich dazu bei: Unseren Wirtschaftserfolg hätte man gern kopiert. Da wir Hamburger uns eigentlich immer an den Engländern orientiert hatten, gefiel es uns nun, daß manche Briten auch einmal zu uns hinüberschielten. Sicher war uns klar, daß viktorianische Sitten und nationalsozialistische Flegeleien im Grunde nichts gemein hatten. Nur spielte Hitler die Rolle des Staatsmannes für eine Weile recht glaubwürdig.

Wir gewöhnten uns an die Halbfinsternis

Bis 1938 blieb unser Glauben an ein glimpfliches Ende der nationalsozialistischen Herrschaft unerschütterlich. Die Warburgs gingen, die Grünebaums gingen, die Salomons und die Rappolts gingen. Und wir gaben uns noch immer mit der fatalen Formel «auf Zeit» zufrieden. Die Diskriminierung der Juden entwickelte sich langsam. Wie ein schleichendes Gift breitete sie sich in Hamburg aus, kroch in alle Winkel und verpestete unsere Stadt. Wir wollten jedoch saubere Luft. Und obwohl es sich vor unseren Augen verdunkelte, taten wir lange so, als gebe es den Schmutz allenfalls anderswo. Wir gewöhnten uns an die Halbfinsternis.

Bis zum Kriegsbeginn verkündeten die Nationalsozialisten 250 antijüdische Maßnahmen. Die deutsche Bürokratie bemächtigte sich des jüdischen Alltags. Vom Lokalbesuch bis zum Jugendsport, von der Schulbildung bis zur Namensgebung regelten die Vorschriften bald alle Lebensbereiche. Im September 1935 fand der berüchtigte Nürnberger Parteitag statt. Hitler verabschiedete die beiden entscheidenden Rassengesetze. Das «Reichsbürgergesetz» sprach den deutschen Juden ihre Staatsangehörigkeit ab. Sie wurden zu rechtlosen

Bürgern zweiter Klasse und hatten bald kaum noch Arbeitsmöglichkeiten. Aus der Beamtenschaft beispielsweise wurden sie schon Ende November geschlossen entlassen. Das «Blutschutzgesetz» verbot die «Eheschließungen zwischen Juden und Staatsangehörigen deutschen oder artverwandten Blutes». Das gleiche galt auch für den außerehelichen Geschlechtsverkehr, der als «Rassenschande» bezeichnet wurde.

Was wußten wir von diesen Gesetzen, und wie reagierten wir darauf? Die zahlreichen Einzelverordnungen nahmen wir nicht wahr, und wenn uns eine Vorschrift begegnete, wendeten wir die Augen ab. Merkwürdig ist, daß ich selbst in der Erinnerung nicht mehr hinsehen kann. Die verdrängten Bilder kehren nicht zurück. Ich müßte fremde Augenzeugen zitieren, um die Ordnungstafeln vor Restaurants und Cafés zu beschreiben, die den Juden den Zutritt untersagten. Ich denke an Bücher und Fotografien, wenn ich die Juden mit dem gelben Stern – von 1941 an mußten sie ihn in ganz Deutschland tragen – in mein Gedächtnis zurückrufen will. Das Vergessen hat kaum Lücken gelassen.

Das «Reichsbürgergesetz» ging schon damals in unserem Bewußtsein unter, und mit Nürnberg verbanden wir allein die Tatsache, daß Arier keine Juden mehr heiraten durften. Aber meinten die Nazis das ernst? Ich kannte niemanden, für den das neue Gesetz lebensbedrohliche Konsequenzen gehabt hätte. Als eine Freundin von Gertrud, die Halbjüdin war, einen Arier heiraten wollte, bekam sie eine Genehmigung. Als mein Hockeyfreund, der Halbjude Edgar Behr, eine Frau heiraten wollte, die gleichfalls Halbjüdin war, hatten die Hamburger «Rassenpfleger» nichts dagegen einzuwenden. Im zweiten Fall klang die offizielle Begründung für die schnelle Erlaubnis vollkommen absurd: Halbarier und Halbarier konnten angeblich keine Kinder zeugen, und so wäre die Ehe «unschädlich». Dieses Märchen von der Unfruchtbarkeit aus dem Lande der Maultiere sollte auch für uns Menschen gelten? Wir waren froh, daß die Nazis uns wieder einmal selbst den Beweis für die Lächerlichkeit ihrer Theorien lieferten.

Und sie gerieten mit der Definition von Rasse zunehmend in Schwierigkeiten. Als Jude galt, «wer von mindestens drei der Rasse nach volljüdischen Großeltern abstammt». Die Großeltern waren als volljüdisch anzusehen, wenn sie der jüdischen Religionsgemeinschaft angehörten. Nun hatte aber doch wohl das Glaubensbekenntnis wenig mit dem Blut zu tun.

Mit der biologischen Untermauerung der Rassentheorie wollte es nicht klappen. Da half auch die Flut pseudowissenschaftlicher Informationen wenig, mit der Alfred Rosenberg, der Leiter des «Amtes zur Überwachung der weltanschaulichen Schulung und Erziehung der NSDAP», Schulen und Medien überschwemmte. Die Nazis verwickelten sich in zahllose Widersprüche, bis Göring ein Machtwort sprach: «Wer Jude ist, bestimme ich.»

Kannten wir diesen Satz schon damals? Ich weiß es nicht mehr. Jedenfalls war nun der Willkür erst recht Tür und Tor geöffnet, aber das machten wir uns nicht klar. Im Gegenteil: Den Mangel an Konsequenz, die Ausnahmen innerhalb unseres Gesichtsfeldes sammelten wir als Beweis für die Harmlosigkeit der neuen Gesetze.

Daß dergleichen Gesetze überhaupt aufgestellt wurden, erschien uns zwar überflüssig, aber wir fanden noch einen weiteren Grund, warum wir uns nicht zu schämen brauchten. Eine Art rassischer Abgrenzung ging schließlich nicht alleine von uns aus. Wohnten nicht die meisten Juden in nahezu abgeschlossenen Straßenzügen? Und waren nicht auch die Juden darauf bedacht, sich nicht mit jedermann zu vermischen? Hätte Max Warburg seinem Sohn Eric vielleicht gestattet, eine Nichtjüdin zu heiraten? Wohl kaum. Im Rückblick mag diese Art der Betrachtung befremden, nur ahnten wir damals noch nichts von Gaskammern und Massenmord. Die Juden hatten ihre eigene Tradition und ihren eigenen Stolz. So legten wir uns in Hamburg eine merkwürdige Philosophie zurecht, die mit den objektiven Bedingungen im Hitlerstaat nichts zu tun hatte.

Eine Zeitlang konnten wir damit leben. Kannten wir doch nur Juden, die in der Wirtschaft eine nicht unbedeutende Rolle spielten. Bis 1937 konnten sie zumindest ihre Geschäfte weiter betreiben. Im Vergleich zu anderen wurden sie geschont. Die Menschenwürde spielte dabei allerdings keine Rolle. Unter Wirtschaftsminister Schacht regierte allein die handelspolitische Vernunft. Eine massive Verfolgung der jüdischen Kaufleute hätte im Ausland für neue Unruhe gesorgt und dem Handel empfindlich geschadet.

Die Bedingungen verschlechterten sich jedoch von Tag zu Tag. Die Geschäfte der Juden liefen schleppend. Sie wurden aus zahlreichen Positionen verdrängt. So hatten beispielsweise die Firmeninhaber der Warburg-Bank zu Anfang des Jahres 1933 in 108 Aufsichtsräten gesessen. 1938 hatten sie nur noch 18 Mandate. Und der Verlust von Sitz und Stimme bei namhaften Unternehmen drückte sicher auch die Bilanz.

Wir, die wir nicht betroffen waren, merkten wenig davon. Ich sprach auch mit den Juden nicht über solche Probleme, und ich glaube, es herrschte ein stilles Einvernehmen über dieses Schweigen. Die Juden waren zu stolz, um zu klagen, und wir wußten nicht, wie wir uns verhalten sollten. Hätten wir uns entschuldigen sollen, obwohl wir uns für Hitler und seine Politik nicht verantwortlich fühlten? Hätten wir Beileid bekunden sollen, obwohl wir nichts unternahmen, um der Diskriminierung Einhalt zu gebieten?

Schachts Rücktritt machte sich dann für die jüdischen Kaufleute schon bald bemerkbar. Handelspolitische Rücksichten spielten keine Rolle mehr. Im April 1938 erging eine Verordnung, derzufolge das gesamte jüdische Vermögen angemeldet werden mußte. Wer bis dahin noch geglaubt hatte, unter den neuen Machthabern zumindest existieren zu können, vermutete jetzt als nächsten Schritt die Enteignung und begann, sich nach einem Käufer für sein Unternehmen umzusehen. Die Juden hatten keine Wahl. Noch im gleichen

Frühjahr begannen die Nationalsozialisten in der Tat mit der planmäßigen Arisierung. Und wie immer war ihr Plan gründlich: Unternehmen, deren Inhaber, persönlich haftende Gesellschafter, Geschäftsführer, Vorstandsmitglieder, Kapitaleigner, Stimmberechtigte und selbst nur Aufsichtsratsmitglieder Juden waren, sollten gereinigt werden. Göring brachte das Vorhaben auf eine schlichte Formel: Im Oktober 1938 verkündete er, daß die Juden vollständig aus der Wirtschaft zu entfernen seien.

Ich habe keine Ahnung mehr, welche Einzelheiten wir schon damals wußten. Jedenfalls war die Lage für die jüdischen Kaufleute unerträglich geworden. Bereits im Mai hatte Max Warburg die Bank formell der Leitung der neuen Teilhaber übergeben. Rudolf Brinckmann, bisher Generalbevollmächtigter bei den Warburgs, und Paul Wirtz führten jetzt die Geschäfte. Wirtz war ein angesehener Hamburger Kaufmann, und ich kann mich noch daran erinnern, daß mein Vater ihn den Warburgs als zusätzlichen Partner sehr empfohlen hatte. «Der Wirtz ist doch ein sehr anständiger Mann», beruhigten wir uns. Mit dem anständigen Mann hatten die Warburgs es gut getroffen. Daß sie selbst unser Land verlassen mußten, war zwar hart für sie, aber es ließ sich nicht vermeiden. Die Gegebenheiten verlangten es so.

Viel später hat Eric Warburg mir einmal gesagt, wie sehr unser Verhalten ihn und seinen Vater enttäuscht habe. Hätten wir nicht zumindest eine demonstrative Einladung aussprechen können? Wir taten nichts und dachten uns wenig dabei. Anders mein Schwager Ascan Lutteroth. Er war mit Eric Warburg sehr befreundet und ließ ihn die Freundschaft in dieser Zeit auch deutlich spüren. Ich kann mich allerdings nicht daran erinnern, daß Ascan und ich jemals darüber gesprochen hätten.

Im November folgte die Reichskristallnacht. Nahezu hundert Juden wurden ermordet, Tausende mißhandelt und bedroht, zahlreiche Synagogen wurden niedergebrannt und geplündert, mehr als 7000 jüdische Geschäfte zerstört. Von dem Ausmaß der widerwärtigen Pogrome wußten wir nichts. Als ich am 11. November morgens ins Büro ging, hatte ich noch keine Ahnung, was geschehen war. Auf meinem Weg habe ich, soweit ich mich erinnern kann, nur einen einzigen Laden gesehen, dessen Schaufenster kaputt waren: Vor dem jüdischen Kaufhaus Robinson an der Ecke vom Neuen Wall und der Poststraße lagen haufenweise Glasscherben auf dem Bürgersteig. Erst im Kontor hörte ich, daß die Nazis in ganz Deutschland brutal zugeschlagen hatten.

Entgegen unserer Gewohnheit schalteten wir an diesem Tag mehrmals den Volksempfänger ein. So vernahmen wir die offizielle Version des Geschehens. Die Nationalsozialisten nannten ihr Gemetzel einen spontanen Sühneakt des deutschen Volkes, weil ein polnischer Jude den deutschen Botschaftsangehörigen vom Rath in Paris ermordet hatte.

Meine Erinnerung sagt etwas anderes als mein heutiges Wissen. Sicher erschien uns die Begründung absurd, und wir empfanden jede Gewalttätigkeit und Zerstörung als vollkommen ungerechtfertigt. Nur was war wirklich geschehen? Die Informationen widersprachen sich. Manche wußten von Toten, andere nur von zerstörten Synagogen. Manche schoben die abscheulichen Ausschreitungen unkontrollierten SA-Leuten in die Schuhe, andere sprachen von einer geplanten Aktion des Regimes. Jeder wußte etwas, und keiner wußte das gleiche. Verlassen konnte ich mich nur auf mein eigenes Bild, und in der Erinnerung findet sich bloß ein einziges zerstörtes Schaufenster.

In der Tat sah es in Hamburg anders aus als in Berlin. Auch bei uns gab es weit mehr Scherben, als ich wahrgenommen habe, aber das Ausmaß der sichtbaren Zerstörung blieb hinter dem der Hauptstadt zurück. Und wir waren schon an so vieles gewöhnt, daß uns die Reichskristallnacht, so wie wir sie erlebten, keinen nachhaltigen Schock versetzte. Hätte ich in Berlin gelebt, würde ich das vielleicht anders erinnern.

Erst heute weiß ich von dem widerwärtigen finanziellen Nachspiel der Pogrome. Die Juden mußten für die Zerstörungen in der Reichskristallnacht eine kollektive Geldbuße in Höhe von einer Milliarde Reichsmark leisten. Und damit nicht genug: Sämtliche Beträge, die die Versicherungen den jüdischen Geschäftsinhabern auszahlten, wurden vom Staat beschlagnahmt.

Doch nicht nur der Staat bereicherte sich an jüdischem Eigentum. So mancher Unternehmer und auch mancher Privatmann profitierte kräftig von dem Ausverkauf jüdischer Unternehmen. Aus ethischer Sicht war jede Arisierung ein Unrecht. Dennoch bin ich der Meinung, daß man die Handelnden nicht in Bausch und Bogen verurteilen darf. Sosehr es auch heute befremden mag, in der ausweglosen Situation von damals war es für viele jüdische Kaufleute eine Hilfe, wenn andere ihre Firmenanteile übernahmen und sie zumindest einiges Geld ins Ausland schaffen konnten. Mit einer strikten Weigerung, ihre Unternehmen zu erwerben, wäre ihnen kaum gedient gewesen. Ich will jedoch nicht bestreiten, daß ihre hoffnungslose Verhandlungsposition oft skrupellos ausgenutzt wurde.

Die Geschichte der Arisierungen ist, soweit ich weiß, noch nicht ausführlich geschrieben worden. Möglicherweise wird sie ein unbewältigtes Kapitel bleiben, denn die meisten der ehemaligen jüdischen Inhaber oder ihre Nachkommen leben heute über die ganze Welt verstreut. Ich glaube, es gibt nicht einmal eine genaue Zahl der Arisierungen. Die einzige, die ich kenne, hat Manfred Pohl in seinem Buch über die Hamburger Bankengeschichte erwähnt. Danach sollen allein zwischen der Verordnung über die Vermögensmeldung im April 1938 und der Reichskristallnacht im November rund 4000 Betriebe arisiert worden sein.

Aus Hamburg kann ich nur wenige Fälle erinnern. Von den Warburgs habe ich schon berichtet. Im gleichen Jahr wurde auch die Filiale der Essener Bank Simon Hirschland von dem Hamburger Bankhaus Conrad Hinrich Donner übernommen – zumindest räumlich: Die Donners zogen in das alte Hirschland-Gebäude. Ob sie auch Vermögen übernahmen, weiß ich nicht. Das Vermögen der Muttergesellschaft in Essen wurde jedenfalls auf das neugegründete Bankhaus Burkhardt & Co. übertragen. Die Grünebaums gingen nach Amerika.

Ein weiteres jüdisches Institut war das Bankhaus L. Behrens & Söhne. Genau wie wir betrieben sie neben dem Geldgeschäft auch den Warenhandel. Die Firma Willink & Co. übernahm ihre Handelsabteilung, die Hamburger Filiale der Norddeutschen Kredit AG das Bankgeschäft. An George Eduard Behrens kann ich mich kaum persönlich erinnern, obwohl ich ihm sicher ein paarmal begegnet bin. Daß er einige Zeit in der sogenannten Schutzhaft saß, bevor er endgültig nach Belgien entkam, habe ich erst sehr viel später erfahren. – Habe ich das wirklich? Was wurde damals in Kaufmannskreisen gemunkelt? Erwähnte niemand den Mann, der jahrelang in unserer Nachbarschaft den gleichen Geschäften nachgegangen war wie wir? Gab es überhaupt keine Andeutungen? Ich kann mich beim besten Willen nicht erinnern. Nahmen wir vielleicht an, daß er sein Emigrationsziel längst erreicht hatte? Damals gingen so viele fort, und von den meisten hörte man irgendwann, daß sie sicher im Ausland angekommen wären. So übrigens auch Walter Salomon, der als kleiner Börsenbankier in Hamburg gelebt hatte und etwa zur gleichen Zeit nach England emigrierte. Man fragte nicht weiter nach.

Münchmeyer & Co. hielt sich von den Arisierungsgeschäften möglichst fern. «Ich bin kein Leichenfledderer», pflegte mein Vater zu sagen. Und doch haben wir uns in einem Fall beteiligt.

Der Gegenstand der Arisierung war ein Geschäftshaus in der Mönckebergstraße. Die jüdische Familie Rappolt hatte das Grundstück vor dem Ersten Weltkrieg ersteigert und bebaut. Soweit ich mich erinnern kann, betrieben sie in den oberen Stockwerken eine Mantelfabrikation, die Straßenläden waren an Einzelhändler vermietet.

Die Brüder Franz und Paul Rappolt zählten zu den letzten jüdischen Kaufleuten, die erkennen mußten, daß sie ihr Geschäft in Hamburg nicht halten konnten. Die ersten Verkaufsgespräche fanden im Herbst 1938 statt. Einer der Brüder hatte mit Joachim von Schinkel, Mitinhaber bei Hesse, Newman & Co., Kontakt aufgenommen. Die beiden kannten sich wohl recht gut, und Rappolt bat Schinkel, sich für ihn nach möglichen Käufern umzuhören. Die Zeit drängte. Da es sich um ein relativ hochwertiges Objekt handelte, sollte ein Konsortium gebildet werden.

Ich weiß nicht mehr, wer meinen Vater zuerst ansprach, die Rappolts, von Schinkel oder der Grundstücksmakler Arnold Hertz, der später auch dem Konsortium angehörte. Auf jeden Fall baten die Rappolts uns dann förmlich darum, uns an dem Erwerb zu beteiligen. «Das Haus», so betonten sie immer wieder, «soll doch in gute Hände kommen.» Wir empfanden die Situation damals nicht als beschämend, sondern waren wirklich davon überzeugt, der bedrängten Familie einen großen Gefallen zu tun. So kamen wir schließlich im Februar 1939 überein und schlossen einen offiziellen Kaufvertrag. Neben von Schinkel, Hertz und uns gehörten auch unsere späteren Fusionspartner Schröder Gebrüder & Co. dem Konsortium an. Die vier Parteien erwarben je ein Viertel des Rappolt-Besitzes.

Bevor das Geschäft zustande kam, wußten wir nichts von den Komplikationen, die so eine Arisierung mit sich brachte. Natürlich hatten wir auch über den Preis verhandelt und uns auf den ohnehin niedrigen Wert von 1,7 Millionen Reichsmark geeinigt. Wir hätten uns besser vorher über die Arisierungsbedingungen informiert. Es galt nämlich die Vorschrift, daß den Juden im Falle eines Verkaufs nicht mehr als der steuerliche Einheitswert gezahlt werden durfte. Er betrug für das Haus in der Mönckebergstraße 1,6 Millionen Reichsmark. Die Differenz kassierte Reichsstatthalter Kaufmann. Ich glaube nicht, daß wir damals schon eine spätere Wiedergutmachung erwogen. Im allgemeinen trösteten wir uns zwar mit der Formel «auf Zeit», aber im konkreten Fall machten wir uns über das Ende der «Zeit» keine Gedanken.

Welchen Betrag die Rappolts tatsächlich ins Ausland schaffen konnten – sie emigrierten nach England –, weiß ich bis heute nicht. Mit der Abgabe an den Reichsstatthalter war es jedenfalls nicht getan. Schon unter Reichskanzler Brüning war 1931 das sogenannte Reichsfluchtsteuergesetz verabschiedet worden: Wer aus Deutschland emigrierte, mußte dem Staat 25 Prozent seines Vermögens zurücklassen. Und den jüdischen Emigranten machte man natürlich zusätzliche Schwierigkeiten. Es gab Sondervorschriften, die von Fall zu Fall unterschiedlich gehandhabt wurden. Es gab Willkür und ungezählte Schikanen. So kam beispielsweise die persönliche Habe oft gar nicht aus dem Freihafen heraus und wurde später bestenfalls als «verloren» gemeldet.

Wir unterzeichneten den Vertrag mit den Rappolts am 13. Februar 1939 in einem Sitzungsraum bei Schröders. Es herrschte beinahe eine familiäre Atmosphäre. Das galt insbesondere für uns, denn der Notar, der den Vertrag beglaubigte, hieß Hans Nolte und war mein Schwiegervater. Und die Rappolts waren froh, daß der Vertrag so schnell unter Dach und Fach gekommen war.

Die beiden Brüder hatten nicht allein unterschrieben. Auf der Verkäuferseite waren mehrere Familienangehörige mit sämtlichen Vornamen aufgeführt. Bei allen Männern fand sich der Name Israel, bei allen Frauen der Name Sara. Das war keineswegs eine Eigenart der Familie Rappolt. Wieder einmal hatten die Nazis eine neue Vorschrift erlassen. Juden, die keinen typisch jüdischen Vornamen hatten – im Innenministerium war eine entsprechende Liste angefertigt worden –, mußten vom 1. Januar 1939 an den zusätzlichen Namen Sara oder Israel führen. Das Rappolt-Haus dagegen durfte den Namen der ehemaligen Besitzer nicht mehr tragen. Es wurde in Schinkel-Haus umbenannt.

Ich weiß nicht mehr, wann ich das Wort «Endlösung» zum erstenmal gehört habe. Merkwürdigerweise habe ich mir zunächst so etwas wie eine kollektive Geldbuße darunter vorgestellt. 1941 begannen dann die Massendeportationen nach Osten. «Umsiedlung» nannten es die Nazis. Mit der «Endlösung» war also doch keine Geldbuße gemeint, sondern die vollständige Vertreibung aller Juden aus dem Reich. Ich kannte allerdings niemanden, der von dem «Siedlungsprogramm» betroffen war.

Seit die jüdischen Kaufleute fort waren, gab es ohnehin nur noch wenige Juden in meinem Bekanntenkreis. Zwar hatten viele der alten Hamburger Familien jüdische Vorfahren, aber bei den meisten von ihnen – so im übrigen auch bei der Maklerfamilie Hertz – war der Anteil des jüdischen Blutes so gering, daß die Nürnberger Gesetze keine Anwendung fanden. Zudem gehörten sie schon seit Generationen nicht mehr der jüdischen Religionsgemeinschaft an. Und ein alter Name bewahrte ohnehin vor so manchen Schikanen. «Entweder rein arisch oder aus guter Hamburger Familie», hieß es damals, wenn der Stammbaum nicht eindeutig war.

Und einen Stammbaum mußte man vorweisen. Unser Prokurist Düsterdieck schrieb schon im März 1938 nach Schöningen. Dort war 1815 mein Urgroßvater, der Firmengründer, geboren. «Zwecks Nachweis der arischen Abstammung der Nachkommen» bat Düsterdieck nun um die «Ausfertigung der Geburtsurkunde desselben». Die Behörden reagierten prompt, und die Sache ging in Ordnung. Den Auszug aus dem Taufregister habe ich noch heute.

Wer in der Furcht vor Hitlers Konzentrationslagern lebte, sprach auch nach der Kristallnacht nicht darüber – oder vielleicht erst recht nicht. Im Schein der Normalität fühlten die meisten sich wohl noch am sichersten. Und auch ich wagte erst recht nicht, das unheimliche Tabu zu berühren. Hätte ich meine undefinierte Rolle dann noch weiterspielen können? Die Befangenheit, die ich schon den Emigranten gegenüber empfunden hatte, nahm zu.

Später wurden auch Bekannte verhaftet. Erik Blumenfeld zum Beispiel. 1941 besuchte er Gertrud und mich noch in Timmendorf. Auch andere Freunde waren dort. Wir tranken viel, und nachts badeten wir nackt in der Ostsee. Das war schon etwas – für uns und damals. Dann war Erik Blumenfeld verschwunden. Wir hörten nichts. Heute weiß ich mehr: Fuhlsbüttel, Auschwitz, Buchenwald. Damals fragte ich nicht. Es war Krieg. Wir zogen die Köpfe ein und dachten nur ans Überleben.

Irgendwann während dieses Krieges wurde auch mein Freund Jochen Scharlach verhaftet. Als Halbjude hatte er sich zunächst zur Wehrmacht gemeldet, weil er hoffte, daß die Front ihn vor der Haft bewahren würde. Bis heute weiß ich nur, daß er dann doch in eines der Konzentrationslager kam. Kurz vor Kriegsende konnte er fliehen und wurde bis zum Einmarsch der Alliierten von einem Freund versteckt. Wir haben auch später nie darüber gesprochen, bis zu seinem Tod nicht.

Jochens Vater war Volljude und Anwalt in Hamburg. Er blieb lange. Bis Anfang der vierziger Jahre begegnete ich ihm auf Gesellschaften. Er war eine der Ausnahmen, die uns immer wieder dazu verleiteten, die Verfolgung zu verharmlosen. Erst kurz vor Ende emigrierte er in die Schweiz.

Jochens Bruder hatte eine Lehre bei Münchmeyer & Co. gemacht. Er wollte fort aus Deutschland, und 1939 verschafften wir ihm eine Schiffspassage und eine Anstellung in Venezuela. Er kam jedoch nicht weit. Auf hoher See wurde der Kapitän von der Kriegsmeldung überrascht und machte kehrt. Jochens Bruder setzte sich nach Holland ab, wurde dort jedoch nach der Besetzung von den Deutschen verhaftet und kam in das KZ Neuengamme. 1945 sollten er und rund 4500 weitere Häftlinge kurz vor dem Eintreffen der Engländer auf der «Cap Arcona» evakuiert werden. Das Schiff wurde am 3. Mai bombardiert, und wie die meisten der Häftlinge kam auch Jochens Bruder ums Leben.

Merkwürdig, ich kannte Jochens Bruder kaum, und doch weiß ich aus der Nazizeit mehr über ihn als über meinen Freund selbst. Vielleicht lag es daran, daß der Bruder gestorben war. Ich mußte ihm nicht mehr begegnen, und so gab es keinen Grund, das Tabu aufrechtzuerhalten. Ein Tabu im übrigen, das auf keinen Fall einseitig war. Auch Jochen wäre nie auf den Gedanken gekommen, es zu brechen. Er wollte von der Vergangenheit nichts mehr wissen.

Der Zorn verkehrte sich in Angst

Im Rückblick gibt es keinen Zweifel darüber, daß Hitler Deutschland nahezu vom ersten Tag seiner Herrschaft an für den Krieg rüstete. Wir, die wir ausschließlich in wirtschaftlichen Dimensionen dachten, hielten dennoch einen möglichen Staatsbankrott bis Ende der dreißiger Jahre für die größere Gefahr. Allein die Finanzierung des Waffenwunders bereitete uns Kopfzerbrechen. Wir hatten uns Schachts Denken zu eigen gemacht, und Schacht war einer der ersten gewesen, die vor den explosionsartig steigenden Rüstungskosten und einer entsprechend hohen Staatsverschuldung gewarnt hatten.

Ohne Erfolg. Der Mahner war Hitler bald lästig geworden, und schon vor Schachts Rücktritt hatte er im Herbst 1936 einen risikofreudigeren Mann damit beauftragt, dem ersten Vierjahresplan für die deutsche Wirtschaft Nachdruck zu verleihen: Hermann Göring zeigte mehr Sinn für das neue Rüstungstempo. Schon bis 1939 wurden mehr als siebzig Milliarden Reichsmark für die Streitkräfte ausgegeben.

Die Zahlen kannten wir damals nicht, und ich weiß nicht mehr genau, wann die Aufrüstung uns unheimlich wurde. Zunächst waren wir stolz auf die starken Truppen und teilten das neue deutsche Selbstbewußtsein. Daß wir die Kriegsangst so lange verdrängen konnten, erscheint um so erstaunlicher, als wir Kaufleute in unserer Wahrnehmung nicht allein auf die Mahnungen Schachts angewiesen waren.

Wer sich täglich im Geschäftsleben tummelte – und war es auch in Bereichen, die mit der Rüstungsindustrie kaum in Verbindung standen –, der konnte die gewaltige Ankurbelung der militärischen Produktion nicht übersehen. Und nicht nur die großen Panzerschmieden profitierten von Hitlers Waffenwahn. In zahlreichen Sparten kam der aufgeblähte Wehretat auch kleinen und mittleren Firmen zugute. Kaum einer fragte jedoch, wozu das ganze Kriegsmaterial eines Tages wohl dienen sollte. Die Befriedigung über den Aufschwung betäubte lange die Angst vor den Geschützen. Und mußte es denn als ausgemachte Sache gelten, daß Hitler die zahlreichen Kanonen auch zum Einsatz bringen würde? War er nicht vielmehr nach der «Schmach von Versailles» gezwungen, mit einer erstklassig ausgerüsteten Wehrmacht unsere Reputation der Stärke in aller Welt wiederherzustellen? Wir waren lange geneigt, diese Version zu glauben.

Auch Münchmeyer & Co. machte Geschäfte, die mit der Militarisierung des Reiches zusammenhingen. Ich kann mich allerdings nur noch an wenige Fälle erinnern. So profitierten wir als Lederimporteure beispielsweise an dem Boom für Militärstiefel. Das Material für soldatisches Schuhwerk war bald mehr gefragt als Kaffee und Gewürze. Zwar konnten wir die festgeschriebenen Preise nicht erhöhen, aber wir bekamen in diesem Bereich größere Importkontingente zugeteilt, und so erhöhte sich das Geschäftsvolumen.

Schon 1934 hatten wir die Vertretung einiger Werke des Krupp-Konzerns in Argentinien, Uruguay und Paraguay übernommen. Zunächst handelte es sich ausschließlich um den Vertrieb von Friedensmaterial. Erst 1937 schlossen wir einen weiteren Vertrag, in dem dann ausdrücklich von Kriegsmaterial die Rede war. Und noch 1937 vermittelten wir den Export von Flakgeschützen im Wert von rund 1,5 Millionen Reichsmark. Moralische Bedenken hatten wir nicht. Die Machthaber bestimmten die Herstellungsprogramme, und wir waren allein dafür verantwortlich, die Produkte gewinnbringend zu vertreiben. Das war die nationalsozialistische Spielart der Planwirtschaft, und wir mußten uns fügen. Wir sprachen nicht darüber, mein Vater nicht, mein Onkel nicht und ich nicht. Und im Verhältnis zu unserem Gesamtumsatz war das Krupp-Geschäft auch unbedeutend. Wir verdienten wenig daran, denn schließlich traten wir nur als Makler auf.

Daß die Kriegsproduktion auf vollen Touren lief, sahen wir nicht nur am Krupp-Konzern. 1936 wollten wir uns – wiederum als Vermittler – an der Ausschreibung für ein argentinisches Tankschiff beteiligen. Wir fanden jedoch zunächst keine deutsche Werft, die ein Angebot mit annehm-barer Lieferzeit hätte abgeben können. Die Auftragsbücher waren voll, und sicher wußten wir, daß der Führer nicht nur Musikdampfer bauen ließ. 1936 hatte man jedoch in Berlin für den Handel noch offene Ohren. Ich weiß zwar nicht mehr, wer mit wem Rücksprache hielt, denn ich selbst war an dem Geschäft nicht beteiligt. Aber wir erreichten, daß aus der Hauptstadt an die Hamburger Werft Blohm & Voss die Order erging, einen anderen deutschen Auftrag zurückzustellen. Im Februar 1937 erhielt Blohm & Voss den Zuschlag für den Tanker.

Neben der Aufrüstung hätten auch Hitlers fanatische Autarkiebestrebungen uns mißtrauisch machen müssen. Von Anfang an war er von dem Gedanken besessen gewesen, ein vollkommen unabhängiges Reich zu schaffen. Im Ersten Weltkrieg hatte die Seeblockade der Engländer die Wehrkraft der Deutschen unterminiert, und daraus hatte Hitler gelernt. So gab er denn Unsummen für die sogenannten Ersatzstoffprogramme aus. In der chemischen Industrie wurden Versuche aller Art gestartet. Da sollten synthetische Fette hergestellt und minderwertige Erze verarbeitet werden. Das besondere Interesse der Machthaber galt dem Kautschuk-Ersatz. Buna hieß der Stoff, aus dem in Zukunft die Reifen für die Militärfahrzeuge hergestellt werden sollten.

Schacht hatte die teuren Experimente entschieden abgelehnt, und wieder hatten wir uns seine Meinung zu eigen gemacht. Die Kosten waren es, die uns erschreckten, die hohe

Staatsverschuldung, die unsere Wirtschaft langfristig ruinieren mußte. Daß Hitler aggressive Absichten verfolgte, als er Buna erfinden ließ, machten wir uns nicht klar. Und im stillen belustigten wir uns über das Kunstgummi und die Ersatzstoffmanie. Wir Kaufleute mußten doch wohl am besten wissen, daß sich die Produkte aus fernen Ländern eben nicht alle auf chemischer Basis nachbasteln ließen. Die Nazis machten sich in unseren Augen wieder einmal lächerlich. Unsere Rohstoffimporte sahen wir keineswegs bedroht.

Vielleicht interpretierten wir die Aufrüstung und das Autarkiestreben auch deshalb lange nicht eindeutig als Kriegsvorbereitung, weil Hitlers öffentliches Gebaren etwas ganz anderes verhieß. Er mühte sich – mit einigem Erfolg – um das Image des antibolschewistischen Friedenspolitikers. Die aggressive Lebensraumtheorie hatte er nach der Machtübernahme aus seinen Reden verbannt. Ich kann heute nicht einmal mehr sagen, ob ich die populäre Parole vom «Volk ohne Raum» schon vor 1939 gekannt habe. Und selbst wenn ich sie gekannt hätte, hätte ich mit dieser diffusen Floskel wenig anzufangen gewußt. «Mein Kampf» hatte ich nicht gelesen. Wer mir gesagt hätte, daß Hitler allen Ernstes in blutigen Eroberungskriegen den Lebensraum für seine Herrenrasse erweitern wollte, den hätte ich für verrückt erklärt.

So wirkte dann nicht einmal die Besetzung Österreichs im März 1938 als Signal. Obwohl Hitler die geplante Volksabstimmung im Nachbarstaat nicht abgewartet, sondern seine Truppen schon vorher über die Grenze geschickt hatte, erschien uns der Einmarsch nicht als Akt der Gewalt. Hatten die Österreicher nicht gejubelt, hatten sie die Soldaten des Führers nicht mit Blumen begrüßt? «Da kann man mal sehen», so etwa sagten wir damals in Hamburg, «daß die Österreicher eigentlich noch viel größere Nazis sind als die Deutschen.» Kurz vor Pfingsten war ich selbst für ein paar Tage in Wien, und ich fand die Bilder aus der nationalsozialistischen Presse bestätigt. An Ablehnung kann ich mich nicht erinnern.

Kritisch wurde es erst im Sommer. Nach den Österreichern wollte Hitler auch die Sudetendeutschen «heim ins Reich» holen. Die deutsche Minderheit in der Tschechoslowakei zeigte sich für die völkische Propaganda empfänglich, und ihre Wortführer verlangten von der tschechischen Regierung die Abtretung der Gebiete an den Hitlerstaat. Jetzt ließ der Führer deutlich durchblicken, daß er für die Befreiung der Volksgenossen jenseits der Grenze notfalls einen Krieg führen würde.

Augenblicklich kehrten wir alle verdrängten Bedenken hervor. Hatten wir nicht schon immer gewußt, daß man den Nazis nicht trauen konnte? Hatten wir Hitlers vermeintliche Friedensliebe nicht schon längst als taktische Lüge entlarvt? Jetzt, da der Diktator uns zwang, sein wahres Gesicht anzusehen, packte uns ein ohnmächtiger Zorn. Zum erstenmal hatten wir Angst. Zum erstenmal gefährdete Hitlers Politik unsere Existenz, zum erstenmal waren auch wir bedroht. Die Angst schürte unseren Zorn. Und da es für den Zorn kein Ventil gab, verkehrte er sich in noch größere Angst.

Erst jetzt ahnten wir, was es bedeutete, zu schweigen und zu gehorchen und Zeuge des eigenen Untergangs zu werden. Denn im September 1938 setzten wir einen Krieg der totalen Katastrophe gleich. Die Schrecken des Ersten Weltkriegs saßen tief. Ich glaube, daß wir uns trotz Hitlers gewaltiger Massendemonstrationen der Stärke im Innersten als ein Volk von Verlierern empfanden. Das änderte sich erst, als Hitler und seine Generäle die ersten Erfolge errungen hatten.

Ende September 1938 schien ein Krieg unvermeidlich. «Septemberkrise gleich Nervenkrise» schrieb meine Mutter später in mein Lebensbuch. In der einfachen, fast ironischen Gleichung klingt für mich noch etwas von der ungeheuren Erleichterung nach, die wir empfanden, nachdem der Frieden scheinbar wieder gesichert war. Hitler und sein Verbündeter Mussolini hatten sich mit Chamberlain und Daladier in München verständigt. Hitler hatte sich durchgesetzt. Und nicht ohne Genugtuung schrieb meine Mutter: «Das Sudetenland wird wieder deutsch.»

Der vermeintliche Frieden währte nicht lange. Nur ein knappes Jahr später notierte meine Mutter: «Im Laufe des Herbstes waren wieder düstere Wolken am politischen Horizont aufgezogen. Es harmoniert gar nicht mit dem schönen sonnigen Herbstmorgen. Danzig soll und muß wieder deutsch werden. Die Polen können diese Sprache nicht verstehen, und unterstützt von den Engländern beginnen die Polen die Feindseligkeiten. Innerhalb 18 Tagen ist der Polenfeldzug vorüber. Eine unwahrscheinliche Leistung.»

Als ich diese Zeilen in meinem Lebensbuch vor kurzem wieder las, war ich selbst überrascht. Sollte mein Gedächtnis mich täuschen? Sollten wir die propagandistischen Kriegslügen wirklich geglaubt haben? Meine Erinnerung sagt, daß wir schon damals Hitler die Schuld an dem Krieg gaben. Aber meine Erinnerung ist durch späteres Wissen getrübt. Tatsache ist, daß Hitler im August 1939 einen Freundschaftspakt mit Stalin geschlossen und sich mit seinem größten ideologischen Feind schon im Vorwege über die Aufteilung Polens geeinigt hatte. Als er wenig später in Polen einmarschierte, zwang er die Bündnispartner der polnischen Regierung, ihre Beistandsgarantien einzulösen: Am 3. September 1939 erklärten England und Frankreich Deutschland den Krieg.

Ich weiß nicht mehr, wann und wo mich diese Nachricht erreichte. Es besteht jedoch kein Zweifel darüber, daß wir – bei allem Patriotismus meiner Mutter – den Kriegsausbruch als großes Unglück ansahen, ganz gleich, wer die Schuld daran trug. Schon 1914 hatten wir Kaufleute die Begeisterung nicht geteilt, obwohl die kaiserliche Obrigkeit über jedes Mißtrauen erhaben gewesen war. Der nationalsozialistischen Obrigkeit trauten wir nicht. Dennoch galt sie als unantastbar – im Kriegszustand erst recht. Wir schwiegen. Jetzt ging es allein um unser Vaterland, und als Patrioten waren wir davon überzeugt, daß wir keine Wahl hatten: Wir mußten dem Führer gehorchen.

«Wir sitzen jetzt alle in einem Boot», pflegte mein Vater damals zu sagen, «erst wenn wir das andere Ufer erreicht haben, können wir darüber nachdenken, wie es in unserem Land weitergehen soll.» Und obwohl wir im Geiste vielleicht zum erstenmal bereit waren, handfeste Kritik an den nationalsozialistischen Herrschern zu üben, untersagte mein Vater jede skeptische Äußerung und verbot sogar jeden Scherz. Nicht einmal unter uns durften wir das Regime der Lächerlichkeit preisgeben. Paul Stinke wurde verbannt und der Scotchterrier nicht mehr aufgefordert, sein Mussolini-Kunststückchen vorzuführen.

Mein Schwager Joachim Overbeck – auch meine jüngste Schwester hatte inzwischen geheiratet – war Parteimitglied. Als Hitler zu den Waffen rief, begann auch er, mehr und mehr an dem Führer und seiner Partei zu zweifeln. Mein Vater erklärte ihm dann etwa folgendes: «Du mußt jetzt etwas mehr Wasser in deinen Wein geben, und ich muß etwas mehr Wein in mein Wasser schütten.» So lebten wir weiter mit verwässerten Kompromissen.

In die Partei wollte ich deshalb noch lange nicht eintreten. Kurz nach Kriegsausbruch wurde ich auf die Probe gestellt. Herr Heimer, in Berlin an oberster Stelle zuständig für die Lederwirtschaft, kam nach Hamburg und zitierte mich ins Hotel Atlantic. Er machte mir Vorhaltungen, weil in unserer Firma von drei Partnern – Hans Heinrich Waitz und ich waren 1937 neben meinem Vater zu Teilhabern geworden – und acht Prokuristen nur ein einziger Prokurist Mitglied der NSDAP wäre.

Ich glaube, daß ich während dieser Unterredung eine recht unglückliche Figur gemacht habe. Ich wollte den Herrn aus Berlin auf keinen Fall verärgern, denn er allein entschied über den Umfang unserer Importkontingente. Andererseits wollte ich jedoch um keinen Preis in die völkische Partei eintreten, und so erging ich mich in umständlichen Erklärun gen. Ich sei lange im Ausland gewesen, hätte die Unruhen in Deutschland zu Beginn der dreißiger Jahre nicht miterlebt, den Eintritt in die Partei sozusagen verpaßt und so fort. Es konnte Herrn Heimer kaum entgehen, daß ich mich hoffnungslos um eine Erklärung wand. Er entließ mich mit der ernsthaften Ermahnung, das Ganze noch einmal sehr genau zu überdenken.

Ich ging bedrückt nach Hause. Sicher hatte der Parteibonze aus Berlin keine eindeutige Drohung ausgesprochen, aber er hatte doch deutlich gemacht, daß er Konsequenzen ziehen wollte, falls wir uns nicht zur NSDAP bekannten. Gertrud und ich saßen abends lange zusammen und besprachen das Problem. Wir beschlossen, abzuwarten und zu hoffen, daß Herr Heimer während der Kriegswirren der Frage der Parteibücher Aufschub gewährte. Und in der Tat hatte die Begegnung keine weiteren Folgen. Damals meinten wir, wir hätten einfach nur Glück gehabt. Heute weiß ich, daß der Lederbedarf der Wehrmacht uns vor Konsequenzen schützte. Als Hamburger Kaufleute genossen wir eben noch immer größere Freiheiten. Man führte uns an einer lockeren Leine, und wir hüteten uns davor, sie strammzuziehen, seit Kriegsbeginn erst recht.

Schon bald wurden unsere verschwiegenen Zweifel auf die Probe gestellt. Der Führer siegte an allen Fronten. Mein Vater war für den Krieg zu alt, und ich selbst war der Firma wegen uk (unabkömmlich) gestellt. So verfolgten wir Hitlers Blitzkriege aus der Ferne und fragten uns, ob seine Siege vielleicht doch sein Handeln rechtfertigten. Meine Mutter schrieb in mein Lebensbuch:

«Kriegsgeschehen im Jahre 1940 sind viele. 9. April: Atemberaubend ist die Nachricht, daß Deutschland in Dänemark und Norwegen einrückt. Dänemarks Besetzung ohne Kampf. Norwegen wehrt sich, doch sehr schnell besiegt. Am 10. Mai beginnt die Frankreich-Offensive. Man lebt in unendlicher Spannung. Holland und Belgien sind schnell in deutscher Hand. In der Nacht zum 18. Mai ist der erste Fliegerangriff auf Hamburg und die Geburt des Stammhalters der Familie Waitz. 14. Juni: Einmarsch der deutschen Truppen in Paris. 22. Juni: Ein Weekend in Rissen mit Tennis, Groß- und Urgroßmüttern, Enkeln, Blumen, Sonne, Frieden und abends die Nachricht, daß in Frankreich die Waffen ruhen. 23. Juni: Kapitulation Petains.»

Das unbesiegbare Frankreich war binnen sechs Wochen geschlagen, die Engländer wurden vom Kontinent vertrieben, Hitler begann, seine grausame Herrschaft in den besetzten Ländern zu etablieren – und wir spielten Tennis und pflückten Blumen für die Urgroßmütter. Unsere Welt in Rissen war eine Welt für sich.

Nur langsam schlich sich das Todesgrauen in unsere heile Ordnung. Im Frühjahr 1941 änderte meine Mutter im Lebensbuch den Tonfall: «Einmarsch deutscher Truppen in Jugoslawien, Bulgarien und Griechenland, sind im April in deutscher Hand. Überall Tod und Verwüstung und Elend hinterlassend.» Und dann kam bald der Tag, den ich als den schwärzesten Tag während der ganzen Nazizeit in Erinnerung habe: Am 22. Juni 1941 begann Hitler den Angriff auf Rußland.

Ich war damals gerade in Sickendorf auf dem Besitz von Tante Tudi und ihrem Mann, Max von Willich. Gertrud und die Kinder – wir hatten inzwischen zwei Töchter und einen Sohn – machten dort Ferien. Als wir die Nachricht erhielten, breitete sich lähmendes Schweigen aus. Das war das Ende, dessen waren wir gewiß. Ohne einen Frieden mit England, die britischen Bomber im Nacken, konnten wir die Sowjetunion unmöglich besiegen. Schon bevor Hitler im Dezember auch noch den Vereinigten Staaten den Krieg erklärte, erschien uns die Lage aussichtslos.

Meine Mutter schrieb etwas später: «Inzwischen ist der grausige Krieg in Rußland entbrannt. Ascan Lutteroth steht im Nordabschnitt, Ferdinand Malaisé im Mittelabschnitt, Obbi Hachmann, Goli Lüders, Friedrich Wilhelm Münchmeyer, Hans Rudolf von Schröder, Max von Willich, Wolfgang Riedesel, alle, alle sind in Uniform und verteidigen ihr Vaterland nach ihren Kräften. Bis Moskau werden die Truppen gejagt, wo sie halt machen müssen, bedingt durch schlechte Witterung, und ein fürchterlicher Rückzug beginnt.»

Im September fiel mein Freund Obbi Hachmann. Zum zweitenmal im Leben erfuhr ich, daß Krieg Tod bedeutet.

Aber das Entsetzen lähmte uns nur für den Augenblick. Wir hatten gelernt, daß wir unter keinen Umständen in der Ohnmacht verharren durften. Noch am Tag vor dem Weltuntergang wollte Luther sein Apfelbäumchen pflanzen, und noch am gleichen Tag wollten wir schwarze Zahlen in unsere Bücher schreiben. So verbannten wir aufs neue unser Wissen, kehrten in die Kontore zurück und sortierten Freund und Feind, denn wir mußten neue Geschäftspartner in Europa finden. Der Krieg hatte den Überseehandel zum Erliegen gebracht.

Während der ersten Kriegsjahre reiste ich oft in die besetzten Länder. Vom Widerstand sah und hörte ich nichts. Die Geschäftsleute, denen ich begegnete, hätten sich eher die Zunge abgebissen, als die neuen Machthaber zu kritisieren. Sie wurden Kollaborateure genannt. Für mich waren sie ausschließlich Geschäftspartner. Wir erfüllten die gleiche Pflicht: Wir kümmerten uns allein um das Wohl unserer Firmen.

Es gab allerdings Geschäfte, die mein Vater und ich ablehnten. So wurde uns beispielsweise die Übernahme eines holländischen Unternehmens mit Schwerpunkt im indonesischen Kolonialgeschäft angeboten. Soweit ich mich erinnern kann, hatten die holländischen Eigentümer sich geweigert, mit den deutschen Besatzern zu kollaborieren. Jetzt blieb mein Vater seiner Devise, «ich bin kein Leichenfledderer», treu und wies das Angebot zurück.

Herr Heimer hatte unsere Distanz zur Partei offenbar gründlich vergessen. Von der Reichsstelle für Lederwirtschaft erhielten wir den Auftrag, in Frankreich Gerbstoffe anzukaufen. Wir wären damals nicht auf den Gedanken ge-

kommen, daß die Franzosen uns deshalb nach Kriegsende der
«Pillage» (Plünderung) bezichtigen könnten. Wir hatten
einen Auftrag und bemühten uns um seine Erledigung.

Ich weiß nicht mehr, ob wir sehr erfolgreich waren, aber
zumindest ergab sich aus den häufigen Paris-Besuchen ein
anderer Kontakt: Wir pflegten bald gute Beziehungen zu
einem sogenannten Schmalspuroffizier, der – soweit ich
mich erinnern kann – Grünberg hieß und im Stab des Militär-
befehlshabers für die Lederwirtschaft zuständig war. So wurden wir denn auch mit dem Einkauf von deutschen Materia-
lien für die französische Schuhproduktion betraut – ein Geschäft, das man uns später nicht vorwerfen konnte, denn jetzt
importierten wir deutsche Waren nach Frankreich.

Zu diesem Zweck mußten wir in Paris eine Firma gründen, die als Besteller, Abnehmer und Bezahler auftreten
konnte. Die französischen Behörden machten keine großen
Schwierigkeiten, und sicher war uns auch Herr Grünberg,
der durchaus Sinn für Geschäfte hatte, bei der Gründung be-
hilflich. Mitgesellschafter bei der neuen Firma in Paris, die
wir Socolilex (Société Commercial pour l'Importation et
l'Exportation) nannten, war die Lederwerke Wiemann AG
aus Hamburg, bei der wiederum mein Vater im Aufsichtsrat
saß. Geschäftsführer der Socolilex wurden Wiemann-Direk-
tor Franz Pöppelmann und ich. Pöppelmann hatte jedoch
wenig Zeit, und ich war mehr oder minder eigenständig für
die Niederlassung verantwortlich.

So verbrachte ich schon während der Vorbereitungszeit
und erst recht nach der offiziellen Firmengründung Anfang
1942 sehr viel Zeit in Paris. Die Aufgabe kam mir gerade
recht. Ich hatte noch nie allein eine Firma aufgebaut, Räume
gemietet, Mitarbeiter eingestellt und so fort. Und das in Paris. Alles erschien mir neu und aufregend. Ich fühlte mich
wohl und empfand nicht die geringsten Hemmungen, obwohl wir Deutschen das Nachbarland überfallen und unter
unsere Herrschaft gebracht hatten.

Die Franzosen, mit denen ich zu tun hatte, ließen mich

auch keinerlei Widerwillen spüren. Im Gegenteil. Sie wollten Geschäfte machen, und schließlich arbeiteten wir in Paris nicht mit deutschen, sondern nur mit französischen Banken und Versicherungsgesellschaften zusammen. So sorgten die französischen Geschäftsleute bestens für meine Unterhaltung. Wir sprachen nicht über Politik, sondern über Restaurants, Theater und das Pariser Nachtleben. Weil ich keine Uniform trug und eine große Brieftasche hatte, war ich an den Orten des Vergnügens gerne gesehen. Ich wohnte im Hotel Claridge und bekam bei «Maxim» immer den besten Tisch.

Eines Tages mußte ich einen wichtigen Parteimann aus dem Berliner Wirtschaftsministerium ausführen, dessen Namen ich vergessen habe. Wir gingen in den «Tour d'Argent», der für besonders zarte und deshalb sogar numerierte Enten berühmt war. Der Mann aß und sprach mit mir, und plötzlich sah ich, wie er seine schwere, häßliche Hand über einen der schönen Aschenbecher legte und ihn langsam in seinen Schoß zog. Kaum hatte er ihn verschwinden lassen, erschien der französische Kellner mit unbewegter Miene und stellte – obwohl noch keiner von uns rauchte – einen neuen Aschenbecher auf den Tisch. Der Nazi verlor die Nerven, holte den ersten Aschenbecher wieder hervor und stellte ihn daneben.

Sein Verhalten amüsierte mich. Die Nazis hatten noch immer schlechte Manieren. Ich sympathisierte mit dem souveränen Kellner und fühlte mich überlegen. Ich war auf der richtigen Seite. Jeder, der mich kannte, wußte das. So brauchte ich mich meiner schlechten Gesellschaft nicht zu schämen. Und der Mann aus Berlin war wichtig. Die Nationalsozialisten wollten zwar in den besetzten Ländern keine Unruhe und kümmerten sich deshalb notdürftig um die Versorgung, aber auch in Deutschland war vieles knapp. Für den Import des Schuhzubehörs nach Frankreich brauchten wir immer neue Genehmigungen aus Berlin. Schließlich mußte ich auch mit anderen Geschäftsleuten essen, die mir persönlich nicht lagen. So erschien es mir selbstverständlich, den unsympathischen Parteibonzen zu unterhalten.

Die Socolilex war denn auch recht erfolgreich. Wir hatten bald etwa dreißig Angestellte, in erster Linie Franzosen. Bis zur Befreiung Frankreichs im Juni 1944 machten wir einen Umsatz von insgesamt gut acht Millionen Reichsmark. Als die Alliierten einrückten, war ich selbst allerdings schon lange aus Paris fort.

Gegen Ende des Jahres 1942 war der deutsche Siegesrausch endgültig verflogen. Große Niederlagen zeichneten sich ab, Hitlers Soldaten mußten an allen Fronten zurückweichen. Am 31. Januar 1943 wurde dann die Schlacht um Stalingrad entschieden – und damit, so meinte ich, auch der Krieg. Meine uk-Stellung war bisher durch die Firma in Paris begünstigt gewesen. Jetzt wollte ich sie nicht länger aufrechterhalten. Ich wollte in der Masse verschwinden – am besten als Soldat. So kehrte ich nach Hamburg zurück und wartete auf meinen Einzugsbefehl.

Rotkäppchen und Hermann Göring

Als ich beschloß, 1943 noch Soldat zu werden, wollte ich weder in einer aussichtslosen Sache den Helden spielen, noch bildete ich mir etwa ein, mein verlorenes Vaterland retten zu können. Ich wollte in der Tat einfach nur untertauchen.

Ich glaube, daß ich mich damals – ohne mir dessen bewußt zu sein – zum erstenmal in dem Dilemma befunden habe, das mich bis jetzt im Schweigen verharren ließ. Persönlich hatte ich kein Unrecht begangen und konnte so vor mir selbst bestehen. Davon war ich überzeugt. Aber wie sollte ich mich Dritten gegenüber erklären? Welche Rolle hatte ich eigentlich gespielt in den vergangenen Jahren, und was war wirklich geschehen? Wir ahnten mehr, als wir uns selbst eingestanden.

Andere würden kommen und fragen. Und ich wollte nicht zur Rechenschaft gezogen werden, wollte mich nicht für etwas verteidigen, das ich meiner Ansicht nach nicht zu verantworten hatte.

Auf keinen Fall wollte ich noch kurz vor dem sicheren Ende mit Aufgaben betraut werden, deren Erfüllung mir später hätte Vorwürfe einbringen können. So mußte ich jede Sonderstellung vermeiden. Sicher hätte ich mich mit meinen Sprachkenntnissen leicht in eine Dolmetscherkompanie melden und so die unbequeme Grundausbildung und den drohenden Fronteinsatz von vornherein ausschließen können. Nur wer konnte wissen, für welche diffizilen Angelegenheiten so ein Militärdolmetscher gebraucht wurde? Wäre ich dort am Ende Zeuge einer Wirklichkeit geworden, die ich aus meiner Wahrnehmung verbannt hatte?

Intuitiv hatte ich längst erfaßt, daß allein das Nichtwissen Sicherheit bot. Als einfacher Soldat war ich einer unter Millionen von Deutschen. Die Erfüllung der Soldatenpflicht bedurfte keiner Erklärung.

So begann meine Verdrängung der Geschehnisse im Dritten Reich zu einer Zeit, in der die schlimmsten Verbrechen begangen wurden. Am 20. Januar 1942 hatte die nationalsozialistische Führung auf der sogenannten Wannsee-Konferenz die Richtlinien für die Endlösung festgelegt. Von den Todeslagern kannte ich damals dem Namen nach nur Auschwitz. Von Mord und Gaskammern wußte ich nichts. Ich sprach mich frei von Schuld, bevor das Wissen mich einholte.

1943 wurde ich Rekrut. Das war hart. Ich war 35 Jahre alt und seit sechs Jahren Teilhaber unseres Bank- und Handelshauses. Und ich war Vater. 1937 war meine zweite Tochter Birgit geboren, 1941 Hans Hermann, der Sohn, der Erbe, der Namensträger, der nach guter alter Sitte und gegen Gertruds Willen nach seinen Großvätern hieß und werden würde wie ich.

In unserem persönlichen Leben hatte es keine Pannen gegeben. Wir waren in einem neuen BMW an die See und in die Berge gereist, hatten nach Birgits Geburt eine größere Wohnung in der Goernestraße 35 bezogen, unsere Kinder getauft und Familienfeste gefeiert. Meine älteste Tochter Karen ging bereits zur Schule, und bei ihrer Einschulung hatte sich noch einmal gezeigt, daß der Druck des Regimes für uns nicht unerträglich war.

Der Direktor hatte Karen einer kleinen Prüfung unterzogen und ihr verschiedene Bilder vorgehalten. Natürlich erkannte sie Rotkäppchen, Dornröschen und die Hamburger Lombardsbrücke. Dann kam ein Bild von Göring. Achselzucken. Der Direktor ließ sein Erstaunen durchblicken und versuchte es mit Hitler. Wieder schüttelte Karen den Kopf. Nein, den kannte sie nicht. Jetzt stellte der Direktor meine Frau zur Rede: «Gibt es bei Ihnen im Haus kein Führerbild?» Als sie verneinte, folgte peinliches Schweigen. Dann verabschiedete man sich höflich. Karen wurde angenommen, und der Vorfall kam nie wieder zur Sprache. Hatten wir einfach nur Glück gehabt? Hatte der Direktor Verständnis für unsere Haltung und ging deshalb selbst ein Risiko ein? Es waren wohl eher die Hamburger Verhältnisse. Ich glaube kaum, daß wir in einer anderen Stadt so glimpflich davongekommen wären.

Die Alliierten scherten sich wenig um die Privilegien der Handelsstadt. Im Gegenteil. In Hamburg gab es bald ungezählte und immer neue Bombenangriffe. Sickendorf wurde für Gertrud und die Kinder zur zweiten Heimat. Später mietete ich eine kleine Wohnung in Timmendorf an der Ostsee und brachte meine Familie dort einigermaßen sicher unter.

Und dann war es soweit. Am 26. März stand ich im Morgengrauen in einer alten Lüneburger Kaserne: Der erste Appell beim Reiterregiment 13. Ich war bei weitem der älteste in der Truppe und hatte von militärischen Spielregeln keine Ahnung. Da halfen auch meine spärlichen Erfahrungen aus der Reit- und Fahrschule in Eutin wenig. Selbst im besetzten Paris hatte ich gelegentlich an Schießübungen teilnehmen müssen - eine reine Formalität ohne Zucht und Drill.

In Lüneburg war das anders. Zwar galt Reiter 13 als Eliteregiment, dem neben zahlreichen Verwandten und Freunden auch mein Onkel Hans Heinrich Waitz angehörte, aber während der Grundausbildung nützte mir das gar nichts. Obwohl die Kriegslage sich mehr und mehr zuspitzte, wurden wir nach Strich und Faden schikaniert und mußten uns in Fertigkeiten üben, die uns an der Front wohl kaum von Nutzen sein konnten.

So mußte ich zum Beispiel im Stall Pferdeäpfel auffangen. Kaum hob eines der Tiere seinen Schwanz und setzte zum großen Geschäft an, raste ich zu seiner Box und hielt ihm einen Eimer unter den Hintern. Am vierten Tag war ich einmal nicht schnell genug. Die Pferdeäpfel landeten im Stroh. Ich mußte mich am Ende der Stallgasse aufstellen und fünfzigmal laut brüllen: «Ich bin ein dummer Kerl.» In Lüneburg kannte man mich plötzlich nicht mehr. Selbst der Rittmeister von Stern, Besitzer der *Lüneburger Nachrichten*, bei dem ich noch kurz vor meiner Einberufung zum Abendessen eingeladen gewesen war, würdigte den Rekruten Münchmeyer, der dort am Ende der Stallgasse seine vermeintliche Idiotie gegen die Wände schrie, keines Blickes.

Meine Vorgesetzten – und deren gab es für einen Rekruten viele – entsprachen eigentlich alle dem Klischee des zackigen und schnarrenden Militaristen. Einer der Obergefreiten schrie bei jeder Begegnung mit mir: «Hinlegen – auf – kehrt – hinlegen!» Und ganz gleich, ob ich nun gerade Kaffee holte oder eine Ladung Pferdeäpfel zum Misthaufen brachte, ich mußte alles aus der Hand legen und mich in den Dreck werfen und aufspringen, solange es ihm paßte. Als ich zum erstenmal Ausgang hatte, traf ich jenen Obergefreiten am Kasernentor. Schon von weitem brüllte nun ich ihm entgegen: «Hinlegen – auf...!» Kaum war ich wieder im Dienst, mußte ich dafür büßen.

Wie ausgerechnet ein Schutenpeeker aus Hamburg in unsere Reitertruppe geraten war, weiß ich bis heute nicht. Er war als einziger Rekrut fast so alt wie ich und hatte noch nie ein Pferd aus der Nähe gesehen. So gab er im Sattel eine recht unglückliche Figur ab. Unsere Militaristen hielten auf penible Ordnung und äußerst korrekte Reiterformationen. Als der Schutenpeeker sich eines Tages wieder einmal besonders ungeschickt anstellte, schnauzte ein Rittmeister deshalb den verantwortlichen Unteroffizier an, und der rächte sich an uns. Das war militärische Hierarchie. Zwei Kilometer vor der Kaserne hieß der Unteroffizier die ganze Truppe absitzen, die Sättel schultern und zu Fuß nach Hause marschieren. Aber damit nicht genug. Wir mußten in der Reitbahn antreten und in unseren schweren Militärstiefeln auf Kommado antraben, galoppieren und Volten schlagen, bis wir von oben bis unten mit einer klebrigen Mischung aus Schweiß und Torf überzogen und total erschöpft waren. Eine halbe Stunde später hatten wir in sauberen Uniformen und mit gewichsten Stiefeln zum Kleiderappell zu erscheinen.

Nach drei Monaten Grundausbildung wurde ich Gefreiter und kam als Offiziersbewerber nach Zutphen im besetzten Holland. Mein Onkel Hans Heinrich Waitz diente dort als Major. Er hatte eine eigene Wohnung und einen Burschen, der hervorragende Kartoffelpuffer machte. Ich konnte mich satt essen und nach Belieben die große, saubere Badewanne benutzen. Im Dienst änderte sich allerdings nichts. Meine Vorgesetzten dachten nicht daran, den Neffen des Majors zu schonen.

In der Nacht, bevor wir zu Unteroffizieren befördert wurden, scheuchte einer von ihnen uns ohne Grund aus den Betten. In unseren langen Militärnachthemden mußten wir im strömenden Regen durch den Kasernenhof robben. Am nächsten Tag fand aus Anlaß unserer Beförderung ein großes Abendessen im Kasino statt. Ich fragte den Offizier, warum er die nächtliche Übung veranstaltet hätte. «Damit ihr nicht übermütig werdet», antwortete er mit süffisantem Lächeln. Übermütig, hatte ich recht gehört? Übermütig, nur weil ich Unteroffizier geworden war? Wußte der Mann nicht, wen er vor sich hatte?

Ich glaube, diese Schikanen im Kasernenhof haben mich weniger empört als diese verächtliche Bemerkung im Kasino. Da draußen im Dienst spielte ich die Rolle des Soldaten, der wußte, daß er im wirklichen Leben ein angesehener Geschäftsmann war. Ich unterzog mich einer Härteprüfung und übte mich in Selbstdisziplin. Dergleichen war mir vertraut. Ich erfüllte eine Pflicht und akzeptierte die Befehle meiner Vorgesetzten. Ich ordnete mich unter und bewahrte im Geist meine andere Identität. Hier im Kasino überschnitten sich die Kreise. Ich war es nicht gewohnt, in gesellschaftlicher Atmosphäre eine Zurückweisung zu erfahren.

Schon wenig später trug ich jedoch als Mann von Welt einen kleinen Sieg über meine Obersten davon. In der Socolilex gab es Probleme. Ich beantragte Sonderurlaub, und dem kleinen Unteroffizier, der nun wieder Geschäftsmann war, wurde die Reise nach Paris sofort genehmigt. Dort gelang es mir sogar, mir eine Zivilerlaubnis zu verschaffen, und ich konnte die Uniform für ein paar Tage ausziehen.

Als sich herausstellte, daß ich geschäftlich auch noch dringend nach Hamburg mußte, bekam ich selbst für den Umweg problemlos eine Erlaubnis. So stand ich eines Abends als Zivilist auf dem Gare du Nord. Uniform und Karabiner hatte ich zu einem großen, unförmigen Paket verschnürt. Der Zug nach Hamburg war überfüllt. Im Schlafwagen gab es nur noch ein einziges freies Bett, und sechs Personen erhoben darauf Anspruch. Meine Konkurrenten – ein Oberst, drei Majore und ein Hauptmann – standen dem militärischen Dienstrang nach weit über mir. Aber im zivilen Leben war der Dienstrang eben nichts wert. So sah es zumindest der Schlafwagenschaffner. Er versprach sich von dem Zivilisten mit dem großen Paket offensichtlich auch das größte Trinkgeld. Ich bekam das Bett, und die Herren Offiziere mußten in ihren steifen Uniformen sitzend reisen.

In Zutphen war ich wieder Unteroffizier und lernte bei den Soldaten doch noch etwas, das ich bis heute nicht vergessen habe. Ich war als Zugführer eingesetzt, und irgend etwas klappte nicht. Der Kommandeur schnauzte mich an. «Ich habe aber den richtigen Befehl gegeben», verteidigte ich mich. Darauf er: «Das interessiert mich überhaupt nicht. Entscheidend ist, daß der Befehl ausgeführt wird, und dafür sind Sie allein verantwortlich.» Er hatte recht, und so war es im Leben auch. Der Mann an der Spitze trug die Verantwortung.

Wir Offiziersbewerber mußten auch drei Monate Frontdienst leisten. Jetzt hielt Major Waitz seine schützende Hand über mich: Mein «Frontaufenthalt» fand im besetzten Norwegen statt. Am 9. April 1944 kam ich nach Norheimsund, einem wunderschönen Ort etwa sechzig Kilometer südlich von Bergen. Mit einer Front hatte die Küste dort wenig gemein. Allenfalls die Engländer hätten jederzeit von See her angreifen können. Sie rührten sich nicht.

Weder in Holland noch in Norwegen hatte ich näheren Kontakt zur Zivilbevölkerung. Fraternisieren war verpönt. Die Wehrmachtsangehörigen blieben unter sich und gingen höchstens mal in ein Restaurant. Das galt zumindest für die Offiziersbewerber. In Norwegen spürten wir die Ablehnung dennoch sehr viel deutlicher als in Holland. Wenn ein norwegisches Mädchen mit einem deutschen Soldaten spazierenging, so erzählte man sich in unserer Truppe, dann wurden ihr von ihren Landsleuten die Haare abgeschnitten.

Die Norweger haßten uns, und sie haßten Vidkun Quisling. Gleich nach der deutschen Besetzung 1940 hatten die neuen Machthaber Quisling mit den Staatsgeschäften betraut, und der Norweger galt als getreuer Gefolgsmann Hitlers. Sein Name wurde bald zum Synonym für alle Kollaborateure in den besetzten Ländern. Ich glaube, daß gerade deshalb der Widerstand in Norwegen besonders stark war. Die Norweger fühlten sich von ihren eigenen Landsleuten verraten. Damit hatte ich nichts zu schaffen. Ich tat meine Pflicht und hielt mich von der Bevölkerung fern. Die Welt blieb einfach – auch als Soldat.

Im Sommer 1944 kam ich für kurze Zeit nach Lüneburg

zurück. Dort hörte ich am 20. Juli von dem Attentat auf Hitler. Offiziell erfuhr ich von dem «Mordanschlag» und dem «Vaterlandsverrat» bei einem Appell. Schon vorher hatte ich Gerüchte gehört, aber nicht begriffen, was eigentlich geschehen war. Und – so merkwürdig es klingen mag – im ersten Augenblick hatte das Ereignis für mich auch keine allzu große Bedeutung. Meine Vorgesetzten hatten noch nicht darüber entschieden, ob ich vor der nächsten Versetzung Urlaub bekommen und Gertrud und die Kinder sehen würde. Das allein zählte.

Doch bald darauf verstand ich: Ein Attentat auf Hitler war fehlgeschlagen. Bedauerte ich das? Später war die Antwort eindeutig. Aber damals, im Juli 1944? Damals im Juli 1944 bedauerte ich den Fehlschlag wohl kaum. Ich hatte Angst vor einer Wiederholung der Dolchstoßlegende. Und ich hatte Angst vor den Russen, den Erzfeinden, den Kommunisten. Diese Angst saß tief. Und irgendwie glaubte ich intuitiv wohl noch immer daran, daß Hitler uns vor den Russen beschützte. Was hätte sein Tod bedeutet? Wäre es wirklich zu Friedensverhandlungen gekommen? Waren die Russen überhaupt verhandlungsbereit? Oder wäre die Ostfront zusammengebrochen, und die Russen hätten unser Land überflutet? Diese Vorstellung war für mich die schlimmste Version des Endes.

So bin ich mir auch nicht sicher, wie ich damals wirklich über die Attentäter dachte. Heute erscheinen sie mir bewundernswert, und ihr Mut beschämt mich. Aber die Bewunderung ist mit der Zeit und mit dem Wissen gewachsen.

Daß sich eine konservative Gruppe gegen Hitler verschworen hatte, war mir 1944 vollkommen neu. Persönlich kannte ich keinen von ihnen, aber manche Namen sagten mir etwas. Vielleicht wäre ich dem einen oder anderen in der Gesellschaft begegnet, wenn ich damals in Berlin gelebt hätte. In Hamburg war ich jedoch mit ihren Kreisen nie in Berührung gekommen.

Vor dem 20. Juli wußte ich überhaupt nichts von einem

organisierten Widerstand. Ich wußte, daß Kommunisten wie Ernst Thälmann gegen Hitler waren und deshalb in Konzentrationslager kamen. Daß sie ermordet wurden, wußte ich noch immer nicht. Von den Geschwistern Scholl und vielen anderen hörte ich erst nach dem Krieg.

Die Nationalsozialisten machten mit den Attentätern des 20. Juli kurzen Prozeß. Zum erstenmal hörte ich den Namen Freisler. Er war seit 1942 Präsident des Volksgerichtshofs. Ich hörte seine Stimme im Volksempfänger, eine hohe, keifende Stimme voller Haß und Fanatismus. Ich wußte nichts über Freisler, aber ich brauchte auch nicht mehr zu wissen – die Stimme sprach für sich. Freislers Tribunal hatte mit einer unabhängigen dritten Gewalt nichts gemein. Erst jetzt begriff ich: Das Recht war abgeschafft. Die Widerstandskämpfer wurden zum Tod durch Erhängen «verurteilt». Die unerbittliche Verfolgung der Helfer und der Verwandten – unter den Nazis galt die Sippenhaft – währte bis in die letzten Kriegstage.

Ich habe damals in Lüneburg geschwiegen, und ich habe später geschwiegen. Nach dem Krieg lernte ich einige Verwandte der Widerstandskämpfer kennen. Wir haben nie über den 20. Juli gesprochen. Was hätte ich sagen sollen? Ich schämte mich vor ihnen. Hatte ich versagt? War ich wirklich feige gewesen? Ich weiß tausend rationale Argumente, die meine Haltung rechtfertigen. Den Verwandten der Attentäter hätte ich das nicht erklären können. Vor ihnen, so meinte ich, konnte nur einer bestehen, der selbst sein Leben riskiert hatte.

Im Sommer 1944 bekam ich schließlich meinen Urlaub, fuhr für ein paar Tage nach Hause und hatte mich Anfang August bei der Bromberger Kavallerieschule in Westpreußen einzufinden. Die Russen kamen näher und näher, und wir machten Dienst nach Vorschrift, veranstalteten kleine Turniere, und ich gewann eine Dressurprüfung. Das Strafexerzieren war an der Tagesordnung. Die Schleifer – so nannten wir unsere Vorgesetzten – unterschieden sich nicht im geringsten von den Lüneburger Offizieren. Einen Unterschied gab es allerdings: Unseren Dienst absolvierten wir meistens auf dem Fahrrad, denn Pferde waren damals schon knapp. Fast alle Aufklärungsabteilungen in der Armee waren auf Fahrräder umgestiegen.

Zur geistigen Ertüchtigung hatten wir politischen Unterricht. Der Inhalt ließ sich jedoch kaum mit dem vergleichen, was vermutlich an den Kaderschulen der Partei gelehrt wurde. Denn in Bromberg bestimmten die Abkömmlinge traditionsreicher Offiziersfamilien das Klima. Genau wie wir Kaufleute fühlten sie sich den hergelaufenen braunen Volksgenossen überlegen. Sicher hatten wir alle den Treueid auf Hitler geleistet. Nur wurden wir im Unterricht eben nicht auf den Führer eingeschworen, sondern darauf, daß wir uns unter allen Umständen an einen solchen Eid zu halten hatten. Der nationalsozialistische Glaube wurde durch einen Wert ersetzt, den Generationen von Offizieren erprobt und für richtig befunden hatten. Das Ergebnis war das gleiche: Blinde Folgsamkeit bis zum Ende.

Während ich die Glaubenssätze der Kaufmannsmoral, ohne zu fragen, verinnerlicht hatte, tat ich mich mit den überlieferten Offizierstugenden schwer. Ich hütete mich zwar, dergleichen zu äußern, aber während des Unterrichts muß mein Gesicht Zweifel ausgedrückt haben. Aus heiterem Himmel brüllte mich einer der Offiziere an: «Münchmeyer, das können Sie ‹Koofmich› natürlich nicht verstehen, aber der Offizier hat ein höheres Ehrgefühl als ein Hamburger Kaufmann!» Der Offizier wurde im übrigen später Kaufmann in Hamburg.

In der Tat verstand ich jedoch vieles nicht. In der Welt der Litzen blieb ich ein Fremder. Die Spielregeln hatte ich noch immer nicht durchschaut. Und alle Kavalleristen, die ich aus dem früheren Gesellschaftsleben kannte, bekleideten in Bromberg einen höheren Rang, obwohl die meisten jünger waren als ich. Sie berichteten von ihren Fronterlebnissen, und ich mochte nicht erwidern, daß Norheimsund ein wunderschöner Ort sei. So fühlte ich mich im Kasino immer fehl am Platze. Das änderte sich auch nicht, als ich Leutnant wurde. Unter den hochdekorierten Offizieren kam ich mir bis zum Ende des Krieges nackt vor.

Weihnachten 1944 fuhr ich zu Gertrud und den Kindern nach Timmendorf. Gertrud schien der neuen Lebenslage recht gut gewachsen. Sie trieb einen schwunghaften Handel mit den umliegenden Bauern. Immerhin mußte sie täglich Essen für sechs Personen herbeischaffen, denn neben den drei Kindern saßen noch unser Familienfaktotum Lisbeth und unsere Kinderfrau, die wir alle einfach Dada nannten, am Tisch. Daß sie und die anderen damals oft hungerten, ließ Gertrud mich in den Weihnachtstagen nicht spüren.

Wir rückten in jenen Tagen sehr nahe aneinander. Keiner sprach vom Abschied. Die Russen stießen immer weiter nach Westen vor. Wann würden sie Bromberg erreichen? Doch irgendwann war es soweit. Ich mußte zurück. Wo verabschiedeten wir uns, auf der Straße, am Bahnhof, in der Haustür? Einzelheiten kann ich nicht erinnern. Ich weiß nur noch, daß dieser Abschied der schlimmste Augenblick meines Lebens war. Vor uns lag nichts als unheimliche Ungewißheit.

Im Zug in Richtung Ostfront herrschte eine gedrückte Stimmung. Endlich waren wohl alle davon überzeugt, daß der Krieg verloren war. Keiner sagte ein Wort. Defätistische Äußerungen waren mindestens ebenso gefährlich wie die Front. Selbst in Bromberg wurde der Vormarsch der Russen mit keinem Wort erwähnt. Der Dienst verlief noch immer nach Vorschrift. Mitte Januar wurde ich zum Leutnant befördert. Diesmal gab es keine Feier im Kasino. Niemandem war danach zumute.

Und dann ging alles sehr schnell. Bromberg war umzingelt. Wir erhielten den Befehl zum Ausbruch. Die Verteidigung erschien aussichtslos, und wir als Angehörige einer Elitetruppe sollten erst recht nicht auf einem solchen Posten verheizt werden. Es galt, «dem geliebten Führer Menschen- und Pferdematerial zu erhalten». Ich selbst lag gerade mit Bronchitis im Lazarett. Mein Pferd war schon einem anderen zu geteilt worden, und erst im letzten Augenblick konnte ich durchsetzen, daß ich mitreiten durfte. Mein neues Pferd hieß «Neid». Es war das häßlichste Tier im Stall und hatte einen kurz gestutzten Schwanz. Aber «Neid» war zäh und überstand den Gewaltritt – anders als die ansehnlicheren Pferde – ohne Satteldruck und Sehnenreizung.

Wir verließen Bromberg mitten in der Nacht bei zwanzig Grad unter Null und bahnten uns unseren Weg durch tiefverschneite Wälder und Felder, denn die Straßen waren alle schon von den Russen besetzt. Am nächsten Tag fanden wir uns unversehrt auf der anderen Seite der Feindeslinie wieder. Dann begann der lange Ritt durch Pommern und Mecklenburg – den ärgsten unserer Gegner stets im Rücken.

Die meisten Ortschaften waren von ihren Bewohnern schon längst verlassen. Nur die Truppen der Wehrmacht hielten noch die Stellung, und wir sollten mehrmals in neue Auffanglinien eingegliedert werden. Unser Kommandeur widersetzte sich: «Befehl... Menschen- und Pferdematerial... geliebter Führer... » Jetzt scheute er sich nicht mehr vor völkischen Floskeln, und das hatte Erfolg. Wir gaben bereitwillig unsere Waffen ab und beeilten uns, weiterzukommen.

Wir übernachteten meistens in verlassenen Gutshäusern. Und daß wir uns im Krieg aus den Beständen der ehemaligen Bewohner versorgten, war wohl in Ordnung. Nur ließ das Gebaren vieler Soldaten von den hehren Idealen des Bromberger Unterrichts nichts mehr ahnen. Da wurden rücksichtslos Einmachgläser, Dosen und Weinflaschen geöffnet und unberührt fortgeworfen, falls der Inhalt nicht gefiel. Ich habe nie Häuser gesehen, in denen russische Soldaten übernachtet hatten, aber ich glaube kaum, daß sie schlimmer aussahen. Ich schämte mich deshalb und mancher andere auch. Galten wir nicht als Elitetruppe?

Nach etwa vier Wochen erreichten wir Güstrow, und wenige Tage später erhielt ich einen Marschbefehl zurück nach Lüneburg zum Reiterregiment 13. Und dann wäre ich beinahe doch noch in einer Verteidigungslinie gelandet. Im März bekam ich einen Versetzungsbefehl zum XX. Armeekorps nach Holland. Ich steckte den Befehl in die Tasche und fuhr zu Gertrud und den Kindern nach Timmendorf. Das war Fahnenflucht. Ich hatte Glück. Auf den Straßen und Bahnhöfen herrschte schon ein vollkommenes Chaos, und ich konnte alle Kontrollen umgehen. In Timmendorf wartete ich, bis ich im Radio hörte, daß fast alle Verbindungen nach Holland gesperrt wären. Erst dann fuhr ich nach Bremen, wo die Truppentransporte nach Holland zusammengestellt wurden. Dort hörte ich schon über den Bahnhofslautsprecher, daß alle Hollandfahrer sich sofort in der Vahrer Kaserne zu melden hätten. Fuhren etwa doch noch Züge? Ich wollte Zeit gewinnen.

Ich besuchte einen entfernten Verwandten in der Bremer Bank und folgte ihm gerne nach Hause, als er mich einlud, die besten Flaschen aus seinem sehr guten Rotweinkeller vor dem Feind zu «retten». Am nächsten Morgen kam ich – ich weiß nicht wie – mit dickem Kopf und einem miserablen Gefühl im Bauch in der Vahrer Kaserne an. Immerhin hatte ich von Lüneburg bis Bremen fast eine Woche gebraucht.

Und wieder hatte ich Glück, doppeltes Glück sogar. Erstens waren inzwischen wirklich alle Transportverbindungen nach Holland abgebrochen. Und zweitens entpuppte sich der Offizier, bei dem ich mich zu melden hatte, als namhafter Bremer Kaffeeimporteur, den ich als Kaufmann recht gut kannte. Major Michael sah kurz auf meine Papiere und sagte dann: «Sie haben wohl eine sehr schlechte Reise gehabt.» – «Jawohl, Herr Major», antwortete ich, «ausgesprochen schlechte Reise.» Der Major sah mich einen Augenblick prüfend an. Dann schüttelte er den Kopf: «Wir sollen hier Einheiten zur Verteidigung Bremens aufstellen – Hamburger können wir dafür nicht gebrauchen. Ich schicke Sie nach Lüneburg zurück.» Als ich ihm nach dem Krieg danken wollte, hatte er den Vorfall längst vergessen.

Nun war ich sicher, der gefürchteten Front endgültig entkommen zu sein. Ich hatte mich getäuscht. In Lüneburg war ich stellvertretender Schwadronchef der Offiziersbewerber geworden. Und noch Anfang April 1945 wurden wir nach Ungarn abkommandiert, um dort die Kavallerie-Division zu unterstützen.

Der Marschbefehl war ein Todeskommando. Das wußte ich. Und doch wollte ich mich fügen. Ich kann nicht einmal genau sagen, warum. Jetzt war ich nicht allein betroffen. Der Befehl galt für die ganze Schwadron, und als Verantwortlicher wollte ich mich nicht drücken. Aber es war noch etwas anderes. Bisher hatte ich nur an mein Überleben gedacht und war vor dem Tod davongelaufen, obwohl er sich meistens in weiter Ferne befunden hatte. Jetzt rückte er in meine Wirklichkeit, und in seinem Angesicht verfiel ich in eine tiefe Lähmung. Ich blieb still und rührte mich nicht.

Am Abend vor unserer Verladung rief mich gegen sieben Uhr mein Schwager Ascan Lutteroth an. Ich hatte seit einiger Zeit nichts von ihm gehört. Er erzählte mir, daß er jetzt als Abwehroffizier im Stab des Generalfeldmarschalls Busch wäre. Busch war Oberbefehlshaber im Hauptquartier Nord, das in Aumühle bei Hamburg lag. Dann fragte Ascan nach mir. «Ungarn», sagte ich, «morgen früh um fünf geht es los.» Er schwieg einen Augenblick. Ich spürte durch die Leitung hindurch, daß meine Nachricht ihm einen Schock versetzt hatte. «Kommt nicht in Frage», sagte er dann, «du wirst von mir hören.»

Von ihm hörte ich nichts, aber kurz vor Mitternacht erhielt ich einen Versetzungsbefehl zum Hauptquartier Nord. Ascan hatte mir die Entscheidung abgenommen, und ich widersetzte mich nicht. Meine Schwadron kam bis Prag. Kaum einer kehrte zurück. Das Schicksal, das ich nicht geteilt hatte, endete im Tod oder in der russischen Gefangenschaft.

Ich meldete mich bei Feldmarschall Busch. Er nahm mich jedoch kaum zur Kenntnis, denn im Hauptquartier Nord herrschte gespannte Unruhe. Himmler versuchte im April 1945 auf eigene Faust mit den Westmächten zu verhandeln, und Busch muß von seinen Plänen unterrichtet gewesen sein. Zumindest kann ich mich noch gut daran erinnern, daß Himmler kurz nach meinem Eintreffen mehrmals in Aumühle war.

Ich bin sicher, daß der Reichsführer der SS nicht von einer späten menschlichen Anwandlung erfaßt wurde, als er sich auf heimlichen Wegen um einen Separatfrieden mit den Westalliierten mühte. Himmler hatte allein seine Karriere im Sinn. Er wußte, daß der Zweifrontenkrieg nicht länger durchzuhalten war, und er machte sich Hoffnungen auf die Führernachfolge, falls er die Westmächte als Verbündete im Kampf gegen die Sowjetunion gewinnen konnte. Der Plan schlug fehl, und wieder einmal vollzog Himmler eine rasche Kehrtwendung. Noch in den letzten Kriegstagen plädierte er bei Busch für eine Verteidigung Hamburgs.

So herrschte ein unvorstellbares Durcheinander, und die Nachrichten überstürzten und widersprachen sich. Die Alliierten rückten näher. Das Hauptquartier Nord wurde von Aumühle nach Nortorf bei Neumünster und später in die Nähe von Flensburg verlegt. Die feindlichen Tiefflieger begleiteten uns auf dem ganzen Weg, begleiteten uns auch über den Nord-Ostsee-Kanal, den wir vollkommen ungeschützt überqueren mußten. Wie durch ein Wunder erreichten wir unversehrt das andere Ufer.

Die Verlagerung in die Nähe von Flensburg nutzte ich, um meine Familie in Timmendorf zu besuchen. Ich kam zur rechten Zeit. Seit Tagen hatten Gertrud und ich keine telefonische Verbindung gehabt, und jetzt konnte ich sie gerade noch davon abhalten, sich mit Dada, Lisbeth und den Kindern nach Niedersachsen auf den Weg zu machen. Südlich der Elbe, so hatte sie geglaubt, seien sie vor den Russen sicherer. Es wäre ihnen allerdings wohl kaum gelungen, durch die englischen Linien zu gelangen, und außerdem wußte ich von Ascan, daß Schleswig-Holstein gemäß dem Abkommen von Jalta englisches Besatzungsgebiet werden sollte.

Seit ich die Pläne der Alliierten kannte, seit ich wußte, in welcher Aufteilung sie unser Land besetzen wollten, und deshalb sicher sein konnte, daß die Russen nicht nach Hamburg vordringen würden, hatte ich vor der Niederlage keine Angst mehr. Im Gegenteil. Ich wünschte nichts sehnlicher als ein rasches Ende des Krieges. Als wir dann noch am folgenden Abend in Timmendorf – es war der 1. Mai – die Nachricht von Hitlers Tod im Radio hörten, empfand ich eine ungeheure Erleichterung. Ich weiß nicht mehr, ob ich damals an den Heldentod des Führes geglaubt habe. Hitler, so etwa hieß es im Volksempfänger, sei als tapferer Soldat im Kampf gegen die Bolschewisten gefallen. Von Selbstmord kein Wort. – Die Umstände seines Todes waren mir auch vollkommen gleichgültig. Die Nachricht bedeutete das Ende des Krieges, alles andere war für den Augenblick unwichtig.

Für Feldmarschall Busch war der Krieg noch lange nicht vorüber. Die Verteidigung Hamburgs – Himmler hatte offene Türen eingerannt – war ihm ein besonderes Anliegen. So entschloß er sich noch im letzten Augenblick, den Hamburger Kampfkommandanten, Generalmajor Wolz, durch einen Mann seines Vertrauens zu ersetzen. Wolz hatte nämlich schon längst eingesehen, daß jeder Widerstand zwecklos war, und Reichsstatthalter Kaufmann teilte die Auffassung seines Stadtkommandanten. Busch hatte Kaufmann nicht vom Gegenteil überzeugen können, obwohl ich mich gut daran erinnern kann, daß auch der Reichsstatthalter zu mehreren Besprechungen ins Hauptquartier Nord gekommen war. Buschs Vertrauensmann konnte in der Hansestadt jedoch glücklicherweise nichts mehr ausrichten. Am 3. Mai 1945 wurde Hamburg kampflos an den britischen Brigadegeneral Spurling übergeben.

Noch am Morgen des gleichen Tages rief Busch im Norden Schleswig-Holsteins seine Offiziere zusammen. Er spielte noch immer Krieg, und er meinte es bitterernst. Hitlers Tod, so ließ er uns wissen, habe die Lage nicht verändert. Dönitz sei als Oberbefehlshaber der Wehrmacht ein legitimer Nachfolger des Führers, und unser Treueid sei nicht aufge-

hoben. Er endete mit einer pathetischen Schlußformel, die
etwa folgendermaßen lautete: «Wir müssen weiterkämpfen,
und wir müssen notfalls gemeinsam kämpfend im Kattegat
untergehen.» Gehörte auch der Selbstmord zu den Offizierstugenden? Wußte Busch nicht, daß zu diesem Zeitpunkt die
Verhandlungen mit dem britischen Befehlshaber, General
Montgomery, schon begonnen hatten? Busch war damals
schon alt und wohl auch nicht mehr ganz gesund. Anders kann
ich mir seine Ansprache nicht erklären. Bereits am nächsten
Tag fand im Norden Deutschlands die Übergabe statt.

Am Abend wurde ich zu Busch befohlen. Über die Kapitulation verlor er kein Wort. Er teilte mir nur mit, daß ich als
Verbindungsoffizier zum 8. englischen Korps abkommandiert sei. Ich war überrascht, denn schließlich war ich der
dienstjüngste Offizier seines Stabes. Immerhin hatte ich während meiner Ausbildung in England gelebt und kannte Sitten
und Sprache. Zum erstenmal seit meiner Einberufung trium-
phierten meine Kenntnisse über den höheren Dienstrang.

Von der Wand in den Mund

Am frühen Morgen des 5. Mai fuhr ich nach Molfsee südlich
von Kiel, um mich beim Stab des 8. englischen Korps zu melden. Ich fuhr in einem Wagen der deutschen Wehrmacht, und
mein Fahrer war ein deutscher Unteroffizier. Ich trug eine
Pistole am Gürtel und Schulterstücke mit Rangabzeichen, ich
trug das Hakenkreuz auf der Brust und im Herzen die sichere
Gewißheit, das Regime, das unter diesem Symbol gewütet
hatte, ebenso verdammen zu können, wie die Engländer es
taten.

Und es gab Grund genug. Ich wußte zwar noch nicht, daß

Millionen von Menschen in deutschen Gaskammern umge-
kommen waren. Aber KZ-Häftlinge hatte ich inzwischen
mit eigenen Augen gesehen. Im April 1945, kurz bevor ich
zum Hauptquartier Nord abkommandiert war, hatten wir
nach einem Fliegerangriff den Lüneburger Bahnhof instand
setzen müssen. Die Bomben hatten auch einen Güterzug getroffen. Und während wir noch die Trümmer beiseite ge-
räumt hatten, waren ungezählte ausgemergelte Gestalten aus
den Waggons getrieben worden. Für den Augenblick war ich
fassungslos gewesen. Die Skelette hatten kaum noch Ähnlichkeit mit Menschen gehabt. Doch in den Wirren der letzten Kriegswochen war das Bild bald verblaßt.

Bei den Engländern wurde ich daran erinnert. Nach und
nach deckten sie die Verbrechen auf, die die Nationalsozialisten begangen hatten. Und das deutsche Volk? Das deutsche
Volk war Hitler verfallen und mußte nun wieder auf den
rechten Weg gebracht werden. «Reeducation» nannten das
die Alliierten. Ich identifizierte mich nicht einen Augenblick
mit jenem deutschen Volk. Ich war Hitler nicht verfallen. Als
ich mich später mit dem Intelligence Officer, der im übrigen
Jude und gebürtiger Deutscher war, über die Reeducation
unterhielt, sprachen wir wie zwei Außenstehende über eine
fehlgeleitete Nation.

Die Engländer behandelten mich distanziert und korrekt.
Ihre Art war mir vertraut. Ich begegnete ihnen in gleicher
Weise, grüßte die Offiziere morgens mit einer leichten Ver-
beugung aus zwei Metern Entfernung und hütete mich vor
schneller Fraternisierung. Sogar die angebotenen Zigaretten
lehnte ich ab, obwohl Tabak nicht zu meiner Verpflegung
gehörte. Bei allem Respekt bewahrte ich jedoch eine selbstbewußte Haltung und wurde umgekehrt auch von den Engländern ohne Vorbehalte akzeptiert. Schon immer hatte ich eine
geistige Verwandtschaft zwischen den Briten und uns Hamburger Kaufleuten empfunden, und diese Verwandtschaft
hatte die nationalsozialistische Herrschaft überdauert. Es fiel
mir leicht zu glauben, daß ich niemals anders gedacht hatte.

Der Stab des 8. englischen Korps wurde schon bald ins Plöner Schloß verlegt. Wir waren inzwischen vier deutsche Verbindungsoffiziere und bekamen ein schönes Haus am Plöner See zugewiesen. Wir hatten eigene Fahrer und konnten uns in Schleswig-Holstein und Hamburg frei bewegen. So nutzte ich jede Gelegenheit, meine englische Verpflegung zu Gertrud und den Kindern nach Timmendorf zu schaffen. Meistens mußte ich diese Fahrten nachts unternehmen, denn tagsüber nahm der Dienst uns voll in Anspruch. Unsere Aufgabe bestand darin, auf Anweisung der Engländer die Entwaffnung und spätere Entlassung der deutschen Soldaten zu organisieren. Die Einheiten blieben geschlossen und hatten sich innerhalb bestimmter Sammelbereiche einzufinden. Dort behielten die deutschen Offiziere die Befehlsgewalt. Sie waren für die Disziplin ihrer Leute verantwortlich. Dieses Organisationsprinzip gefiel mir. Die Briten hüteten sich davor, die Verlierer vollständig zu entmündigen.

Und schon bald lieferten die Engländer mir einen weiteren Beweis dafür, daß wir einer Gesinnung waren, obwohl wir in Hitlers Krieg auf verschiedenen Seiten gekämpft hatten. Eines Tages erschien eine russische Delegation beim 8. Korps. Die Abgesandten der sowjetischen Besatzungsmacht wollten mit dem Kommandeur, General Barker, über den Transport verwundeter englischer Soldaten verhandeln. Einige britische Lazarette waren noch in Mecklenburg und sollten jetzt in die englische Besatzungszone verlagert werden. Es gab jedoch keinen Dolmetscher. Die Russen sprachen ein wenig Deutsch, und so sollte ich als deutscher Offizier das Gespräch zwischen den alliierten Siegern übersetzen. Die Verständigung war schwierig, und es brauchte eine ganze Weile, bis die beiden Parteien sich geeinigt hatten.

Während die Russen noch im Raum standen, fragte mich dann General Barker: «Die sprachen wohl ein sehr dürftiges Deutsch, oder?» – «Jawohl, Herr General», antwortete ich, «außerordentlich dürftig.» Daraufhin schüttelte er sich und sagte laut und vernehmlich: «Alltogether brrr...!» Die Russen verließen ohne ein weiteres Wort den Raum.

Nur bei einer einzigen Gelegenheit fürchtete ich um die subtile Allianz zwischen den Engländern und mir. Ein deutscher Oberst meldete sich beim 8. Korps und verlangte, sofort den Kommandeur zu sprechen. Er gab sich ungemein wichtig und wollte mir sein Anliegen auf keinen Fall erläutern. Ohne Anmeldung und ohne Angabe eines triftigen Grundes ließ der Kommandeur jedoch niemanden vor, und im Augenblick war er ohnehin nicht da. Sein erster Offizier, Colonel Paybody, empfing den Oberst, und ich mußte dolmetschen. Die beiden führten etwa folgenden Dialog:

Oberst (ohne Begrüßung): «Ich wünsche, den Kommandeur persönlich zu sprechen.» Colonel (bemüht höflich): «Der Kommandeur kümmert sich an Ort und Stelle um die Entlassung deutscher Gefangener. Was kann ich für Sie tun?» Oberst: «Es geht um ein beschlagnahmtes Gutshaus. Ich möchte protestieren.» Colonel: «Ist der landwirtschaftliche Betrieb auch beschlagnahmt?» Oberst: «Nein, nur das Haus.» Colonel: «Die landwirtschaftlichen Arbeiten können also fortgesetzt werden?» Oberst: «Ja.» Colonel: «Und mit welchem Grund protestieren Sie dann gegen die Beschlagnahmung?» Oberst: «Der Besitzer ist ein Freund von mir.» Für den Colonel war das Gespräch damit beendet.

Im Rückblick mag es überraschend erscheinen, daß ich ausgerechnet diese Belanglosigkeit so genau in Erinnerung behalten habe, aber der Vorfall war mir damals ungeheuer peinlich. Der Oberst hatte es an Feingefühl für den Augenblick mangeln lassen, hatte sein Gewicht total überschätzt und sich einer plumpen Taktlosigkeit schuldig gemacht. Sein Prinzip war mir jedoch vertraut, denn er spielte unser Spiel: Mit Beziehungen ließen sich die meisten Probleme lösen. War ich wegen dieser grundsätzlichen Ähnlichkeit im Denken nun in die Nähe des dreisten Fürsprechers irgendeines Gutsbesitzers geraten? Würden die Engländer mich mit dem

Oberst identifizieren? Sie verstanden jedoch meine Lage und akzeptierten mich weiterhin als ihresgleichen.

Bald waren es mehr und mehr Verwaltungsaufgaben, die die Offiziere des 8. englischen Korps zu erledigen hatten. Die deutsche Bevölkerung mußte versorgt werden, die wenigen vorhandenen Güter waren rationiert. Für die Verteilung fehlte jedoch in vielen Bereichen eine zuverlässige Bemessungsgrundlage. Das galt auch für Treibstoff, Brennstoff und dergleichen mehr. General Barker beauftragte mich deshalb damit, den Energiebedarf Schleswig-Holsteins zu ermitteln.

Die Aufgabe gefiel mir, obwohl ich noch nie eine volkswirtschaftliche Erhebung organisiert hatte. Ich sah mich unter den im Lager verbliebenen Wehrmachtsangehörigen um und stellte eine Gruppe von zwölf Helfern – meist Volkswirten – zusammen. Dann machten wir uns an die Arbeit. Wir teilten das Gebiet unter uns auf und sammelten eifrig Daten. Und wir mußten improvisieren: Ein kleines Büro in Bad Segeberg, eine Sekretärin, eine alte Schreibmaschine – ich glaube, daß ich damals schon etwas von der fiebrigen Aktivität verspürte, mit der wir uns in den folgenden Jahren dem Wiederaufbau widmeten. Wir rechneten Tag und Nacht, zeichneten bunte Kurven und waren froh, endlich etwas Sinnvolles für unser Land zu tun. Ob das Ergebnis dann wirklich von ökonomischem Nutzen war, wage ich heute zu bezweifeln. Die Engländer zogen aus den Ergebnissen der komplizierten Untersuchung jedenfalls nur eine Konsequenz: Die Austernfischer an der Westküste erhielten eine reichliche Brennstoffzuteilung für ihre Kutter. Der Speiseplan in den Offizierskasinos bedurfte wohl einer Abwechslung.

Ich wartete nicht mehr auf die Austern und kümmerte mich auch nicht weiter um die holsteinische Energie. Ich wollte nach Hause. Mitte August 1945 bat ich um Entlassung. Bisher hatte ich weiter Uniform, Hoheitsabzeichen und Pistole getragen. Ich war kein Gefangener. Jetzt sollte ich die militärischen Symbole meiner Freiheit abliefern, und zwar nicht bei den Offizieren des 8. englischen Korps, sondern bei den untergeordneten Chargen der Etappe. In Plön wurde nämlich nur der Ablauf organisiert. Die Entlassungsformalitäten mußten alle Wehrmachtsangehörigen bei der allgemeinen Entlassungsstelle in der Hamburger Kunsthalle erledigen. Und obwohl ich im Herzen nie ein überzeugter Soldat gewesen war, mochte ich mich nicht in die Reihe der Verlierer einordnen, die dort Waffen und Litzen abzugeben hatten.

Ein englischer Captain fuhr mich im Jeep nach Hamburg. Ihm brauchte ich mein Problem nicht lange zu erklären, denn wir hatten die gleiche Vorstellung von Ehre. Er trat auf die Bremse, ich stieg aus, riß meine Abzeichen von der Uniform und versenkte sie mit der Pistole im Segeberger Moor. In Hamburg wurde ich dann mit Hilfe des Captains schnell durch die Amtsräume geschleust und verließ die Kunsthalle nach zwanzig Minuten als Zivilist.

Ich stand auf der Straße. Zum erstenmal seit Kriegsende sah ich meine Vaterstadt mit offenen Augen. Hamburg war zerstört. Die Bomben der Alliierten hatten die sauberen Fassaden der Ordnung in Schutt und Asche zurückgelassen. Die schwersten Verwüstungen hatten die britischen Luftangriffe im Juli 1943 angerichtet. Auf die Engländer waren die Amerikaner gefolgt, dann wieder die Briten. Die Operation unter dem beziehungsreichen Decknamen «Gomorrha» hatte riesige Flächenbrände entfacht, und über Tag hatte sich die Glut in der heißen Sommerluft durch das Gebälk der Wohnhäuser und Kontore gefressen und ungezählte Menschenleben gefordert. Die Rüstungsindustrie hatte jedoch weiter produzieren können, und bis zum Ende des Krieges war Hamburg Ziel für immer neue Luftangriffe geblieben. Am 29. April waren die letzten Bomben gefallen.

Jetzt kehrten die Überlebenden zurück. Ströme von Flüchtlingen ergossen sich in die verkohlte Steinwüste. An den Stadträndern breiteten sich später die Nissenhütten der

Engländer aus, kleine, bucklige Blechhütten, die den Bienenkörben der Imker ähnelten und ungezählten Obdachlosen ein dürftiges Heim boten. Viele Menschen lebten unter kärglichsten Bedingungen, und alle hatten Hunger. Für 28 Tage sollten pro Person 38516 Kilokalorien reichen. Dazu gehörten unter anderem 450 Gramm Fleisch, 200 Gramm Butter, 10,1 Kilo Brot, 500 Gramm Zucker und 200 Gramm Fisch – falls es Fisch gab. Um Lebensmittelkarten zu bekommen, mußte man allerdings registriert sein, und das gelang längst nicht jedem Flüchtling von einem Tag auf den anderen.

Und doch herrschte zwischen den Trümmern reges Leben, als würde der Frühling durch brüchiges Mauerwerk sprießen. Wie Ameisen wühlten zerlumpte Gestalten zwischen den Stein- und Erdhaufen. Die Aufräumungsarbeiten waren in vollem Gange. Als ich jetzt vor der Kunsthalle auf der Straße stand, suchten meine Augen keine Gesichter. Meine Sinne sogen die Atmosphäre auf. In immer höheren Wellen stieg ein großes Glücksgefühl in mir auf. Es sprengte die verkrusteten Schalen aus Angst und Verzweiflung, die während der letzten zweieinhalb Jahre einem Panzer gleich mein Herz umschlossen hatten. Erst jetzt spürte ich den ganzen Druck des Krieges und der Uniform. Erst jetzt, als er von mir abfiel, erkannte ich sein Gewicht. Der Krieg, die Sirenen, die Bomben, die Angst um meine Familie, die Angst vor den näherrückenden Russen – das alles war vorüber. Mein Herz wurde leicht.

Ich ging zu Fuß nach Hause in die Goernestraße. Gertrud und die Kinder waren schon dort. Unsere Wohnung war von den Bomben verschont geblieben. Während unserer Abwesenheit hatte Herr Holldorf, unser Betriebsobmann mit den kleinen braunen Knopfaugen, der als alter Nazikämpfer bei der Partei immer für uns gutgesagt hatte, über das Haus in der Goernestraße gewacht. Und jetzt trug ich ein Schreiben des 8. englischen Korps in der Tasche, das uns auch vor der Beschlagnahmung bewahren würde. Nur einige Zimmer mußten wir an Flüchtlinge abgeben. Ich weiß nicht mehr, was wir taten und redeten an jenem ersten Tag, der in meiner Erinnerung verschwommen als heller, lauer Sonnentag auftaucht. Ich war glücklich.

In der ersten Nachkriegszeit, in der wir endlich wieder nahe beieinander waren, konnten uns weder Hunger noch Kälte etwas anhaben. Um unsere kargen Essensrationen aufzubessern, lebten wir «von der Wand in den Mund». Der Schwarzmarkt blühte, und Gertrud tauschte Gemälde und Stiche gegen Butter und Kaffee. In dem heimlichen Handel entwickelte sie erstaunliche Fähigkeiten. Eines Tages brachte sie es sogar fertig, für eine angeschlagene und nur notdürftig geleimte Porzellanfigur einen ganzen Schinken zu ergattern.

Während meiner Abwesenheit hatte sie sich zu einer sehr selbständigen Frau entwickelt. Anfangs war ich ein wenig irritiert, aber ich gewöhnte mich schnell daran. Alle Frauen schienen verändert. Sogar meine Mutter war selbstbewußter geworden. Und daß Gertrud – ohne zu fragen – die Schwarzmarktgeschäfte übernahm, war mir ganz recht. Obwohl gerade die Besatzungssoldaten den Tauschhandel in Schwung brachten, hatte die Militärregierung den Schwarzmarkt nämlich offiziell verboten. Und so wäre ich mit meiner strengen Kaufmannsmoral in Bedrängnis geraten. Schließlich handelte es sich um illegale Geschäfte. Meine älteren Kinder spotten noch heute, daß sie ohne ihre Mutter wohl mit meiner weißen Weste vor Augen verhungert wären.

Wir Erwachsenen fühlten noch einen ganz anderen Hunger: einen schier unstillbaren Hunger auf das Leben. Es schien, als wollten wir alle Fröhlichkeit, die wir während des Krieges entbehrt hatten, auf einmal nachholen. Wir wurden von einer unbändigen Amüsierlust getrieben. Wer von den Bauern aus der Umgebung eine Flasche selbstgebrannten Kartoffelschnaps erstanden hatte, gab ein Fest. Mit einem einzigen Schnaps im Bauch tanzten wir manchmal die ganze Nacht. Wir waren ausgelassen wie die Kinder und fühlten uns um Jahre jünger, als es in unseren Papieren stand.

179

Später mochten die Weine noch so teuer und die Dekorationen noch so aufwendig sein – nie wieder gerieten wir in den schwerelosen Zustand jener ersten Nachkriegszeit. Es war eine Zeit der Ausnahmen. Wir teilten die Schätze vom Schwarzmarkt, wir übernachteten bei Freunden auf Matratzenlagern, um den Curfew – das nächtliche Ausgehverbot – zu umgehen, und wir waren frei von dem Zwang des gesitteten Verhaltens, den der gesellschaftliche Anstand uns in normalen Zeiten auferlegte. Wenn der Kartoffelschnaps ausreichte, betranken wir uns, ohne uns zu schämen.

Ich kann mich an Szenen erinnern, die weder vorher noch nachher in unserer Welt vorstellbar gewesen wären: Ein Freund hockt in der Goernestraße auf dem Schrank und erklärt uns über Stunden seine Lebensphilosophie; ein Vetter torkelt lallend durch die ehrwürdigen Hallen der Bismarcks in Friedrichsruh; ein anderer Freund und ich veranstalten mitten in der Nacht auf schlechten, engen Landstraßen eine Autowettfahrt. – Wir fielen aus unseren Rollen, und niemand nahm Anstoß.

Und doch vergaßen wir unseren Auftrag nicht. «Nun erst recht», hatte meine Großmutter nach dem Ersten Weltkrieg gesagt, und «Nun erst recht» sagte mein Vater jetzt. Am ersten Tag nach meiner Entlassung ging ich wieder ins Büro. Der vordere Teil des Hauses war abgebrannt, aber in den hinteren Räumen wurde schon seit einigen Wochen wieder gearbeitet. Nur in den ersten Tagen nach der Kapitulation war unsere Firma geschlossen geblieben. Wir hatten auf der Liste derjenigen gestanden, die laut Besatzungsgesetz No. 52 (Sperre und Kontrolle von Vermögen) ihre Geschäfte erst nach eingehender Prüfung weiterführen durften. Die Namen der betroffenen Firmen – hauptsächlich Banken – waren auf großen Plakaten veröffentlicht worden.

Ich weiß bis heute nicht, wie wir eigentlich auf die schwarze Liste geraten waren, und sicher gab es in dem Durcheinander gleich nach der Kapitulation auch keine eindeutigen Kriterien. Vielleicht hatten die zahlreichen Aufsichtsratsmandate meines Vaters die Alliierten skeptisch gemacht. Jedenfalls wurde er in die Reichsbanknebenstelle zitiert und dort von einem amerikanischen, einem englischen und einem französischen Offizier verhört. Sie wollten wissen, ob er Nazi und Parteimitglied gewesen sei, welche Geschäfte er während des Krieges gemacht habe, wann und warum er seine Aufsichtsratsmandate erhalten habe und so fort.

Die drei jungen Offiziere saßen vor ihm, und mein Vater mußte im Stehen antworten. Er war damals schon siebzig Jahre alt und empfand diese Behandlung als ausgesprochen ungehörig – ganz gleich, was in den vergangenen Jahren geschehen sein mochte. Als nun der Amerikaner zu allem Überfluß plötzlich aufsprang und brüllte: «Das glauben wir Ihnen alles nicht!», ergriff mein Vater seinen Hut und entgegnete gelassen: «Wenn Sie mir ohnehin nicht glauben, hat es wohl wenig Sinn, daß wir uns weiter unterhalten.» Kaum hatte er den Raum verlassen, kam der Engländer hinterher und bat ihn um Entschuldigung. Nun boten die Offiziere ihm einen Stuhl an und glaubten ihm offenbar jedes Wort, denn wenige Tage später wurde die Firma freigegeben.

Die Geschäfte kamen allerdings nur langsam in Schwung. Der Lohn- und Preisstopp, den die Nazis verordnet hatten, wurde wegen des knappen Güterangebots bis zur Währungsreform aufrechterhalten. Die Preiskommissare blieben im Amt, nur waren sie jetzt der Militärregierung gegenüber verantwortlich. In der ersten Zeit handelten wir fast ausschließlich mit Ersatzstoffen – Ersatzgewürzen, Ersatzkosmetika und dergleichen mehr. Die Produkte schmeckten scheußlich und rochen scheußlich, und wir konnten nur in Deutschland damit handeln, denn welcher Ausländer hätte das Zeug wohl freiwillig importiert? Außenhandel gab es fürs erste nicht.

Selbst der Geld- und Warenaustausch zwischen den einzelnen Besatzungszonen war zunächst nicht ganz einfach. Obwohl die Alliierten auf der Potsdamer Konferenz im Juli 1945 angekündigt hatten, daß sie Deutschland als wirtschaftliche Einheit behandeln wollten, war von Koordination wenig zu spüren. Das änderte sich erst – zumindest im Westen –, als Engländer und Amerikaner 1946 die sogenannte Bizone gründeten, der sich später auch die Franzosen anschlossen.

Im September 1946 hatte der amerikanische Außenminister Byrnes in seiner berühmten Stuttgarter Rede die Wiederherstellung der wirtschaftlichen Selbständigkeit Deutschlands gefordert. Wir Kaufleute nahmen Byrnes' Erklärung als Zeichen zum Auftakt. Und wir täuschten uns nicht. Wenig später wurde eine bizonale Außenhandelsagentur, die JEIA (Joint Export Import Agency), gegründet, und wir konnten langsam unsere alten Geschäftsverbindungen mit dem Ausland wiederaufnehmen.

Bis zur Währungsreform wurden für den Import Kontingente verteilt. Insgesamt durfte der Wert der eingeführten Waren den Wert der deutschen Exporte nicht übersteigen. Eine Ausnahme wurde nur bei Grundnahrungsmitteln und Brennstoffen gemacht. So waren die Kontingente für Kaffee, Tabak und dergleichen knapp bemessen, denn außer Ersatzteilen für die demontierten Anlagen hatten wir noch immer nicht viel zu exportieren.

Um die Verhandlungen über die Kontingente zu erleichtern, schlossen sich mehrere Handelshäuser zu sogenannten Importkontoren zusammen. So eine Firmengruppe schickte dann ein oder zwei Vertreter zu der alliierten Wirtschaftsverwaltung, um die Höhe des Kontingents auszuhandeln. Ich war damals schon im Vorstand verschiedener Warenvereine und Mitglied im Importausschuß des Groß- und Außenhandels und wurde deshalb häufig mit den Verhandlungen betraut.

Mit Bremer Kaufleuten gründeten wir beispielsweise ein Importkontor für Tabak. Die alte Rivalität hatten wir vorübergehend begraben. Wir einigten uns schnell über die Aufteilung der genehmigten Importmengen – nur war es eine weite Reise damals nach Bremen. In dem eisigen Winter 1946/47 brauchten wir in einem ungeheizten Zug einmal vier Stunden bis in die andere Hansestadt. Wir mußten uns an die Kälte gewöhnen. Selbst im Büro saßen wir in diesem Winter oft mit Mantel, Schal und Handschuhen.

Für die Warenseite des Tabakgeschäfts war dann die JEIA zuständig. Den Zahlungsverkehr mußten wir jedoch über die Joint Foreign Exchange Agency abwickeln, denn bis zur Währungsreform gab es keine verbindlichen Wechselkurse. Die provisorischen Handelskonstruktionen waren kompliziert, die Verhandlungen langwierig und umständlich.

Noch schwieriger war es in dieser ersten Zeit im Bankgeschäft. Da wir traditionell in erster Linie den Außenhandel finanziert hatten, gab es jetzt wenig für uns zu tun. Wir finanzierten einen Teil des innerdeutschen Handels und gaben auch einige Aufbaukredite, aber erst nach der Währungsreform kam das Geldgeschäft wieder richtig in Schwung.

Und dennoch waren wir optimistisch. Nichts konnte unsere Erleichterung mindern, nichts konnte unsere Hoffnung auf die Zukunft trüben. Wir arbeiteten, wir machten die ersten Geschäfte und verließen uns ganz auf unsere Kräfte und unser Geschick. Wir hatten es immer geschafft, wir würden es auch jetzt schaffen.

Das Märchen von den gleichen Bürgern

Wir schufen einen neuen Mythos und nannten ihn Aufbau. Er mußte für alles herhalten, was uns Deutschen im Augenblick der Kapitulation verlorengegangen war: Stolz, Pflicht, Selbstbewußtsein, Mut, Ansehen und Urteilskraft. So setzten wir Stein auf Stein und vermauerten die Vergangenheit, vermauerten millionenfachen Tod und grausame Verbrechen. Der Schock der ganzen Wahrheit blieb aus. Der Wiederaufbau ließ keine Zeit für Trauer.

Wir hatten uns ein neues Ziel setzen müssen, und wir hatten ein einfaches und naheliegendes gewählt, ein Ziel zudem, das vollkommen unverfänglich erschien. Der Aufbau verlangte klare Entscheidungen, und für diese Entscheidungen gab es eindeutige Kriterien. Wir liefen keine Gefahr, uns aufs neue in ein politisch-ideologisches Netz zu verstricken. Der Aufbau war ein Ziel, zu dem wir uns ohne Ambivalenz bekennen konnten und dessen Erreichung unsere gesamte Energie in Anspruch nahm. Und auf ungefährliche Art war er auch politisch zu verstehen: Mit unserer Arbeit schufen wir die Voraussetzungen für eine funktionierende Demokratie. Nur auf einer gesunden wirtschaftlichen Grundlage, davon waren wir überzeugt, konnten demokratische Bürger gedeihen.

So mußten wir Hamburger Kaufleute den alten Glaubenssatz der DVP nur geringfügig modifizieren. In der Weimarer Zeit hatte es geheißen: «Was für die Wirtschaft gut ist, dient auch dem Wohl der Nation.» Nun brauchten wir bloß anstelle von «Nation» «Demokratie» einzusetzen, und schon hatten wir im neuen Deutschland unseren Platz. Die Alliierten, die sich für uns zur Demokratie bekannt hatten, konnten zufrieden sein: Was sie uns in der Reeducation erst beibringen wollten, hatten wir schnell als unser Prinzip aus einer vergangenen Zeit erkannt und uns aufs neue zu eigen gemacht. Die Frage nach der Schuld stellten wir uns damals nicht. Kaum einer stellte sie sich. Und sie wurde uns auch nicht gestellt – zumindest nicht in ihrem ganzen Umfang. Das Auffinden und Verteilen der Schuld wollten die Alliierten uns Deutschen nicht selbst überlassen. Sie entwickelten Schuld-Kategorien der Klassen I bis V, und so enthoben sie uns der Verantwortung. Die Einordnung der Bevölkerung in diese Klassen nannten sie Entnazifizierung. So wurden wir ein Volk von Mitläufern, nicht ein Volk von Tätern. Das Gefühl einer Kollektivschuld war vor seinem möglichen Entstehen erstickt worden.

Und was hätte so ein Gefühl auch bewirkt? Wir Kaufleute

hatten damals eigene Gründe, einen kollektiven Schuldspruch für schlecht zu halten, Gründe, die sich weniger aus der Vergangenheit als vielmehr aus Gegenwart und Zukunft ergaben: Ein schuldiges Volk war ein gelähmtes Volk, und ein gelähmtes Volk konnte nichts leisten. Und wie hätte ein verurteiltes Volk sich wohl seinen Richtern gegenüber verhalten? Hätten die Deutschen vielleicht geschlossen gegen die Besatzungsmächte Front gemacht? Um die Wirtschaft anzukurbeln, brauchten wir jedoch Kooperationsbereitschaft auf beiden Seiten.

Und wir brauchten kompetente Leute. Eine gründliche Entnazifizierung konnten wir uns gar nicht leisten. Selbst die Amerikaner, die zunächst mit den größten ideologischen Ambitionen nach Deutschland gekommen waren, scheiterten an dem Interessenkonflikt zwischen politischer Säuberung und wirtschaftlichem Aufbau. Spätestens seit der Morgenthau-Plan endgültig ad acta gelegt worden war und Byrnes in Stuttgart jene Rede über unsere wirtschaftliche Unabhängigkeit gehalten hatte, versank so manche Nazivergangenheit endgültig im Dunkel.

Auch in Hamburg. Ich glaube, wir wollten nicht einmal bewußt irgend etwas verschleiern, wir fühlten uns einfach weniger betroffen. Und die Entnazifizierung trübte die Atmosphäre. Man beobachtete einander. Wer sprach mit wem, wer hatte wen möglicherweise beschuldigt, wer hinter wessen Rücken vielsagende Bemerkungen gemacht? Mißtrauen lag in der Luft.

In der Öffentlichkeit war nichts davon zu hören – im Gegenteil. Wenn es ernst wurde, hielt man sich die Treue und tauschte «Persilscheine» aus. So hießen die Entlastungszeugnisse, die jemanden als harmlosen Nazi auswiesen. Und weil wir eben meinten, in Hamburg sei alles nicht so schlimm gewesen, hatten wir in der Regel keine Bedenken, so einen Schein auszuschreiben. Wenn wir als Entlastungszeugen auftraten, hielten wir uns für souverän. Jetzt, wo doch alles vorbei war, wollten wir niemanden mehr für seine Fehltritte zur

Rechenschaft ziehen. Das galt zumindest für die «kleinen» Nazis in unserer Umgebung.

Ich selbst kann mich an drei Entnazifizierungsverfahren erinnern, für die ich ein Entlastungszeugnis liefern mußte. Den Anwalt, der in SS-Uniform das hundertjährige Bestehen des Ruderclubs mit uns feiern wollte, habe ich schon erwähnt. Der zweite war Herr Holldorf, der alte Kämpfer, Nazi der ersten Stunde, der uns gegen seine eigenen Parteigenossen verteidigt und später auch noch unsere Wohnung bewacht hatte. Alles das brachte ich zu seiner Verteidigung vor, und es war mehr als genug. Herr Holldorf wurde als harmloser Mitläufer eingestuft und arbeitete bis zu seiner Pensionierung bei uns in der Materialverwaltung.

Im dritten Fall handelte es sich um einen alten Schulfreund, mit dem ich früher viel gerudert war. Er hatte zwar der Partei angehört, aber ich konnte mir nicht vorstellen, daß er wirklich etwas Böses getan haben sollte. Schließlich kannte ich ihn vom Sport als einen anständigen Kerl. Das ließ ich die alliierten Behörden wissen, und auch mein Schulfreund galt dann als Mitläufer.

Und die namhaften Nazis, die Wortführer Hitlers in der Hansestadt? Auch einflußreiche Parteigenossen bekamen eine neue Chance. Das Wort «anständig» wurde damals kräftig strapaziert. So war der Reichsstatthalter Kaufmann «anständig» geblieben, weil er sich schließlich für eine kampflose Übergabe Hamburgs eingesetzt hatte. Wir hielten es noch immer nicht für nötig, uns mit den Verbrechen in den Konzentrationslagern Fuhlsbüttel und Neuengamme und anderswo zu befassen.

1945 wurde Kaufmann dennoch verhaftet. Erst 1951 sollte ihm der Prozeß gemacht werden. Da er jedoch in der Zwischenzeit mit einem englischen Militärfahrzeug einen schweren Unfall erlitten hatte, galt er als verhandlungsunfähig, und der Prozeß fand nie statt. Kaufmann blieb in Hamburg. Und er wäre sicher nicht geblieben, wenn er nicht geglaubt hätte, daß die hanseatischen Kaufleute mit ihm Geschäfte machen würden. Er versuchte sich nämlich als Versicherungsmakler. Soweit ich mich erinnern kann, war er allerdings nicht besonders erfolgreich, denn bis zu seinem Tod 1969 litt er an den Folgen seines Unfalls.

Was für Kaufmann galt, galt für Krogmann erst recht. Wir nannten den ehemaligen Nazi-Bürgermeister einen «harmlosen Vogel», einen «schnell entflammten Spinner», und selbst das Wort «Idealist» war uns für ihn nicht zu schade. Wir setzten allenfalls ein «fehlgeleiteter» davor. Und das blieb er in unseren Augen auch. Kaum hatte sich seine braune Vergangenheit mit einem kurzen Gefängnisaufenthalt erledigt, da begeisterte er sich aufs neue für die Politik – in diesem Fall für die Sozialdemokraten. Er machte Wahlkampf, schaltete Anzeigenkampagnen und erschien ungemein engagiert. «Typisch Krogmann», sagten wir anderen Kaufleute und lachten und schüttelten die Köpfe und dachten uns nicht viel dabei.

«Anständig» war auch Herr Heimer geblieben, der Beauftragte von der Reichsstelle Leder, der mich kurz nach Kriegsausbruch zum Eintritt in die NSDAP hatte drängen wollen. Meine Weigerung hatte keine Folgen gehabt. War das nicht Beweis genug? Heimer selbst schien davon zunächst nicht so überzeugt zu sein. Er wollte nicht auffallen und verdingte sich bei einem Freund von mir – woher die beiden sich kannten, weiß ich nicht – als Gärtner. Später gründete er mit dem Gartenbesitzer und einem anderen Bekannten eine Firma. Die Partnerschaft war jedoch nicht von langer Dauer, und dann verlor ich Heimer aus den Augen.

So ging es in Hamburg zu, und Nürnberg war weit fort. Sicher verfolgten wir die Prozesse aus der Ferne, aber wir sprachen nicht viel darüber. Die Todesurteile? Ich glaube, wir hielten sie für gerecht. Daß andere wie Schacht und von Papen freigesprochen wurden, stärkte unser Vertrauen zu den alliierten Richtern. Nur in einem Punkt übten wir schon damals Kritik: In Nürnberg wurden per Gesetz nachträglich Kriegshandlungen zu Verbrechen erklärt, die zum Zeitpunkt des Begehens noch nicht als solche gegolten hatten. Sie gehörten zum «normalen Kriegsgeschehen», und auch die Alliierten hatten sich vermutlich einige solcher «Vergehen» zuschulden kommen lassen. So konnten wir vergleichen und aufrechnen und unser Selbstbewußtsein stärken. Die Konzentrationslager und die Gaskammern gerieten in den Hintergrund.

Dann folgten die Prozesse gegen die Wirtschaftsführer, die Direktoren des I.G.Farben-Konzerns, Alfried Krupp, Friedrich Flick und andere. Persönlich kannte ich kaum einen von ihnen, nur Alfried Krupp war ich einmal flüchtig begegnet. Und wir identifizierten uns nicht mit ihnen. Sie repräsentierten die rheinische Großindustrie, wir die hanseatische Kaufmannschaft. Als sie dort auf der Anklagebank saßen, verteidigten wir sie nicht. Wir verurteilten sie auch nicht. Wir enthielten uns jeglichen Kommentars.

Als die Alliierten allerdings im Januar 1946 selbst Hermann Josef Abs verhafteten, war ich mehr als befremdet. Abs, mein Vorbild, der große Bankier, sollte etwas Unrechtes begangen haben? Ich hielt ihn für unschuldig. Er hatte nichts anderes getan als wir und war im Inneren gewiß kein Nazi gewesen. Er hatte versucht, aus den gegebenen Umständen das Beste zu machen – das Beste für die Deutsche Bank. Nur hatte er eben eine prominentere Rolle in unserem Land gespielt als wir Hamburger Kaufleute. Deshalb waren die Besatzungsmächte wohl mißtrauisch geworden. Aber auch Alliierte konnten sich irren: Nach drei Monaten war Abs wieder frei.

Er lebte in der ersten Nachkriegszeit im übrigen in Hamburg, und wir spielten manchmal zusammen Bridge. Abs brachte dann echten schwarzen Tee mit, und das war jedesmal ein großes Ereignis. Über die Gründe für seine Verhaftung sprachen wir nie, nicht ein einziges Wort. Wir sprachen auch nie über Politik und nicht einmal über die Schwierigkeiten im Bankgeschäft. Wir spielten Bridge.

Selbst über meine eigenen Angelegenheiten verlor ich

Freunden gegenüber kaum ein Wort. Ich redete nicht über den Ersatzstoffhandel, und ich erklärte niemandem die Bedeutung des kleinen schwarzen Koffers, der damals stets gepackt für mich bereit stand. Die Franzosen führten mich nämlich auf ihrer schwarzen Liste. Ich lebte in der ständigen Furcht, daß sie mich abholen würden, denn ich stand im Verdacht der «Pillage», der Plünderung ihres Landes. Die Franzosen witterten unsaubere Kriegsgeschäfte, weil wir damals im besetzten Paris die Socolilex gegründet hatten. Die Wellen der Emotion schlugen hoch, und deshalb war es schwer zu erklären, daß wir objektiv nur aus Deutschland nach Frankreich importiert hatten und von Plünderung deshalb keine Rede sein konnte. Und der französische Verbindungsmann in Hamburg war auch ein schräger Bursche. Er drohte mir mit undeutlichen Hinweisen aus Paris und spielte die Sache hoch, um einen eigenen materiellen Vorteil daraus zu schlagen. Er war bestechlich.

Der Fall zog sich hin. Schließlich suchte ich Unterstützung bei den Engländern. Der britische Gouverneur in Hamburg hieß dann schon John K. Dunlop. Er war ein lebenslustiger Junggeselle, den man bald auf den Gesellschaften der Hamburger Kaufmannschaft traf. Und Dunlop sprach ein Machtwort. Es komme überhaupt nicht in Frage, ließ er die Franzosen wissen, daß sie aus der englischen Zone jemanden abholen würden. Fürs erste war der Fall erledigt. Später konnten wir unsere Rolle in Paris erklären, und das Verfahren wurde beigelegt.

So war jeder mit seinen eigenen Angelegenheiten beschäftigt. Der Sichtkreis blieb begrenzt, der einzelne in seiner kleinen Welt verhaftet. Daß die Alliierten uns fürs erste politisch entmündigt hatten, merkten wir deshalb kaum. Und vielleicht war es uns auch ganz recht, daß sie die Verantwortung übernahmen.

In Hamburg hatten sie es damit leicht. Die Familie Petersen war eine große Familie und hatte auch jetzt einen Bürgermeisterkandidaten parat: Am 15. Mai 1945 ernannten die Briten

Rudolf Petersen zum Oberhaupt der Stadt. Die Kaufmannschaft war zufrieden, daß wieder einer der ihren im Rathaus residierte. Und Petersen – jovial, aktiv und wendig – erwies sich als der richtige Mann. Während seiner kurzen Amtszeit kam er gut mit der britischen Militärregierung aus.

Doch schon eineinhalb Jahre nach seiner Ernennung machten die Alliierten auf Gemeindeebene Ernst mit der Demokratie: Am 13. Oktober 1946 fanden in Hamburg die ersten freien Wahlen seit 1932 statt. Für mich war es überhaupt das erstemal, daß ich meine Stimme abgab. Vor meinem Auslandsaufenthalt war ich zu jung gewesen, und nach meiner Rückkehr hatten die Nazis Wahlen schon abgeschafft. 1946 errang die SPD einen überwältigenden Sieg. In der neuen Bürgerschaft erhielt sie 83 von insgesamt 110 Sitzen. Max Brauer – vor der Nazizeit Oberbürgermeister im roten Altona und erst im Frühjahr 1946 aus der Emigration zurückgekehrt – wurde der gewählte Nachfolger von Rudolf Petersen.

Wir Kaufleute ließen uns durch das Wahlergebnis nicht beunruhigen. Daß wir mit den Sozialdemokraten leben konnten, hatten wir schon in der Weimarer Zeit gelernt. Und jetzt, da unsere Vaterstadt in Schutt und Asche lag, mußten wir erst recht alle an einem Strang ziehen. Gesellschaftspolitische Gegensätze spielten in der ersten Nachkriegszeit keine Rolle. Wir hatten alle das gleiche Ziel: den Aufbau.

Und Brauer, mochte er auch seine politischen Erfahrungen ausgerechnet im roten Altona gesammelt haben, war ein tatkräftiger Mann. Er krempelte die Ärmel hoch und brachte die Aufräumungsarbeiten in Schwung. Der Schutt wurde mit Loren in die Binnenalster gekarrt, und der Ballindamm – die Straße, an der unser Kontor lag, durfte jetzt wieder nach dem Juden Ballin heißen – war bald doppelt so breit wie vor dem Krieg. Die zweite Hälfte ruhte auf den Trümmern.

Obwohl wir Brauer und manche andere Senatoren bewunderten, obwohl sie Leistungen erbrachten, die wir als solche anerkannten, kam kaum einer von uns Kaufleuten auf den Gedanken, sich selbst um ein politisches Amt zu bewerben. Die Staatsgeschäfte waren noch nie unsere Sache gewesen, und daran hatte sich auch nichts geändert, bloß weil sie im Dritten Reich unverantwortlich gehandhabt worden waren. Gerade jetzt mußten wir uns um unsere Firmen kümmern.

Und doch hatte sich etwas verändert, unser Vertrauen in die Obrigkeit war erschüttert worden. Es ist schwer zu erklären, denn das Ganze war kaum mehr als eine diffuse Empfindung. Etwas war in der Vergangenheit grundsätzlich falsch gelaufen, und dabei hatten auch wir eine gewisse Rolle gespielt. Ich hatte nicht den Mut, diese Rolle genauer zu erforschen. Ich wußte nur sicher, daß etwas Ähnliches nie wieder geschehen durfte. Ich wollte mich deshalb zu dem neuen Staat bekennen und trat in eine demokratische Partei ein, obwohl wir Kaufleute uns traditionell vor allzu deutlichen politischen Bekenntnissen hüteten. Schon im Juli 1946 wurde ich Mitglied der CDU.

Über die zukünftige Gestaltung unseres Landes machte ich mir dennoch kaum Gedanken. Was in der großen Politik geschah, erlebte ich nur aus weiter Ferne. Die alliierten Außenminister trafen sich in Potsdam und Paris, in Moskau und London und stritten über unsere Zukunft. Daß sie sich nicht einigen konnten, überraschte uns wenig. Schließlich hatten sie einen notorischen ideologischen Querulanten unter sich: den Russen. Wir zweifelten keinen Augenblick daran, daß der Russe an allen Zwistigkeiten die Schuld trug. Und natürlich war es ein Wirtschaftsproblem, über das Kapitalisten und Kommunisten sich schließlich entzweiten: Im Sommer 1948 führte die Währungsreform zum endgültigen Eklat zwischen West und Ost.

Die Pläne für die Währungsreform wurden bis zum letzten Augenblick streng geheimgehalten. Wir wußten nur, daß Erhard, der damals Direktor der bizonalen Verwaltung war, und der amerikanische Wirtschaftsexperte Tennenbaum sich grundsätzlich mit einem solchen Vorhaben befaßten. Einzelheiten kannten wir nicht, und der Zeitpunkt kam vollkommen überraschend.

Am Freitag, dem 18. Juni – dem Tag, an dem das Gesetz beschlossen worden war –, verließ ich abends ahnungslos mein Büro. Bis Geschäftsschluß war nicht ein einziger Hinweis durchgesickert. Erst am Sonntag waren dann die Zeitungen voll. Ich weiß nicht mehr genau, welche Einzelheiten schon in diesen ersten Meldungen mitgeteilt wurden, insgesamt war jedenfalls folgendes beschlossen worden: Die neue Währung hieß Deutsche Mark. Jeder Einwohner durfte 40 Reichsmark in 40 D-Mark umtauschen – mehr nicht. Die Forderungen und Einlagen wurden im Verhältnis eins zu zehn abgewertet. Nur 5 Prozent des Reichsmark-Umlaufes sollten zur Neuverwendung freigegeben werden. Der Geldüberhang aus dem Dritten Reich war enorm: 1948 betrug die Summe aller Geldmittel und geldähnlichen Forderungen gut 200 Milliarden Reichsmark. Hitler und seine Wirtschaftsstrategen hatten für die Finanzierung der Rüstung hemmungslos Geld gedruckt. Der neue Geldumlauf sollte nun nicht mehr als 10 Milliarden Mark betragen, um die Inflationsgefahr von Anfang an zu bannen. Denn eine entscheidende Voraussetzung für die freie Marktwirtschaft, die es zu etablieren galt, war die Freigabe der Preise, und nur durch eine Begrenzung der Geldmenge konnten sie einigermaßen stabil gehalten werden. Die neuen Geldscheine waren in Amerika gedruckt. Der Kurs gegenüber dem Dollar war festgelegt und betrug 30 Cent. Das ausschließliche Recht der Noten- und Münzausgabe wurde der am 1. März 1948 gegründeten Bank Deutscher Länder – der späteren Bundesbank – übertragen.

Als ich am Montagmorgen ins Büro kam, fand ich die Mitarbeiter in heller Aufregung. Ein einziger geflüsterter Satz huschte wie ein Gespenst durch die Kontorräume: «Wir müssen schließen.» Die Prokuristen drängten in mein Zimmer. Sie hatten ihre besorgtesten Mienen aufgesetzt, und der Oberbuchhalter, Herr Horst, sah aus, als ob in fünf Minuten die Welt untergehen sollte. Sie glaubten an das Gespenst und waren einhellig der Meinung, daß wir die Firma mit dem geringen Kapital, das uns nach der Umstellung bleiben würde, nicht weiterführen konnten.

Es waren nicht nur die Einlagen und inländischen Forderungen, die neun Zehntel ihres Wertes eingebüßt hatten. Unsere Guthaben bei anderen Banken waren beispielsweise gar nichts mehr wert. Das galt zwar auch für Bankverbindlichkeiten, aber die waren bei uns gering. Unklarheit herrschte über die Auslandsforderungen, bei uns ein beträchtlicher Posten. Konnten wir diese Forderungen in voller Höhe einkalkulieren, oder würden wir auch dafür nur zehn Prozent bekommen? Und von welchem Geld sollten wir Kredite gewähren, von welchem Gehälter zahlen, die laut Gesetz eins zu eins weiterlaufen mußten?

Die Prokuristen bestürmten mich mit Fragen, die ich natürlich auch nicht beantworten konnte, und ich mußte alle Entscheidungen vollkommen alleine treffen. Hans Heinrich Waitz war auf Geschäftsreise in Südamerika und mein Vater 73 Jahre alt und krank. Die Währungsreform, so hatte er mir schon am Sonntagnachmittag erklärt, würde er nicht mehr verstehen.

Doch dann fiel mir wieder die Formel ein, die Zauberformel, die doch wohl in jeder Lebenslage Gültigkeit besaß: «Nun erst recht!» Natürlich mußten wir weitermachen. Es gab keinen Zweifel. Allein mit diesem sicheren Wissen räumte ich die Bedenken der Prokuristen aus. Und schließlich waren wir nicht die einzigen. Die Geburt eines neuen Wirtschaftssystems konnte doch wohl kaum das Ende aller Banken und Handelshäuser bedeuten. Ich trat sicher und entschlossen auf, und die Gemüter beruhigten sich. Am Abend verließ ich sogar zur normalen Zeit das Büro, obwohl in der Buchhaltung bis tief in die Nacht gerechnet wurde. Es galt, auf keinen Fall die Nerven zu verlieren.

Und ich behielt recht. Später zeigte sich, daß wir mit der Währungsreform gut leben konnten. Die endgültige Umstellungsrechnung fiel weit günstiger aus, als wir erwartet hatten. Die Auslandsforderungen blieben in voller Höhe bestehen, und für Banken mit hohen Wertverlusten gab es gesonderte Aufbesserungen. In Höhe der Differenz zwischen Aktiv- und Passivseite konnten wir Ausgleichsforderungen an die Bank Deutscher Länder stellen. Über die Feststellung dieser Differenz führten wir allerdings endlose Diskussionen, denn für die Bilanzstruktur und die Bewertung der einzelnen Posten gab es keine eindeutigen Richtlinien.

Im Ergebnis mußten Firmen, die Bank und Handelshaus zugleich waren, eine konsolidierte Bilanz vorlegen. Das war für Münchmeyer & Co. ungünstig, denn die Sachwerte aus unserer Warenabteilung wurden angerechnet, und so fiel die Differenz zwischen Aktiv- und Passivseite vergleichsweise gering aus. Und dennoch: Das Geld reichte allemal, um die Firma weiterzuführen. Wir begannen unser Geldgeschäft nach dem Zweiten Weltkrieg und nach der Währungsreform genauso, wie mein Urgroßvater rund hundert Jahre vorher angefangen hatte: Wir finanzierten den Handel und gaben keine Bar-, sondern Wechselkredite. Unser Name war unser Kapital und bürgte für unser Akzept.

Kaum war die Währungsreform verkündet, füllten sich binnen Stunden die Schaufenster der Läden. Was da alles zum Vorschein kam, war kaum zu glauben. Seit Wochen mußten die Einzelhändler ihre Waren gehamstert und gehortet haben in der Hoffnung, daß die Zeit der Zigarettenwährung irgendwann ein Ende hätte. Und natürlich hatten auch sie sich rege an dem Tauschhandel beteiligt und ihre Produkte nicht zu festgesetzten Preisen offen feilgeboten, sondern unter dem Ladentisch schwarz verkauft. Jetzt hatten sie ihre Keller leergeräumt, und wenn man durch die Straßen ging, wußte man, daß man nun wieder satt werden würde. Nicht nur die meisten Lebensmittel, auch vieles andere – vom Fahrrad bis zur Rasierklinge – konnte man jetzt wieder frei kaufen. Rund viertausend Produkte hatten wir vor der Währungsreform nur per Zuteilung erhalten.

Ich weiß nicht mehr genau, was wir mit unseren ersten 40 Mark Kopfgeld taten. Gertrud behauptet, ich hätte fürs Sparen plädiert und mich – wie immer – durchgesetzt. Sicher hielt ich den Augenblick nicht für geeignet, um in exotischen Genüssen zu schwelgen. Für spontane Exzesse war ich ohnehin mein Leben lang zu rational. Nur habe ich bestimmt nicht das ganze Geld auf die Bank getragen und am Abend die Kartoffeln der Kinder gezählt. Ich glaube, wir haben eine Menge Lebensmittel gekauft, Milch, Butter, Kaffee und dergleichen.

Jene 40 Mark begründeten dann auch das schöne Märchen, das von einem Land handelt, in dem alle Bürger unter den gleichen Startbedingungen ein neues Leben beginnen. Natürlich war das von Anfang an Unsinn. Die Währungsreform bedeutete schließlich keine kollektive Enteignung. Sicher war jetzt manches Vermögen weniger wert, und nur wer Sachgüter im Westen besaß, blieb ein reicher Mann. Die Flüchtlinge aus dem Osten dagegen hatten alles verloren. Die Besitzverhältnisse hatten sich geändert, die Unterschiede waren jedoch keineswegs aufgehoben.

Dennoch glaubten wir das Märchen gerne, und wir erzählten es auch gerne. Die Vorstellung paßte in die Atmosphäre einer Stunde Null. Die Vergangenheit war gelöscht. Wir richteten den Blick nach vorn. Wir waren alle gleich stark und in dem Willen zum Aufbau unlöslich miteinander verbunden. So etwa empfanden wir damals.

Die zarten Anfänge des Traums vom großen Wirtschaftswunder wurden nur in den drei Westzonen wahr. Die Bewohner der sowjetischen Besatzungszone bekamen zwar auch eine neue Mark, die sogenannte Ostmark, aber was konnten sie dafür schon kaufen? Von der Wirtschaftshilfe aus den kapitalistischen Ländern waren sie abgeschnitten, dafür hatte Stalin gesorgt. So wurden sie für uns die armen Brüder und Schwestern in der Ostzone.

Die Russen wollten die Ostmark dann auch noch in allen vier Sektoren Berlins einführen. Der Streit zwischen den Siegermächten spitzte sich gefährlich zu. Als Amerikaner, Engländer und Franzosen am 25. Juni 1948 die Deutsche Mark zum einzig gültigen Zahlungsmittel in den drei Westsektoren erklärten, blockierten die sowjetischen Behörden prompt sämtliche Verkehrswege nach Berlin. Die Hauptstadt wurde jetzt über die berühmte Luftbrücke versorgt.

Der amerikanische Militärgouverneur, General Clay, schien sich seiner Sache damals recht sicher zu sein. Er hielt es für wenig wahrscheinlich, daß die Sowjets wegen der Berliner Währungsreform einen neuen Krieg anzetteln würden. Für uns waren die Russen jedoch unberechenbare Feinde, und jetzt vertrauten wir nicht einmal auf die Vernunft der Amerikaner. Würden sie mit Panzern nach Berlin fahren, falls die Luftbrücke zusammenbrach? Eine solche Provokation hätten die Sowjets mit Sicherheit nicht einfach hingenommen. Nur drei Jahre nach der Kapitulation fürchteten wir aufs neue um den Frieden.

Das Angebot in den Schaufenstern wurde uns gleichgültig, gebannt verfolgten wir das Geschehen. Die Luftbrücke hielt selbst den Winter über, und im Mai 1949 gab Stalin die Verkehrswege nach Berlin wieder frei. Nur die strengen Kontrollen wurden beibehalten. Bei uns war vor allem eines haftengeblieben: Den Amerikanern konnten wir rückhaltlos vertrauen. So übernahmen sie die Rolle des großen Beschützers.

Eigene Maschen im Netz meiner Väter

Die Westalliierten bereiteten uns jedoch auch manches Kopfzerbrechen. Sie verwickelten sich in zahllose Widersprüche. So pumpten die Amerikaner Geld in unser Land, während die Briten unsere Industrieanlagen verschifften und auf ihrer Insel wieder aufstellten. Einerseits war von Reparationsforderungen die Rede, andererseits flossen nach dem Marshall-Plan die ersten ERP-Kredite in unsere Wirtschaft. Sicher hatte die Demontage auch ideologische Gründe. Die Kriegsindustrie sollte getroffen werden. Nur wer hatte sich erstens im Dritten Reich nicht an der Aufrüstung beteiligt, und wer hatte zweitens nicht gleich nach der Kapitulation mit der Umstellung der Produktion begonnen – sofern das Werk nicht von den Alliierten stillgelegt worden war.

Der spektakulärste Fall in Hamburg war Blohm & Voss. Viele Jahre saß ich später dem Aufsichtsrat dieser Werft vor, und die Anekdoten über die «Nachkriegsabenteuer» mit den Alliierten wurden immer wieder aufgewärmt.

In der Tat waren bei Blohm & Voss allein zwischen 1940 und dem Ende des Krieges 256 U-Boote gebaut worden, und auch legendäre Schlachtschiffe wie beispielsweise die «Bismarck» stammten aus den Docks der Hamburger Werft. Dennoch kannte unsere Empörung keine Grenzen, als im Februar 1948 die endgültige Demontage begann. Blohm & Voss war nicht irgendein Rüstungsbetrieb, sondern der Puls der Hansestadt. Ein Zeitzeuge schrieb: «Es war, als ob man einem Patienten die Hauptschlagader öffnete.» Wir Kaufleute empfanden die sinnlose Zerstörung fast so, als habe man uns aufs neue den Krieg erklärt. Vom ersten Tag an hatten wir für den Aufbau gekämpft, und in diesem Kampf gab es nun einen Gegner.

Die Brüder Rudolf und Walther Blohm führten damals die Geschäfte. Ich kannte beide recht gut. Natürlich wetterten sie in der Kaufmannschaft gegen die Engländer, die ihre Maschinen Stück für Stück abtransportierten. Sie unternahmen jedoch nichts. Anders ihr Betriebsleiter, der unter englischer Kontrolle die Demontage organisieren mußte. Auf eigene Faust mietete er Lagerräume im Hafen und schaffte einige Maschinen beiseite. Jeder einzelne Hamburger hätte sein Unterfangen tatkräftig und moralisch unterstützt. Die Engländer nicht. Als sie von der Sache Wind bekamen, machten sie dem Betriebsleiter, den Blohms und vier weiteren Angestellten den Prozeß. Wohl fühlten sie sich allerdings nicht in der Rolle der Ankläger. Sie wußten sehr genau, daß die Demontage voller Widersprüche steckte, und bemühten sich nun um ein besonders faires Verfahren.

Der Tag der Urteilsverkündung war der 12. November 1949. Und es war der Tag Rudolf Blohms, des älteren Bruders, des Seniorchefs. Als er sich erheben mußte, um sein Urteil zu vernehmen – da erhoben sich wie ein Mann auch alle übrigen Anwesenden im Saal. Die Arbeiter, Meister und Ingenieure, die als Zuhörer den Prozeß verfolgten, bekundeten geschlossen ihre Solidarität. Die Geschichte über den Blohm-Prozeß haben wir uns später noch oft erzählt, und als die Gewerkschaften immer lauter wurden, schwang in der Erzählung eine leise Wehmut mit: Damals während des Aufbaus, damals hielten wir noch alle zusammen.

Die treuen Werftarbeiter wurden denn auch belohnt. Das Produktionsverbot für Blohm & Voss blieb zwar offiziell bis 1955 bestehen, aber schon im April 1951 wurde die Steinwerder Industrie AG gegründet und die Arbeit auf dem Werftgelände unter anderem Namen wiederaufgenommen. Und in der neuen AG hatte das Wort der Belegschaft Gewicht: Im Aufsichtsrat verwirklichten wir zum erstenmal die Drittelparität. Und in der ersten Zeit saßen wir in diesem Gremium auch nur zu dritt, der ehemalige Bürgermeister Rudolf Petersen und ich als Kapitaleigner-Vertreter und der Betriebsrat Herr Saalfeld als Arbeitnehmervertreter. Wir einigten uns immer schnell. Ich kann mich an keinen einzigen Streit erinnern.

Die Geschichte der Blohm & Voss-Demontage war mit dem Prozeß noch nicht beendet. Zwar konnten Brauer und Dunlop, der sich schon früher gegen die Demontage ausgesprochen hatte, mit vereinten Kräften die Begnadigung der Verurteilten erwirken, aber schon im Frühjahr 1950 gab es neue Aufregung. Das Trockendock Elbe 17, das größte Trockendock Europas, sollte gesprengt werden, weil es ursprünglich für den Bau von Schlachtschiffen konzipiert worden war. Fünf Jahre nach der Kapitulation wollten die Alliierten die Rüstungsindustrie noch einmal ins Mark treffen. Sie trafen Hamburg. Die Bevölkerung kochte.

Und es ging nicht nur um das Trockendock. Die Sprengung, so meinten viele, würde auch den Elbtunnel gefährden. Dunlop hatte eine schwere Zeit, konnte jedoch gegen die Entscheidung aus London kaum etwas unternehmen. Schließlich erreichte er immerhin, daß nur die Westmauer des Docks gesprengt werden mußte und die Ostmauer als Kai erhalten bleiben durfte. Der Elbtunnel, so ließ er sich von Sachverständigen bestätigen, konnte durch diese Teilsprengung nicht beschädigt werden.

Die Hamburger blieben mißtrauisch. Am Tag der Sprengung begab Dunlop sich dann persönlich in den Elbtunnel. Obwohl er an einer schweren Grippe litt, wartete er dort – in dicke Decken gehüllt – sämtliche Detonationen ab. Der Elbtunnel blieb unversehrt, und der britische Gouverneur hatte die Sympathien der Hanseaten zurückgewonnen.

Dunlop war jedoch eine Ausnahme. Mit dem Aufbau wuchs unser Selbstbewußtsein, und mit dem Selbstbewußtsein wuchs die Ablehnung gegenüber den alliierten Befehlshabern. Blohm & Voss war kein Einzelfall, und auch die Handelsbestimmungen wurden nur langsam gelockert. Daß die Amerikaner die Beschützerrolle übernommen hatten, rechtfertigte noch lange nicht, daß sie und die anderen Westmächte uns über Jahre in unsere Wirtschaft hineinredeten. Davon verstanden wir schließlich selbst etwas. Als ich beim 8. englischen Korps war, hätte ich mir nicht träumen lassen, daß die Zusammenarbeit mit den Alliierten so schwierig werden würde.

Wer damals nicht sehr von sich selbst überzeugt war, hatte kaum eine Chance, der Bevormundung zu entgehen. Nur wenige setzten sich bei den Besatzungsmächten durch. Einer von ihnen war der spätere Bundespräsident Carstens. Er saß als Vertreter Bremens bei der bizonalen Verwaltung in Stuttgart, und ich lernte ihn dort bei den Verhandlungen über die Importkontingente kennen. Er war ein richtiger Bremer Hanseat, grundanständig, intelligent und ein wenig dickköpfig. Zuhören war nicht unbedingt seine Stärke – und gerade das qualifizierte ihn für seine Aufgabe.

Als eine der eigenwilligsten und starrsinnigsten Figuren der ersten Nachkriegszeit habe ich den Geheimrat Vocke, den ersten Präsidenten der Bank Deutscher Länder, in Erinnerung. Flexibilität war für Vocke ein Fremdwort. Er ließ sich durch nichts von seiner Linie abbringen – schon gar nicht durch die Alliierten. So verhalf er der Bank zu einem sehr guten Start. Vocke war ein integrer Mann – ich habe ihn jedoch nicht ein einziges Mal lachen gesehen.

Und auch wir hatten unter dem Geheimrat nicht viel zu lachen. Die Bank Deutscher Länder fungierte nämlich als Dachinstitut der Landeszentralbanken, und unter Vocke wurden die Bestimmungen für die Refinanzierung der Geschäftsbanken sehr streng gehandhabt. Mit der Großzügigkeit, die in den ersten Jahren des Aufbaus geherrscht hatte, war es bald vorbei. Auch Vockes Regionalfürsten hatten das Wort «flexibel» aus ihrem Vokabular zu streichen. In Hamburg hatten wir allerdings Glück. Von 1948 bis 1952 war Karl Klasen Präsident der Landeszentralbank. Mit ihm mußte ich über Wechseldiskonte und Lombardkredite verhandeln, und mit ihm verstand ich mich gut.

Und natürlich gehörte auch Abs zu den selbstbewußten Vertretern deutscher Wirtschaftsinteressen. Für Bridgeabende hatte er jetzt keine Zeit mehr. Sein Thema waren die deutschen Auslandsschulden. Wir mußten, so erklärte er bald nach der

Währungsreform eindringlich im Hamburger Überseeclub, schleunigst wieder international kreditfähig werden. Wir Kaufleute spendeten lauten Beifall. Sicher, solange Deutschland in aller Welt Schulden in unbestimmter Höhe hatte, war unsere neue Wirtschaft auf Sand gebaut.

Eine der wichtigsten Fragen war damals für uns, ob wir für die Schulden eines ungeteilten Deutschlands haftbar gemacht werden sollten. Aus der sowjetischen Besatzungszone war mit Sicherheit kein Pfennig zu bekommen, aber würden die Westalliierten das akzeptieren und die Gesamtlast reduzieren?

Die Verhandlungen begannen im Winter 1951 in London und zogen sich über Monate hin. Abs war der Leiter der deutschen Delegation. Er reiste mit einem Koffer voller Landkarten und pflasterte damit in London die Wände der Konferenzräume. Die Demarkationslinie war dick eingezeichnet und diente Abs als visuelle Argumentationshilfe. Er wußte seinen Auftritt geschickt zu verkaufen, und bei uns kursierte bald der Vers: «If you don't trust Abs, perhaps you trust maps.» In der Tat erreichte er zahlreiche Zugeständnisse, und die deutschen Auslandsschulden wurden erheblich reduziert. «Der Abs», hieß es damals, «der Abs hat das doch fabelhaft gemacht», und «der Abs hat in London gezeigt, daß man uns wieder ernst nehmen kann.»

Der Abs mußte jedoch nicht erst nach London reisen, um in der Nachkriegswirtschaft wieder eine führende Rolle zu übernehmen. Er war schon bald zum Wortführer der Kreditanstalt für Wiederaufbau (KfW) avanciert, und in der KfW wurde über die Verteilung der ERP-Kredite entschieden. Die Kreditvergabe erfolgte in der Regel in Kooperation mit der Hausbank des jeweiligen Industrieunternehmens. Münchmeyer & Co. hatte damit allerdings wenig zu schaffen, denn die Industriefinanzierung gehörte damals noch nicht zu unserem Geschäft. Nur in Ausnahmefällen beteiligten wir uns an der Vermittlung der ERP-Gelder. So beantragten wir beispielsweise einen Aufbaukredit für die Firma Alsen Zement, denn Horst Herbert Alsen, der Sohn des damaligen Firmenchefs, war ein guter Freund von mir. Erst später, als die KfW sich auch an der Finanzierung der Ausfuhrgeschäfte beteiligte, hatte ich häufiger dort zu tun. Bei einer dieser Gelegenheiten lernte ich dann auch Wilfried Guth kennen, der Jahrzehnte später in Abs' Fußstapfen an die Spitze der Deutschen Bank trat.

So begann ich langsam, das feine Netz meiner Väter um einige Maschen zu erweitern. Ich knüpfte eigene Beziehungen zu Persönlichkeiten, die später in der Bundesrepublik eine entscheidende Rolle spielen sollten. Ich begann, eigene Stränge in das Gewebe zu flechten, das über alle Abgründe gespannt war und uns seit Generationen vor dem Fall bewahrt hatte.

Ich zog meine Kreise in der Wirtschaft. Am Anfang waren es kleine Kreise. Man hielt mich für einen geeigneten Repräsentanten, weil ich den richtigen Namen geerbt hatte, weil ich inzwischen das richtige Alter für die hanseatische Kaufmannswürde besaß und weil ich nicht in der NSDAP gewesen war und deshalb als unbescholten galt. So gehörte ich denn auch zu jenen fünf Wirtschaftsvertretern, die Bürgermeister Brauer im Frühjahr 1949 als Abgesandte der Stadt Hamburg auf die erste deutsche Industrieausstellung nach New York schickte.

Brauer bereitete uns gründlich vor. Er, der von den Nazis aus Deutschland vertrieben worden war und bis 1946 in Amerika gelebt hatte, wußte, wie die Amerikaner seit Hitler über die Deutschen dachten. An einem Sonntagnachmittag lud er uns in seine Wohnung an der Palmaille ein, um uns detaillierte Verhaltensregeln mit auf den Weg zu geben.

Es war eine sehr bürgerliche und sehr behagliche Wohnung mit schweren deutschen Eichenmöbeln. Frau Brauer, die man unwillkürlich Mutter Brauer nennen wollte, brachte Tee und Kuchen, und der Tee war wohl ein Zugeständnis an uns Kaufleute, die wir gerne die englischen Sitten pflegten.

Denn die Brauers machten auf mich eher den Eindruck, als würden sie an gewöhnlichen Sonntagen nachmittags Kaffee trinken.

Vor dem Krieg wäre eine derart familiäre Begegnung mit einem Sozialdemokraten kaum denkbar gewesen. Seit der Aufbau unserer Stadt zu unserem gemeinsamen Anliegen geworden war, schlugen wir erste Brücken über die Grenzen der Herkunft. Wir wurden deshalb keine Freunde, luden uns nicht gegenseitig auf Gesellschaften ein. Das kam erst später. Wer sich jedoch durch Leistung hervortat, brauchte den Geburtsnamen seiner Mutter nicht mehr zu nennen. Und wir waren stolz darauf, daß wir mit Brauer so gut auskamen.

Daß er uns nun ausgerechnet beibringen wollte, wie wir uns auf dem internationalen Parkett zu bewegen hatten, verwunderte mich dennoch ein wenig. Wir sollten sehr behutsam sein, bescheiden auftreten und auf keinen Fall – auch nicht nach einigen Drinks – die «pompous Germans» hervorkehren. Mußten wir dazu ermahnt werden? War ein solches Verhalten uns nicht angeboren, ganz gleich, ob die Vergangenheit besondere Zurückhaltung gebot oder nicht? Und zeigte nicht schon Brauers starker Akzent – er ging soweit, uns auf englisch Beispiele für mögliche Fragen und angemessene Antworten zu geben –, daß wir ihm von Haus aus im Umgang mit den Amerikanern mindestens ebenbürtig waren?

Die Ratschläge waren sicher gut gemeint und taten unserer Hochachtung für den tatkräftigen Bürgermeister keinen Abbruch. Aber hatte er jetzt nicht ein wenig übertrieben? Für die feinsinnigen Hintergründe, die seine Rede gehabt haben mag, war ich damals taub. Ich hatte nicht das Gefühl, mich in Amerika anders verhalten zu müssen als in den zwanziger Jahren. Das Dritte Reich hatte zwar stattgefunden, aber ich war doch der gleiche geblieben. Und damals hatte man mich akzeptiert und gemocht.

Wir starteten in Frankfurt. Neben uns Hamburgern gehörten vielleicht zwanzig Firmenvertreter aus verschiedenen Regionen – ausgenommen natürlich der sowjetischen Besatzungszone – der Delegation an. Es war eine abenteuerliche Reise in einer alten Constellation. Kein Mensch würde sich heute in so einem engen und klapprigen Flugzeug über den Ozean trauen. Wir mußten mehrmals zwischenlanden, unter anderem in Irland und Grönland, und waren mehr als zwanzig Stunden unterwegs.

Der erste Empfang auf dem La Guardia Airport war betont unfreundlich. Bevor wir die Paßkontrolle passieren durften, unterzogen die Beamten uns endlosen Einzelbefragungen. Daß wir für die «good will mission» ausgewählt waren, genügte noch lange nicht, um uns als saubere Deutsche auszuweisen. «We don't want Nazis in our country», erklärte mir der Behördenvertreter. Das war ich schließlich auch nicht. Ich weiß nicht mehr, wie die Fragen im einzelnen lauteten und was ich geantwortet habe. Man glaubte mir zwar, aber es war eine unangenehme Prozedur.

Kaum hatten wir uns in unseren Hotels eingerichtet – ich wohnte im «Roosevelt» in der 42. Straße –, kam die nächste Enttäuschung: Die Ausstellung war umbenannt. Sie hieß jetzt «Military Government Industrial Exposition». «German» war gestrichen, die Besatzungsmacht hatte aufs neue unsere Vormundschaft übernommen. Doch bald erfuhren wir den Grund: Zahlreiche Juden hatten gegen die deutsche Ausstellung protestiert. Dafür mußten wir Verständnis haben, obwohl es uns schwer fiel. Wir waren stolz darauf, daß wir schon 1949 wieder deutsche Industrieprodukte anbieten konnten, und es gab doch so wenig, worauf wir seit dem Krieg stolz sein konnten.

Die Ausstellung war denn auch in einem ziemlich abgelegenen Winkel der Stadt aufgebaut, wo genau, weiß ich nicht mehr. Und natürlich war es noch nicht viel, was wir für den Export anzubieten hatten. Die Produkte stammten in erster Linie aus mittelständischen Betrieben, Werkzeugmaschinen, Textilmaschinen und dergleichen mehr. Technisch waren die

Amerikaner uns natürlich um Längen voraus. So war die Ausstellung zwar recht gut besucht, aber soweit ich mich erinnern kann, wurden kaum nennenswerte Geschäfte abgeschlossen.

Und die Proteste hielten an. Sie hatten nicht nur auf fernen Konferenzen stattgefunden, sondern die Juden trugen ihre Verzweiflung und ihre Wut über unsere Verbrechen unmittelbar vor die Tore unserer Ausstellung. Jeden Tag marschierten die Sandwichmen mit antideutschen Parolen auf dem Rücken vor dem Eingang auf und ab. Die Atmosphäre war gespannt, und ein paarmal wäre es fast zu tätlichen Auseinandersetzungen gekommen.

Wie fühlte ich mich im Angesicht der überlebenden Opfer? Ihre Botschaft erreichte mich damals nicht. Ich hatte meinen Blick in die Zukunft gerichtet und hielt mich an die amerikanischen Geschäftsleute, die mir auf die Schulter schlugen und mich zu unseren ersten wirtschaftlichen Erfolgen beglückwünschten. Und ich hielt mich an Erik Blumenfeld. Hatte er nicht selbst in Auschwitz und Buchenwald gesessen? Jetzt war er Vizepräsident der Hamburger Handelskammer und Mitglied unserer Delegation. In New York besuchte ich auch die Brüder Grünebaum und Eric Warburg, und die Gespräche drehten sich um den deutschen Aufbau. Von Ablehnung spürte ich nichts.

Ich traf sogar Amerikaner, die auf merkwürdige Weise versuchten, mir gegenüber eine Art Solidarität mit den Nazideutschen zu bekunden. Das war schlimmer als die jüdischen Proteste. Ich kann mich noch gut an einen Besuch bei einem New Yorker Bankier erinnern, der mir folgenden Witz erzählte: «In Amerika haben wir eigentlich nur zwei Probleme, die Neger und die Juden. Wir würden sie gerne loswerden, aber wie? Jetzt haben wir uns überlegt, daß wir vielleicht einfach alle Neger mit jeweils tausend Dollar in der Tasche nach Afrika schicken sollten. Dann könnten wir jedenfalls sicher sein, daß die Juden hinterherfahren würden, um ihnen das Geld wieder abzunehmen.» Ich war peinlich berührt. Lachte ich aus lauter Verlegenheit? Ich weiß es nicht mehr. Den Witz habe ich nie vergessen.

Und doch erschien mir die Stadt im Überfluß als ein wahres Paradies. Ich verdrängte die häßlichen Bilder und ließ mich vom Luxus betäuben. Und in den Straßen war ich einer unter Millionen von Menschen, ich fiel nicht auf. Meine deutsche Herkunft spielte keine Rolle.

Erik Blumenfeld und ich waren auf der Ausstellung schon bald nicht mehr zu sehen. Wir amüsierten uns. Wir kamen aus einem ausgezehrten Land und standen plötzlich vor prall gefüllten Schaufenstern, sahen, wie in den Restaurants riesige Steaks, von denen die Gäste nur ein paar Happen gegessen hatten, in die Küche zurück und vermutlich in den Abfall wanderten, und staunten über die Mengen von Alkohol – die Zeit der Prohibition war längst vorbei –, die in den Bars ausgeschenkt wurden.

Manchmal meinten wir, durch einen Traum zu wandern. Wir hätten damals nie geglaubt, daß es in Deutschland einmal so ähnlich zugehen würde. Ausgehungert stürzten wir uns in das Vergnügen und in die Schlemmerei – soweit die Dollars reichten. Als Delegationsmitglieder bekamen wir zwar einen bestimmten Tagessatz, aber der war knapp bemessen. Und mit unserem eigenen Geld mußten wir sparsam umgehen. Kurz nach der Währungsreform war man in Deutschland noch nicht wieder reich.

Eines Abends waren wir in einem Nachtclub gelandet, der «Late Nineties» hieß. Wir standen an der Bar und hatten uns schon ziemlich lange an einem einzigen Drink festgehalten. An einem der Tische saß eine laute Gesellschaft aus den Südstaaten. Schöne Frauen saßen dort und kräftige, selbstbewußte, fröhliche Männer. Erst warfen sie uns Blicke zu, dann Wortfetzen, dann wurde ein neuer Drink vor uns hingestellt. Schließlich saßen wir an ihrem Tisch.

Auf die deftigen und biederen Leute aus South Carolina und Texas wirkten wir exotisch. «Real Germans, how nice», riefen sie ein ums andere Mal. Die schönen Frauen überzeug-

ten sich handgreiflich davon, daß wir Deutschen auch aus
Fleisch und Blut gemacht waren. Das gefiel mir sehr. Und
mir gefiel auch, daß sie uns alle vollkommen unbefangen
begegneten. Vor allem wollten sie wissen, ob die amerikanischen Soldaten sich in Deutschland auch anständig aufführ-
ten. Und dann wollten sie alles mögliche über Deutschland
wissen, wie man bei schummeriger Beleuchtung und lauter
Musik eben Dinge wissen will.

Sie fragten nicht, ob wir in der Partei oder gegen Hitler
gewesen wären. Sie sahen uns als diejenigen, die wir gerne
sein wollten: die Verbündeten der Zukunft. Big Old Joe in
Moskau hatte ausgespielt. Er mochte im Krieg gegen Hitler
von Nutzen gewesen sein, aber er war und blieb ein Kom-
munist, und im Lande der unbegrenzten Möglichkeiten
wollte man nichts mehr mit ihm zu schaffen haben. Was ich
an diesem Abend hörte, nahm ich als amerikanische Volks-
meinung mit nach Hause. Ich fand es beruhigend, zu wissen, daß die Bürger dieser großen und freien Nation – von
einigen Ausnahmen abgesehen – wieder auf unserer Seite
waren.

Aus dem Abend wurde eine lange Nacht. Als wir die Bar
verließen, war es draußen schon hell. Erik Blumenfeld hätte
beinahe sein Flugzeug verpaßt. Offiziell war die Reise der
«good will mission» beendet. Ich selbst blieb noch gut einen
Monat in den Vereinigten Staaten, besuchte die Großbanken
in New York, die Fleisch- und Häutehändler in Chicago
und erneuerte zahlreiche Geschäftskontakte, die während
des Krieges abgebrochen waren.

In der Erinnerung will es mir allerdings scheinen, als hätte
ich von früh bis spät ausschließlich gegessen und getrunken.
Zu jedem Essen gab es neben den warmen Gerichten Brötchen und Butter, vorher drei Martinis und hinterher Whiskey. Ich ließ nie etwas liegen, kein Brötchen und erst recht
kein Stück Fleisch, und ich lehnte auch keinen Drink ab.
Bald mußte ich alle paar Tage den Schneider ins Hotel kommen lassen, damit er meine Anzüge weiter machte. Er hatte

leichte Arbeit, denn die gleichen Anzüge waren erst vor wenigen Jahren enger gemacht worden. Am Ende spannten sie trotzdem. Ich hatte innerhalb von sechs Wochen zwanzig Kilo zugenommen.

Nervenpulver für die Damen

Als ich kugelrund und mit einem milchigen Mondgesicht nach Hamburg zurückkehrte, hatte der Alkohol die anklagenden Sätze auf den Plakaten der protestierenden Juden längst fortgeschwemmt. Ich erzählte mit ungetrübter Begeisterung von dem Schlaraffenland, in dem ich zu Gast gewesen war. Ich wollte nicht an die Nazizeit erinnert werden, auch in Deutschland nicht. Dennoch konnte ich nicht allen Begegnungen mit der Vergangenheit ausweichen. Ich mußte ein Wort lernen, das es dem Sinne nach gar nicht gab. Das Wort hieß Wiedergutmachung, und es wurde als Synonym für finanzielle Beträge gebraucht. Konnte man Tote mit Geld wiedergutmachen? Es war ein versöhnliches und zugleich zynisches Wort, und es paßte nicht in die Wirklichkeit. So erscheint es mir zumindest heute. Und damals? Ich bin mir nicht sicher. Jedenfalls war das Wort mir unheimlich, und ich versuchte, einen Bogen um dieses Wort zu machen. Im Dezember 1951 holte es mich ein.

An den Landgerichten gab es damals sogenannte Wiedergutmachungskammern, und vor diesen Kammern wurden auch die Arisierungsfälle aus dem Dritten Reich verhandelt. Die Juden sollten laut Rückerstattungsgesetz wieder als rechtmäßige Eigentümer eingesetzt werden. So auch die Rappolts. Die Brüder Franz und Paul Rappolt waren gestorben, und an ihrer Stelle traten die Erben auf. Die von den Nazis verordneten Vornamen Sara und Israel hatten sie wieder abgelegt. Und mehr noch: Aus Heinz war Harvey geworden, und Ernst nannte sich Ernest. Manche Familienmitglieder hatten in England sogar den Nachnamen geändert. Sie hatten andere Gründe als wir, aber sie taten das gleiche: Sie löschten die Vergangenheit aus.

An den Rappolts sollten wir nun etwas wiedergutmachen, das wir nie als etwas Schlechtes angesehen hatten: ein Geschäft aus dem Jahre 1939. Damals hatten wir gemeint, den Rappolts einen Gefallen zu tun, und jetzt sollten wir den Gefallen wiedergutmachen. War das nicht absurd? Für den Einzelfall, für unseren Fall, schien etwas nicht zu stimmen. Und insgesamt stimmte es dann doch wieder: Den Juden war Unrecht geschehen, und deshalb mußten die Juden entschädigt werden. So blieb uns die übergeordnete Rechtfertigung, und wir begnügten uns damit.

Wir hatten 1939 allerdings auch etwas bezahlt. Immerhin hatte es einen Kaufpreis gegeben, der von unserer Schuld abgezogen werden mußte. Schuld minus 1,7 Millionen Reichsmark. Eine unlösbare Rechenaufgabe? Keineswegs. Die Anwälte hatten schnell eine Lösung gefunden: Die Rappolts bekamen 42,5 Prozent ihres Besitzes zurück. Das Haus gehörte uns nun gemeinsam, die Verwaltung blieb bei dem alten Konsortium. Und den Erben war es recht so. Sie wollten mit dem Eigentum in Deutschland fürs erste nichts zu schaffen haben.

Selbst die Schuld der Nation hatte ihren Preis, wenn man dem Wort Wiedergutmachung glauben wollte. Plötzlich wurde sie meßbar. Sie betrug drei Milliarden Mark, und wir sollten sie innerhalb von zwölf Jahren begleichen. Die Zahlungen erhielt der junge Staat Israel. Wir diskutierten nicht über dieses Abkommen, wir äußerten weder Zweifel noch Genugtuung. Formal war die Vergangenheit jetzt in Ordnung gebracht.

So lebten wir schweigend mit dem eigenen und dem fremden Versagen, mit den leisen und den lauten Erfüllungsgehilfen des Hitler-Regimes. Von Anfang an hatten wir geflissentlich die Makel übersehen, die mancher aus dem Dritten Reich an sich trug. Das änderte sich auch später nicht. Die Makel verblaßten schnell, und bald tauchten innerhalb unseres Gesichtskreises auch nur noch selten Personen auf, die in der Nazizeit eine wirklich bedeutende Rolle gespielt hatten. Der letzte, an den ich mich erinnern kann, war der ehemalige Reichsbankpräsident und Wirtschaftsminister Hjalmar Schacht. Und er war mit Sicherheit auch der prominenteste Altnazi, den es in die Hansestadt verschlug. Anfang der fünfziger Jahre versuchte Schacht in der Hamburger Wirtschaft sein Glück.

Wir Kaufleute hatten gegen Schacht nichts einzuwenden. Daß er mit Geld umgehen konnte, hatte er hinreichend bewiesen, und sein Freispruch in Nürnberg genügte uns als Entlastungszeugnis für die Vergangenheit. «Konkurrenz haben wir noch nie gefürchtet», erklärten wir stolz, wenn wir nach Schacht gefragt wurden. Und wenn wir merkten, daß der Fragende etwas anderes meinte, fügten wir hinzu: «Und bei den Nazis, bei denen ist der Schacht doch im Krach ausgeschieden.»

Unsere gewählten Vertreter im Parlament waren allerdings anderer Meinung. Laut Senatsbeschluß wurde Schacht im Sommer 1952 untersagt, in Hamburg eine Bank unter dem Namen «Hjalmar Schacht & Co.» zu gründen. Als Mitverantwortlicher für die staatliche Kreditpolitik im Dritten Reich, so etwa hieß es in dem Beschluß, habe Schacht die sittenwidrigen Ziele der Nationalsozialisten gefördert.

Schacht ließ sich in seinen Geschäftsabsichten jedoch nicht beirren. Er wählte Düsseldorf als Hauptsitz für seine Privatbank, denn dort hatte anscheinend niemand etwas gegen seinen Namen einzuwenden. Der Hamburger Ableger firmierte dann nach einem Partner Schachts unter «Ludwig & Co.». Auch die Bismarcks waren daran beteiligt, und das Institut machte in erster Linie Geldgeschäfte mit Südostasien. Schacht selbst wurde in der Hansestadt nicht mehr oft gesehen. Die Entscheidung des Senats hatte er vielleicht doch als Affront aufgefaßt.

Persönlich kann ich mich eigentlich nur an eine Begegnung mit ihm erinnern. Ich war neugierig darauf, ihn kennenzulernen, und besuchte ihn in seinem Büro. Es war ein ganz normales Büro, nicht besonders groß und nicht besonders aufwendig. In Düsseldorf mag es anders ausgesehen haben, aber hier wirkte Schachts Umgebung eher bescheiden, was mir sehr sympathisch war.

Daß der Mann selbst mir sympathisch gewesen sei, kann ich nicht behaupten. Er sah genauso aus, wie ich ihn von zahllosen Bildern kannte, und er trug noch immer seinen hohen Eckkragen. Er war intelligent und witzig und gleichzeitig unnahbar und arrogant, mehr noch, als wir Hamburger solche Eigenschaften selber pflegten. Ich nahm den gleichen Eindruck mit, den mein Vater mir schon vor Jahren vermittelt hatte: ein brillanter Finanzmann und ein fragwürdiger Charakter. Danach habe ich Schacht nie wieder gesehen, obwohl er bis ins hohe Alter Bankier blieb.

Es hätten andere als Schacht kommen können und unter uns leben und mit uns vergessen. Sicher nicht alle – aber viele. Auch später noch. Nur eines konnte uns damals aus unserem ameisenemsigen Schaffen aufstören: die Bedrohung der Zukunft, die Bedrohung des Aufbaus, die Bedrohung unserer neuen Wirtschaftsordnung, die dank Ludwig Erhard und Alfred Müller-Armack eine soziale war und allen Bürgern diente. Müller-Armack hatte das theoretische Konzept entwickelt, hatte als Professor der Nationalökonomie den Begriff der «Sozialen Marktwirtschaft» geprägt und wurde 1952 Staatssekretär im Wirtschaftsministerium. Schon 1950, gut ein Jahr nach meiner New-York-Reise, mußten wir um unsere ersten Errungenschaften fürchten.

Im Juni brach der Koreakrieg aus. Der amerikanische Präsident Truman unterstützte die demokratische Republik Südkorea mit massivem Waffeneinsatz gegen die Kommunisten im Norden. Für uns waren wieder einmal die Russen schuld, die die Nordkoreaner sicher zu einem Vorstoß nach Süden ermuntert hatten. Und würden die Russen die Einmischung der Amerikaner nun einfach hinnehmen? Aufs neue mußten wir um den Weltfrieden fürchten. Und mehr noch. War unsere Situation nicht der koreanischen vergleichbar? War nicht auch Deutschland ein geteiltes Land, in dem die östliche und die westliche Einflußsphäre aneinandergrenzten? Wann würden die Russen sich daranmachen, ihre Stellung in Europa auszuweiten? Die Angst vor dem alten bolschewistischen Feind schlug uns in ihren Bann.

Und schon die Angst war gefährlich, gefährlich für unsere Wirtschaft. Das wußten wir Kaufleute am besten, und deshalb bemühten wir uns, sie zu beruhigen. Ohne Erfolg. Ob die Russen nun kamen oder nicht, die Leute kauften und kauften, und die Hamsterkäufe ließen die Preise in die Höhe schnellen. Schon bald war von neuen Bewirtschaftungsmaßnahmen die Rede. Die Währungsreform schien in Gefahr, obwohl Erhard sich nach Kräften gegen jede Reglementierung wehrte. Nicht nur wir Deutschen horteten Konsumgüter für den Notfall. Im ganzen Westen wurde gehamstert, und die Preise stiegen. In den Vereinigten Staaten lief die Rüstungsindustrie auf vollen Touren, und so verteuerten sich binnen kurzem auch die Rohstoffe, die wir für unseren Aufbau dringend brauchten.

Während mein ökonomischer Verstand Panikkäufe verurteilte, drangen die Frauen in meiner Familie, Gertrud, meine Mutter und meine Schwestern, mit Nachdruck auf Vorsorge. Und sie begnügten sich nicht mit gefüllten Regalen im Keller. Was nützten ihnen Dauerwürste und Cornedbeefbüchsen, so argumentierten sie, wenn der Russe im Flur stand? So hatten wir in der Firma schon bald eine Schiffsbeteiligung zu verbuchen. Dahinter steckte ein alter Fischkutter, den wir mit Nahrungsmitteln und Medikamenten ausrüsteten. Wir nannten ihn «Glückauf», und im Notfall sollte er uns sicher in die freie Welt bringen.

Wir unternahmen sogar eine Probefahrt auf der Nordsee, und während dieser Fahrt war es so stürmisch, daß wir unseren Sohn am Mast festbinden mußten. Der Kutter hatte den Härtetest bestanden. Nur wären wir im Ernstfall vermutlich nicht einmal über die Elbmündung hinausgekommen, weil der Zugang zum Meer von den Russen längst abgeriegelt gewesen wäre. Ich glaube, ich hielt die Anschaffung schon damals für ziemlich sinnlos, aber als Nervenpulver für die Damen erfüllte sie ihren Zweck.

Und wir waren nicht die einzigen. Sicher erreichten bald auch die Preise für alte Kutter schwindelnde Höhen, denn zahlreiche Hamburger kauften sich so einen «Never-come-back-liner», wie wir die vollgestopften Fluchtboote nannten. Daß wir unsere Stadt auf Nimmerwiedersehen verlassen würden, habe ich allerdings in keinem Augenblick wirklich geglaubt. Ich hätte es gar nicht glauben können, es übertraf meine Vorstellungskraft.

Die Russen kamen nicht. Ein paar Jahre später wurden die Kutter wieder verkauft und die Kisten in den Keller geschafft, wo die Dauerbackwaren und die Pillen gegen Seekrankheit langsam verrotteten.

Konrad Adenauer überzeugte uns bald davon, daß wir in der Bundesrepublik Deutschland sicher leben konnten. Er hatte die Koreakrise geschickt für seine politischen Ziele genutzt und die Westintegration und die Wiederaufrüstung kräftig vorangetrieben. Sieger und Besiegte hatten sich gegen den Kommunismus verbündet, und in dieser neuen Allianz fühlten wir uns geborgen.

Jeder Annäherungsversuch der Russen erschien uns als Bedrohung. So unterstellten wir auch Stalin die schlechtesten Absichten, als er 1952 seine legendäre Note schickte. Wir waren davon überzeugt, daß er uns vom Westen abspalten wollte. Und wir wollten kein neutrales Deutschland, selbst wenn es ein ganzes Deutschland gewesen wäre. Eine offene Flanke im Osten erschien uns viel zu gefährlich. So waren wir damals mit Adenauers schroffer Reaktion auf Stalins Wiedervereinigungsangebot ganz und gar einverstanden, und ich glaube bis heute nicht an eine verpaßte Chance.

Kurt Schumacher dagegen, Adenauers großer Gegenspieler im Bundestag, drängte wieder und wieder darauf, das sowjetische Angebot zu prüfen. Nun konnten wir Schumacher zwar kaum Sympathien für den Kommunismus unterstellen, aber seine Haltung war uns natürlich suspekt. Wehrte er sich nicht auch gegen das westliche Verteidigungsbündnis, weil es seiner Ansicht nach die Wiedervereinigung gefährdete?

Wir fanden für Schumacher ein passendes Wort: Wir nannten ihn einen «Nationalisten». Und jetzt bot es sich an, in der Vergangenheit zu kramen. Das Wort «Nationalist» hatte im Dritten Reich einen schlechten Beigeschmack bekommen. Es war ein diffuses Gefühl, das uns leitete, und es fiel uns schwer, zu differenzieren. So rückten wir den Begriff «Nationalismus», der früher für uns immer positiv besetzt gewesen war, jetzt in die Nähe eines autoritären Regimes. Und schließlich war auch Stalin ein Diktator.

Wir brauchten diese komplizierte Konstruktion, um uns vor der Gefahr der Stalin-Note zu schützen, ohne unmenschlich zu erscheinen. Sicher, auch wir formulierten unser Verantwortungsgefühl für die Leute drüben. Sie gehörten zu uns, so sagten wir, und wir wollten sie nicht für die Westintegration opfern. Wir verließen uns nur nicht auf Stalin, sondern auf unsere neuen Verbündeten. Der Weg zur Wiedervereinigung sollte über ein geeinigtes Europa führen.

Ich weiß nicht mehr genau, wie lange ich an diese Version geglaubt habe. Im Rückblick gibt es wohl keinen Zweifel darüber, daß unsere westlichen Partner von Anfang an nicht das geringste Interesse an einem ungeteilten, starken Deutschland hatten. Ich erinnere mich noch an den Ausspruch von François Mauriac, der etwa gesagt hat: «Ich liebe Deutschland so sehr, daß ich mich jeden Tag darüber freue, daß es zwei davon gibt.» So hielt ich die Wiedervereinigung schon bald für ein hehres Ziel, das fürs erste jedoch unerreichbar war. 1966 vertrat ich als einer der ersten die Auffassung, man sollte doch erst einmal die Existenz von zwei Staaten akzeptieren, um auf dieser Basis neu über eine Wiedervereinigung zu verhandeln. Helmut Schmidt und der Hamburger Bürgermeister Herbert Weichmann haben mich damals dafür kritisiert.

Für mich persönlich blieb die Wiedervereinigung eigentlich immer ein abstraktes Problem, denn ich hatte keinerlei emotionale Bindungen an den Osten. Ich wußte, daß ein großer Teil der deutschen Geschichte sich dort abgespielt hatte, aber das war ein Wissen ohne Gefühl. Vor dem Krieg war ich nur ein einziges Mal mit meinen Eltern in Dresden gewesen. Ich kannte weder Leipzig noch Eisenach, noch Preußen, Pommern oder Weimar. Und ich kannte keine Menschen, die dort lebten. Vielleicht fiel es mir deshalb besonders leicht, Adenauer ohne Einschränkung zu folgen.

Ich bewunderte Adenauer, seit ich ihn das erste Mal auf einer Hamburger CDU-Veranstaltung gesehen hatte. Obwohl ich Parteimitglied war, ging ich zwar fast nie zu solchen Veranstaltungen, aber auf Adenauer war ich neugierig gewesen. Von der hintersten Bank aus hatte ich ihn beobachtet und sehr genau zugehört. Adenauer war schlau. Er war ein gewiefter Fuchs, und er verstand es, seine Zuhörer zu beeindrucken. Er hatte einen relativ geringen Wortschatz und konnte komplizierte Dinge einfach und überzeugend darstellen. Das gefiel mir gleich, obwohl ich nicht mehr weiß, um was es damals eigentlich ging. Und Adenauer schien auch ein kühler Mann zu sein. Ich mochte kühle Menschen. Sie waren mir vertraut, und ich wußte ihnen zu begegnen.

So wurde Adenauer schon früh eine Art geistiger Vater für mich. Als ich ihn näher kennenlernte, war es zwar nicht immer leicht mit ihm, aber davon später. Ich glaube, neben meinem eigenen Vater waren es Abs und Adenauer, die mich am stärksten geprägt haben. Den Kanzler konnte ich allerdings leichter bewundern als den Bankier. Adenauer errang seine Erfolge in der Politik, und die Politik war nicht mein Metier. Abs dagegen lief auf der gleichen Schiene wie ich. Er war mir ein Leben lang um viele Meilen voraus, und manchmal beneidete ich ihn ein wenig.

Es mag ungewöhnlich erscheinen, daß Adenauer mich schon so stark beeindruckte, bevor ich ihn näher kennenlernte. Ich glaube jedoch, daß ich damals auf der Suche war nach einem neuen Vorbild, einer Art Vaterfigur, einem Mann, der älter war als ich, dem ich Hochachtung entgegenbringen und dessen großräumige Weltsicht ich übernehmen konnte, wenn ich selbst einmal nicht weiter wußte. So hatte ich es früher mit meinem Vater gehalten, aber mein Vater war 1950 gestorben.

Er hatte uns langsam auf seinen Tod vorbereitet, hatte Hans Heinrich Waitz und mir in der Firma mehr und mehr die Entscheidungen überlassen, als er krank geworden war. Allein seine Anwesenheit, das sichere Wissen um richtig und falsch, das er in seiner Person verkörperte, hatte mir jedoch weiter Kraft gegeben, hatte meine Orientierung bestimmt. Er war immer in meiner Nähe gewesen, obwohl wir eigentlich nie über persönliche Dinge gesprochen hatten. Wir haben unsere Gefühle bis zum Ende verborgen. Nur einmal, als er schon im Todeskampf lag, habe ich an seinem Bett gesessen und geweint. Er hat es nicht mehr gemerkt.

Als er starb, hatte ich im ersten Augenblick das Gefühl, ein fester Bestandteil meiner Welt sei gewaltsam herausgebrochen worden. Fast gleichzeitig fühlte ich mich jedoch auch befreit. Jetzt, im Alter von 42 Jahren, war ich zum erstenmal wirklich für mich selbst verantwortlich. Und nicht nur für mich. Ich mußte in die Rolle meines Vaters schlüpfen und die praktische und weltanschauliche Führung der ganzen Familie übernehmen. Ich war der Erbe. Mein Vater hatte mir seine Glaubenssätze vererbt, und er hatte mir vorgelebt, was ich sein sollte. So brauchte er mir auch in den letzten Gesprächen vor seinem Tod nicht noch irgend etwas Besonderes mitzugeben. Aber er hatte mit anderen gesprochen. Er hatte mir den Weg geebnet, hatte Dritten gegenüber durchblicken lassen, daß er meinen Namen gerne dort sehen würde, wo sein eigener einmal gestanden hatte. Sechs Jahre nach seinem Tod wurde ich Präses der Hamburger Handelskammer.

Mit einem Mund voller Kieselsteine

Am 1. März 1956 wurde ich ein «wichtiger Mann». Ein «wichtiger Mann» – ich kannte diesen Ausdruck nur zu gut. Früher hatte er saubere Fingernägel, Matrosenanzug und weiße Socken bedeutet. Ein «wichtiger Mann» kam zu Besuch. Etwas später dann die knappe Vorstellung, während der Geschäftsfreund sich schon auf dem Weg vom Arbeitszimmer meines Vaters zur Haustür befand: «Mein Sohn...» Es folgten die peinlichen Erkundigungen nach meinem Alter, nach dem Lateinunterricht, und während der Gast schon in schiefer Haltung nach dem zweiten Ärmel seines Mantels wühlte, die rhetorische Frage: «Willst du denn einmal in die Fußstapfen deines Vaters treten und ein achtbarer Kaufmann werden?» Der Gast hatte seinen zweiten Ärmel gefunden, lächelte wohlwollend und verabschiedete sich gewichtig von meinem Vater. Kaum war die Haustür ins Schloß gefallen, atmete mein Vater auf. Wir waren wieder unter uns. So lernte ich, daß «wichtige Männer» immer auch ein wenig lästig waren.

Als ich Lehrling wurde, gaben «wichtige Männer» mir wohlwollende Ratschläge, und später im Ausland bezahlten sie mir teure Essen. Dann rückte ich mehr und mehr in ihre Nähe. Sie holten mich in ihre Aufsichtsräte, Vereine, Ausschüsse und Deputationen und machten mich schließlich sogar zum Vorsitzenden der Hamburger Börse. Dennoch hatte ich nicht das Gefühl, einer von ihnen zu sein, bis ich am 1. März 1956 zum Präses der Hamburger Handelskammer gewählt wurde. In Hamburg war ich jetzt berühmt, und mein Name stand in allen Zeitungen. So mußte ich nun wohl ein «wichtiger Mann» sein. Der Umstand war mir sehr angenehm. Ein wenig eitel war ich schon immer.

Die spezifischen Merkmale glaubte ich an mir allerdings nicht entdecken zu können. Hatte ich jetzt einen gewichtigen Gang und stellte Halbwüchsigen dumme Fragen? Zog man seinen Kindern jetzt weiße Socken an, wenn ich kam, und atmete auf, wenn ich wieder ging? Es wird wohl so ähnlich gewesen sein, aber dergleichen war mir nie bewußt. Auch bei meinem Vater nicht. Sicher war er bedeutend gewesen und einflußreich. Aber ein «wichtiger Mann» – so wie die anderen? Aus der Nähe hatte sich das vollkommen anders angefühlt.

In den Fußstapfen meiner Väter war ich nun jedenfalls ohne Umwege in die Hamburger Handelskammer gelangt. Mein Urgroßvater war schon 1864 in die Commerzdeputation gewählt worden, mein Großvater 1884 in das Plenum der Kammer. Mein Vater hatte dem Plenum von 1913 bis 1948 angehört und war von 1923 bis 1926 Präses gewesen. In der Lokalpresse feierte man jetzt die alte hanseatische Familientradition, und ich mochte meine Rolle als Erbe ohne Vormund.

So war denn die Wahl auch nur eine reine Formsache gewesen. Meine Ernennung hatte längst festgestanden. Gegenkandidaten gab es nicht. Ich wußte allerdings, daß manche Kaufleute nur zögernd zugestimmt hatten. Mein Vorgänger, Albert Schäfer, den die Engländer 1946 zum Präses gemacht hatten, hatte sich nämlich unter den Mitgliedern große Achtung erworben, und so waren im Hinblick auf den relativ unbekannten Nachfolger manche Bedenken geäußert worden.

Nun mußte ich auch noch eine Antrittsrede halten, und wenn es mir nicht gelang, die Bedenken einigermaßen zu zerstreuen, hatte ich fürs erste verspielt. Und damals haßte ich Reden! Alles, so hatte ich gesagt, als man mir das Amt antrug, alles würde ich gerne tun, Sitzungen leiten, Stellungnahmen ausarbeiten, Gutachten beurteilen und so fort – nur öffentliche Reden würde ich nicht halten, öffentliche Reden könne niemand von mir verlangen. Natürlich wußte ich, daß sie dazugehörten, daß ein Präses nicht allein im stillen Kämmerlein wirkte. Ich wollte nur vorbeugen, wollte von vornherein klarstellen, daß Reden nicht meine Stärke waren.

Sicher hatte ich schon in meinem Elternhaus bei Geburtstagen, Taufen und Konfirmationen Reden halten müssen, aber es war mir immer unendlich schwer gefallen. Der Schweiß war mir ausgebrochen, und als ich noch sehr jung gewesen war, hatte ich manchmal kein einziges Wort herausgebracht. Noch immer lernte ich alle Tischreden auswendig, und noch immer hatte ich einen Kloß im Magen und litt unter Schweißausbrüchen. Ich kam mir vor wie Demosthenes am Strand, der mit einem Mund voller Kieselsteine seine Reden übte. Nur spuckte Demosthenes die Kieselsteine im rechten Augenblick aus und konnte dann glänzend sprechen.

So war ich denn in der Plenarsitzung gleich nach meiner Wahl – ich durfte zum erstenmal auf dem erhöhten Präsesstuhl sitzen – auch furchtbar aufgeregt. Um die Steine loszuwerden, hatte ich vorher einen großen Whiskey getrunken. Das half. Ich redete und redete alles das, was ich auswendig gelernt hatte, und die unbewegten Kaufmannsgesichter schienen mir freundlicher zu werden.

Ich sprach von meinem Vater, der auch im Alter von 48 Jahren Präses geworden war, und von der Pflicht, die die Tradition mir auferlegt hatte. Ich sprach überhaupt viel von Pflicht, von Aufgaben und Verantwortung. Das alles sei etwas sehr Schönes, so sagte ich, und um meine Freude an Arbeit und Ämtern zu bekräftigen, bemühte ich schon damals Rabindranath Tagore, den ich später noch oft zitiert habe: «Ich schlief und träumte, das Leben sei Freude. Ich erwachte und sah, das Leben ist Pflicht. Ich tat meine Pflicht und sah, Pflicht ist Freude.»

Dann setzte ich mich wieder auf den hohen Stuhl, und plötzlich waren die Steine fort. Ich bekam Beifall, ich lächelte, und später gab man mir Sekt. Viele wohlmeinende Hände faßten nach mir, und viele wohlmeinende Wünsche schwirrten um meinen Kopf. Und dann blitzte es. Zum erstenmal in meinem Leben galt mir allein ein öffentlicher Blitz. Als er vorüber war, sah ich einem Pressefotografen in die Augen. Der Mann nahm mich wichtig. Und von diesem Augenblick an schwebte ich in der Gefahr, mich selber wichtig zu nehmen – sehr wichtig. Meine Freunde gaben sich alle Mühe, das zu verhindern. Sie nannten mich von nun an «Der Präsident», und sie taten es nie ohne Ironie.

Das galt auch für die Familie. Schon immer hatte der leise Spott unseren Tonfall bestimmt, und daran änderte sich auch nichts. Gertrud war damals im Wintersport, und sie schickte mir ein Telegramm, das ganz im üblichen Familienstil gehalten war: «Mög' die Rundung des Gesäßes / passen in den Stuhl des Präses.» Das gefiel mir.

Es gab allerdings immer noch genügend Leute, die eher so dachten wie der Pressefotograf. Und natürlich hörte ich gerne auf diese Leute und hatte mir bald das passende Gesicht und die passenden Gesten für wichtige Anlässe zugelegt.

Und Anlässe gab es genug. Wann immer irgendeine Feierlichkeit im Hamburger Rathaus stattfand, war der Kammerpräses dabei. Gleich im ersten Jahr meiner Amtszeit machte Bürgermeister Kurt Sieveking – von 1953 bis 1957 regierte in Hamburg ein Parteienblock unter Führung der CDU – dem hanseatischen Ruf der Weltoffenheit alle Ehre. Binnen weniger Monate empfing er den indischen Ministerpräsidenten Jawaharlal Nehru, den liberianischen Staatspräsidenten William Vacanarat Shadrach Tubman und den indonesischen Ministerpräsidenten Achmed Sukarno.

Nehru kam im Juli, und Nehru hinterließ bei mir einen tiefen Eindruck. Er strahlte einen großen Geist und eine große Würde aus. Es war ein fremder und unnahbarer Geist, und ich begegnete ihm mit einiger Scheu. Ich glaube nicht, daß es die feierliche und getragene Atmosphäre im Rathaus war – ich war zum erstenmal aus einem solchen Anlaß dort –, die mir Nehru als so besonders erscheinen ließ. Jahre später begegnete ich ihm bei einer Tagung der Internationalen Handelskammer in Delhi, und er hatte nichts von seiner großen Ausstrahlung verloren.

In der Regel kam man sich bei solchen Begegnungen allerdings nicht sehr nahe, und so habe ich mich nie wirklich persönlich mit Nehru unterhalten. Damals in Hamburg tauschten wir Höflichkeiten aus und sprachen sehr formal über die Handelsprobleme in der Dritten Welt. Ich überreichte ihm dann eine Urkunde über eine Stiftung der Hamburger Wirtschaft: Wir wollten hundert indischen Praktikanten einen einjährigen Aufenthalt in unserer Stadt ermöglichen.

Kaum war Nehru abgereist, zeigte die Hansestadt sich jedoch weit weniger weltoffen, als man es ausländischen Staatschefs gerne vorgaukelte: Die Ausbildungsstellen in den Firmen waren zwar gesichert, aber die Unterbringung der Inder erwies sich als peinliches Problem. Ausländer wollte niemand bei sich wohnen lassen, auch nicht gegen Entgelt. Erst nach langen Bemühungen fanden sich ausreichend Unterkünfte.

Das sollte sich nicht wiederholen. Für ähnliche Aktionen in der Zukunft wollten wir deshalb ein Praktikantenheim bauen. Im Auftrag der Handelskammer wurde ein Grundstück in Othmarschen erworben und sechs Jahre später in der Tat das Heim eröffnet. Damit, so meinten wir, hatten wir genug getan. Keiner von uns Kaufleuten wäre auf den Gedanken gekommen, einen jungen Inder, Liberianer oder Indonesier im eigenen Haus unterzubringen.

Tubman und Sukarno bekamen dann auch gar nicht erst so großzügige Ausbildungshilfen angeboten. Bei Tubman wußten wir ohnehin nicht recht, was wir von ihm zu halten hatten. Er erschien uns als Exot, und das nicht nur, weil er schwarz war. Er wirkte keineswegs würdig, sondern bei aller Intelligenz eher ein wenig täppisch. Die europäische Kultur war ihm vollkommen fremd. Wir lächelten über ihn, und wir lächelten erst recht, als er sich beim Abendessen Eisstücke in den teuren Bordeaux warf.

Ich machte ihn höflich darauf aufmerksam, daß so ein guter roter Wein eigentlich am besten schmeckte, wenn er gerade die Zimmertemperatur erreicht habe. Tubman lachte. «De Gaulle hat auch schon bemängelt, daß ich Rotwein immer mit Eis trinke», erklärte er vollkommen unbefangen, «aber mir schmeckt er so eben besser.» Wir waren verblüfft.

Tubman lachte noch oft an diesem Abend, und uns verging langsam das Lächeln. Wir hatten das ungute Gefühl, daß er uns manchmal einfach auslachte, uns und unsere Sitten und unsere ganze Achtbarkeit.

Wir waren leicht verwirrt. Die Dritte Welt, das waren Tee und Kaffee, Gewürze und Baumwolle und vieles andere mehr. Aber woher kamen nun diese Staatschefs, die würdig wirkten oder lachten und die man im Rathaus festlich bewirten mußte, um mit ihren Landsleuten problemlos Handel treiben zu können? Früher hatte man sich mit Engländern, Holländern und anderen verständigt. Die Dritte Welt, das waren Kolonien, in denen die Kolonialherren den Handel organisierten und den Eingeborenen das Alphabet und den lieben Gott ins Land brachten.

Vielen Eingeborenen hatte das auf die Dauer nicht gefallen. Sie hatten rebelliert, und Rebellen waren uns schon immer verdächtig gewesen. Hatten die Engländer Nehru nicht mehrfach ins Gefängnis gesteckt, weil er Widerstand gegen ihre Herrschaft geleistet hatte? Hatten die Holländer Sukarno nicht aus den gleichen Gründen vorübergehend aus Indonesien verjagt? Nun hatten diese Rebellen ihrerseits die Kolonialherren nach Hause geschickt, hatten sich gestreifte Anzüge angezogen und saßen bei uns im Rathaus.

Und die Anzüge hatten den Ausschlag gegeben. Die Anzüge und die Tatsache, daß beide nun international als Staatschefs anerkannt waren. War es uns im Grunde nicht immer gleichgültig gewesen, mit wem wir uns gutzustellen hatten, solange nur die Geschäfte florierten? So machten denn auch viele von uns zwischen dem großen Staatsmann Nehru und dem autoritären Herrscher Sukarno kaum einen Unterschied.

Die Verwirrung galt natürlich in erster Linie für die älteren Kaufleute. Sie hatten den Wechsel nach dem Zweiten Weltkrieg erst recht nicht so schnell nachvollziehen können. Schließlich schickten sie inzwischen auch ihre Söhne in die fernen Länder und blieben selbst im heimischen Kontor. Das internationale Durcheinander dieses Sommers machte ihnen arg zu schaffen, und einer von ihnen, der sogar einmal Bürgermeister gewesen war, fragte denn auch Sukarno während des feierlichen Diners im Rathaus: «Wie geht es denn jetzt bei Ihnen in Niederländisch-Indien?» Sukarno lächelte.

Als Kammerpräses mußte ich nun nicht nur zur Unterhaltung ausländischer Staatschefs beitragen, sondern auch auf ungezählten Konsularempfängen und Firmenjubiläen erscheinen – und Reden halten. Am Anfang machte mir das Repräsentieren deshalb wenig Spaß. Inhaltlich konzentrierte sich die Arbeit im ersten Jahr meiner Amtszeit auf die Neufassung des Kammergesetzes, denn seit 1945 gab es keine bundeseinheitliche Regelung. Die Kammern sollten als Körperschaften öffentlichen Rechts anerkannt und die Zwangsmitgliedschaft sollte für verfassungsrechtlich zulässig erklärt werden. Wir setzten uns durch. Im Dezember 1956 wurde ein entsprechendes Bundeskammergesetz verabschiedet.

Jetzt waren wir offiziell autorisiert, für alle Gewerbetreibenden zu sprechen. Wir hatten den Einzelhändler ebenso zu vertreten wie den Großunternehmer und das ambulante Gewerbe. So fühlten wir uns bemüßigt zu betonen, daß Kammern keine Politik machen sollten. Wir meinten nicht wörtlich, was wir sagten. Sicher, mit der internen Parteipolitik hatten wir nichts zu schaffen, aber natürlich machten wir Politik. Der Hamburger Senat verabschiedete keine Wirtschaftsmaßnahme, ohne daß die Meinung des Kammerpräses eingeholt wurde. Ich konnte nicht entscheiden, aber ich konnte Einfluß ausüben. Und das galt für jede Regierung, ganz gleich, ob die CDU oder die SPD die Mehrheit hatte. Ich mußte mit allen auskommen, und meistens gelang es mir, obwohl ich aus meiner Parteizugehörigkeit nie einen Hehl gemacht habe.

Wir hatten nun also, so sagten wir, die Interessen der Gesamtwirtschaft zu vertreten, und die war für uns identisch mit der unternehmerischen Wirtschaft. Arbeitnehmer kamen nicht vor, sie wurden von der Gewerkschaft vertreten.

Bei offiziellen Stellungnahmen taten wir uns dennoch schwer, denn wir mußten den Interessen sämtlicher Sparten gerecht werden. Und wie konnte man Großindustrielle und kleine Einzelhändler, Bankiers und Straßenverkäufer unter einen Hut bringen? Um akrobatische Verrenkungen zu vermeiden, beschränkte man sich in der Öffentlichkeit meistens auf allgemeine und umfassende Aussagen zur Wirtschaftspolitik. Der Hamburger Kammerpräses hatte eine solche Stellungnahme traditionell am 31. Dezember jeden Jahres vor der «Versammlung Eines Ehrbaren Kaufmanns» abzugeben.

Der «Ehrbare Kaufmann» ist ein alter Hamburger Traditionsverein, steifer als gestärktes Leinen und ehrwürdiger fast als der Papst in Rom. Seit Jahrhunderten wachen die Vorstandsmitglieder über Anstand und Sitte im hanseatischen Geschäftsleben. Die Vorfahren gaben sich allerdings bescheidener: «gemener kopman» hatten sie den Verein genannt, der 1517 zum erstenmal das verbriefte Recht erhielt, sechs «Kaufmannsälterleute» zu wählen, die «alles Notwendige zu des Kaufmanns Nutzen fördern und alle Nachteile verhüten» sollten. «Gemen» wollte man allerdings nicht lange bleiben, schon gar nicht, als der Rat, aus dem später der Senat wurde, sich «Ehrbarer Rat» nannte. So entstand der «Ehrbare Kaufmann».

Bis zur Gleichschaltung 1933 wurden die Amtsträger der Kammer von der «Versammlung Eines Ehrbaren Kaufmanns» gewählt. Unter den Nazis blieb nichts als die Ehrbarkeit, und wie sehr man sie gerade damals über jeden Zweifel erhob, habe ich schon berichtet. Die traditionellen Tugendwächter blieben jedoch auch nach 1945 ohne rechte Funktion, denn die Kammermitglieder wählten ihre Repräsentanten jetzt selbst. Der «Ehrbare Kaufmann» schlummerte bis 1955. Dann wurde er energisch geweckt. Die neue Zeit, so sagten die alten Kaufleute, war eine gefährliche Zeit. Man konnte täglich zusehen, wie die Sitten verfielen. Wer hatte noch den rechten Anstand geerbt? Da tummelten sich mehr und mehr Geschäftemacher in der Stadt. Würden sie die hanseatische Ehrbarkeit nicht bald zerrütten?

Es galt, den tradierten Werten Nachdruck zu verleihen, und der «Ehrbare Kaufmann» schrieb sich in die Statuten: «Die Mitglieder des Vereins verpflichten sich, im Geschäftsverkehr Treu und Glauben zu beachten und Handlungen zu unterlassen und zu bekämpfen, die mit der Ehre und dem Anspruch auf kaufmännisches Vertrauen nicht zu vereinbaren sind.» Nur wer zwei «Ehrbare» als Bürgen vorweisen kann, durfte Mitglied werden und das Gütesiegel «EEK» auf seinen Briefkopf setzen. Die Regeln gelten noch heute.

Das begehrte Kürzel degenerierte allerdings bald zu einer Art Ehrenausweis für Zugereiste. Die «Geborenen» unter den Kaufleuten hatten die Ehrbarkeit seit Generationen gepachtet und hüteten sich vor den drei Großbuchstaben. Die Mitgliedschaft gehörte zwar zum guten Ton, aber man hatte es nicht nötig, darauf zu verweisen. So hielten wir es auch.

Am letzten Sonnabend im Dezember 1956 pünktlich um zwölf Uhr mittags hatte sich nun die Hamburger Ehrbarkeit geschlossen im hohen Mittelsaal der Börse versammelt. Der Verein zählte damals rund 2000 Mitglieder, und neben den Kaufleuten, den «Geborenen» und den Zugereisten, waren auch die parlamentarischen Würdenträger der Stadt erschienen, vom Bürgermeister Sieveking bis zu zahlreichen Senatoren. Die traditionelle Jahresrede war mein offizielles Debüt in der Öffentlichkeit. Ich war aufgeregt wie ein Schauspieler, der zum erstenmal die Bühne betritt. Wieder hatte ich Kieselsteine im Mund und schwitzte, und im Auto lag ein trockenes Hemd bereit, denn im Anschluß an die Versammlung aß man Austern im kleinen Kreis.

Natürlich hatte ich die Rede tagelang vorbereitet, hatte den Hauptgeschäftsführer der Handelskammer, Hans Bielfeldt, und die Abteilungsleiter nach Rissen gebeten und alle Einzelheiten mit ihnen diskutiert. Dann hatte ich die Rede zusammengestellt und nahezu auswendig gelernt. Das konnte ich inzwischen schon ziemlich schnell, und später meinten die

Zuhörer oft, ich würde frei sprechen. Am Morgen hatte ich dann noch einmal stehend und gestikulierend in meinem Arbeitszimmer geprobt, und jetzt stand ich am Rednerpult. Ich vermied jeden Blickkontakt und dachte an die Reiter auf dem großen Jagdbild von Jank, die mir noch vor wenigen Stunden geduldig gelauscht hatten. Und kaum hatte ich die ersten Sätze gesprochen, ließ die Aufregung nach.

Zum erstenmal formulierte ich umfassend die Belange der Wirtschaft. Die Forderungen blieben dann über Jahrzehnte die gleichen. Die grundsätzliche und angemessene Denkweise hatte ich mir schon im ersten Jahr als Kammerpräses – vorher hatten die globalen Zusammenhänge mich kaum beschäftigt – zu eigen gemacht. Später ging es oft nur noch darum, unveränderte Grundgedanken auf die aktuelle Situation zu übertragen und für alte Postulate neue Formulierungen zu finden. In der Regel erschienen uns die Löhne zu hoch, das Eigenkapital zu niedrig, die Vermögensbildung bei den Privaten zu gering, es fehlte an Sparanreizen, der Staat zog den Bürgern das Geld aus der Tasche und so fort. In Hamburg durfte dann ein tragender Schluß nicht fehlen, in dem von der historischen Verpflichtung der Kaufleute, dem Gemeinwesen und dergleichen mehr die Rede war. Jene erste Jahresrede beendete ich mit dem Satz: «Wir müssen bestrebt bleiben, durch die Erhaltung eines unabhängigen und selbständigen Denkens das Unsrige zur Wahrung unserer freiheitlichen Konzeption beizutragen.»

Hehre Worte, in der Tat, doch unüblich waren solche Worte nicht. Sie gehörten in diese Stadt, in der wir stolz waren auf das, was wir unsere liberale Bürgertradition nannten. So glaubte man mir, ich glaubte mir, man klatschte laut, und ich war zufrieden. Am Montag standen viele Blumen im Büro, und Frau Mann, die Sekretärin, die ich von meinem Vater übernommen hatte, brachte mir die Presseberichte. In ihrer Gegenwart gab ich vor, Wichtigeres zu tun zu haben, wie ich überhaupt in guter hanseatischer Sitte Dritten gegenüber jeden Erfolg herunterspielte. Kaum hatte Frau Mann

226

jedoch das Zimmer verlassen, griff ich ungeduldig nach der Mappe und genoß im stillen die vielen lobenden Worte, die die Journalisten für den «guten neuen Mann» – so hatten sie angeblich schon am Sonnabend in der Presseecke gemunkelt – gefunden hatten.

Wer einmal auf der Tänzerliste steht

Die Vergabe von Ehrenämtern unterscheidet sich kaum von den konventionellen Spielarten des gesellschaftlichen Lebens: Wer einmal auf der Tänzerliste steht, wird überall eingeladen. Als Kammerpräses wurde ich zu einer begehrten Repräsentationsfigur für die Hamburger Traditionsvereine.

1957 bestellte mich die Niederländische Armenkasse zu ihrem Jahresverwalter, ein Amt, das auch mein Vater und mein Großvater früher schon ausgeübt hatten. Die Geschichte des Vereins ist beinahe so alt wie die des «Ehrbaren Kaufmanns». Im 16. Jahrhundert waren zahlreiche Holländer vor dem spanischen Herzog von Alba, der im Namen König Philipps II. in den Niederlanden eine Militärdiktatur errichtet hatte, nach Hamburg geflohen. Die Wohlhabenden unter ihnen hatten in der neuen Heimat für ihre mittellosen Landsleute die Armenkasse gegründet.

Als ich Jahresverwalter wurde, war die Niederländische Armenkasse längst zu einer Art von privatem sozialem Netz für die Hamburger Kaufmannschaft geworden. Während wir öffentlich gegen die Steuern und den hohen Staatsanteil in der Volkswirtschaft wetterten, sorgten wir im stillen dafür, daß die verschämten Armen unseres Standes im Alter nicht allein auf eine kärglich bemessene Staatsrente angewiesen waren.

Die mittellose Verwandtschaft, unverheiratete Basen, Witwen oder die Abkömmlinge ehemals namhafter Kaufleute, die notleidend geworden waren – in der ersten Generation reichte meistens noch das Restvermögen –, erhielten und erhalten Unterstützung aus der Niederländischen Armenkasse. Bis heute dürfen sie eine solche Unterstützung allerdings nicht von sich aus beantragen, sondern müssen von Vereinsmitgliedern vorgeschlagen werden. So bleibt der Empfängerkreis geschlossen.

Der Verein bezieht seine Gelder aus Spenden. Und da der Verein ein Traditionsverein ist, füllen die Geldgeber nicht etwa nur zu irgendeinem Datum schnöde Überweisungsformulare aus, sondern an jedem 25. März wird – in der Regel im Hotel Vierjahreszeiten – ein großes Abendessen veranstaltet. Der Jahresverwalter sammelt dann die Spenden ein, und die sogenannten Freunde des Vereins bekamen bis vor ein paar Jahren eine Blankobescheinigung für die Steuerbehörde. Seit Spendenskandale allerdings Schlagzeilen machen, ist der Hamburger Finanzsenator selbst mit der renommierten Armenkasse strenger geworden: Der steuerabzugsfähige Spendenbetrag muß penibel in die Bescheinigung eingetragen werden. Am 25. März spielt der Jahresverwalter gleichzeitig den Gastgeber – eine teure Ehre, denn am Ende des Abends hat er aus eigener Tasche die Rechnung für mehr als hundert Freunde des Vereins zu begleichen. Das Amt ist deshalb auch auf ein Jahr begrenzt.

Als 1957 die Reihe an mir war, wollte ich den unsinnigen Aufwand, der für diese Essen getrieben wurde, durch einen demonstrativen Akt einschränken. Ich ließ die Karte des zehngängigen Menüs nachdrucken, das mein Vater 1914 gegeben hatte, und legte sie aus. Auf der Rückseite jedoch stand ein anderes Menü. Es bestand aus einer Tasse Suppe, einem Tellergericht und Eis. Und mehr bekamen die Herren nicht an diesem Abend. In meiner Rede erklärte ich dann, daß mir die Jahresessen in der Vergangenheit für einen wohltätigen Verein etwas zu üppig erschienen wären. Ich persönlich hätte

228

jedoch nicht sparen wollen, so sagte ich, und hätte deshalb das Menü meines Vaters kalkulieren lassen und die Differenz in die Kasse gezahlt.

So hatte ich zum erstenmal etwas anders gemacht als mein Vater, ohne ihn zu verleugnen. Im Gegenteil. Ich trug seine Prinzipien der Sparsamkeit und der Bescheidenheit unversehrt hinüber in die anbrechende Zeit des Überflusses. Im Augenblick des Wandels mußte ich mich deutlicher zu den alten Werten bekennen, als er es 1914 für notwendig befunden hatte. Und eben weil diese Werte für mich eine unverrückbare Gültigkeit besaßen, fiel es mir leicht, mich unüblich zu verhalten. Das Wissen meiner Väter war so beschaffen, daß ich der Zustimmung «wichtiger Leute» fast immer gewiß sein konnte.

Und so gefiel den anderen Kaufleuten denn auch mein doppeltes Menü. Sie fanden den Gedanken «originell» und «beispielhaft» – und als wir im nächsten Jahr alle wieder ein sehr viel besseres Essen genossen, taten wir es in dem beruhigenden Bewußtsein, einem Verein anzugehören, der sich den alten Tugenden streng verpflichtet hatte.

Die Niederländische Armenkasse hatte noch eine andere traditionelle Geldquelle, die allerdings wahrhaft bescheiden sprudelte. Anders hätte es der hanseatischen Achtbarkeit auch schlecht angestanden, denn die Quelle wurde aus einem Grund gespeist, den der aufrechte Kaufmann im täglichen Leben niemals als sein eigenes Territorium anerkannt hätte: Es war die Spielerleidenschaft.

Wie leidenschaftlich es dabei zuging, läßt sich schon daraus ersehen, daß zwanzig Spieler – auch in späteren Zeiten – am Abend kaum mehr als hundert Mark zusammenbrachten, die dann an die Armenkasse überwiesen wurden. Und selbstverständlich war es kein ordinäres Glücksspiel, dem wir heimlich frönten. Wir spielten Bridge, und der Verein, in dem wir spielten, war eine angesehene Einrichtung aus dem 18. Jahrhundert: die «Einigkeit».

Damals hatten sich ein paar wackere Patrioten «einig in der

Liebe zur Vaterstadt» erklärt, und mittlerweile zählte die «Einigkeit» zwanzig Mitglieder – mehr durften es nicht sein. Dazu gehörten nicht nur Kaufleute, sondern auch Anwälte, Notare und andere, die in der Hansestadt Rang und Namen hatten. Vor der Aufnahme eines neuen Mitglieds wurde nach altem Brauch mit schwarzen und weißen Kugeln abgestimmt. Wenn eine einzige schwarze Kugel fiel, war auch der Bewerber durchgefallen. Meistens holten jedoch ohnehin die Väter ihre Söhne nach. Anders als beim «Ehrbaren Kaufmann» hatten die «Zugereisten» in der «Einigkeit» allenfalls eine Chance, wenn sie die Tochter einer alten Hamburger Familie heirateten. So blieb die «Einigkeit» unverwässert und honorig – und ein wenig verschlafen. Manchmal belustigten wir uns selbst darüber.

Im Winter trafen wir uns nun an jedem ersten Dienstag im Monat zum Essen und zum Bridge. Unser Direktor – so nannte sich das Oberhaupt der «Einigkeit» – war damals ein älterer Herr, der zwar kaum noch laufen konnte, aber ganz wild auf das Hamburger Nachtleben war. Er liebte St. Pauli, und wenn wir genügend Alkohol getrunken hatten, legten wir die Bridgekarten beiseite und verließen den seriösen «Neuen Unionclub». Schon in der Garderobe setzten wir verschmitzte Verschwörermienen auf und versicherten uns gegenseitig: «Der Herr Direktor wünscht es so.» Und dann zogen wir auf die Reeperbahn.

Ich hatte schon früh gelernt, daß solche Ausschweifungen erlaubt, daß sie Teil unserer Sitten waren, wenn ich nur morgens beizeiten wieder im Kontor saß. So hielten wir es alle und waren auf unsere Lebenslust und unsere Disziplin gleichermaßen stolz.

Die St.-Pauli-Zeiten sind nun längst vorüber, aber in der «Einigkeit» bin ich noch heute. Und ich mag die Dienstage im Winter, obwohl die «Einigkeit» eigentlich ein vollkommen sinnloses Unternehmen ist. Ich fühle mich dort einfach wohl.

Das gilt auch für die Petersen-Runde, die an jedem ersten

Freitag im Monat zusammenkommt. Der erste Nachkriegs-
bürgermeister, Rudolf Petersen, hielt die Handelskammer
für die wichtigste Einrichtung unserer Stadt. «Bürgermeister
ist ja ganz schön», pflegte er zu sagen, «aber Kammerpräses
wäre ich viel lieber geworden.» Immerhin saß er, der einer
eigenen Handelsfirma vorstand, jahrelang im Plenum, und
für die Wortführer der Kammer gründete er bald nach dem
Krieg die Petersen-Runde. Einmal im Monat trafen wir uns
mittags im Hotel Atlantic, luden uns reihum zum Essen ein
und diskutierten die wirtschaftliche Lage der Hansestadt.

Anfangs gab es viel zu besprechen, und die Meinung der
Petersen-Runde zählte etwas in der Stadt. Wir galten als die
grauen Eminenzen der Geschäftswelt, und über unsere Treffen wurde gemunkelt. Wenn es hieß, in der Petersen-Runde
habe man diese oder jene Meinung vertreten, galt eine Sache
oft als beschlossen, bevor die zuständigen Gremien entschieden hatten.

Doch selbst in Hamburg büßten graue Eminenzen mit der
Zeit etwas von ihrem Einfluß ein. Bald waren wir nicht mehr
allein die alteingesessenen Im- und Exporteure, die das Wirt-
schaftsleben bestimmten. Der Wohlstand in der Hansestadt –
die Höhe der Steuereinnahmen und des verfügbaren Ein-
kommens – hing beispielsweise mehr und mehr von der
Industrieansiedlung großer Konzerne ab. Und über das Für
und Wider von Subventionen wurde dann in der Tat im Rathaus debattiert und entschieden.

Aus der Petersen-Runde ist nun schon längst ein freundlicher Brauch ohne große Bedeutung geworden. Wir treffen
uns noch immer im «Atlantic», und wir diskutieren noch immer heftig über die Fragen der Hamburger Wirtschaft. Man
munkelt nur nicht mehr darüber, und die meisten von uns
haben in der Handelskammer ohnehin keine Funktionen
mehr. Es wachsen jedoch andere nach, und einschlafen wird
die Runde deshalb noch lange nicht.

In Hamburg galt nämlich schon immer das Prinzip, daß
ein Brauch – ob jung oder alt – um jeden Preis aufrechterhal-

ten werden mußte. Wie konnten wir Kaufleute es auch wagen, an den Grundpfeilern unserer Ordnung zu sägen? Wir waren zwar anpassungsfähig und nannten uns deshalb auch gerne liberal. Aber wenn wir von Urteilskraft sprachen, meinten wir die geerbten Maßstäbe, und wenn wir von Unabhängigkeit sprachen, meinten wir die Kraft, die aus der Tradition wächst. So pflegten wir unsere Traditionen mit besonderer Sorgfalt, und bis heute muß ein führender Kaufmann zu Beginn des Jahres eine Menge Daten im Kalender eintragen, die seit Jahrzehnten feststehen.

Zu den alten Bräuchen, die längst ihre Funktion verloren haben, gehört auch die «Lange Nacht» am zweiten Freitag im Dezember. In dieser Nacht wurde früher der Jahresbericht der Handelskammer erstellt. Aus dem Bericht ist inzwischen ein dickes Buch geworden, aber noch immer treffen sich Präses, Geschäftsführer und Mitglieder des Plenums an jenem Freitag – im einen Jahr im «Atlantic», im nächsten in den «Vierjahreszeiten» – zum Abendessen, um den seit Monaten vorbereiteten Bericht zu verabschieden. Und noch immer wird daraus eine «Lange Nacht».

Im Februar lädt dann der Bürgermeister zur Mathaei-Mahlzeit ins Rathaus ein. Dort speisen die Kaufleute seit 1356 – «sofern die Zeitläufte es erlaubten», und oft erlaubten sie es nicht – mit «Vertretern der Hamburg freundlich gesonnenen Mächte». Früher begleiteten die Musikanten des «Ehrbaren Rates» die Tafelfreuden, «zu ergötzen die Herzen mit Singen und Scherzen, weil Hamburgs regierender Götterkreis lacht». Heute spielt das Kammerorchester der Hamburger Symphoniker, und die internationalen Gäste sind oft Vertreter ausländischer Konzerne und Investmentgesellschaften.

Im Sommer revanchieren sich die Kaufleute mit dem «Ostasiatischen Liebesmahl» und dem «Dia de la rasza». Ein Hauch von exotischer Schwelgerei in der nüchternen Hansestadt? Keineswegs. Es handelt sich schlicht um die Jahresessen des Ostasiatischen und des Iberoamerikanischen Vereins, beide von Kaufleuten gegründet, die mit den Ländern

232

der jeweiligen Regionen besonders intensiven Handel trieben. Münchmeyer & Co. war stark in Lateinamerika engagiert, und so war Hans Heinrich Waitz lange Vorsitzender des Iberoamerika-Vereins.

Die meisten dieser Einrichtungen sind so hanseatisch, daß über die Grenzen der Stadt hinaus kaum einer von ihnen weiß – es sei denn, er war selbst einmal bei einer der Veranstaltungen zu Gast. Anders der Überseeclub. Wir Kaufleute sind fest davon überzeugt, daß dieser Debattierclub von Format in der internationalen Wirtschaft ebenso bekannt ist wie die Lastermeile von St. Pauli unter den Seeleuten aller Länder.

Nun ist auch der Überseeclub auf den ersten Blick nichts weiter als ein überdimensionaler Gesellschaftsraum für gewichtige Herren. An den Fenstern schwere Portieren, an den Decken Lüster von Kristall, an den Wänden Ölgemälde in breiten, verzierten Goldrahmen, Marmorsäulen, Stuckdecken und in den Besprechungsecken englische Sitzgruppen mit glänzendem Leder überzogen. Ein Club schöner als jeder andere, wie wir Hamburger finden, mit Sitz am Neuen Jungfernstieg im alten Amsinck-Palais aus dem Jahre 1831.

Und ein Blick auf die Rednerliste zeigt, daß unser Club in der Tat nichts mit jenen ordinären Orten gemein hat, an denen Frühstücksdirektoren bei Champagner und Kaviarbrötchen ihre Geschäfte vorbereiten. Schon in den zwanziger Jahren zählten John Maynard Keynes, Oswald Spengler, Gustav Stresemann und Hjalmar Schacht zu den prominenten Gastrednern. Der Club war 1922 auf Anregung von Max Warburg als Forum für den offenen Meinungsaustausch zwischen Wirtschaft, Wissenschaft und Politik gegründet worden. Der erste Präsident war der Geheimrat Cuno, der erste Ehrengast im August 1922 Reichspräsident Ebert – immerhin das Oberhaupt der neuen Republik, und Funktionsträgern gebührte schon damals in jedem Fall Respekt.

Und schließlich hatten die Clubmitglieder sich von Anfang an der Gedankenfreiheit verpflichtet. Sie blieben diesem Prinzip treu, auch im Dritten Reich: Der Club blieb geschlossen. Die Nazis hatten ihn zwar nicht ausdrücklich verboten, aber die Clubmitglieder hatten die Gleichschaltung abgelehnt und schon im Dezember 1933 die Auflösung beschlossen. 1948 wurde der Club dann neu gegründet und Rudolf Petersen zum ersten Präsidenten ernannt. Und auch die Nachkriegsliste zeugt von Format. Da kamen Bundespräsidenten und Bundeskanzler, Charles de Gaulle, François Mitterrand, Edward Heath, Kurt Waldheim, Werner Heisenberg, Carl Friedrich von Weizsäcker, Helmut Thielicke und viele andere.

Wir Kaufleute blieben ambivalent. Wir hörten Andersdenkende an und zollten ihnen Beifall, weil sie sich einen Namen gemacht hatten. Sicher, es ging um das Ansehen unserer Vaterstadt, und ein Hauch von Geist und Internationalität konnte auch dem Geschäft nicht schaden. Doch wenn die Vortragsredner unseren angestammten Bereich, die bodenständige Wirtschaft, verließen, folgten wir ihnen beinahe schüchtern. Für intellektuelle Spielereien fehlte im Kaufmannsjargon bisweilen die wortreiche Vielfalt. Dann waren andere uns oft voraus, andere, die sich an unserer Universität den Fakultäten der Denker verschrieben hatten. Auch solche waren im Überseeclub – eben das war ja der Sinn –, und wir akzeptierten uns gegenseitig.

Ich selbst war einfaches Mitglied und auch als Kammerpräses noch viel zu unbekannt, als daß man mir die Präsidentschaft angetragen hätte. Erst 1964, als ich mir schon als Präsident des Deutschen Industrie- und Handelstages (DIHT) einen Namen gemacht hatte, wurde ich für vier Jahre erster Mann des hanseatischen Renommiervereins. Wie immer, wenn ich ein Amt übernahm, kümmerte ich mich zunächst um die Finanzen. Und obwohl ich in dieser Zeit den Umzug in das Amsinck-Palais durchsetzte und die Renovierungen teuer waren, konnte ich den Club schuldenfrei an meinen Nachfolger – und Vorgänger – Rolf Stödter übergeben. Schließlich war ich Kaufmann.

Als Präsident des Überseeclubs war man in erster Linie dafür verantwortlich, jene Rednerliste auf dem traditionellen Niveau zu halten. Ich mußte prominente und interessante Redner aus aller Welt für den Club gewinnen und hatte großen Spaß daran. Im täglichen Geschäft hatte der Präsident dann allerdings eher die Funktion eines Protokollchefs. Einladungslisten und Tischordnungen bedurften eines großen diplomatischen Geschicks, denn je wichtiger die Herren wurden – Damen waren in der Regel nicht zugelassen –, desto größeren Wert legten sie auf angemessene Beachtung und Plazierung.

Was zählte, war allein die Funktion in der Wirtschaft oder in der Politik. Obwohl wir für unsere wichtigste Jahresveranstaltung ein traditionsbezogenes hanseatisches Datum gewählt hatten – der sogenannte Überseetag findet immer am Geburtstag des Hamburger Hafens statt –, hatten die «Geborenen» im Überseeclub nicht unbedingt den Vortritt. Die Amsincks und die Blohms, die Nottebohms und die Godefroys mochten im Club an der Alster weiter den Ton angeben. Im Überseeclub saßen bald die Körbers und die Töpfers – erfolgreiche Hamburger Unternehmer einer jüngeren Generation – am Tisch des Bundespräsidenten.

Ich verlor mehr und mehr den Kontakt zu der alten Gesellschaft. Nach dem Tod meines Vaters waren wir nach Rissen auf den Luusbarg gezogen und hatten uns das Haus meiner Eltern ausgebaut. Meine Mutter bekam ein neues, kleineres Haus gleich nebenan. Sie wohnte dort mit meiner Schwester Gertrud Overbeck, deren Mann im Krieg tödlich verunglückt war. Später bauten sich auch meine Schwester Margarete und ihr Mann Ascan Lutteroth ein Haus auf dem gleichen Grundstück. So hatten wir uns bald alle dort draußen eingerichtet, und der Luusbarg wurde zum festen Sitz des Clans.

Mit dem Umzug hatte unser Leben sich geändert. Ich spielte nicht mehr Hockey und trieb überhaupt keinen Sport mehr in den alten Clubs. Statt dessen ritt ich viele Schleppjagden. Auch den typischen Hamburger Wintereinladungen folgten wir seltener. Der Weg war weit, und außerdem nahmen meine Ämter bald mehr und mehr Zeit in Anspruch. Wenn wir selbst Diners gaben – und wir hielten uns an den alten Brauch der großen Winteressen –, kamen aus der Kaufmannschaft eigentlich nur noch diejenigen, die im öffentlichen Leben standen und als interessant galten.

Später kamen mehr und mehr Politiker und Wirtschaftsführer. Und wie schon zu Zeiten meines Vaters war immer auch die Kunstszene vertreten, wir luden Schauspieler, Opern- und Theaterintendanten ein. So hielten die alten Hamburger uns für arrogant, die neuen für liberal. Als schließlich selbst Helmut Schmidt und Herbert Weichmann bei uns ein und aus gingen, betrachteten manche der traditionsbewußten Kaufleute diese «Verbrüderung mit den Sozis» beinahe als Verrat an der Herkunft.

Obwohl so manche konventionelle Barriere im Gesellschaftsleben fiel, wurden die Funktionsträger in der Regel nicht meine Freunde. Ich spielte nicht mit Walter Hallstein Tennis und ging nicht mit Ludwig Erhard auf die Reeperbahn. Sie und viele andere waren zwar meine Gäste, aber der Kontakt blieb funktional und offiziell. Für den Sport und die Bars hatte ich andere Freunde. Horst Herbert Alsen und Jochen Scharlach dachten nicht daran, mit mir die wirtschaftspolitische Weltlage zu erörtern, und machten sich gelegentlich sogar über meine «wichtigen» Gäste lustig. Und doch blieben selbst diese Begegnungen in gewisser Weise funktional, wenn die Freunde auch eine ganz andere Funktion für mich hatten: Sie begleiteten mich auf meinen Ausflügen in die Welt des Amüsements. Wir amüsierten uns auf den Hamburger Faschingsfesten, bei Minna Meyer, auf dem Li-La-Lerchenfeld oder auch im Sommer auf Sylt, und das betrachtete ich als gesunden Ausgleich für das geordnete Geschäftsleben.

Mein Leben verlief in festgefügten Bahnen, und je mehr Ämter ich bekam, desto disziplinierter absolvierte ich mein Programm. Das galt auch für die Wochenenden. Ich hielt mich eisern fit. Ich trieb viel Sport und achtete darauf, daß ich dabei ordentlich ins Schwitzen geriet. Anders wurde ich die Pfunde, die ich während der Woche bei den vielen offiziellen Essen zugelegt hatte, nicht wieder los. Selbst an heißen Sommertagen trug ich deshalb beim Reiten und beim Tennisspielen mehrere Pullover übereinander. Wenn ich ausreichend geschwitzt hatte, verschanzte ich mich hinter Aktenbergen. Meine Kinder sah ich nur bei den Mahlzeiten.

Im übrigen waren es inzwischen noch mehr geworden: 1947 war Gabriele, 1955 Stefanie geboren, und Hans Werner war zu uns gekommen. Er hieß zwar auch Münchmeyer, aber den Grad unserer Verwandtschaft haben wir nie genau herausgefunden. Jedenfalls hatte er seinen Vater im Krieg verloren, und nun verbrachte er die Ferien und die Wochenenden bei uns und lebte bald mit uns wie ein Sohn.

Obwohl ich meine Kinder selten sah, hatte ich nie das Gefühl, mich von ihnen zu entfremden. Ich bilde mir bis heute ein, daß meine häufige Abwesenheit unser Verhältnis nicht gestört hat. Im übrigen waren sie mir alle ähnlich. Sie waren keine Kuschelkinder und akzeptierten meine Distanz.

Ich mochte mein Leben, so wie es war, und ich wurde gerne ein «wichtiger Mann». Vater, so glaubte ich, wäre ich von selbst. Kein Amt war mir eine Last, im Gegenteil. Je ausgefüllter meine Zeit war, desto sinnvoller erschien mir mein Dasein. Das Wort Muße hatte ich nie gelernt, und ich glaubte fest an jenen einen Satz, den ich von Tagore kannte und der besagte, daß Pflicht Freude wäre.

Eine offizielle und eine inoffizielle Stimme

Während der fünfziger Jahre hatten wir nun alle Energien dem Aufbau gewidmet, hatten mit fieberhaftem Eifer unsere Häuser, unsere Konzerne und unsere Handelsbeziehungen wiederhergestellt und aufkeimende gesellschaftspolitische Konflikte erfolgreich verdrängt. Der Kalte Krieg war innenpolitisch nicht ohne Wirkung geblieben: Die Kommunisten waren aus der Gesellschaft verbannt. Und die eindeutige Abgrenzung gegenüber linksextremistischem Gedankengut hatte dazu beigetragen, die Gegensätze zwischen Konservativen und Sozialdemokraten, zwischen Unternehmern und Arbeitnehmern zu verschleiern. Gemeinsam bauten wir die Republik und lebten in der festen Überzeugung, daß die grundsätzliche Interessenidentität aller gesellschaftlichen Gruppen unerschütterlich sei.

Als der Wohlstand jedoch wuchs, als Nierentische, Versandhauskataloge und Musiktruhen in den Arbeitnehmerhaushalten Einzug hielten und die antisowjetische Hetzkampagne an Schärfe verlor, war diese Interessenidentität plötzlich bedroht. Das Märchen von den gleichen Bürgern, die 1948 alle mit 40 D-Mark in der Tasche begonnen hatten, wollte keiner mehr hören. Die sozialen Unterschiede ließen sich nicht länger verleugnen und wurden von Gewerkschaftern und Sozialdemokraten zunehmend thematisiert.

Die Wirtschaft wurde kritisiert, und wir Unternehmer sahen uns genötigt, unser Bild in der Öffentlichkeit aufzupolieren. Die integrative Kraft der gemeinsamen Not in der ersten Nachkriegszeit büßte ihre Wirkung ein. Unternehmer und Arbeitnehmer waren nicht mehr im gleichen Maße aufeinander angewiesen, und die Kompromißbereitschaft nahm ab.

Gleich nach dem Krieg waren sowohl konservative Politiker als auch zahlreiche Repräsentanten der Wirtschaft bereit gewesen, den Arbeitnehmern ein größeres Mitspracherecht einzuräumen. Die progressive Tendenz fand ihren

Niederschlag im Ahlener Programm der CDU. Es war jedoch die Stimmung eines Augenblicks gewesen. Als wir Ende der fünfziger Jahre unsere Ordnung durch soziale Konflikte bedroht sahen, hatten wir den Faktor Arbeit gedanklich längst wieder in seine Schranken verwiesen. Wir waren froh, daß die Nachkriegslaune nicht in die Tat umgesetzt worden war, denn dem Faktor Kapital gebührte eindeutig der Vorrang. Hans Böcklers Forderung nach einer Demokratisierung der Wirtschaft, den seine Nachfahren in der Gewerkschaft aufrechterhielten, stieß längst wieder auf taube Ohren.

Böckler selbst hatten wir ohnehin leichter akzeptiert. Er gehörte der sozialdemokratischen Generation eines Max Brauer an. In jener Generation konnte man noch zupacken und schaffen, und vor ihren Vertretern, die wir «prima Kerle» nannten, hatten wir immer großen Respekt gehabt.

Wir wollten jedoch auch mit ihren Nachfahren keinen Streit, wollten Konflikte um jeden Preis vermeiden und wurden nicht müde, die Einheit der Gesellschaft zu betonen. Einer Gesellschaft, in der jeder seinen Platz hatte und in der der Kapitaleigner das Risiko trug – zum Wohle der Allgemeinheit. Dieser Allgemeinheit hatten wir uns schließlich verpflichtet. Wenn man uns nur gewähren ließ und den Unternehmergeist nicht durch staatliche Reglementierungen lähmte, würde der freie Unternehmer auch weiter der Allgemeinheit dienen.

Wir warben um Vertrauen für diesen freien Unternehmer und überschütteten uns gegenseitig mit moralischen Appellen. Der Unternehmer müsse sich durch «sittliche Haltung» bewähren, ließ selbst Erhard die Öffentlichkeit schon 1959 wissen.

Ich selbst war 1958 Präsident des Deutschen Industrie- und Handelstages geworden und nutzte nun erst recht jede Gelegenheit, den Kapitaleignern ins Gewissen zu reden. Ich wollte damit zugleich nach außen dokumentieren, daß wir uns unserer Verantwortung sehr wohl bewußt waren.

Der Unternehmer müsse Maß halten, mahnte ich von den Podien herab, er habe die moralische Verpflichtung, gegebenenfalls zugunsten der Allgemeinheit auf Erfolge zu verzichten. Ich sprach viel von Disziplin und nannte Selbstbeherrschung und Selbstbeschränkung als entscheidende Voraussetzungen für den Bestand und die Kraft einer freien Marktwirtschaft. Und immer wieder zitierte ich den Lehrsatz, den mein Vater von den alten Chinesen übernommen hatte: «Man soll niemandes Reisschale zerbrechen.» Der freie Markt sei kein Tummelplatz für rücksichtslose Geschäftemacher, und das erste Gebot des Unternehmers heiße immer noch Fairness. Ich trug die ganze hanseatische Kaufmannsmoral bis in den letzten Winkel der Bundesrepublik. Und ich hielt die Unternehmer zu bescheidener Lebensführung an, um sozialen Zündstoff zu vermeiden.

Mit dem Wohlstand hatte sich nämlich der soziale Neid in unsere Gesellschaft eingeschlichen. Den «Neidkomplex» nannten wir dieses alte Phänomen, von dem wir nach dem Krieg für ein paar Jahre verschont geblieben waren. Jetzt wurde unser Reichtum uns plötzlich von allen Seiten mit ungewohnter Heftigkeit vorgeworfen. Selbst unter einem Schulaufsatz meiner Tochter Birgit mußte ich den Satz lesen: «Ihre Eltern sind viel zu reich, als daß Sie dieses Problem beurteilen könnten. Note: Fünf.»

Ich war entrüstet. Obwohl ich Kinder und Schule sonst Gertrud überließ und nur zweimal im Jahr die Zeugnisse abfragte, begab ich mich jetzt persönlich zu dem Gymnasium und schlug ein gewaltiges Donnerwetter. Die Direktorin war ganz meiner Meinung – aber die Lehrerin blieb, und Birgit kam in ein Internat.

Es ging uns jedoch nicht allein um Ansehen, Stellung und Unabhängigkeit des Unternehmers. Soziale Konflikte bargen noch eine ganz andere Gefahr: Sie hemmten den Leistungswillen der Bevölkerung. So mühten wir uns nach Kräften darum, die Aufbaumentalität zu erhalten. 1959 sagte ich vor einer Versammlung des DIHT: «Die deutsche Bevölkerung war beseelt von dem Bestreben, etwas zu schaffen. Dieser Geist muß wachgehalten werden.»

Wir scheuten uns nicht vor pathetischen Formeln, um ein gemeinsames Ziel zu beschwören. Und wir fanden besänftigende Formeln, wenn es darum ging, Vorwürfen zu begegnen. Das Verhältnis zwischen Wirtschaft und Politik, so sagten wir, sei gekennzeichnet durch ein «vertrauensvolles Voneinanderwissen». Daß wir als Vertreter der Wirtschaft über politische Macht verfügen sollten, wiesen wir weit von uns.

In der Tat war allerdings der Einfluß der Wirtschaft während der Adenauer-Ära größer als heute. Obwohl wir unsere Gesellschaft jetzt eine demokratische nannten – so hatten wir es von den Alliierten gelernt –, regierte Adenauer eher in Form einer Demokratur. Er hielt die Fäden fest in der Hand, lenkte das Parlament mit großem Geschick und hatte zudem mittlerweile einen sehr viel schwächeren Oppositionsgegner: Ollenhauer war kein Schumacher.

Unsere Vorstellung von Demokratie beschränkte sich auf die Tatsache, daß jede Regierung spätestens nach vier Jahren abgewählt werden konnte. Damit gaben wir uns zufrieden. Die Stärke des Kanzlers gewährleistete Stabilität, und Adenauer ließ uns in größerem Maße zu Wort kommen als jeder spätere Kanzler. Schon deshalb wären wir nicht auf den Gedanken verfallen, seine Regierungsform in Zweifel zu ziehen. Er selbst war in der Wirtschaft nicht sehr bewandert. Er war in der Innen-, Außen- und Verteidigungspolitik zu Hause. In Wirtschaftsfragen verließ er sich ganz auf seine Berater, und seine Berater waren Erhard und einige Unternehmer.

Ich glaube, man muß zwei Einflußebenen unterscheiden. Zum einen saßen damals noch sehr viel mehr Unternehmer im Parlament als heute. Ihr politisches Engagement war demokratisch legitimiert und wenig angreifbar. Später machten wir den Fehler, unsere Geschäftsführer in den Bundestag zu schicken und uns nicht mehr selbst der parlamentarischen Debatte zu stellen. Unser Einfluß verlagerte sich auf die zweite, die inoffizielle und undurchschaubare Ebene und erregte deshalb immer Mißtrauen. Ein Fehler im übrigen, den auch ich beging. Ich sorgte erfolgreich für die Kandidatur eines Mitarbeiters der Hamburger Handelskammer, wäre jedoch nie auf den Gedanken gekommen, mich selbst um ein Mandat zu bewerben.

Sicher nahmen Firma und Verbandstätigkeit mich schon genug in Anspruch, und sicher war ich in der Überzeugung groß geworden, daß Politik nicht unser Geschäft wäre. Es kam jedoch noch etwas anderes hinzu: Ich hielt mich als Person für ungeeignet. Ich will mich nicht als Mimose bezeichnen, aber die Kübel von Dreck, die in aller Öffentlichkeit über die Politiker ausgeschüttet werden, hätte ich nie verkraftet. Und ich konnte mir umgekehrt auch nicht vorstellen, politisch Andersdenkende persönlich zu verunglimpfen, eine Unart, die in Bonn für viele zum täglichen Geschäft zu gehören schien. Politiker mußten eben ein dickes Fell haben.

Unter Adenauer nahmen wir nun auf beiden Ebenen, der parlamentarischen und der außerparlamentarischen, Einfluß auf das Geschehen. Die Personen waren allerdings manchmal identisch. Der Bankier Robert Pferdmenges beispielsweise, bis 1953 Partner der Privatbank S. Oppenheim & Cie in Köln, war seit 1950 Mitglied des Bundestages und gleichzeitig Adenauers engster Wirtschaftsberater. Er hatte eine offizielle und eine inoffizielle Stimme, und die zweite war die entscheidende, denn sie wurde vom Kanzler gehört, lange bevor eine Sache im Parlament zur Debatte stand.

Pferdmenges trat in der Öffentlichkeit kaum in Erscheinung. Er war jedoch immer bestens unterrichtet und kannte vom Unternehmerklatsch bis zur Gewinn- und Verlustrechnung der großen Konzerne alle Einzelheiten aus der Geschäftswelt. Nach einem Handelskammeressen in Hamrg hatte ich einmal eine schnodderige Bemerkung über den Münchner Finanzier Münemann fallenlassen. Bekannte wollten mich überreden, anschließend mit ihnen auf irgendeinen Golfball zu gehen, und erzählten mir, dort wäre auch die hübsche Tochter Münemann, die ich unbedingt kennenlernen müßte. Ich antwortete: «Wenn sie von ihrem Vater ‹aus kurz mach lang› gelernt hat, möchte ich sie wirklich kennenlernen.» Mit Münemann hatten wir alle Ärger, und schon am nächsten Morgen rief Pferdmenges aus Köln an und bekundete amüsiert Beifall. Er hatte seine Ohren überall.

Ich gehörte zwar nicht zu Adenauers engstem Beraterkreis, aber als DIHT-Präsident hatte auch ich eine offizielle und eine inoffizielle Stimme. Die offizielle Stimme setzte ich sparsam ein. Meine zahllosen Reden auf Verbandstagen und dergleichen beinhalteten zwar immer auch die politischen Forderungen der Wirtschaft, aber in der Öffentlichkeit wandte ich mich nur selten direkt an den Kanzler. Erstens wollte ich auf keinen Fall den Eindruck erwecken, wir würden «mitregieren», und zweitens wollte ich die Wirkung eines dringlichen Appells nicht durch häufiges Aufbegehren schwächen.

1959 richtete ich zum erstenmal einen solchen Appell an Adenauer. Der Kohlebergbau in den Ländern der Montanunion war in Schwierigkeiten geraten, und Adenauer wollte die Situation zur Krisenlage erklären und die Länder der Montanunion in Zukunft durch Handelsbarrieren vor der Importkohle schützen. Ich schickte Adenauer ein offenes Fernschreiben, um die Einschränkung des freien Handels zu verhindern. Die Importkohle, so argumentierte ich, käme in erster Linie aus den Vereinigten Staaten, und Handelsbarrieren würden die bevorstehenden GATT-Verhandlungen erschweren.

So ein Fernschreiben sollte dann gleichzeitig die öffentliche Meinung beeinflussen. Zu Adenauer hatte ich damals schon einen guten Kontakt, und wir besprachen solche Probleme in der Regel unter vier Augen. Und über die Kohle hatten wir schon oft debattiert: Die Nachfrage schrumpfte, im Ruhrgebiet wurden Feierschichten gefahren – die Arbeiter wurden nach Hause geschickt und hatten beträchtliche

Lohneinbußen zu beklagen –, und der Kanzler sah Nordrhein-Westfalen von kommunistischer Unterwanderung bedroht.

Wann immer ich ein dringendes Anliegen hatte, bekam ich bei Adenauer binnen 48 Stunden einen Termin. Er hatte sein Büro im alten Kanzleramt im Palais Schaumburg. Der neue Bungalow war noch nicht angebaut. Die Besuche verliefen dann immer nach dem gleichen Muster. Wenige Minuten vor der vereinbarten Zeit traf ich ein. Die Sekretärin begrüßte mich, und ich gab ihr die Hand. Ich gab Sekretärinnen immer die Hand, war in solchen Situationen nie unsicher und mußte weder durch besondere Überheblichkeit meinen Status betonen noch durch beflissene Erkundigungen eine unwahre Kumpanei signalisieren.

Die Sekretärin führte mich dann in Adenauers behagliches Büro, das mit schweren Möbeln ausstaffiert war. Es war immer ein sehr aufgeräumtes Büro, und nie habe ich Aktenberge oder auch nur verstreute Zettel auf dem Schreibtisch des Kanzlers entdecken können. Nicht einmal eine leere Tasse stand dort herum, und im übrigen bekam ich auch nie eine volle angeboten.

Adenauer kam dann meistens sehr schnell. Er achtete auf Pünktlichkeit, anders als die kleinen Beamten im Wirtschafts- und Finanzministerium, wo ich manchmal eine Stunde warten mußte. Die Sitzordnung war immer die gleiche: Adenauer saß auf dem Sofa, ich auf einem Sessel. Er war stets äußerst korrekt gekleidet, trug dunkel getönte Anzüge, und anders konnte ich ihn mir auch nicht vorstellen.

Der Mann, der im Dritten Reich – von den Nazis aus seinem Amt verbannt – in seinem Garten gepusselt und an seinen Werkzeugen herumgebastelt hatte, blieb mir verborgen. Ich begegnete immer nur dem Kanzler, und ich begegnete ihm im Palais Schaumburg oder auf Schloß Brühl, im Rathaus oder bei großen wirtschaftspolitischen Veranstaltungen. In Rhöndorf bin ich nie gewesen, und Adenauer war auch nie bei uns. Dennoch hatten wir ein ungezwungenes Verhältnis. Wir sprachen zwar nie über persönliche Dinge, aber wir hatten schnell einen lockeren Tonfall gefunden.

Adenauer, den ich aus der Ferne bewundert hatte, enttäuschte mich auch nicht, als ich ihm gegenüber saß. Er hatte einen glasklaren Geist und ein phänomenales Gedächtnis. Ich kann mich noch gut daran erinnern, daß ich ihn einmal besuchte, nachdem der englische Premierminister Harold Macmillan zwei Tage in Bonn gewesen war. Ich hatte einen Termin um 17 Uhr, und Adenauer kam gerade vom Flughafen, wo er den Gast verabschiedet hatte. Ich dachte schon, ich hätte einen schlechten Moment erwischt, denn der alte Herr würde sicher müde sein. Das Gegenteil war der Fall. Der alte Herr erschien so frisch, als habe er eben einen Mittagsschlaf gehalten. Wir sprachen fünf Viertelstunden, ohne daß Adenauer einen Sachbearbeiter dazu bat, ein Band laufen ließ oder sich auch nur eine einzige Notiz machte. Er behielt alles im Kopf. Und noch am gleichen Abend, so hörte ich später, rief er im Wirtschaftsministerium an und erkundigte sich, ob meine Zahlen oder die Zahlen von Fritz Berg die richtigen wären.

Fritz Berg war damals Präsident des Bundesverbandes der Deutschen Industrie (BDI). Obwohl wir Unternehmer uns grundsätzlich über unsere Stellung und unsere Bedeutung in der Gesellschaft einig waren, gab es natürlich auch unter uns Rivalitäten und Meinungsverschiedenheiten – so auch zwischen Berg und mir. Berg war der Meinung, für das Schicksal der Bundesrepublik sei allein die Industrie entscheidend, und deshalb sollte Adenauer auch ausschließlich dem BDI Gehör schenken. Und obwohl Berg als BDI-Präsident auch als Gast im DIHT-Vorstand saß, hielt der den DIHT für einen vollkommen unbedeutenden Verein.

Er war ein bodenständiger rheinischer Unternehmer, hatte ein ungezügeltes Temperament und fiel oft aus der Rolle, während ich mich stets in hanseatischer Zurückhaltung übte. Im BDI spottete man über diese feine Zurückhaltung. Da ich bei Amtsantritt auch noch Albrecht Düren aus Bremen und Wolfgang Hipp aus Hamburg zu Geschäftsführern gemacht hatte, nannte man den DIHT bald den «Deutschen Industrie- und Hanseatentag». Und als Kompliment war das gewiß nicht gemeint, denn über die hanseatische Hochnäsigkeit waren die Rheinländer sich einig.

Umgekehrt machten wir, die wir mit Geld, Gewürzen und Tuchen handelten, uns über manche rheinischen Geschäfte lustig. Ein «Unternehmen der Wollust» nannten wir Bergs mittelständischen Betrieb, denn dort wurden unter anderem Sprungfedern für Bettrahmen produziert.

Berg war allerdings von entwaffnender Offenheit, und mit seinem eigenartigen rheinischen Temperament schaffte er später unseren jahrelangen Zwist aus der Welt. Während eines Diners bei Gerlings baute er sich mit Gertrud im Arm vor mir auf, schlug ihr auf den Hintern und sagte: «Wissen Sie eigentlich, daß Ihre Frau meine Freundin ist?» Und bald darauf zog er mich bei einer Tagung auf die Seite. Er hätte eine wichtige Frage: «Wollen wir uns nicht duzen?» Ich schluckte und war überrascht. Dann sagte ich: «Ja» – und war erst recht überrascht. Nun nannten wir uns Fritz und Alwin und waren uns nicht mehr böse, obwohl Berg mir sogar einmal gedroht hatte, mich abwählen zu lassen. Achtzig Prozent der Kammerpräsidenten, so hatte er gesagt, wären Industrielle, und die hätte er in der Hand. In der Tat wählten die Kammerpräsidenten den DIHT-Präsidenten. Berg hatte die Drohung nicht ernst gemeint, und ich nahm sie ihm auch schon lange nicht mehr übel. Nur war Berg eben Berg, und an Fritz mußte ich mich eine ganze Weile gewöhnen.

Damals, als wir um Adenauers Ohren stritten, ging es nun allerdings nicht allein um die eitle Frage: «Spieglein, Spieglein an der Wand, wer ist der ‹wichtigste Mann› im Land?» In der Tat vertraten wir in manchen Dingen gegensätzliche Auffassungen. So hatte Berg sich beispielsweise immer vehement gegen das Kartellgesetz ausgesprochen, während ich darum bemüht war, Erhard den Rücken zu stärken. Ich teilte seine Überzeugung, daß marktbeherrschende Konzerne die soziale Marktwirtschaft schnell zerstören konnten. Es galt, den freien Wettbewerb zu sichern.

Erhard führte um das Kartellgesetz einen «siebenjährigen Krieg», und er führte ihn manchmal selbst gegen den Kanzler. Denn Adenauer hörte auf Berg und sprach sich auf einer Veranstaltung des BDI im Kölner Gürzenich einmal öffentlich gegen Erhards Pläne zur Regelung des Wettbewerbs aus. Doch am Ende setzte der Wirtschaftsminister sich durch.

Auch während jener Kohlekrise vertraten Berg und ich gegensätzliche Standpunkte. Berg hatte Verständnis für das Schutzbedürfnis der bundesdeutschen Industrie, und ich wollte um jeden Preis den freien Außenhandel verteidigen. Ich war ohnehin der Meinung, daß die sogenannten Bergassessoren, die Verantwortlichen in der Kohleindustrie, marktwirtschaftliches Verhalten immer noch nicht gelernt hatten. Sie waren in der Nachkriegszeit, als sie sich nicht selbst um Kunden bemühen mußten, bequem geworden. Die Führungsstrukturen waren verkrustet, und die Bergassessoren fühlten sich als kleine Könige.

Auf einer Pressekonferenz des DIHT brachte ich mein Befremden darüber in aller Deutlichkeit zum Ausdruck. Auf die Frage: «Wie erklären Sie sich die Situation des Kohlebergbaus?» antwortete ich: «Das kann ich Ihnen in drei Worten sagen: Jawoll, Herr Bergassessor!» Es gab einen Sturm der Entrüstung, denn daß sie wegen verkrusteter Führungsstrukturen und eines Mangels an unternehmerischer Eigeninitiative einen Teil der Krise selbst zu verantworten hatten, mochten die Industriellen nicht hören. Im Rheinland hatte ich mich nun erst recht unbeliebt gemacht. DIHT-Geschäftsführer Düren und ich unternahmen deshalb bald eine Versöhnungsreise. Wir besuchten zahlreiche Industrielle aus der Stahl- und Kohlebranche, besichtigten mehrere Bergwerke, fuhren sogar in eine Zeche ein und warben überall um Sympathien für den «Hanseatentag». Schließlich mußten wir doch alle zusammenhalten.

Ich glaube, daß Adenauer sich manchmal über die Rivalität zwischen Berg und mir amüsierte. Jedenfalls ließ er sich bei keinem unserer Gespräche unter vier Augen entgehen, bei irgendeiner Gelegenheit zu bemerken: «Wissen Se, de Berg, de Berg meint aber, das sei janz anders.» Er schaute mich dann erwartungsvoll an, und in seinen sonst so kühlen Augen blitzte es vor Belustigung.

«De Berg» war mir nun allerdings im Umgang mit Adenauer um einiges voraus, denn insbesondere seine inoffizielle Stimme hatte den gleichen singenden Tonfall wie die des Kanzlers. Die beiden Rheinländer verstanden sich von Haus aus gut, während mir das kölsche Naturell Adenauers immer fremd blieb. Bei aller Bewunderung vermochte ich keine wirkliche Sympathie für diesen Mann zu entwickeln, der nur ein Jahr jünger war als mein Vater und dessen politisches Denken ich mir in weiten Bereichen zu eigen gemacht hatte.

Adenauer war mit allen Wassern gewaschen, und er war ein «Filou». In seiner großen politischen Linie blieb er sich zwar treu, aber er machte nie einen Hehl daraus, daß er gelegentlich – wie eben auch im Streit über die Kartellgesetzgebung – seinen Standpunkt wechselte. «Wer sollte mich daran hindern», soll er einmal mit größter Gelassenheit bemerkt haben, «jeden Tag etwas dazuzulernen.»

Persönlich fühlte ich mich Erhard weit mehr verbunden. Und wahrscheinlich hatte auch Adenauers Verhalten gegenüber seinem Wirtschaftsminister mein Kanzlerbild stark geprägt. Die Reibereien und Rivalitäten zwischen den beiden sind hinreichend bekannt. Und auch in meiner Gegenwart ließ Adenauer keine Gelegenheit aus, den Wirtschaftsminister in seine Schranken zu verweisen.

Als ich 1963 als DIHT-Präsident meinen Abschied nahm, hatte der Machtkampf zwischen den beiden seinen Höhepunkt erreicht. Adenauer war gerade noch Kanzler, und er nutzte seinen Amtsbonus bis zum letzten Tag. Er hielt eine kurze Rede und setzte sich dann wieder auf seinen Platz. Und so war es nicht geplant. Erhard lehnte es damals nämlich ab,

nach dem Kanzler auf der gleichen Veranstaltung zu sprechen. Und nur weil Adenauer mir vorher mitgeteilt hatte,
daß er nach drei freundlichen Worten sofort verschwinden
müßte, hatte Erhard sich bereit erklärt, gleichfalls eine Rede
zu halten.

Ich saß zwischen den beiden auf dem Podium, und als Adenauer nun keinerlei Anstalten machte, den Saal zu verlassen,
rührte auch Erhard sich nicht von der Stelle. So saßen wir
dort und schauten auf das verlassene Rednerpult. Schließlich
stieß ich Erhard an und zischelte ihm zu: «Erhard, das geht
nicht, Sie müssen jetzt reden.» Widerwillig stieg er auf die
Tribüne. Kaum hatte er seine ersten Sätze mühsam zu Ende
gebracht, erhob sich Adenauer und sagte laut: «Herr Münchmeyer, würden Sie mich jetzt bitte rausbringen.» Sympathie
hin, Sympathie her – Kanzler war Kanzler, und ich stand auf.

Im übrigen hatte ich mir selbst einen Fauxpas erlaubt: Ich
hatte bei der Begrüßung den englischen Philosophen Russell
etwa in folgendem Sinne zitiert: «Wenn jemand sein Amt zu
ernst nimmt, soll er es schleunigst aufgeben.» Ich hatte mich
selbst gemeint und meinen Rücktritt als DIHT-Präsident,
aber Adenauer hatte die Spitze auf sich bezogen und in seiner
Rede geantwortet: «Det mit dem englischen Philosophen,
det will ich jar nich jehört haben.» Der Mann war ohne Frage
souverän, und natürlich hatte er jetzt die Lacher auf seiner
Seite.

Erhard war dagegen ein sehr gutmütiger Mensch und eigentlich kein typischer Politiker. Die Intrigen um ihn her
machten ihm arg zu schaffen, und als Kanzler schien er mir
deshalb wenig geeignet. Er war nicht der Mann, der die verschiedenen Meinungen, die es schon damals in der CDU gab,
mit der gleichen Autorität wie Adenauer auf einen Nenner
bringen konnte.

Erhard war ein Sachdogmatiker und kein Parteidogmati-
ker. Er konnte seine neoliberalen Wirtschaftsvorstellungen
mit großer Überzeugungskraft vortragen. Wenn man genau
zuhörte, merkte man allerdings, daß er fast keinen Satz zu

Ende führte. Trotzdem war er ein glänzender Redner. Er hatte eine große Ausstrahlung und Begeisterungsfähigkeit. Man mußte ihm einfach glauben.

Nachdem er nun jahrelang unter Adenauers scharfer Zunge, unter dem Druck und der oft kaum verhohlenen Verachtung des Regierungschefs gelitten hatte, wollte er der Welt beweisen, daß er selbst einen mindestens ebenso guten Kanzler abgeben würde. Ich besuchte ihn damals im Wirtschaftsministerium und redete zwei Stunden auf ihn ein, um ihn von seinem Vorhaben abzubringen: «Lassen Sie die Finger davon, bleiben Sie in der Wirtschaft, wir brauchen Sie dort...» und so fort.

Jeder andere Politiker wäre vermutlich beleidigt gewesen. Erhard war gerührt. Zum Schluß fiel er mir um den Hals und bedankte sich. Es muß ein merkwürdiges Bild gewesen sein, der schwere Mann und der steife Hanseat in halber Umarmung. Und natürlich wußte ich nicht recht, wie ich auf diesen Gefühlsausbruch reagieren sollte. Ich fand wohl irgendeine Floskel und verabschiedete mich dann schnell.

Mit meiner eindringlichen Rede hatte ich Erhard nicht nur vor einer persönlichen Fehlentscheidung bewahren wollen. Als er im Oktober 1963 Bundeskanzler wurde, mußte er sich mit der gesamten Politik befassen und die Belange der Wirtschaft zwangsläufig vernachlässigen. Das war bedauerlich für uns, denn in Erhards weltpolitischem Denksystem bildeten wir Unternehmer die tragende Säule schlechthin. Aber ich habe vorgegriffen. Noch war Erhard Wirtschaftsminister.

Pflichtkür auf den Podien

Wir Unternehmer reagierten lange mit Unverständnis auf den langsam wachsenden Vorwurf der politischen Macht. Daß andere unsere Stellung als eine privilegierte ansahen, befremdete uns. Denn trugen wir nicht schließlich in dem neuen System eine besonders große Verantwortung? Sorgten wir nicht für das leibliche Wohl der Demokratie, die ohne unsere Risikobereitschaft, ohne unseren Einfallsreichtum und ohne unser unternehmerisches Geschick schnell verhungert wäre? Sicher pflegten wir einen guten Kontakt zu den Politikern, nur verstanden wir diese Kooperation als Teil unserer Aufgabe. Der Öffentlichkeit schien das nicht ohne weiteres einzuleuchten, und so verlegten wir uns in unserer Selbstdarstellung darauf, den Aspekt der «staatspolitischen Verantwortung des Unternehmertums» zu betonen.

In diesem Zusammenhang zitierten wir oft die «jüngere Vergangenheit», die gezeigt habe, daß eine strikte Trennung von Wirtschaft und Politik, ein vollkommen unpolitischer Unternehmer also, katastrophale Folgen haben könnte. Wir sagten nie «Nazizeit» oder «Drittes Reich». Diese Worte waren tabu. Wir sagten «jüngere Vergangenheit» und zogen unsere eigenen Lehren aus der Geschichte. Wie sollte der Staat auch eine vernünftige Wirtschaftspolitik machen, ohne sich so oft als möglich mit denjenigen zu besprechen, die über die entscheidenden Faktoren in dieser Wirtschaft bestimmten?

Umgekehrt mußten wir lernen, daß wir in der modernen und komplexen Welt nicht ohne Staat auskommen konnten und in der sozialen Marktwirtschaft bestimmte Spielregeln zu akzeptieren hatten. Unsere staatspolitische Verantwortung sahen wir nun darin, uns dem Staat nicht zu verweigern, sondern konstruktiv an der Gestaltung des wirtschaftlichen Lebens mitzuwirken. Und in der Tat ging diese Verantwortung über das Streben des Einzelunternehmers hinaus. Nur wenn wir übergeordnete Aspekte berücksichtigten, uns gemeinsam mit den Regierenden um Stabilität und Wettbewerb bemühten und dergleichen mehr, konnten wir die wirtschaftliche Selbstverwaltung und die relative Freiheit des Unternehmertums dauerhaft bewahren. Sicher lag auch das in unserem ureigenen Interesse, nur kann ich mir bis heute keine Demokratie ohne freie Unternehmer vorstellen.

Die Formulierung der übergeordneten Interessen übernahmen mehr und mehr die Verbände. Sie wurden zum Synonym für die Wirtschaft und avancierten zu den Hauptträgern der staatspolitischen Verantwortung. Da wir nun einmal zunehmend in Rechtfertigungszwang gerieten, galt es, die staatstragende Funktion der Verbände in der Öffentlichkeit zu demonstrieren. Für eine solche Demonstration nutzten wir den hundertjährigen Geburtstag des DIHT. Das Thema der zweitägigen Veranstaltung im Mai 1961 hieß: «Wirtschaft und Politik».

Und in der Tat war der Anlaß geeignet, die traditionell enge und nützliche Verbindung von Wirtschaft und Politik – mit Ausnahme der «jüngeren Vergangenheit» – ins öffentliche Gedächtnis zu rufen.

Schon mit der Gründung des «Deutschen Handelstages» im Mai 1861 hatten die Kaufleute neben den wirtschaftlichen auch politische Ziele verfolgt: Die Einigung des deutschen Vaterlandes. Für die Gründungsveranstaltung hatten sie deshalb die Aula der Heidelberger Universität mit schwarzrotgoldenen Fahnen geschmückt, und die Vertreter der immerhin 91 Handelskammern und Handelsvorstände waren mit schwarzrotgoldenen Schleifen am Revers erschienen.

Hatten die Wirtschaftsführer nicht schon damals – so etwa fragten wir hundert Jahre später – staatspolitische Verantwortung und Weitsicht bewiesen und sich um das Wohl der Nation verdient gemacht? Selbst Großherzog Friedrich I., ein liberaler Mann und Vorkämpfer für die Einigung Deutschlands, hatte Beifall bekundet und eine Deputation der Kaufleute «überaus herzlich» auf seinem Schloß in Karlsruhe empfangen. Zwischen Unternehmern und Regierenden hatte eben schon seit Generationen bestes Einvernehmen geherrscht.

1911 hatte Reichskanzler Theobald von Bethmann Hollweg markige Worte zum fünfzigjährigen Jubiläum des DIHT gefunden: «Bleibt den deutschen Männern die zielbewußte Beharrlichkeit, der Blick ins Weite, zuverlässige Redlichkeit, der kühne Wagemut, der bisher aufwärts leitete, dann wird der Wechsel der Zeiten nicht hindern, daß der Deutsche Handelstag dereinst seinen hundertsten Geburtstag in voller Manneskraft begeht.»

Und die Politiker der Weimarer Republik, von Stresemann bis zu Brüning, hatten ihm kaum nachgestanden. Sie hatten umgekehrt auch immer offene Ohren für die Ratschläge der Kaufleute gehabt, und allein im Dritten Reich hatte der Staat sich taub gestellt und den DIHT gleichgeschaltet. Die Folge der großen Worte war bis 1949 unterbrochen gewesen, doch bei der Neugründung knüpfte Theodor Heuss nahtlos an seine Vorredner an und sagte dem DIHT eine glänzende Zukunft voraus: «Dann wird auch der Tag kommen, wo – international gesehen – wieder das Gremium der Handelskammern zusammentreten kann. Nicht um große Entscheidungen zu fällen, die bleiben nach wie vor in der Hand der verantwortlichen Politiker; aber um in die Politik die Elemente der Sachlichkeit und die Elemente des anständigen Verhältnisses von Mann zu Mann wieder hineinzutragen.»

Solche und andere Zitate trugen wir aus Anlaß des hundertjährigen Jubiläums wieder in die Öffentlichkeit. Die Vielschichtigkeit des Dialogs zwischen Wirtschaftsführern und Regierenden, die verschiedenen Ebenen der Einflußnahme, wollten wir weder analysieren noch diskutieren. Wir zeigten die gewachsenen Strukturen auf und stellten die Verbindung zwischen Wirtschaft und Politik als eine schicksalhafte dar. Und so empfanden wir sie auch. Daß gerade die traditionelle Harmonie Anlaß zur Kritik bot, konnten wir nicht verstehen. Hatte nicht schon Heuss gesagt, daß letzten Endes immer die Politiker die Entscheidung treffen würden? Der Vorwurf der Macht schien unberechtigt, zumal er implizierte, daß wir unseren Einfluß zur Durchsetzung eigener Interessen mißbrauchen würden.

Auf dem Jubiläum wurde uns das Gegenteil bestätigt. Wenn die Unternehmer 1961 überhaupt schon einer Rehabilitation bedurften, so erfuhren wir sie in vollem Ausmaß. Adenauer erklärte, daß die wirtschaftspolitischen Impulse, die der DIHT gegeben hätte, immer von dem Leitsatz, «dem Ganzen zu dienen», bestimmt gewesen seien.

Und Erhard konzedierte: «Die Wirtschaft leistet in den Kammern in eigener Verantwortung einen für die Gesamtgesellschaft wichtigen Dienst.» Der Wirtschaftsminister ging sogar noch weiter: «Gäbe es den Unternehmer nicht, er müßte geschaffen werden, um unsere Vorstellung von einer modernen freiheitlichen Gesellschaft, wie sie uns wirtschaftlich in der freiwilligen Kooperation von Millionen selbstbestimmter Individuen im arbeitsteiligen Prozeß vorschwebt, erst möglich zu machen.» In der Tat hatten wir in Erhard einen unzweifelhaften Verbündeten.

Im Rückblick erscheint mir diese Demonstration der Eintracht fast gefährlich. Mußte sie nicht erst recht linke Kritiker aus ihren Schlupflöchern locken? Damals waren uns solche Überlegungen jedoch fremd. Wir präsentierten unsere Stärke mit größter Selbstverständlichkeit. Es galt, die gewachsenen Strukturen zu verteidigen und die Stellung der Wirtschaft im gesellschaftlichen Gefüge für alle Zeit zu zementieren.

Was heute nach wohlüberlegter Strategie klingen mag, geschah damals allerdings fast intuitiv. Wir hatten keinen Plan, sondern wir handelten aus den Eingebungen des Augenblicks. So hatten wir uns auch nicht etwa vor dem Jubiläum mit Adenauer und Erhard abgesprochen, hatten nicht gemeinsam ein Konzept für die Darstellung des Unternehmers entwickelt. Unsere gesellschaftspolitischen Vorstellungen waren identisch, und aus den gleichgerichteten Interessen erwuchs die harmonische Interaktion.

Ich glaube, daß allenfalls Adenauer sich von taktischen Erwägungen leiten ließ. Während Erhard uns achtete und wirklich von unserer Arbeit überzeugt war, waren wir für Adenauer in erster Linie politisch nützlich. Wir bildeten das konservative Fundament für seine Regierung. «Na, lassen Se man de Industrie- und Handelskammern», so pflegte er Dritten gegenüber zu bemerken, «dat sind alles sehr jute Leute.»

Er mag dabei geschmunzelt haben, und gewiß klang in seiner Stimme ein ironischer Unterton mit. Die hohe Kunst der Politik, so etwa mag er gemeint haben, erforderte weit größere Geister, als in der Welt des Soll und Haben gedeihen konnten. Nur brauchte er die «juten Leute», und sie sollten in der öffentlichen Meinung auf keinen Fall in Mißkredit geraten. So beließ er es auch auf dem DIHT-Jubiläum nicht bei verbalen Gunstbezeugungen. Er würdigte die Verdienste der Unternehmer und ihrer Verbände mit einem Orden, und den Orden bekam ich.

Natürlich hatten wir im DIHT schon vor Beginn der Tagung davon erfahren. Düren hatte mich irgendwann während der Vorbereitungen mit geheimnisvoller Miene beiseite genommen: «Wir müssen da noch etwas einplanen, gleich für den ersten Morgen vor Sitzungsbeginn», hatte er gesagt, eine dramaturgisch wirksame Pause verstreichen lassen, und dann: «Adenauer will Ihnen einen Orden geben, gerade eben hat jemand aus dem Kanzleramt angerufen.»

Wie immer trug ich größte Gelassenheit zur Schau. In Windeseile besann ich mich auf meine hanseatische Tradition und erklärte: «Als Hamburger darf ich den gar nicht annehmen.» Düren spielte mit: «Aber Herr Münchmeyer», rief er, «die Organisation, das hundertjährige Jubiläum, Sie können nicht ablehnen, ganz ausgeschlossen!» Ich ließ mich gerne bitten, obwohl ich kaum einen Augenblick ernsthaft erwogen habe, dem alten hanseatischen Prinzip zu folgen und die Ehrung abzulehnen.

Die Werte der Väter hatten zwar keineswegs ihre Gültigkeit verloren, aber der Vormundschaft war ich doch endgültig entwachsen. Seit ich öffentliche Ämter bekleidete, lebte ich mein eigenes Leben, und es war mein eigentliches Leben geworden, ein Leben, in dem ausschließlich Funktion und Erfolg zählten. Vorher war ich einem Lebensplan gefolgt, den andere entworfen hatten. Ich hatte mich innerhalb festgelegter Strukturen bewegt, und mein Ich war eine Unperson geblieben. So zumindest empfinde ich es heute.

Erst mit der Anerkennung durch eine immer breitere Öffentlichkeit hatte ich mich selbst als Persönlichkeit wahrgenommen. Vielleicht klingt es hart, aber meine Familie spielte in diesem Zusammenhang nicht die geringste Rolle. Als Mann und Vater blieb ich eine Marionette, deren Fäden fest in geerbten Denk- und Verhaltensweisen verknotet waren. Als Präsident bestimmte ich meine Bewegungen selbst. Ich folgte nicht mehr meinen Vätern, sondern ich hatte ihre Werte verinnerlicht und gestaltete mit diesem sicheren Wissen einen kleinen Teilbereich der Wirtschaft.

So bestimmte die öffentliche Anerkennung mein Selbstwertgefühl, und der Wunsch nach immer neuer Bestätigung war größer als der alte Hanseatenstolz. Nach außen wahrte ich jedoch ein bescheidenes Gesicht. Die Annahme des Ordens nannte ich meinen ersten «Sündenfall» – und vergaß später nie hinzuzufügen, daß die nächsten «Sündenfälle» mir dann sehr viel leichter geworden wären. Denn Orden bekam ich noch viele – zum Bundesverdienstkreuz kam das Schulterband, ich wurde «Commander of British Empire», «Officier de la Legion d'Honneur Française» und so fort –, und bis zum letzten blieb ich bemüht, meinen Stolz zu verbergen. Wenn ich mir heute die alten Fotos ansehe, bin ich mir allerdings keineswegs sicher, ob mir das immer gelungen ist.

Im Rückblick war das Heidelberger Jubiläum mit dem ersten «Sündenfall» jedenfalls der Höhepunkt meines Lebens. Im DIHT hatte sich der Anruf aus dem Kanzleramt natürlich schnell herumgesprochen und für einige Aufregung gesorgt.

Wir hatten allerdings nicht herausfinden können, was für einen Orden Adenauer mir nun eigentlich verleihen wollte, und die Mitarbeiter stellten alle möglichen Spekulationen an und schlossen untereinander Wetten ab. Obwohl ich versucht hatte, mich von der hektischen Nervosität nicht anstecken zu lassen, war ich am frühen Morgen des 16. Mai dann doch sehr aufgeregt. Adenauer erschien pünktlich um neun Uhr in der Heidelberger Stadthalle. Dort sollte die Ordensverleihung in einem Nebenraum stattfinden, und für zehn Uhr war dann die erste Plenarsitzung mit rund 1500 Gästen geplant.

Und dann hatte Adenauer den Orden gar nicht bei sich. Den sollte Erhard mitbringen, und Erhard kam zu spät. Wir waren ungefähr fünfzehn bis zwanzig Leute, Mitarbeiter des DIHT, Spitzenfunktionäre anderer Verbände und einige Pressefotografen, und wir warteten wohl eine halbe Stunde – eine peinliche halbe Stunde. Die Atmosphäre war gespannt, der Small talk wollte nicht gelingen, und wie Schuljungen traten wir – mit Ausnahme des Kanzlers – von einem Bein auf das andere und rangen uns belanglose Halbsätze ab. Ich glaube, Adenauer erzählte schließlich von einem Urlaub, den er gerade irgendwo im Süden verbracht hatte.

Endlich erschien Erhard. Er war übrigens mit Absicht zu spät gekommen. Ein Orden für die Wirtschaft, so gestand er mir später, wäre doch eigentlich in sein Ressort gefallen, und er hätte ihn mir selbst übergeben wollen. Adenauer machte sich jedoch wieder einmal einen Spaß daraus, seinen Wirtschaftsminister in die Ecke zu stellen. «Na, haben Se jut jeschlafen, Herr Erhard», begrüßte er ihn spöttisch, «nu jeben Se ma her.» Erhard mußte den Orden herausrücken, und Adenauer setzte eine feierliche Miene auf.

Er sagte dann irgend etwas darüber, was ich alles «jeleistet» hätte, und lüftete endlich das Geheimnis: Er überreichte mir das große Verdienstkreuz mit Stern des Bundesverdienstordens. Eine so hohe Auszeichnung hatte ich nicht erwartet. Ich stand sehr aufrecht vor dem Kanzler, und wider alle Hanseatenwürde strahlte ich über das ganze Gesicht. Ich sagte meinen Spruch von den Hamburgern und den Orden her und schob alle Verdienste auf den DIHT.

Bevor ich den Augenblick wirklich wahrgenommen hatte, war er auch schon vorüber, und der Wirbel des Jubiläums erfaßte mich. Es war jedoch ein schöner Wirbel, denn der Augenblick wirkte nach, und immer wieder kamen Leute, um mir zu gratulieren. Wenn ich etwas gelernt hatte, dann war es Disziplin. Das galt auch jetzt. Ich absolvierte meine Pflichtkür auf den Podien und feierte auch am Abend nicht mit Champagner. Nicht einmal im Hotel erlaubte ich mir eitle Spielereien und wanderte etwa mit dem Orden auf der Brust vor dem Spiegel auf und ab. Ich nahm ein Pyramidon – damals hatte ich oft Kopfschmerzen – und ging beizeiten ins Bett, um am nächsten Morgen wieder frisch zu sein.

Am ersten Tag war der Kanzler die Hauptperson gewesen, am zweiten sollte es der Bundespräsident sein. Ich holte Lübke vom Flughafen ab, und im offenen Cabriolet fuhren wir in die Stadt. Wo immer Lübke auftauchte, weckte er nur mäßige Begeisterung, und in Heidelberg war das nicht anders. Nur wenige Menschen säumten unseren Weg, und der Beifall war flau. Als wir an einer etwas größeren Gruppe vorüber kamen, hob Lübke in Zeitlupengeschwindigkeit die rechte Hand und ließ sie ebenso langsam wieder sinken. Dann wandte er sich zu mir und sagte zufrieden: «Ja, ja, Herr Münchmeyer, man muß die Massen eben begeistern können.»

Die Regierungspräsenz in Heidelberg war beachtlich. Neben Lübke, Adenauer und Erhard erschienen unter anderen: Außenminister Heinrich von Brentano, Postminister Richard Stücklen, der stellvertretende Bundestagspräsident Carlo Schmid, der baden-württembergische Ministerpräsident Kurt Georg Kiesinger und der langjährige Bremer Bürgermeister Wilhelm Kaisen. Der Sozialdemokrat Kaisen war uns schon deshalb besonders willkommen, weil er Erhards Satz über die Unternehmer für die Kammern geprägt hatte:

«Wenn es die Kammern nicht geben würde», so hatte er bereits vor Jahren geäußert, «müßte man sie erfinden.»

In der Tat pflegten wir damals den Kontakt auf höchster Ebene mit besonderer Sorgfalt, denn auf der Referentenebene war die enge Zusammenarbeit zwischen Ministerien und Verbänden zeitweilig gestört. Das große Werk von Theodor Eschenburg über die Herrschaft der Verbände war nicht ohne Wirkung geblieben. Zahlreiche Ministerialdirigenten und Abteilungsleiter hielten ihre Türen verschlossen. Selbst die Staatssekretäre waren oft zurückhaltend, obwohl die Hausherren, die Minister, aus ihren guten Verbindungen zu der Wirtschaft keinen Hehl machten.

Sicher gab es auch andere. Erhards Staatssekretär Langner beispielsweise ging im DIHT ein und aus. Es gab im Wirtschaftsministerium keinen Entwurf, über den Düren nicht bestens informiert war und zu dem er nicht selbstverständlich auch Stellung nahm. Der BDI war allerdings noch besser dran. Geschäftsführer Stein und Adenauers umstrittener Adlatus Globke, damals Staatssekretär im Bundeskanzleramt, waren gute Freunde. In Bonn hieß es, sie würden mindestens einmal am Tag miteinander telefonieren.

In jener Zeit kam ich selten in die Hauptstadt, ohne daß Düren nicht schon irgendeinen Ministertermin für mich ausgemacht hatte. Es war gar nicht nötig, einen Grund anzugeben, denn die regelmäßigen Gespräche gehörten zum Bonner Alltag. Manchmal ging es dann nur um Allgemeinplätze. Man tauschte höfliche Floskeln aus und verabschiedete sich wieder. Und manchmal bot sich die Gelegenheit, mit Nachdruck das eine oder andere Anliegen vorzubringen.

Nach der Devise: «Steter Tropfen höhlt den Stein» machten wir wieder und wieder die grundsätzlichen Standpunkte der Wirtschaft deutlich. Wir waren damals gegen eine Aufwertung der D-Mark, weil sie dem deutschen Export schaden konnte; für eine großzügige Berlinförderung, weil der Vorposten gegen den Sowjetkommunismus unbedingt gehalten werden mußte; für eine staatliche Versicherung langfristiger Auslandsaufträge und für projektgebundene Darlehen an die Dritte Welt – und so fort. Und je gründlicher wir die Minister mit unserer Denkweise vertraut machten, desto stärker flossen unsere Vorstellungen in ihre Entwürfe ein.

War die Tür eines Ministers erst einmal geöffnet, so kamen uns Kabinettsumbildungen oft ungelegen. Postminister Stücklen hatte beispielsweise zu Beginn seiner Amtszeit nicht viel mit uns im Sinn. Er ließ sich von seinen Beamten beeinflussen, und seine Beamten wiederum waren von den Schriften Eschenburgs beeinflußt. So mußten wir anfangs den Umweg über seinen Vorgänger, Hans Balke, nehmen, der inzwischen zum ersten «Bundesminister für Atomkernenergie» avanciert war. Balke legte dann ein gutes Wort für uns ein, und bald wurde der Kontakt zum Postministerium wieder besser.

Der Umgang mit den Politikern erforderte diplomatisches Geschick. Wir taten gut daran, in der Öffentlichkeit unsere Zungen im Zaum zu halten. Mit Verkehrsminister Hans-Christoph Seebohm hatte ich es für lange Zeit verdorben, weil ich ihn auf einer Hamburger Pressekonferenz mit folgender Bemerkung zitiert hatte: «Der norddeutsche Raum ist eine dem eigentlichen europäischen Konzentrationsgebiet vorgelagerte Zone.» Dieser Satz, so hatte ich vor Journalisten bestätigt, sei dem Minister kürzlich entschlüpft.

Der Minister war empört. Mangelndes Interesse am norddeutschen Raum wollte er sich auf keinen Fall nachsagen lassen, denn gerade die Förderung und verkehrstechnische Anbindung der Zonenrandgebiete spielte damals eine große Rolle. Seebohm schrieb mir einen drei Seiten langen Brief, schrieb von «Herabsetzung» und «persönlichem Angriff» und forderte Rechenschaft. Ich dagegen forderte beim Norddeutschen Rundfunk das Tonband mit dem entsprechenden Ministerausspruch an und schickte es Seebohm kommentarlos zu – unser Kontakt blieb lange gestört.

Da wir nun um die Empfindlichkeiten der verschiedenen

Herren wußten, wollten wir während des hundertjährigen Jubiläums in Heidelberg auf keinen Fall Fehler begehen. Jedes Wort hatten wir dreimal gewogen, hatten die Presseerklärungen im Detail abgestimmt und für die Fragen des Protokolls eine Fachfrau aus Bonn zur Hilfe geholt: Betta Gräfin Werthern, die ich schon von früher aus Hamburg kannte, war damals Leiterin der Parlamentarischen Gesellschaft und beherrschte das Alphabet der Ehrenbezeugungen perfekt.

Und es waren nicht nur die Minister, die auf den richtigen Plätzen zu sitzen hatten. Zu den tragenden Säulen des Staates gehörten schließlich auch die Kirchen. Wir hatten ihre Spitzenvertreter eingeladen, und zwischen Politikern und Wirtschaftsführern im dunklen Anzug saß in der ersten Reihe des Plenarsaals in streng katholischem Gewand Erzbischof Schäufele.

Es galt, die formalen Verhaltensregeln keinen Augenblick außer acht zu lassen. Den richtigen Mann zur richtigen Zeit mit der richtigen Formel zu begrüßen war fast ebenso wichtig wie die ausgewogene wirtschaftspolitische Aussage vom Podium herab. So war ich denn auch von morgens bis abends damit beschäftigt, Hände zu schütteln und Höflichkeitsfloskeln herzusagen. Als der zweite Tag zu Ende ging, war ich froh, die zahllosen Amts- und Würdenträger nicht durcheinandergebracht zu haben. Und im übrigen war ich froh, daß der DIHT nun wieder eine angemessene Position im öffentlichen Ansehen einnahm, denn jahrelang hatte er im Schatten des BDI gestanden.

Die einzige, die sich wenig um protokollarische Fragen scherte, war Gertrud. Natürlich war sie nach Heidelberg gekommen, hatte an Empfängen und Diners teilgenommen und viele Fremde freundlich angelächelt. Wer welche Funktion innehatte, war ihr jedoch vollkommen gleichgültig. Von Adenauer war sie enttäuscht, und den Wirbel um manchen anderen «wichtigen Mann» empfand sie als ausgesprochen lächerlich. Sie nahm selten ein Blatt vor den Mund. Als sie in Friedrichsruh bei Bismarcks einmal – ohne es zu ahnen

– den Mann der dänischen Königin zu Tisch hatte, fragte sie ihn, warum er denn in Dänemark leben würde, wenn er es nicht leiden könnte.

Sie hatte noch immer das ungezügelte Temperament des jungen Mädchens, das ich geheiratet hatte. Und manchmal fürchtete ich, sie könnte einen «wichtigen Mann» verprellen. Sie hielt im übrigen nicht viel von offiziellen Tagungen, bei denen sie womöglich einen Hut tragen mußte, und sie haßte das obligatorische Damenprogramm.

Am liebsten hatte sie den Augenblick, da die Förmlichkeiten vorüber waren. Als wir in Heidelberg am zweiten Abend ins Hotel kamen, als von der Spannung nur noch eine leichte Beschwingtheit übriggeblieben war, war ein solcher Augenblick gekommen. Wir saßen mit Carlo Schmid – den ich mochte und dessen klaren Geist ich schätzte – und Betta Werthern an der Bar. Und als sei die Tagung nur irgendein gesellschaftliches Ereignis gewesen, hielten wir einen gepflegten Nachklatsch und spotteten ohne Rücksicht auf Titel und Würden. Ich fühlte mich wohl dabei, und ich fühlte mich besonders wohl, weil es eben nicht nur ein gesellschaftliches Ereignis gewesen war.

Antworten zerstören den Zauber

In den sechziger Jahren schien die Welt zu schrumpfen. Sicher hatte ich schon als Lehrling und auch in der Nachkriegszeit ausgedehnte Reisen durch Europa und nach Übersee unternommen, aber in den letzten Jahren hatte das Reisen eine neue Qualität bekommen. Die Flugzeuge waren schneller geworden, und mit der modernen Luftfahrttechnik waren die entferntesten Orte in erreichbare Nähe gerückt. Besuche in Paris, London und Brüssel ließen sich auf Tagesreisen be-

schränken, über Nacht war man in New York, und in der
ersten Klasse der Lufthansa konnte man mit kühlen Drinks,
ausgestreckten Beinen und ohne größere Beschwerden in
weniger als 24 Stunden selbst nach Mexiko, Bangkok oder
Bombay gelangen.

Und damals reiste ich viel. Ich reiste für die Firma, und ich
reiste als Abgesandter der Kammern. Wir hatten Theodor
Heuss beim Wort genommen und setzten nun alles daran, die
internationalen Wirtschaftsbeziehungen zu beleben. Als
DIHT-Präsident lernte ich schnell, daß das Prinzip «Wer einmal auf der Tänzerliste steht, wird überall eingeladen» nicht
nur in der Hansestadt, sondern auch auf dem internationalen
Parkett seine Gültigkeit behielt.

So gehörte ich bald zahlreichen internationalen Vereini-
gungen an, unter anderem dem «Institut International d'Étu-
des Bancaires», einer Art Club, in dem sich zweimal im Jahr
die führenden Bankiers aller westeuropäischen Länder zu-
sammenfanden. Hinter verschlossenen Türen und ohne
öffentliches Aufsehen – wie es sich für die Bankiersgattung
geziemte – verständigten wir uns über die europäischen
Geld- und Währungsangelegenheiten. Wir nannten unser
Gremium gerne ein «hochkarätiges», und die Zahl der gewählten Mitglieder blieb streng limitiert. Ich selbst hatte
meine Mitgliedschaft in diesem elitären Zirkel einem Vorschlag von Abs zu verdanken.

Und ich gehörte dem «Conseil» der Internationalen Handelskammer an. Diese Vereinigung war älter. Schon 1919
hatten Unternehmer und Unternehmerverbände der westlichen Welt die IHK gegründet. Neben praktischen wirtschaftspolitischen Fragen aller Art, die auf großen Kongressen erörtert wurden, verfolgten wir auch ideologische Ziele.
Es galt, das freie und private Unternehmertum zu stärken
und gerade in den Entwicklungsländern gemeinsam gegen
die Staatswirtschaft zu kämpfen.

In Iberoamerika war uns natürlich insbesondere Castro ein
Dorn im Auge. Für die Gefahr, die von ihm ausging, hatten

wir den Ausdruck «Fidelismus» geprägt. Ich selbst war im Herbst 1961 zwei Monate in Südamerika gewesen und berichtete über den Diktator, er habe «den Geist der Empörung und des gewaltsamen Umsturzes nach dem südamerikanischen Kontinent getragen». Den «Fidelismus» sah ich als «roten Sturm» über «ganz Amerika» fegen. Castros Regime habe zwar wegen seiner Brutalität selbst frühere Anhänger abgeschreckt, aber die Gefahr «ähnlicher Heilslehren» sei keineswegs gebannt.

Wir konnten die Ausbreitung dieser fatalen Heilslehren nur aufhalten, wenn es uns gelang, die Länder der Dritten Welt so fest als möglich in unser Wirtschaftsgefüge einzubinden. Es war die alte Angst vor dem Sowjetkommunismus, die uns auch jetzt wieder im Nacken saß. Und natürlich profitierten wir auch von dem Handel mit der Dritten Welt.

Es galt, multilaterale Abkommen zu treffen, um sowohl das ausländische als auch das nationale Kapital vor politischen Risiken zu schützen, Investitionsanreize zu schaffen, das Handelsnetz enger zu knüpfen und dergleichen mehr. Es galt allerdings auch, die Besitzenden in diesen Ländern von der Notwendigkeit einiger Reformen zu überzeugen. In den meisten Ländern hatten sich die Verhältnisse seit meiner Lehrzeit kaum geändert. Noch 1961 besuchte ich eine deutschstämmige Familie in Nordperu, deren Oberhaupt auf dem riesigen Besitz regierte wie ein absolutistischer Herrscher. Selbst die Ausübung der Polizeigewalt oblag dem Großgrundbesitzer. Und sicher mußten solche krassen sozialen Gegensätze immer wieder Zündstoff für gewalttätige politische Auseinandersetzungen liefern.

In der Regel blieb das Elend in der Dritten Welt ein abstraktes Problem. Wir verlegten die großen IHK-Kongresse jetzt zwar häufiger in die Entwicklungsländer, um dort mit missionarischem Eifer gegen die Staatswirtschaft zu wettern und das freie Unternehmertum zu preisen. Aber selbst vor Ort beschränkten wir uns meistens auf die verbale Erörterung der Probleme und machten in den großen Staatskarossen einen weiten Bogen um die Slums.

Und die Gastgeber gaben sich auch alle Mühe, uns von der Armut ihres Landes nichts spüren zu lassen. Je mehr Hungernde auf den Straßen lungerten, desto großzügiger war die Bewirtung in den Palästen. Zum einen wollten sie uns wohl beweisen, daß sie einen Kongreß mindestens ebenso prachtvoll auszurichten verstanden wie wir, und dafür scheuten sie keine Kosten. Selbst die riesigen Sitzungssäle mit modernsten technischen Anlagen übertrafen oft den europäischen Standard. Und zum zweiten waren die meisten Regierungschefs wohl daran gewöhnt, daß der Lebensstil der Herrschenden mit dem Alltag der Bevölkerung nichts gemein hatte.

Die großen IHK-Kongresse mit jeweils rund 2000 Teilnehmern fanden damals alle zwei Jahre statt. Sicher erörterten wir die weltwirtschaftliche Gesamtlage, bildeten Kommissionen für spezielle Probleme, beschäftigten uns gegebenenfalls mit den Finanzen des Gastgeberlandes, plädierten immer und überall für einen Handel ohne Hemmnisse und lieferten den Regierenden hier wie dort manchen Hinweis für die Gestaltung der internationalen Rahmenbedingungen. In erster Linie war so ein IHK-Kongreß jedoch die ideale Kontaktbörse für den einzelnen Geschäftsmann. Ob der Kongreß in Washington, Wien, Neu-Delhi, Manila, Mexiko, Montreal, Jerusalem, Lissabon, Kopenhagen oder Rio de Janeiro stattfand, die Begegnungen am Rande, der Austausch von Visitenkarten, das leichte Wortgeplänkel zur Anbahnung von Geschäften machte den Erfolg dieser Veranstaltungen aus – zumindest für die anderen. Ich selbst hatte Hemmungen, die Kontaktbörse für Firmenzwecke zu nutzen. Daran war meine sogenannte gute Erziehung schuld, die mir vorschrieb, Verbandsinteressen und Firmeninteressen streng auseinanderzuhalten. So wäre ich nicht auf den Gedanken gekommen, als Mitglied des Conseil mit Kontoeröffnungsformularen oder vorgefertigten Handelskontrakten im Koffer anzureisen. Selbst das Gespräch über das Geschäft vermied ich eher, als daß ich es suchte. Ich erging mich in Fragen der Weltwirtschaft.

Je unbedeutender die wirtschaftliche Stellung eines Gastgeberlandes war, desto mehr Zeit widmete das Regierungsoberhaupt persönlich den Kongreßteilnehmern. Auch solche Kontakte waren nützlich – gerade in der Dritten Welt, wo Staatschefs und Wirtschaftsführer oft in bestem Einvernehmen das Geschehen bestimmten. Und diese Erfahrung hatte ich selbst schon häufig gemacht – auch ohne die IHK.

Auf jener Reise 1961 hatte mich beispielsweise der Vertreter von Münchmeyer & Co. in Brasilien bei dem damaligen Staatspräsidenten Janio Quadros eingeführt. Quadros residierte damals bereits in der neuen Hauptstadt Brasilia, die sein Vorgänger Kubitschek gegründet hatte. Von der Stadt war allerdings noch nicht viel zu sehen. In aller Eile, so schien es, hatte man ein paar Regierungsgebäude hochgezogen. Neben der modernen Verwaltung stand eine halbfertige Kirche, und außer diesen Gebäuden gab es nichts als eine unbeschreiblich schmutzige provisorische Nebenstadt mit unzähligen kleinen Läden und Bordellen, in der die Bauarbeiter hausten.

Die Audienz beim Präsidenten währte höchstens zwanzig Minuten. Solche Besuche verliefen immer nach dem gleichen Muster, und die meiste Zeit nahmen die umständlichen Formalitäten der Begrüßung und der Verabschiedung in Anspruch. Im Geschäftsleben erwies die Audienz sich dennoch als Trumpfkarte. Man brauchte sie nur beiläufig zu erwähnen, und schon änderten die Verhandlungspartner ihr Verhalten. Hatten sie bisher beispielsweise die «besonderen Gegebenheiten des Landes» zum Vorwand genommen, um Liefertermine zu verzögern oder die Zahlungsbedingungen zu ihren Gunsten zu gestalten, so bewirkte nun meine «Bekanntschaft mit dem Präsidenten» größte Kompromißbereitschaft.

Auf den IHK-Kongressen war ich meistens nicht allein. Gertrud begleitete mich. Und wenn die Tagungen vorüber und die Kaufleute abgereist waren, wenn das babylonische Stimmengewirr mir nicht mehr in den Ohren klang und der Geschäftsdunst sich verzogen hatte, reisten wir oft mit Freunden noch ein paar Tage oder manchmal auch Wochen durch das fremde Land. Dann sah es anders aus. Wir blieben zwar im Luxus der großen Hotels, aber wir waren nicht mehr in der Atmosphäre des Kongresses gefangen, die uns fast vollkommen von der Wirklichkeit des Landes getrennt hatte.

Wir näherten uns dieser Wirklichkeit allerdings sehr behutsam. Wir nahmen die Armut zwar wahr, betäubten das ungute Gefühl nach manchen Ausflügen jedoch schnell wieder mit zwei oder drei Cocktails im Hotel. Und schließlich waren wir für die Armut nicht verantwortlich. Wir dachten selten an einen Zusammenhang zwischen den theoretischen Erörterungen auf den Kongressen und dem Elend in den Straßen. Und wir eigneten uns ein abstraktes Wissen an über Kulturen und Religionen, aber wir drangen nie in die Empfindungswelt der fremden Völker vor.

Und doch hat mich gerade diese Fremdheit immer angezogen, die Geheimnisse, die ich nicht ergründen konnte und eigentlich auch nicht ergründen wollte. Ich stellte Fragen, ohne Antworten zu erwarten, denn vielleicht hätten die Antworten den Zauber zerstört. Indien war so ein Land, das ich mochte und nie ganz erforschen wollte, weil ich viel zu nüchtern war, um Wissen und Mystik zueinander zu bringen. So blieb ich Betrachter und beschränkte mich in späteren Schilderungen auf Sätze wie: «Die Exotik des Landes fasziniert mich.»

Sicher hätte auch der Betrachter noch anderes zu berichten gewußt. Von den Kastenunterschieden zum Beispiel, von den Parias, die zu jeder Arbeit herangezogen werden durften, weil die Religion es so vorschrieb. Von den heiligen Kühen, die selbst in Delhi auf der Straße den gesamten Verkehr lahmlegen konnten. Von dem Red Quarter in Bombay, dem Hurenviertel, wo ungefähr 20000 Nutten lebten und wo die meisten von ihnen hinter Gittern standen wie Tiere in einem

Käfig. Von den Frauen, die die Straßen mit den Händen bauten, die Sand und Steine auf dem Rücken herbeitrugen, und von den Armen, die am frühen Morgen in blütenweißen Gewändern aus ihren baufälligen Hütten krochen. Aber ich wurde selten nach meinen Reisen gefragt, und ein Erzähler war ich nicht.

Später vergaß ich oft die Bilder, die ich für Augenblicke gesehen hatte. Und ich wäre auch nie auf den Gedanken gekommen, Rabindranath Tagore mit dem Indien dieser Augenblicke in Verbindung zu bringen. Das Zitat von der Pflicht und der Freude gehörte in meine Kaufmannswelt.

Nur wenn es um Wirtschaftsfragen ging, meldete ich mich auch unaufgefordert zu Wort. Dann nannte ich den Hinduismus eine problematische Religion, weil er ungezählte Vorurteile berge und die Menschen am Fortschritt hindere. Die Vorurteile müßten abgebaut werden, sagte ich weiter und warnte gleichzeitig vor der Gefahr, daß dann ein Vakuum entstehen würde, in dem auch kommunistische Gedanken Raum hätten. Ich ermahnte die Entwicklungspolitiker, Hilfe zur Selbsthilfe zu leisten. Mit Lebensmittellieferungen wäre es nicht getan, denn solange die Inder zu essen hätten, würden sie sich erst recht nicht um die Modernisierung ihrer Landwirtschaft kümmern.

Ich argumentierte als rationaler Ökonom. Die Geheimnisse verflüchtigten sich, und die Bilder wurden eindeutig: Die Wassergewinnung im kargen Inneren des Landes, bei der zwei Ochsen vor ein Rad gespannt wurden und das Rad wiederum eine einfache Pumpe in Betrieb setzte, nannte ich primitiv. Und das riesige Stahlwerk, das außerhalb von Bombay verrottete, weil die Inder es nicht bedienen konnten, nannte ich eine Fehlinvestition. In der Kaufmannswelt herrschte Klarheit.

Während der Reisen war ich immer auf der Suche nach Plätzen, die niemand kannte. Ich wollte mehr sehen als andere und wurde getrieben von einer eigenartigen Mischung aus Leistungsdruck und Abenteuerlust. Erst mit der physischen Erschöpfung kam ein Gefühl von Zufriedenheit. Ich ließ mir keine Ruhe. Im Morgengrauen, wenn meine Reisegefährten noch schliefen, kletterte ich mit einem Führer durch gefährliche Felsschluchten, um den Ort zu finden, wo in früheren Zeiten die Mondgöttin gewohnt haben sollte. Und des Nachts wagte ich mich im geschlossenen Taxi in Gegenden vor, die dem Durchschnittstouristen verborgen blieben. Obwohl ich mein geordnetes Alltagsleben nie in Zweifel zog, reizten mich die Gefahren solcher Abenteuer.

Gelegenheiten fand ich genug. Neben den IHK-Kongressen und den obligatorischen Geschäftsreisen führten mich auch die Tagungen der «Conference Permanente» manchmal in exotische Länder. In der «Conference Permanente» hatten sich kurz nach Abschluß der Römischen Verträge die Kammerorganisationen der sechs EWG-Länder zusammengeschlossen, und in der Regel tagten wir zweimal jährlich in einem der Mitgliedsstaaten. Als alte Kolonialisten dachten unsere Nachbarn jedoch weiträumiger als wir Deutschen: Zur Französischen Gemeinschaft gehörte «France d'outre mer», und ein Teil davon war Senegal. So verlegten wir die Sitzung im Frühjahr 1963 nach Dakar.

Diese Tagung habe ich schon deshalb in besonderer Erinnerung, weil ich am Abend des ersten Tages erfuhr, daß ich am nächsten Morgen vor den französisch-senegalesischen Wirtschaftsführern einen Vortrag halten sollte – einen Vortrag in französischer Sprache. So verbrachte ich den ersten Teil der Nacht damit, mich inhaltlich vorzubereiten, und den zweiten mit einem französischen Dolmetscher. Für Schlaf blieb wenig Zeit, für die übliche Nervosität vor großen Reden war ich zu erschöpft, und so fiel mir der Vortrag leicht und kam gut an.

Anschließend gab es im Palast des senegalesischen Präsidenten Léopold Sédar Senghor ein großes Mittagessen im kleinen Kreis. Senghor war ein hochgebildeter Mann und eine eindrucksvolle Persönlichkeit. Er hatte in Frankreich studiert, war Abgeordneter der französischen Nationalversammlung gewesen, hatte eine charmante Französin geheiratet und regierte seit 1960 in Dakar. Ich lernte ihn damals allerdings nur als Politiker kennen und erfuhr erst später, daß er als Schriftsteller – in französischer Sprache – nicht weniger erfolgreich war. 1968 erhielt er den Friedenspreis des Deutschen Buchhandels.

In einer Hinsicht machte Senghor allerdings keine Ausnahme: Er bewirtete uns im Überfluß. Wie immer in der Dritten Welt war am Vormittag nach meinem Vortrag die finanzielle Misere des Landes Thema gewesen, und Senghor hatte eindringlich die Notwendigkeit von Sparmaßnahmen auf allen Ebenen geschildert. In Senegal würde in manchen Kreisen zuviel ausgegeben und zu gut gelebt, so führte er beim Mittagessen weiter aus. Kaum hatte er den Satz geendet, da trugen die Diener die größte Terrine mit Kaviar herein, die ich je gesehen habe.

Nach dem Essen trat Senghor mit wichtiger Miene vor mich hin, und ehe ich wußte, wie mir geschah, hatte er mich auf beide Wangen geküßt und mir einen Orden um den Hals gehängt. Nun war ich Kommandeur der «Legion d'Honneur Senegalaise». Die Handelsbeziehungen mit Europa waren für Senegal sehr wichtig, und Senghor wollte uns Freundschaft und Achtung bekunden. Er hatte mich für die Auszeichnung ausgesucht, weil ich damals gerade Präsident der «Conference Permanente» war.

Nun nannte er mich Bruder, und ich mußte an seiner Seite die Ehrenformation abschreiten, die vor dem Palast angetreten war. Ich hatte Mühe, mit ihm Schritt zu halten, denn vom letzten Skiunfall ging ich noch am Stock und trug einen Zinkleimverband, der sich in der Hitze langsam aufzulösen begann. So dachte ich an meinen Verband und zog meinen Hals möglichst weit aus dem verschwitzten Hemdkragen, um mir ein würdiges Aussehen zu geben. Das tat ich immer, wenn ich mich beobachtet fühlte, und insbesondere, wenn ich Pressefotografen in der Nähe wußte.

Jahre später traf ich Senghor im Hamburger Rathaus. Den

Orden hatte ich zwar zu Hause gelassen, aber am Revers trug ich den kleinen grünen Knopf seiner Ehrenlegion. Senghor schien überrascht. Er erinnerte sich wohl kaum noch und hatte in der Zwischenzeit wahrscheinlich ungezählte Wirtschaftsführer zu Ehrenlegionären ernannt. Sein Bruder war ich jedenfalls nicht mehr, und das Abenteuer in Senegal wurde zu einer jener gefälligen Anekdoten, die ich bei ganz seltenen Gelegenheiten erzählte.

Meistens führte mich mein Engagement für die EWG – ich nannte mich gerne einen «begeisterten Europäer» – nicht über die Grenzen Europas hinaus, und die Abenteuer, die es zu bestehen galt, waren anderer Art. In jener Zeit entdeckte ich die Lust am Disput und diskutierte nächtelang mit Ministern und EG-Kommissaren über die Zukunft der rivalisierenden Freihandelszonen EWG und EFTA. Europa war damals in zwei Blöcke gespalten, denn die Engländer hatten die Mitgliedschaft in der EWG zunächst abgelehnt und mit sechs weiteren europäischen Staaten die EFTA gegründet. Ich schlug dann vor, die EWG sollte als geschlossene Einheit der EFTA beitreten. Aus dem Plan wurde jedoch nichts, denn der große Mann Europas war dagegen. Walter Hallstein, von 1958 bis 1967 Präsident der EWG-Kommission, wollte die Einheit der sechs Gründerländer um keinen Preis in die EFTA eingliedern. Die EWG, so etwa äußerte er bei jeder Gelegenheit, würde in der EFTA zerfallen wie ein Stück Zucker in einer heißen Tasse Tee. Im Schloß Val de Duchesse in einem Vorort von Brüssel lieferten wir uns heftige Wortgefechte um die verschiedenen Strategien. Wir saßen dort in einem behaglichen Raum am Kamin und ließen uns Zeit für ausschweifende Debatten. Und wir ließen uns gegenseitig genügend geistigen Freiraum für die jeweils andere Meinung. Das gefiel mir, denn solche Diskussionen hatte ich vorher nicht gekannt.

Bei Halma gibt es keinen Elfmeter

Im Vergleich zu den großen Hauptstädten dieser Welt erschien mir dann unsere provisorische Hauptstadt recht klein und eng. Während in mancher anderen Metropole der geringste Staatsakt zu einem prächtigen Zeremoniell aufgeblasen wurde, während dort ungezählte Lakaien in spiegelnden oder kunstvoll ausgemalten Sälen phantastische Diners servierten, hielten sich die repräsentativen Veranstaltungen im Bonner Palais Schaumburg in einem äußerst bescheidenen Rahmen.

Für aufwendige Empfänge war die ehemalige Privatvilla ohnehin viel zu klein. Und wenn ausländische Gäste dort bewirtet werden sollten, mußten die Gastgeber selbst Geschirr und Bestecke – als Leihgabe gegen Entgelt – aus dem Hotel Königshof herbeischaffen.

Bonn blieb ein Dorf, und lange Jahre erschien es mir richtig so. Berlin war die eigentliche Hauptstadt, und der durfte man keine Konkurrenz machen. Obwohl der Regierungssitz am Rhein mir damals zur zweiten Heimat wurde – ich war mindestens zweimal in der Woche dort –, dachte ich nicht daran, mich in dem Provisorium zu etablieren. Ich nahm mir keine Wohnung, sondern wurde Stammgast im Hotel Königshof. Und nicht einmal im DIHT hatte ich ein eigenes Zimmer. Das Büro lag damals am Bonner Marktplatz über einem Damenkonfektionsgeschäft, und unsere Besprechungen fanden in einem winzigen Konferenzzimmer statt.

Manchmal lud Hauptgeschäftsführer Düren mich abends zum Käsebrot zu sich nach Hause ein, meistens blieb ich jedoch im Hotel. Ich bestellte mir das Essen dann auf mein Zimmer, um gleichzeitig in Ruhe arbeiten zu können. Der Königshof war damals Treffpunkt für Politiker, Verbandsstrategen und Geschäftsleute aller Art. Ich blieb dort an meinem Tisch nie lange alleine, und das viele Geschwätz war mir lästig.

Nur selten erlaubte ich mir einen freien Abend. Die subalternen Freizeitvergnügungen erschienen mir meistens als Zeitverschwendung. Wenn ich dann doch einmal meine Zeit verschwendete und ins Kino ging, so war das eine Art heimlicher Luxus, und wie ein kleiner Junge genoß ich die gestohlenen Stunden. Ich sah mir dann irgendeinen Wildwestfilm an, und je häufiger die Helden sich prügelten und zum Revolver griffen, desto besser gefiel mir der Film. Später, als im Hotel Königshof in jedem Zimmer ein Fernsehapparat stand, unternahm ich allerdings nur noch selten Ausflüge in die Welt der Normalverbraucher.

Nur bei außergewöhnlichen Anlässen kamen die Regierenden aus dem Muff unter der Bonner Käseglocke hervor, und ein wenig von dem Glanz und der herrschaftlichen Aura, die ich aus anderen Ländern kannte, fiel auch auf unsere Staatsoberhäupter. Ich meine die großen Empfänge auf Schloß Brühl. Dort paßte zwar der Rahmen, aber es fehlte manchmal an Figuren, die das prachtvolle Treppenhaus von Balthasar Neumann als Gastgeber auch ausfüllen konnten. So wirkte beispielsweise ein braver Mann wie Lübke neben einem Präsidenten wie de Gaulle doch recht provinziell.

An den Staatsempfang zu Ehren von de Gaulle kann ich mich noch gut erinnern. Beim Abendessen saß ich seinem Sohn gegenüber, der eine Art Adjutant seines Vaters war. Lübke hatte – wie üblich fehlerlos und langweilig – seine Rede abgelesen. Dann stand de Gaulle auf. Er redete fast eine halbe Stunde ohne ein einziges Blatt in der Hand über komplizierte internationale Zusammenhänge, und er redete auf deutsch. Er konnte zwar eigentlich gar kein Deutsch, aber er hatte die Rede auswendig gelernt. Ich war beeindruckt. Keiner der hier versammelten Deutschen, so sagte ich zu seinem Sohn, würde eine solche Leistung fertigbringen. De Gaulle junior nahm Haltung an und antwortete in byzantinischer Manier: «Il n'y a qu'un seul en France, qui sait le faire.» In Frankreich gab es also auch nur einen, und das war sein Vater.

Zum Bonner Alltag gehörte bald auch die Pflege des Kontaktes mit den Journalisten. Anfangs hatten wir uns in den Verbänden wenig um die Presse gekümmert. Wir hatten es nicht für nötig gehalten, unsere Positionen in langen Gesprächen zu erklären. Das änderte sich erst, als wir uns in den sechziger Jahren immer häufiger angegriffen fühlten. Jetzt nannten wir das Unternehmerbild in den Medien «verzerrt» und die Journalisten «wenig unterrichtet».

So veranstalteten wir Pressekonferenzen und luden ausgewählte Redakteure zu Hintergrundgesprächen ein. Das Auswahlkriterium war der wirtschaftliche Sachverstand. Nur hätte ich wohl kaum einem Reporter von *konkret* Rede und Antwort gestanden, ganz gleich, ob er die interne Zinsfußmethode beherrschte oder nur das «Kapital» von Marx auswendig hersagen konnte. Ich bin allerdings auch nie darum gebeten worden. Mangel an Dialogbereitschaft herrschte auf beiden Seiten.

Wer von den etablierten Journalisten an den Hintergrundgesprächen teilgenommen hatte, war zum Mitwisser geworden und zum Schweigen verpflichtet – eine bewährte Taktik, um unliebsame Kommentare zu vermeiden. Gleichzeitig warben wir um Verständnis für unsere Auffassungen, und gelegentlich waren wir wohl recht überzeugend. Dann fanden wir unsere Grundgedanken in machem Leitartikel wieder. Wir hatten unsere eigene Vorstellung von Pressearbeit. Und natürlich gehörten dazu neben den Gesprächen auch die Einladungen zu teuren Mittagessen. Später wurden die Informationen dann meistens bei irgendwelchen Gelagen in den Bonner Wirtschaften ausgetauscht, aber das überließ ich meinen Mitarbeitern. Es gab nur wenige Journalisten, die ich als Gesprächspartner wirklich ernst nahm. Jürgen Eick von der *FAZ* gehörte dazu und auch Renate Merklein vom *Spiegel*. Zu solchen Gesprächen ging ich immer allein, und das war wohl selten. Zumindest hat Renate Merklein mir einmal erzählt, daß andere Verbandspräsidenten stets ihre Geschäftsführer mitbringen würden.

Unter den Verlegerpersönlichkeiten stand mir Axel Springer am nächsten. Er war Unternehmer und er war erfolgreich – sehr erfolgreich. Das bewunderte ich. Und dann entsprach die politische Linie seiner Blätter auch meinem eigenen Denken. Die *Welt* blieb meine bevorzugte Zeitung. In Rissen wurde sie uns jeden Morgen mit den Brötchen an die Gartenpforte gebracht und dann von einem Hausmädchen auf den Frühstückstisch gelegt.

Springer selbst hatte ich schon Ende der fünfziger Jahre kennengelernt. Er engagierte sich – ganz im Sinne der Wirtschaft – für Berlin. Das gefiel mir, und ich unterstützte manche seiner Aktionen. Auf dem Hamburger Rathausmarkt verkauften wir sogar irgendwann einmal kleine versilberte Brandenburger Tore. Der Berliner Senat bekam den Erlös.

Und in Hamburg waren Springer und ich dann für einige Jahre Nachbarn und luden uns gegenseitig auf unsere Gesellschaften ein. Später zog Springer sich jedoch mehr und mehr zurück, und seine Haltung wurde zunehmend von Emotionen bestimmt. Uns Kaufleuten, die wir selbst unsere Aussagen so gewissenhaft abwogen wie ein Pfund Kaffee, war das eher fremd. So fiel es mir manchmal schwer, mit Springer im Gespräch einen gemeinsamen Nenner zu finden. In der Politik waren wir noch immer einer Meinung, aber seine Art der Betrachtung war eine andere geworden.

Wir sprachen dann auch kaum noch über seine Zeitungen. Wenn ich früher hatte durchblicken lassen, daß mir die *Bildzeitung* wegen der spärlich bekleideten Mädchen und der blutrünstigen Geschichten nicht gefiel, so hatte er sein Konzept eifrig verteidigt. Nur in einer solchen Verpackung, so hatte er mir versichert, könnte man auch politische Ereignisse unter die Leute bringen. Und der Erfolg gab ihm recht. Meine Maßeinheit blieb der Umsatz, und Springers Bilanzzahlen überzeugten mich schnell.

Später distanzierte er sich jedoch selbst von seinem Boulevardblatt. Er sei für die Redaktion nicht verantwortlich und habe mit dem Inhalt nichts zu schaffen, erklärte er kurz und bündig, wenn das Thema auf seine umstrittenste Zeitung

275

kam. Er lebte einsam und er lebte dem Glauben. Es schien, als wäre das weltlich-banale Geschwätz ihm lästig.

Sein Gegenpart war Rudolf Augstein. Obwohl ich den *Spiegel* nicht leiden konnte und nur selten las, machte der Verleger mir Eindruck. Ich glaube, wir mochten uns, obwohl wir einander nur beiläufig begegneten. Augstein schonte mich in seinem Blatt, und ich lieferte wohl auch wenig Angriffsfläche, war ich doch stets um äußerste Korrektheit und Verbindlichkeit bemüht.

Augstein verkörperte das Gegenteil. Er nahm nie ein Blatt vor den Mund, äußerte sich provokant, beißend und witzig und lieferte immer neuen Zündstoff für Diskussionen. Ich fand ihn sehr amüsant, doch er paßte wenig in meine Welt. Und mit der gesellschaftlichen Toleranz war es damals auch noch nicht weit her. Unter den Konservativen hätte ich womöglich als Nestbeschmutzer gegolten, wenn ich Anfang der sechziger Jahre einen engen Kontakt mit Augstein gepflegt hätte. Der *Spiegel* war für uns negativ besetzt, und wir hegten stets den Verdacht, daß die Schreiber ehrenwerten Leuten irgendeine Mauschelei anhängen wollten, die diese vermutlich nicht begangen hatten. Wir waren unseresgleichen gegenüber wenig mißtrauisch.

Allein die Zugehörigkeit zum *Spiegel* reichte für die Kategorisierung einer Person dennoch nicht aus. Die gesellschaftlichen Bindungen wogen mehr. So hatte ich beispielsweise Claus Jacobi bei Bismarcks in Friedrichsruh kennengelernt. Sicher war Jacobi nie ein dogmatischer Linker, und später wechselte er auch mühelos zur Springer-Presse über. Damals war er jedoch Chefredakteur des *Spiegels*.

Am Abend unserer ersten Begegnung hatte Gertrud ihn zu Tisch, und sie wetterte kräftig gegen das linke Magazin, das allen Menschen nur Schlechtigkeiten unterstellen würde. Jacobi schickte uns daraufhin den *Spiegel* für ein paar Monate ins Haus, konnte Gertrud jedoch nicht überzeugen. Sie schrieb ihm einen Brief und erklärte, sie wollte das Blatt nicht länger lesen. Kurze Zeit später erschien er unangemeldet in

Rissen, hielt einen kleinen Spiegel in der Hand und sagte zu Gertrud: «Wenn Sie meinen *Spiegel* schon nicht lesen wollen, sollen Sie zumindest in meinen Spiegel schauen.» Sein Charme hatte gesiegt. Wir wurden Freunde und sahen uns auch häufig bei anderen Bekannten.

Als 1962 gegen den *Spiegel* ermittelt wurde, weil die Verantwortlichen unter dem Verdacht standen, Landesverrat begangen zu haben, wanderte auch Jacobi ins Gefängnis. Unter der Überschrift «Bedingt abwehrbereit» hatte *Spiegel*-Autor Conrad Ahlers angeblich militärische Details ausgeplaudert, die aus Gründen der strategischen Sicherheit der absoluten Geheimhaltung unterlagen. Kurz nach Jacobis Verhaftung erschien sein Anwalt bei mir im Büro. Ich sollte für Jacobi bürgen und einen entsprechenden Brief an das Gericht unterzeichnen. Ich zögerte keinen Augenblick, *Spiegel* hin, *Spiegel* her, Jacobi gehörte zu meinem Kreis, und ich konnte mir nicht vorstellen, daß er in kriminelle oder halbkriminelle Dinge verwickelt war. So sagte ich für ihn gut. Andere taten das gleiche, und bald darauf kam er frei.

Die sogenannte *Spiegel*-Affäre war damit noch lange nicht erledigt. Sie sorgte hauptsächlich deshalb für politischen Wirbel, weil das Vorgehen der Obrigkeit zahlreiche Politiker, Journalisten und andere Bundesbürger an die Polizeistaatsmethoden aus dem Dritten Reich erinnerte. Das *Spiegel*-Haus war in einer Nacht-und-Nebel-Aktion von der Polizei besetzt worden. Und Ahlers – den ich im übrigen später oft sah und sehr schätzte – hatte man ohne eindeutige Rechtsgrundlage und ohne Abstimmung mit dem freidemokratischen Justizminister Stammberger in Spanien verhaftet. Selbst im Ausland löste die Affäre heftige Debatten aus. Was für ein Rechtsstaat war die Bundesrepublik?

Wir Unternehmer hielten uns bedeckt. Als DIHT-Präsident hätte ich in so einer brisanten Angelegenheit nie Stellung bezogen. Die «staatspolitische Verantwortung» hatte Grenzen. Unsere Domäne war noch immer die Wirtschaft, und unsere erste Bürgerpflicht hieß: Ruhe bewahren. Meine

Bürgschaft für einen angeblichen Landesverräter mag deshalb so manchen befremdet haben. Schließlich hatte ich jedoch als Privatmann für Jacobi gutgesagt. Daß mein Wort ohne meine Ämter vielleicht weniger gegolten hätte, spielte für mich keine Rolle. Als Alwin Münchmeyer mußte ich mich doch wohl nicht in jeder Äußerung nach den Verbandsinteressen richten. Und dann zählte die Solidarität unter Freunden auch ebenso zu den hehren Grundsätzen meiner Väter wie die Fairness im Geschäft.

Im übrigen war die private Meinung in Unternehmerkreisen keineswegs einhellig. Der Aufruhr machte uns schon deshalb zu schaffen, weil er unserem mühsam wiedergewonnenen Ansehen bei ausländischen Handelspartnern schaden konnte. Als Franz Josef Strauß, der als Verteidigungsminister das energische Vorgehen der Obrigkeit im wesentlichen zu verantworten hatte, am Ende der Streitigkeiten aus dem Kabinett verbannt wurde, haben das wohl nur wenige bedauert. Der Bayer hatte klein beigeben müssen: Ein Landesverrat konnte dem *Spiegel* nicht nachgewiesen werden.

Dennoch hatte Strauß' Ansehen in den Augen der Wirtschaftsführer nicht gelitten. Als er 1966 ein unerwartetes Comeback erfuhr – er wurde Finanzminister in der Großen Koalition –, begrüßten wir wohlgefällig seinen triumphalen Wiedereinzug ins Kabinett. Strauß galt als kompetent und durchsetzungsfähig, und als Gegengewicht zu manchem Sozialdemokraten war er uns sehr willkommen.

Persönlich hatte ich immer ein ambivalentes Verhältnis zu Strauß, obwohl ich jahrelang seinem Beraterkreis angehörte. Am Anfang war das ein kleiner Kreis, zu dem unter anderen Abs, Biedenkopf und zwei oder drei CSU-Politiker gehörten. Die Konzerne Siemens, Klöckner und Thyssen waren durch ihre Vorstände Plettner, Sonne und Sohl vertreten, insgesamt zählte die Runde ein knappes Dutzend Köpfe. Zunächst trafen wir uns in einem Konferenzzimmer der Münchner Rückversicherung, deren Vorstandsvorsitzender Alzheimer die Gespräche arrangiert hatte. Später kamen wir dann einmal im Monat in Strauß' Wohnung in Bonn zusammen, wo uns irgendein Chauffeur mit Bier, Wein und belegten Broten versorgte.

Damals hatte Strauß als einziger Politiker einen solchen Beraterkreis. Nur war er ein schlechter Zuhörer. Anfangs hielt er uns lange Vorträge, und wir kamen kaum zu Wort. Später verkürzte er zwar seine Monologe, weil irgend jemand ihn ermahnt hatte, aber während er uns nun lauschte, hatte er zuviel Zeit für sein Glas. Wir nannten den Dialog dennoch «fruchtbar» und die Diskussionen «anregend», und in der Tat habe ich manchen guten Abend in Erinnerung.

Als Hanseat hatte ich natürlich wenig Verständnis dafür, daß Strauß oft unkontrolliert war und polternd aus der Rolle fiel. Ich halte ihn zwar bis heute für den intelligentesten und gewieftesten Politiker, den ich kenne, aber seine bajuwarische Mentalität blieb mir fremd. Strauß wußte um meine Vorbehalte, und ich glaube, gerade deshalb hatte er mich in seinen Kreis gebeten. Eine Taktik, die sich im übrigen Jahre später zunächst als erfolgreich erwies.

Im Norden kam der Bayer schlecht an, und als er 1980 Kanzlerkandidat der CDU / CSU wurde, sollte ich ihm ein Entree in der norddeutschen Wirtschaft verschaffen. Obwohl ich mein Haus nur ungern zu Wahlkampfzwecken zur Verfügung stellte, brauchte Strauß mich nicht lange zu bitten. Da er mir jahrelang Vertrauen bewiesen hatte, fühlte ich mich ihm verpflichtet. So lud ich etwa zwanzig Hamburger Unternehmer und Wirtschaftler nach Rissen ein, unter ihnen auch die Essberger-Gesellschafterin Frau von Rantzau.

Strauß hatte einen langen Tag hinter sich, eine Wahlkampfveranstaltung im Oldenburgischen, ein zweistündiges Gespräch in der Redaktion der *Zeit* und so fort. Schon beim Abendessen schmeckte der Wein ihm ganz offensichtlich vorzüglich. Dennoch hielt er ein tadelloses Einführungsreferat, und auch die Diskussion fing gut an. Der Bayer bemühte sich zwar zunächst redlich um Sympathie, sein Bierkonsum ließ mich jedoch langsam um meine Vorräte und seine Fassung fürchten. Und in der Tat wurde Strauß bald fahrig und zornig.

Als Frau von Rantzau sich schließlich ungebeten zu seiner Wahlkampfhelferin aufschwang und ihn ermunterte, seine Werbefeldzüge nicht auf die großen Städte zu beschränken, sondern häufiger über die Dörfer zu ziehen, da sprengte sein mächtiger Hals beinahe den Kragen. Für einen Augenblick mußte ich fürchten, der ganze Mann würde mir mitten im Wohnzimmer zerplatzen, so unheimlich verfärbte sich der Bayer und so gewaltig grollte es aus seinem großen Leib. Strauß brüllte – mitten in die hanseatische Kaufmannschaft hinein, so daß selbst meine ehrwürdige Großmutter an der Wand Zeugin des Ausbruchs wurde. Als die Dame in Öl das Ergebnis der Anstrengungen vernommen hatte, wird sie vermutlich in ihrem goldverzierten Rahmen einen Ohnmachtsanfall erlitten haben. Und selbst unter uns Lebenden trat augenblicklich Totenstille ein. «Sie können mich mal am...» hatte der Bayer uns wissen lassen, und nun saß er schnaufend – aber immerhin noch ganz – in seinem schweren Sessel.

Der Raum war angefüllt mit Entsetzen, und im ersten Augenblick fand nicht einmal die Peinlichkeit Platz. Keiner von uns war fähig, einer solchen Grobheit zu begegnen. Hatten wir es nicht gut gemeint? Nun war der Abend verpatzt. Schließlich retteten wir uns in die gelernte Förmlichkeit. Ich stand auf und verkündete mit wenigen Worten das Ende der Diskussion. Ich glaube noch immer, daß Strauß ohne seine persönlichen Schwächen ein wirklich großer Mann für unser Land geworden wäre, und in der Sache war ich meistens seiner Meinung. Es fehlte ihm nur an Disziplin – und natürlich fehlte ihm 1980 auch die Unterstützung der Hamburger Kaufmannschaft.

Doch zurück zur Zeit der Großen Koalition. Noch verwaltete Strauß die Staatsfinanzen, und das war gut so. Zum erstenmal seit Kriegsende hatte das rapide wirtschaftliche Wachstum nämlich einen kräftigen Dämpfer erhalten. Für uns standen die Ursachen fest: Die Gewerkschaften stellten unmäßige Lohnforderungen, und eine bedrohliche Streikwelle rollte über das Land. Und nun saßen auch die Sozialdemokraten noch mit in der Regierung.

Sicher hatten wir Unternehmer nicht mehr die Vorstellung von kleinen, roten Teufelchen, die gefährlich ihren Dreizack schwangen, und sicher wußten wir, daß die Sozialdemokraten nicht hemdsärmelig und ölverschmiert vom Fließband ins Kabinett zogen. Schließlich kannten wir Männer wie Max Brauer, Carlo Schmid und viele andere nun schon lange als seriöse und intelligente Politiker. Dennoch blieb ein latentes Unbehagen. Wer würde im Gefolge dieser Männer eines Tages auf der Regierungsbank landen, und würden die sozialen Zugeständnisse am Ende doch noch unser Wirtschaftswunder ruinieren? Solange ein Mann wie Strauß auf dem Staatssäckel saß, schien die Gefahr jedoch gebannt.

Im übrigen teilte Strauß sich die Verantwortung für das ökonomische Wohl der Nation mit Wirtschaftsminister Karl Schiller. Plisch und Plum hieß das ungleiche Paar in der Wirtschaft. Und Schiller, den wir «einen Mann von großem Sachverstand» nannten, war über jeden Zweifel erhaben. Als Hamburger wußte ich das am besten, denn ich hatte ihn schon in seiner Zeit als Wirtschaftssenator schätzengelernt.

Schiller enttäuschte uns nicht. Er tüftelte das Stabilitäts- und Wachstumsgesetz aus, und er blieb dem Konzept der Globalsteuerung treu: Allein das staatliche Instrumentarium zur Steuerung makroökonomischer Größen wurde ausgeweitet. Die Entscheidungsfreiheit des einzelnen Unternehmers blieb unangetastet, und so waren wir zufrieden.

Nur eine Folge des Gesetzes bekamen wir unmittelbar zu spüren, und das war die Einrichtung der «Konzertierten Aktion». Zwei- bis dreimal im Jahr rief der Wirtschaftsminister nun die Spitzenvertreter der Gewerkschaften und der Unternehmerverbände zusammen. Zu der Runde gehörten auch die Mitglieder des Sachverständigenrates, Vertreter der übrigen Ministerien und der Bundesbank. Und Schiller hatte sich mit der Aktion ein hehres Ziel gesetzt: Arbeitnehmer und Arbeitgeber sollten ihre Forderungen und ihr Verhalten nach den gesamtwirtschaftlichen Notwendigkeiten richten.

Ich selbst war zwar bei der Gründung der «Konzertierten Aktion» noch nicht dabei, gehörte ihr dann jedoch schon bald als Präsident des Bankenverbandes an. Wir redeten meistens über die Belastbarkeit der Wirtschaft, über Lohnforderungen, Lohnnebenkosten und dergleichen mehr, und wir redeten oft aneinander vorbei. Später, als Brandt Bundeskanzler geworden war, lud er irgendwann einmal im Anschluß an die Sitzung zum Abendessen in den Kanzlerbungalow ein. Zufällig war ich als erster dort, und als Brandt mich fragte, wie die Gespräche gewesen seien, antwortete ich ihm: «Es war so, als ob zwei Leute ‹Mensch-ärgere-dich-nicht› spielen würden. Plötzlich springt der eine auf und ruft: ‹Schach!› Da sagt der andere: ‹Du Idiot, bei Halma gibt es doch keinen Elfmeter!›» Es war im übrigen das einzige Mal, daß ich Brandt wirklich herzlich habe lachen sehen.

So führten die Diskussionen in der «Konzertierten Aktion» kaum zu konkreten Ergebnissen. Über die gesamtwirtschaftlichen Notwendigkeiten gab es in der Regel keinen Konsens, denn beide Seiten nahmen für sich in Anspruch, dem Wohl der Allgemeinheit am besten zu dienen. Ich hielt die Einrichtung dennoch für sinnvoll. Unter Schiller lernten wir, die Reaktionen der jeweiligen Gegenseite – in der Tat saßen Unternehmervertreter und Gewerkschafter sich stets gegenüber, während die Regierungsvertreter am oberen und die Mitglieder des Sachverständigenrates am unteren Ende des langen Sitzungstisches ihren Platz hatten – besser einzuschätzen. Wie würden beispielsweise die Gewerkschafter auf Diskontsatzerhöhungen reagieren, wie die Unternehmer auf diese oder jene Lohnforderung und so fort.

Das Verständnis für die jeweilige Gegenposition wuchs, und Feindbilder wurden abgebaut. Die kleinen menschlichen Begebenheiten am Rande, Ironie und gemeinsame Witzeleien trugen dazu bei, die Fronten aufzuweichen. Da wurde die «feinfühlige Art» des polternden ÖTV-Chefs Kluncker ebenso bespöttelt wie die manchmal etwas pedantische Moderation Schillers.

Der Professor war nicht nur in ökonomischer Hinsicht ein Mann der klaren Ordnung. Unter seiner Federführung mußten wir nach jeder Diskussion ein gemeinsames Protokoll aufsetzen, und natürlich brauchte es eine halbe Ewigkeit, bis wir uns über die Formulierungen geeinigt hatten. Ein Verfahren, das ich nicht für besonders sinnvoll hielt und das Wirtschaftsminister Friderichs später auch aufgab. Denn während im Sitzungsraum noch über das Protokoll beraten wurde, waren draußen im Gang ohnehin schon manche Verbandsgeschäftsführer und Gewerkschafter in eifrige Gespräche mit den Journalisten verwickelt. Die Indiskretion lauerte überall, und bis das Protokoll die Öffentlichkeit erreicht hatte, waren die informellen Informationen längst in alle Redaktionen gelangt.

Und selbst während der Sitzungen nahm Schiller es mit der Ordnung sehr genau. Als IG-Metall-Chef Brenner beispielsweise einmal im Zusammenhang mit den Lohnforderungen aus heiterem Himmel unter zwei Bedingungen Kompromißbereitschaft signalisierte, fertigte Schiller ihn kurzerhand ab: «Diese beiden Fragen, Herr Brenner, werden heute erst unter Tagesordnungspunkt zwei und drei verhandelt.» Und die ausgestreckte Hand des Herrn Brenner war für immer verschwunden.

Wenn die strenge Sitzordnung aufgelöst war, schmolzen dennoch die Differenzen, und das galt nicht nur für die «Konzertierte Aktion». Ich kann mich noch gut an ein Abendessen erinnern, bei dem ich neben dem DGB-Vorsitzenden Heinz Oskar Vetter saß. Wir unterhielten uns hervorragend, und am Ende sagte Vetter: «Na, Herr Münchmeyer, heute abend haben Sie mich wohl gar nicht wiedererkannt?» Ich lachte und forderte ihn auf, in der Öffentlichkeit doch einmal eine ähnlich vernünftige Meinung zu äußern. Da sah er mich nur mitleidig an und meinte: «Aber Herr Münchmeyer, das kann ich doch nicht.» Er wollte es wohl auch nicht. Die Verbindlichkeit bei solchen Abendessen ging oft an der politischen Wirklichkeit vorbei. Ich bin sicher, daß auch ich manchmal Äußerungen gemacht habe, die ich als Verbandspräsident in offizieller Mission tunlichst vermieden hätte.

Anders als wir bezogen die Gewerkschaften jedoch in der öffentlichen politischen Diskussion fast immer eindeutig Stellung. Als beispielsweise das Kabinett der Großen Koalition 1967 endgültig den Entwurf für eine Notstandsgesetzgebung verabschiedete – die Diskussion um die Gesetze hatte schon rund zehn Jahre gedauert –, veranstaltete der DGB einen Sternmarsch nach Bonn, und seine Sprecher drohten mit dem Generalstreik.

Wir Unternehmer saßen unterdessen hinter verschlossenen Türen und debattierten über Notstandslager. Wie konnten wir im Falle eines Notstands die Versorgung mit Rohstoffen sicherstellen? Ein leidiges Thema, das auch später in jeder Krise aufs neue diskutiert wurde. Da wir einerseits den Staat nicht beteiligen wollten und andererseits das Risiko wegen der heftigen Preisschwankungen hoch war, kamen wir nie zu einem Ergebnis.

In die politische Diskussion mischten wir uns nicht ein, und das lag sicher nicht allein daran, daß die Wirtschaft weniger straff organisiert war. Die Antwort auf die Frage, wie der freiheitlich-demokratische Rechtsstaat im Falle einer Notsituation zu bewahren sei, fiel schließlich nicht in unser Gebiet. Wir überließen sie den Politikern.

Daß die Studenten sich heftig an den Auseinandersetzungen beteiligten, daß unter anderem die Notstandsgesetze zur Entstehung der 68er Bewegung und der APO führten, nahm ich damals kaum wahr. Die Revolte der Jugend war für mich nichts anderes als ein neuer Generationskonflikt, und Generationskonflikte legten sich mit der Zeit von selbst. Ich wäre nicht auf den Gedanken gekommen, mich um den Dialog mit den langhaarigen Krawallmachern zu bemühen. Sicher, wenn ich ihnen begegnet wäre, wäre ich nicht davongelaufen, aber wo sollte ich ihnen schon begegnen?

Selbst an den Universitäten lernte ich eigentlich nur ordentliche junge Leute kennen. Ein paarmal war ich zu Diskussionsveranstaltungen eingeladen und hatte mir dafür einen alten Anzug angezogen, denn von den Studenten erwartete ich damals rohe Eier und faule Tomaten. Statt dessen stellten sie vernünftige Fragen und klopften am Schluß auf ihre Pulte. Das waren die Wirtschaftsstudenten.

Und die anderen, jene, über die man in der Zeitung lesen konnte, daß sie vor Gewalt nicht zurückschreckten? Irgendwann würden auch sie schon lernen, daß bei uns allein die Leistung zählt. Und wenn nicht? Wenn nicht, so habe ich wohl gedacht, dann würden sie schon sehen, würden es einfach zu nichts bringen in unserem Land und hätten in jedem Fall das Nachsehen. Daß einige wenige es ernst meinten mit der Gewalt, daß es irgendwann Terroristen und eine RAF geben würde, hätte ich nie für möglich gehalten.

Unsere alten Bräuche nannten sie Sozialklimbim

Gertrud und die Kinder bekamen mich damals nur selten zu Gesicht. Wenn ich nicht durch die Welt flog oder im schwülen Dunst unter der Bonner Käseglocke hockte, saß ich in meinem Hamburger Kontor. Noch war Münchmeyer & Co. eine Familienfirma. Die Komplementärgesellschafter, die Chefs und ihr Nachwuchs rekrutierten sich ausschließlich aus der Verwandtschaft. Angestellte hatten nicht die geringste Chance, in den Kreis aufgenommen zu werden.

Das galt im übrigen in den meisten Privatbanken. Für ehrgeizige Aufsteiger waren wir eine Station in der Ausbildung, denn ein renommierter Name machte sich gut im Lebenslauf. Wer jedoch Ambitionen auf einen Chefsessel hegte, war bei uns an der falschen Adresse. So wurde es immer schwieriger, tüchtige junge Leute zu halten, und unsere tradierten Strukturen erwiesen sich als personeller Wettbewerbsvorteil für die Großbanken.

Wir waren ein konservatives Haus. In den Fluren herrschte noch ein Geist, der von den Angestellten Treue und Ergebenheit erwartete. Wer uns allein des Geldes wegen diente, wer unseren Stolz auf das ehrwürdige Traditionsunternehmen nicht teilte und die Sicherheit, für die der achtunggebietende alte Name bürgte, nicht zu schätzen wußte, war bei Münchmeyer & Co. fehl am Platze. Die Zeit stand still. Die «sozialen Konflikte», von denen in Bonn so häufig die Rede war, hatten vor der Schwelle unseres Kontors haltzumachen.

Hans Heinrich Waitz und ich führten das Unternehmen in patriarchalischer Manier, und die Angestellten spielten mit. Zu Weihnachten bekamen sie Pakete mit Dauerwürsten, Kringeln und einem persönlichen Gruß, und einmal im Jahr feierten wir so, als wären wir alle eine große Familie, das Firmenfest. Ich habe diese Feste in schöner Erinnerung. Im Vergleich zu den Bonner Staatsempfängen kamen sie mir wie Heimspiele vor. Ich war ausgelassen und mußte mich nicht um irgendein Verhalten bemühen. Meine Rolle war eindeutig festgelegt. Was für Ostertouren galt, galt auch für die Firmenfeste: Die Autoritäten durften bespöttelt werden, Witz und Ironie standen hoch im Kurs, und die Dichter hatten ihre große Stunde. Solange mein Vater noch gelebt hatte, hatten sie ihre Verse auf den Junior Alwin gereimt: «Sein Sohn, unser Alwin, der gibt sich ja Mühe / aber gern hat der Arme ja auch nicht die Frühe / daran hat wohl schuld auch noch Gertrud, sein Weib / die findet ja, Schlaf sei solch gut Zeitvertreib.»

Später war es dann allerdings mit dem familiären Gebrauch des Vornamens vorbei, und Hans Heinrich und ich holperten als Seniorchefs durch die Zeilen. Für den Hausgebrauch nannte man mich in der Firma schlicht AM. Ich mochte das Kürzel gern, aber die Mitarbeiter hüteten sich natürlich davor, es in meiner Gegenwart zu benutzen.

Schon Wochen vor dem Firmenfest gab es immer viel Unruhe und Geheimniskrämerei, denn die Angestellten wollten uns mit ihren Vorstellungen überraschen. Da traten dann Till Eulenspiegel und Klein Erna auf, da wurden Festzeitungen und fingierte Korrespondenzen gedruckt, da wurden Kostüme besorgt und Kulissen gebaut, und schier unerschöpflich war die Phantasie, wenn es galt, auf Worte wie «aktiv, passiv, Akkreditiv» und so fort neue Reimsilben zu finden.

Neben den Schauspielen veranstalteten wir auch Wettspiele. Auf dem großen Rasen in Rissen war ein Fußballfeld markiert, in der Garage ein Schießstand aufgebaut, im Schwimmbad die Bahnen mit bunten Bändern abgeteilt, und das ganze Grundstück glich einem öffentlichen Freizeitpark. Die Mannschaften «Banconia» und «Imunexco», die Mitarbeiter aus Bank- und Handelsbereich, lieferten sich harte Kämpfe im Fußball. Und die «Baböbumaids», die weiblichen Angestellten aus den Abteilungen Bank, Börse und Buchhaltung, spielten Handball gegen die «Expomaids». Während letztere sich dann nach den Phantasiesitten ferner Länder mit bunten Schleifen schmücken durften, mußten die «Baböbumaids» in großen, unförmigen Hemden erscheinen, auf denen die Währungskürzel für Mark, Dollar und Pfund zu lesen waren. Am Abend war von solchen Verkleidungen nichts mehr zu entdecken, am Abend machte man sich fein, und es wurde getanzt.

Gertrud und die Kinder – wenn sie schon alt genug waren – tanzten mit. Schon am Nachmittag hatte Gertrud zugesehen, die Kinder hatten mitgespielt, und die Einfälle der Angestellten gefielen uns so gut, daß wir manche für unsere privaten Einladungen übernahmen. So traf sich schon bald die Hamburger Gesellschaft zu Sportwochenenden auf unserem

großen Rasen, zum Tauziehen, Fußballspielen und Tandem-
rennen.

«Nach sauren Wochen frohe Feste zu feiern», so hatte ich
früher einmal in einer Festzeitschrift formuliert, «fanden
schon unsere Vorfahren recht.» Das alte Prinzip der fröhlichen
Ausgelassenheit nach einem harten Arbeitsjahr galt noch immer, und in der Regel lieferten die Bilanzbücher uns guten
Grund zum Feiern. Bis in die sechziger Jahre hatte sich die
Form der klassischen Merchant-Bank – Geld- und Warenhandel unter einem Dach – erfolgreich bewährt. Dann jedoch
begannen wir über neue Konstruktionen nachzudenken.

Das Bankgeschäft gewann zunehmend an Bedeutung. Das
galt zwar in erster Linie für das nicht bilanzwirksame Geschäft, den Wertpapierhandel, die Vermögensverwaltung
und so fort. Es galt jedoch auch für das bilanzierte Aktivgeschäft. Schon zwischen 1955 und 1965 hatte sich allein die
Summe der kurzfristigen Kredite bei den Hamburger Geldin-
stituten insgesamt mehr als verdoppelt. Die Eigenkapital-
decke reichte dann oft für den weiteren Ausbau des Aktiv-
geschäfts nicht mehr aus. Das galt auch für uns. Um langfristig wettbewerbsfähig zu bleiben, mußten wir unser Kapital
aufstocken. Und so bot es sich an, einen oder zwei Fusionspartner zu suchen, um mit den gemeinsamen Eigenmitteln die
Grundlage für das steigende Aktivgeschäft zu erweitern.

Um für potentielle Partner attraktiv zu sein, mußten wir
allerdings zunächst unseren Gemischtwarenladen neu organisieren. Das Warengeschäft sollte abgekoppelt werden, um
die Bank von möglichen Schwankungen und Belastungen im
Handelsbereich zu befreien. Am 1. Januar 1968 gründeten
wir deshalb zwei getrennte Warenfirmen, die «Münchmeyer
Export GmbH» mit fünf Millionen Mark Stammkapital und
die «Münchmeyer Import GmbH» mit zwei Millionen Mark
Stammkapital.

1972 kamen die beiden Töchter unter ein neues Dach. Wir
legten unser Handelsgeschäft mit der Firma des ersten Nach-
kriegsbürgermeisters Rudolf Petersen zusammen. Münch-

meyer, Petersen & Co. hieß das neue Gemeinschaftsunternehmen, das mit rund 300 Millionen Mark Umsatz unter den privaten Handelshäusern einen gewichtigen Platz einnahm. Das Kürzel «MPC» wurde dann im Kaufmannsjargon auch bald ironisch in «Mighty Power Concern» umgewandelt. Im Inhaberkreis saßen bereits unsere Nachkommen. Von der Petersen-Seite waren es Carl-Friedrich Petersen und Axel Octavio Schröder, und wir entsandten Ascan Hermann Lutteroth, Sohn meiner Schwester Margarete, und Hans Heinrichs Sohn, Georg Hinrich Waitz, als persönlich haftende Gesellschafter.

Die Aufteilung der Geschäfte zwischen Hans Heinrich und mir hatte sich in der nächsten Generation fortgesetzt, und so konzentrierte mein eigener Sohn, Hans Hermann, sich auf die Bank. So hatte ich es immer gewollt. Hatte nicht meine Mutter schon in mein Lebensbuch geschrieben: «Sie waren, was Du bist / Und Du wirst, was sie sind»? Das galt auch für meinen Sohn. Er war der Erbe. Und er sollte ein Kaufmann werden wie ich. Daß er in der neuen Zeit mehr mit Geld handelte und sich Bankier nannte, spielte dabei keine Rolle. Das tat ich schließlich auch. Er sollte jedoch die Tradition fortführen.

Ursprünglich hatte ich deshalb auch gewollt, daß er die gleiche Ausbildung bekam. Er sollte für ein paar Jahre zu befreundeten Firmen ins Ausland geschickt werden und dann bei Münchmeyer & Co. eintreten. Er hatte jedoch auf einem Studium bestanden. So absolvierte er einen Teil seiner Lehrzeit im Ausland, während er offiziell schon an der Universität immatrikuliert war, und machte dann innerhalb von vier Semestern seinen Diplomvolkswirt. Ich war stolz auf ihn, und später mußte ich sogar zugeben, daß es mit dem Studium seine Richtigkeit gehabt hatte. Als er Ende 1967 zu uns in die Firma kam – er wurde dann schon bald zum jüngsten Partner –, erkannte ich schnell, daß er das analytische Denken besser gelernt hatte als ich.

Und er war auch der bessere Akquisiteur. Er scheute sich

nicht, neue Kunden zu werben und die Qualitäten der Bank offensiv zu verkaufen. Ich selbst hatte dagegen ein Leben lang Hemmungen, mich aus eigener Initiative um potente Anleger zu bemühen. Ich mochte unsere Dienste nicht anpreisen, sondern wartete, bis die Kunden von sich aus in mein Kontor kamen. Wo ich saß, war bekannt, und unsere Reputation ließ nichts zu wünschen übrig. Sicher war diese Einstellung nicht mehr zeitgemäß, und so kam mir der Eintritt meines Sohnes in die Firma gerade recht. Er hatte Erfolg. Das Geschäftsvolumen nahm bald kräftig zu.

Unsere Zusammenarbeit würde ich immer als gut bezeichnen. Ich glaube, wir respektierten uns gegenseitig. Und ich gab mir Mühe, meinem Sohn in der Firma möglichst große Freiheiten zu lassen. Unser Umgang miteinander mag Außenstehenden eher förmlich erschienen sein. Vielleicht war er das auch. Unsere Herzlichkeit ging nie über das genormte Hanseatenmaß hinaus. Ich hatte nicht gelernt, meinen Gefühlen Ausdruck zu verleihen, und vielleicht haben meine Kinder manchmal darunter gelitten. Erst viel später habe ich darüber nachgedacht, und selbst dann habe ich noch gedacht: Sie müssen doch wissen, daß ich sie liebe, ich bin doch schließlich ihr Vater. Und gerade bei Hans Hermann war ich mir sicher, daß unsere Nähe keiner Worte bedurfte. Zeichnete eine Männerfreundschaft sich nicht eben dadurch aus, daß man einander nichts mehr bekennen und versichern mußte?

So wahrten wir eine kühle Distanz und näherten uns einander allenfalls im Spott und in der Ironie. Im Alltag begegneten wir uns sehr geschäftsmäßig. Wir tauschten uns über die Belange der Firma aus und diskutierten die Unternehmensstrategie. Über meine Tätigkeit als Verbandspräsident, über den Inhalt meiner Reden und dergleichen mehr diskutierten wir nie. Aus Zeitmangel, weil ich so oft fort war? Vielleicht zum Teil, ich bin mir nicht sicher. Auf jeden Fall bekam ich zu spüren, daß mein distanziertes Verhalten sich vererbt hatte.

Vor seinem Eintritt hatte mein Sohn zwei Bedingungen gestellt: Die Partner sollten mit dem 65. Lebensjahr aus der Firma ausscheiden, und zur Verbreiterung der Kapitalbasis sollte so schnell als möglich ein Fusionspartner gefunden werden. Ich hatte akzeptiert, und so machten wir uns Ende der sechziger Jahre ernsthaft auf die Suche nach einem geeigneten Kandidaten. Manche unserer Konkurrenten hatten ihr Eigenkapital-Dilemma damals schon auf andere Weise gelöst: Sie hatten eine ausländische Großbank zur Kommanditistin gemacht. Eine solche Lösung kam für uns jedoch nicht in Frage. Wir wollten «echte» Privatbankiers bleiben, und der zukünftige Partner sollte deshalb etwa gleich stark sein.

Schon beizeiten hatte ich das Problem mit dem Altmeister unseres Gewerbes erörtert, mit Hermann Josef Abs. Er hatte den Fusionsgedanken gutgeheißen und uns sogar ein ganz bestimmtes Institut empfohlen. Die zarten Annäherungsversuche waren allerdings gescheitert, und ein zweites Mal hatte ich Abs nicht konsultiert.

In Hamburg hatten wir ohnehin seit langem einen Wunschkandidaten: das Bankhaus Schröder Gebrüder & Co. Seit ich denken konnte, gehörten die Schröders in unseren hanseatischen Dunstkreis. Unsere Vorfahren hatten den üblichen gesellschaftlichen Umgang gepflegt, und unsere Väter hatten gewollt, daß ihre Söhne Freunde würden. Bei Hans Rudolf und mir war es ihnen gelungen. Zwar hatten wir merkwürdigerweise auf den Hamburger Jugendfesten zunächst einen großen Bogen umeinander gemacht, aber schon in den zwanziger Jahren hatten wir uns in einer langen Nacht auf St. Pauli gefunden. Seither zählte ich Hans Rudolf, der Putz genannt wurde und 1968 mit seinem Bruder Manfred die Geschäfte führte, zu meinen sicheren Verbündeten.

Und mein Verbündeter fiel auf, denn selbst in der Hamburger Kaufmannschaft war die Originalität mit den Generationswechseln mehr und mehr einer glatten Geschäftsmäßigkeit gewichen. Putz dagegen hatte etwas Spitzbübisches in den Augen, eine unbändige Lustigkeit, die sich jedoch in typisch hanseatischer Manier selten in einem temperamentvollen Ausbruch entlud, sondern meistens in trockenen und treffenden Randbemerkungen. Anders als sein Bruder Manfred, der ein eher straffer Mensch war, hatte Putz auch einige Ähnlichkeit mit seinem Vater, in ganz Hamburg wegen seines kleinen, pfiffigen Gesichts Spitzmaus genannt. Der Vater von Spitzmaus wiederum hatte allgemein nur Papi Schröder geheißen. Und Papi Schröder war eines jener alten Originale gewesen, die die Kaufmannschaft als gemeinsame Vorfahren vereinnahmt hatte, weil man gerne so tat, als hätte man ihren Witz und ihre Unabhängigkeit geerbt. In der Tat hatte Papi Schröder aus seinen Eigenarten keinen Hehl gemacht und hamburgisch gesprochen, ganz gleich, in welcher Sprache er sich gerade unterhielt.

An Tradition waren die Schröders und wir einander ebenbürtig, beide Firmen standen seit 1846 im Hamburger Handelsregister. Über Jahrzehnte hatten wir am gleichen Ort vergleichbare Geschäfte gemacht, denn auch die Schröders handelten mit Waren und Geld. Wir waren Konkurrenten, ohne daß die Konkurrenz unsere freundschaftlichen Verbindungen gestört hätte. So gehörte es sich in Hamburg. Wir saßen in den gleichen Traditionsvereinen, und als ich 1962 das Amt des Kammerpräses niederlegte, wurde Putz mein Nachfolger. Die Verbindung unserer Firmen erschien in jeder Hinsicht passend.

Neben der Verbreiterung der Kapitalbasis verfolgten wir mit der Fusion jedoch noch ein anderes Ziel: Wir wollten unser überregionales Geschäft ausweiten und suchten deshalb einen dritten Partner, der nicht in Hamburg ansässig war. Ursprünglich hatte ich sogar an London gedacht, hatte mich dort mit führenden Bankiers beraten, ohne jedoch ein geeignetes Institut zu finden. So hatte ich die Liebäugelei mit den Briten bald aufgegeben und mich in Richtung Main orientiert. Frankfurt avancierte eindeutig zum ersten Bankplatz in der Bundesrepublik. So gerieten wir bald an das Bankhaus Friedrich Hengst & Co.

Friedrich Hengst kannte ich als ehrbaren Vertreter unseres Gewerbes. Für mich war er schon deshalb über jeden Zweifel erhaben, weil er im Verbands- und Kammerwesen eine gewisse Rolle spielte. Ich kannte ihn als Präsidenten der Offenbacher Handelskammer, als Vorsitzenden des Privatbankierausschusses und als Mitglied des Hauptausschusses im Bankenverband. So rechnete ich ihn zu unseresgleichen.

Und immerhin hatte auch das Bankhaus Friedrich Hengst & Co. eine Geschichte, die bis in das Jahr 1832 zurückreichte. Daß dieses Haus erst seit 1938 nach unserem neuen Partner hieß, daß die Gründergeschichte einer anderen Familie gehörte, einer Familie namens Merzbach, die 1938 unser Land verlassen mußte, weil niemand etwas gegen Hitlers Rassenwahn unternahm, daß also das Bankhaus S. Merzbach & Co. 1938 arisiert worden war und erst seitdem den Namen des ehemaligen Mitinhabers Friedrich Hengst führte – das alles wäre mir nie und nimmer als Makel erschienen. Hatten wir nicht – gemeinsam mit den Schröders und anderen – den Rappolts damals einen ähnlichen «Gefallen» erwiesen? Was für uns galt, galt auch für Friedrich Hengst: Wir waren alle miteinander anständig geblieben.

Friedrich Hengst hatte eine Tochter: Anita. Sie war eine schöne, dunkelhäutige Frau – deshalb wurde sie auch meistens Lumumba genannt –, und sie war intelligent, ambitioniert und herrschsüchtig. Die Bekanntschaft mit ihr war amüsant. Wir trafen uns in Arosa beim Skilaufen, später kam sie oft zu Gertrud und mir nach Rissen, und wir wurden so bekannt miteinander, daß sie mich 1966 zu ihrem Trauzeugen machte. Der Bräutigam hieß Ferdinand Graf Galen.

Das Paar ließ sich allerdings katholisch trauen, und so war das Amt des Trauzeugen – es gab nicht nur zwei, sondern immerhin sechs – eher formal: Unsere einzige Aufgabe bestand darin, während des kirchlichen Zeremoniells auf sechs kleinen Schemeln ganz in der Nähe des Altars zu hocken.

Der erste Gedanke an eine Fusion, die für uns fatale Folgen haben sollte, entstand während eines beiläufigen Wortgeplänkels. Ich traf Lumumba bei einem Empfang aus Anlaß irgendeines Stapellaufs im Hamburger Hotel Vierjahreszeiten. Wir parlierten über dieses und jenes und schließlich über die Geschäfte. Scherzhaft kamen wir darin überein, daß es wohl am besten wäre, wenn unsere Häuser sich zusammenschließen würden. Die Übereinkunft hatte etwa ebensoviel Gewicht wie das charmante Geplauder über die Hüte der Damen während des Stapellaufs. Das sollte sich ändern. 1968 traten wir mit dem Offenbacher Bankhaus Friedrich Hengst & Co. in ernsthafte Verhandlungen ein.

Der ehemalige Bräutigam, Ferdinand Galen, begegnete mir jetzt als Wortführer unserer zukünftigen Partnerfirma. Friedrich Hengst war damals schon 76 Jahre alt und überließ die Verhandlungen seinem Schwiegersohn.

Zunächst gefiel mir Galen recht gut. Er war groß, gut aussehend, wortgewandt und sprachbegabt, und damals war er noch relativ bescheiden. Die Bank verfügte über zahlreiche industrielle Kontakte, und nach eingehender Prüfung schienen Haus und Inhaber uns für eine Fusion geeignet. Die Offenbacher zögerten die Entscheidung jedoch hinaus. Sie hatten selbst nur einen Börsensitz in Frankfurt und wollten deshalb einen vierten Partner beteiligen, dessen Stammhaus unmittelbar in der Bankenmetropole angesiedelt war.

In Hamburg wurden wir der langwierigen Verhandlungen bald überdrüssig. Da unser Zusammenschluß mit Schröders ohnehin längst als beschlossene Sache galt, kamen wir im Herbst 1968 darin überein, unsere Partnerschaft auch ohne dritten oder vierten zu besiegeln und offiziell zu verkünden. Das Datum für die Pressekonferenz stand bereits fest, und wenige Tage vor diesem Termin fuhr ich nach Augsburg zu einer Volltagung des DIHT.

Dort erschien plötzlich Ferdinand Galen und eröffnete mir ohne große Umschweife: «Wir wollen doch mitmachen.» Wie harmlos dieser Satz noch heute klingt, kindlich beinahe oder doch zumindest bubenhaft. «Wir wollen doch mitmachen» – eine nächtliche Floßfahrt auf den Alsterkanälen vielleicht, ein Kartoffelfeuer im abgelegenen Teil des Gartens oder schlimmstenfalls einen Streifzug durch die Erdbeerbeete der Nachbarn. Nach «Millionendesaster», «Schicksalsschlag», «Firmentragödie» und ähnlichen dramatischen Wendungen, die wir und andere später für den Bankzusammenbruch fanden, klang dieser Satz jedenfalls ganz und gar nicht.

Für einen Augenblick war ich dennoch überrascht. Was hatte Galen zu der schnellen Entscheidung bewogen? Die Antwort war einfach: Er hatte sich mit anderen potentiellen Kandidaten nicht einig werden können und vermutete jetzt, daß sie sich längerfristig für ein Einzelkämpferdasein entscheiden würden. So kam er aufs neue zu uns, und mir war es recht. Schließlich hatten wir einen dritten Partner gewollt, die Konditionen waren ausgehandelt, und kurz darauf gaben wir die Fusion der drei Banken bekannt.

Und das Ereignis erregte Aufsehen. Am 21. Oktober war Bankentag in Düsseldorf, und unser Zusammenschluß war auf allen Fluren Thema Nummer eins. Man gratulierte uns, weil es zum erstenmal gelungen war, drei reine Privatbanken unter ein Dach zu bringen. In der Regel scheiterte der Zusammenschluß mehrerer Familienunternehmen an dem Veto der Kommanditisten aus der weitverzweigten Verwandtschaft. Wenn Onkel Hugo, Onkel Otto und Tante Emma keine Fremden in der Firma wollten, blieb das Unternehmen klein und war den wirtschaftlichen Anforderungen oft nicht mehr gewachsen. Wir galten dagegen als das Musterbeispiel für die neue Zeit, und man sagte uns eine große Zukunft voraus.

Vom 1. Januar 1969 an firmierten wir unter Schröder, Münchmeyer, Hengst & Co., kurz SMH. Die Geschäfte entwickelten sich zunächst glänzend. Schon 1971 hatten wir unsere gemeinsame Bilanzsumme auf gut eine Milliarde Mark verdoppelt und waren unter den Hamburger Privatbanken auf den ersten Platz vorgerückt. Wir bekamen jedoch bald zu spüren, daß in Frankfurt ein anderer Geist herrschte. Die Zeit der Dauerwürste, der Weihnachtskringel und der ausgelassenen Firmenfeste näherte sich dem Ende. «Sozialklimbim» nannten die neuen Partner am Main unsere alten Bräuche. Dort ging es sachlicher und kühler zu.

Später gab es dann unter den Partnern oft Streit. Ich glaube, daß Galen, den ich als einigermaßen friedfertigen Menschen eingeschätzt hatte, von seiner Frau stark beeinflußt wurde. Sie wollte ihren Mann zum größten Bankier aller Zeiten machen und redete ihm ständig ins Geschäft. Obwohl ich vor der Fusion nur ihre charmante Seite kennengelernt hatte, hatte ich schon damals ihre spätere Einmischung gefürchtet, denn immerhin verstand sie einiges vom Bankgeschäft. So hatte ich ihr das Versprechen abgenommen, sich um die Angelegenheiten der Bank nicht zu kümmern. Und in der Tat war ich naiv genug gewesen, ihren schönen Beteuerungen Glauben zu schenken. Sie war jedoch viel zu impulsiv und viel zu ehrgeizig für das schlichte Dasein einer Gattin und hatte sich natürlich kaum einen Tag an das Versprechen gehalten. Sie war ein Störfaktor.

Und die Galens wurden pompös. Sie richteten sich in Frankfurt eine exzentrische Villa ein, schafften für ihre Feste exotische Musiker und erlesene Speisen im Flugzeug herbei und bewirteten 500 Gäste bis zum Morgengrauen mit französischem Champagner. Das war nicht unser Stil. Sicher ging es auch bei uns nicht gerade bescheiden zu, aber wir hatten uns die alte Kaufmannsmentalität bewahrt und hüteten uns davor, mit unserem Reichtum zu protzen. Bei unseren Diners gab es Stubenküken und deutschen Sekt.

So kühlte unsere Freundschaft bald merklich ab, die Rivalität zwischen Galen und meinem Sohn nahm zu, und wir hatten uns schlechte Voraussetzungen geschaffen, um mit den Problemen umzugehen, die auf uns zukommen sollten.

An uns
kam niemand vorbei

Kaum hatten wir unsere private Hamburg-Frankfurt-Koa-
lition etabliert, da war es mit der Großen Koalition in Bonn
schon wieder vorbei. Die Bundestagswahlen im September
1969 führten zu einer sozialliberalen Koalition. Zum erstenmal seit Bestehen der Bundesrepublik war die CDU nicht
mehr an der Regierungsverantwortung beteiligt. Ein Sozialdemokrat wurde Kanzler: Willy Brandt.

Wer nun etwa erwartet hat, wir Unternehmer wären damals in Panik geraten, hat sich gründlich getäuscht. Da wurden keine Sondersitzungen und Geheimkonferenzen einberufen, da wurden nicht bei Nacht und Nebel die Goldbarren
aus dem Safe in den Samsonite-Koffer gepackt, um mit dem
nächsten Flugzeug das «rote» Land zu verlassen, und da wurden wir Bankiers auch nicht aus den Betten geklingelt, um in
aller Eile umfangreiche Kapitaltransfers ins Ausland vorzubereiten.

Vierundzwanzig Stunden nach Brandts Wahl veranstaltete der DIHT eine seit langem geplante Vollversammlung
in Krefeld. Über den Wechsel in Bonn fiel nicht ein einziges Wort. Wir hielten uns streng an die vorgegebene
Tagesordnung. Manche Teilnehmer dösten vor sich hin,
andere meldeten sich brav der Reihe nach zu Wort. Im
ganzen Konferenzraum war nicht die leiseste politische Re-
gung zu spüren. Die Wirtschaft reagierte – mit wenigen
Ausnahmen – gelassen.

Eine solche Ausnahme bildete natürlich mein alter Rivale,
der BDI-Präsident Fritz Berg. Gleich nach der Wahl zog er in
aller Öffentlichkeit polternd über den neuen Kanzler her und
sah bereits Ströme von Fluchtgeldern in ferne Länder fließen.
Er verstieß mit seinen heftigen Äußerungen gegen unsere alten und erprobten Spielregeln: Wir mußten mit jeder demokratisch gewählten Regierung auskommen, und deshalb galt

es in jedem Fall, erst einmal abzuwarten, Ruhe zu bewahren und keine unüberwindbaren Gräben aufzureißen. Auf dem Konfrontationskurs würden wir uns nur selbst ins Abseits manövrieren. Und das bekam Berg als Folge seines Verstoßes zu spüren: Bei der sozialliberalen Regierung hatte er zunächst einen schweren Stand.

Wir anderen trugen nicht allein aus taktischen Gründen Gelassenheit zur Schau. Was konnte uns schließlich geschehen? Hatte Brandt nicht von Schiller bis zu Helmut Schmidt bewährte und vertrauenerweckende Politiker in seiner Mannschaft? Genau wie Schiller kannte ich auch Schmidt noch aus seiner Zeit als Hamburger Senator, und während der Flutkatastrophe hatte er uns bewiesen, daß er sein Handwerk verstand.

Und noch etwas: Wir fühlten uns sicher. Wir hatten unsere Stellung in der Republik zementiert. An uns kam niemand vorbei. Ohne Unterstützung oder zumindest doch Billigung der Wirtschaft war dieses Land nicht zu regieren. Ich glaube, wir waren uns dessen erst bewußt, seit wir das Ende des CDU-Staates vor drei Jahren glimpflich überstanden hatten. So kam auch keiner von uns auf den Gedanken, sich um Gespräche mit den neuen Amtsinhabern zu bemühen. Wenn die Sozis etwas von uns wollten, würden sie schon kommen – und sie kamen.

So überraschend es klingen mag: Nach dem endgültigen Machtwechsel in Bonn, nachdem die Sozialdemokraten mehr und mehr Positionen in den Ministerien besetzt hatten, wurde der Gedankenaustausch mit den Vertretern der Wirtschaftsverbände wieder intensiver. Das hatte einen einfachen Grund. Während die Christdemokraten bald zu der Überzeugung gelangt waren, daß ihr wirtschaftlicher Sachverstand keiner Ergänzung bedurfte, waren die Sozialdemokraten unsicher.

Sie fragten. Das galt insbesondere für die Referenten auf der zweiten und dritten Ebene. Die Ökonomie und erst recht ihre Anwendung in der Praxis waren nicht ihr Metier. So öffneten sich bald manche Türen, die uns selbst unter Erhard verschlossen geblieben waren.

Es galt jedoch auch für die Minister, obwohl man ihnen in der Tat kaum mangelnde Wirtschaftskenntnisse unterstellen konnte. Sie fragten um Rat. Ich kann mich zum Beispiel noch gut daran erinnern, daß ich vor irgendeiner Haushaltsdebatte ziemlich zu Anfang der sozialliberalen Regierungszeit mit Alex Möller ein langes Gespräch unter vier Augen geführt habe. Der Finanzminister fragte mich, was ich von dieser oder jener Maßnahme halten, wie die Wirtschaft wohl darauf reagieren würde und dergleichen mehr. Möller war ein kluger und vernünftiger Mann, nur konnte er sich mit seinen Sparmaßnahmen leider nicht durchsetzen.

Allein der Kanzler interessierte sich nicht im geringsten für die Wirtschaft. Brandts Thema war die Ostpolitik. Er hatte es eilig mit der Aussöhnung – zu eilig für unseren Geschmack. Brandt und Egon Bahr, damals Staatssekretär im Bundeskanzleramt, wurden in konservativen Kreisen schon bald als «Verzichtspolitiker» geschmäht. Der Ausdruck rief Erinnerungen wach an den «Knebelvertrag von Versailles» und die gesamte «deutsche Schmach» nach dem Ersten Weltkrieg.

Um der Kritik offensiv zu begegnen, erschienen Brandt und Bahr eines Tages im DIHT. Sie wollten uns ihre Ostpolitik erklären. Brandt begann das Gespräch nach einer kurzen, höflichen und distanzierten Begrüßung mit ausschweifenden Erklärungen, verwickelte sich jedoch schon bald in ungezählte Widersprüche. Und allein die äußerst geschickte Argumentation Bahrs, der mehrfach eingreifen mußte, konnte ihn retten. Für mich stand seither fest, daß Bahr die Rolle des strategischen Vordenkers zukam. Während des Gesprächs hatte ich neben ihm gesessen und seine wachsende Unruhe gespürt. Wann immer Brandt ein neuer Fehler unterlaufen war, hatte Bahr Mühe gehabt, sich zu beherrschen. Das Konzept war in seinem Kopf entstanden.

Obwohl ich an Bahrs scharfem Verstand keinerlei Zweifel

hegte, blieb die Ostpolitik mir suspekt. Die konservativen Argumente gegen den raschen Abschluß der Verträge sind bekannt. Es war jedoch noch etwas anderes, ein leises Unbehagen, das sich mit rationalen Gründen kaum erklären läßt. Wenn die Sozialdemokraten Brandt und Bahr in die Länder der Kommunisten reisten, konnte ich nicht umhin, hinter den offiziellen Gesprächen undurchsichtige Kungeleien und Mauscheleien zu vermuten. Dahinter steckten wohl die uralte Angst vor dem bolschewistischen Feind und das alte Mißtrauen gegenüber den Sozialdemokraten. Mir wäre einfach wohler gewesen, wenn ein Mann meiner eigenen Denkart die Verhandlungen geführt hätte.

Und es ging mir nicht allein um den Inhalt der Gespräche, sondern auch um das Auftreten des bundesdeutschen Kanzlers. Brandts emotionale und pathetische Reden und Gesten konnte ich nicht leiden. Als er im Dezember 1970 vor dem Denkmal für die Opfer des Aufstands im Warschauer Getto auf die Knie fiel, hatte ich wenig Verständnis für diesen theatralischen Akt. Wir Kaufleute waren uns darin weitgehend einig. Brandt blieb uns fremd, wir verstanden ihn nicht.

Und doch folgten wir bald seinen Spuren. Mit der politischen Entspannung belebte sich der Handel zwischen West und Ost. Sicher hatten wir uns auch schon vorher – nicht ohne Erfolg – um Geschäfte mit dem Ostblock bemüht. Die Verbindung über Geld- und Warenströme war uns schon immer als die sicherste Grundlage für den Frieden erschienen – und natürlich konnten wir im Osten auch verdienen. Und sicher war auch schon Gerhard Schröder als Außenminister unter Adenauer und Erhard bestrebt gewesen, in manchen Satellitenstaaten der Sowjetunion Handelsvertretungen einzurichten. Nur bekamen die Geschäftsverbindungen mit der neuen Politik eine neue Qualität. Kaum hatten Brandt und Bahr die Kremlmauer überwunden, machten auch wir Unternehmer uns schnurstracks nach Moskau auf. Im Februar 1973 betraten die bundesdeutschen Mitglieder der deutsch-sowjetischen Wirtschaftskommission zum erstenmal den

Roten Platz. Die erste vorbereitende Sitzung dieser Kommission hatte ein paar Monate zuvor noch unter Leitung von Schiller in Bonn stattgefunden. Ich selbst gehörte als Vorsitzender des Außenwirtschaftsbeirats dazu, ein Gremium im übrigen, das schon 1947 unter Erhards Schirmherrschaft gegründet worden war. Seither trafen sich dort regelmäßig die Spitzenvertreter der verschiedenen Branchen, vom Stahl bis zum Versandhandel, vom Volkswagenwerk bis zu Siemens, und berieten mit dem Wirtschaftsminister die internationale Marktlage. Immerhin zwanzig Jahre saß ich diesem Beirat vor.

Als wir damals nach Moskau reisten, war Hans Friderichs schon Wirtschaftsminister und führte die Delegation. In der sowjetischen Hauptstadt wurde uns ein prachtvoller Empfang bereitet. In keinem kapitalistischen Land habe ich so viel Aufhebens um ein Wirtschaftstreffen erlebt. Auf dem Flughafen war in der Tat ein roter Teppich ausgerollt, auf dem wir ohne Umwege in einen abgeteilten Salon gelangten. Man nahm uns die Pässe ab, besorgte das Gepäck, und wir hatten uns um nichts zu kümmern. Jedes Delegationsmitglied bekam dann eine eigene Limousine mit Chauffeur. In großer Kolonne fuhren wir zum Hotel Sowjetskaja. Und wir fuhren nicht etwa auf der üblichen Verkehrsspur zwischen den gemeinen Moskowitern, wir fuhren auf einer eigenen Spur: Der breite Mittelstreifen war auf allen großen Straßen den Staatskarossen vorbehalten. Ein Sonderrecht, auf das neben den Gästen aus dem Westen jeder Funktionär Anspruch hatte, der über eine bestimmte Stufe in der Hierarchie hinausgelangt war. So sah es also aus im Land der gleichen Bürger.

Und die gleichen Bürger hatten auch in unserem Hotel nichts verloren, falls sie nicht gerade die Badezimmerkacheln putzten oder den Wodka servierten. Nur Staatsgäste durften den westlichen Luxus genießen. Die Zimmer waren riesig. Jedes hatte einen eigenen Salon, in dem meistens sogar ein Klavier stand – das alte Adels- und Großbürger-Symbol für Wohlstand und Wohlbehagen. So mangelte es uns an nichts, und doch war es mir bei diesem ersten Besuch etwas ungemütlich im Zentrum der kommunistischen Macht. Ich hätte meinen Paß lieber bei mir getragen, statt ihn bei irgendeinem russischen Beamten im Schreibtisch zu vermuten. Und ich hätte mich lieber auf meine eigenen Ohren verlassen statt auf die des Dolmetschers. Ich traute den gleichförmigen Übersetzungen nicht, und das galt nicht nur während der Verhandlungen. Ob auf der Straße, im Hotel oder im Auto, ich fühlte mich von der Wirklichkeit dieser Stadt abgeschnitten, weil ich kein einziges Wort verstand. Und angeblich sprach auch niemand meine Sprache. Ich bin allerdings davon überzeugt, daß sowohl mein russischer Fahrer als auch einige der Angestellten im Hotel sehr wohl Deutsch verstanden. Sie hatten vermutlich den Auftrag, uns auszuhorchen, und wir sollten uns in ihrer Gegenwart sicher fühlen.

In der Deutschen Botschaft waren solche und andere Praktiken natürlich längst bekannt. Gleich nach unserer Ankunft hatte man uns dort erste Verhaltensmaßregeln mit auf den Weg gegeben. In der Botschaft gab es einen abhörsicheren Raum mit dicken Mauern und Spezialtüren, die sich schalldicht verschließen ließen. Und einzig und allein in diesem Raum, so wurden wir belehrt, durften wir vollkommen frei sprechen. An jedem anderen Ort hätte der KGB seine Spitzel sitzen oder seine Abhöranlagen installiert.

Mein Schwager, Karl Heinz Lüders, war damals Botschaftsrat in Moskau, und in seiner Wohnung konnte ich mich wenig später mit eigenen Augen davon überzeugen, daß die Ermahnungen wohl ihre Berechtigung hatten. In jedem Zimmer fand sich knapp unter der Decke ein kleines vergittertes Fenster, hinter dem ein argloser Betrachter möglicherweise ein altes Ofenrohr vermutet hätte. In dem Schacht verbarg sich jedoch ein Mikrofon. Alle Wohnungen in diesem Gebäude waren an Angehörige westlicher Botschaften vermietet, und im obersten Stockwerk saßen die Russen und horchten oder ließen zumindest Tonbänder laufen. In der familiären Atmosphäre vergaßen wir manchmal die fremden Lauscher in der Wand. Mein Schwager war jedoch stets auf der Hut. Kaum streifte einer von uns ein brisantes politisches Thema, streute er eine bestimmte Floskel ins Gespräch, die uns zur Vorsicht mahnen sollte: «Gustav ist ein fabelhafter Mann», hieß die Warnformel im Hause Lüders, und dann wußten wir, daß wir in irgendeiner Äußerung zu weit gegangen waren.

So bestätigten sich manche unserer Vorurteile. Der Überwachungsstaat schien perfekt zu funktionieren. Die Wirtschaft dagegen funktionierte nicht, die Versorgung mit Konsumgütern war schlecht. Ich selbst hatte zwar kaum Gelegenheit, mir von dem Angebot in Kaufhäusern und Läden ein eigenes Bild zu machen. Aber Gertrud und meine Tochter Birgit, die mit in Moskau waren und jetzt bei Lüders wohnten, streiften mit Gertruds Schwester tagelang durch die Stadt. Und obwohl die Hauptstadt als bevorzugtes Versorgungsgebiet galt, berichteten sie von äußerst dürftigen Auslagen. Allein in den Exklusivgeschäften für Parteifunktionäre, Angehörige westlicher Botschaften und andere Privilegierte gab es Fleisch, Obst und Gemüse nach Wahl und in ausreichender Menge.

Die Menschen waren eintönig gekleidet, trugen schwere Wintermäntel und dicke Pelzmützen, und nur selten ließ sich in der Menge ein Farbtupfer entdecken. Im «Gum», im größten Kaufhaus der Stadt, gab es eines Tages weiße Damenschuhe, und stundenlang standen die Menschen dort an. Am Abend waren wir im Bolschoi-Theater – wo für die deutsche Delegation natürlich «Schwanensee» aufgeführt wurde –, und fast alle russischen Frauen trugen neue, weiße Schuhe. Das war mitten im Februar.

Als Tagungsteilnehmer schwelgten wir dagegen im Luxus. Solche Gegensätze kannte ich zwar aus vielen Entwicklungsländern, aber in Moskau hatte ich sie nicht in dieser Form erwartet, und sie befremdeten mich mehr als anderswo. Vieles war fremd, und das empfanden auch die übrigen Delegationsmitglieder. Nur Berthold Beitz war mit den

Gewohnheiten der Gastgeber schon bestens vertraut. «Gospodin Beitz» nannten ihn die Russen; er hatte für den Krupp-Konzern bereits einige Ostgeschäfte angebahnt. Wir anderen hielten uns zunächst zurück. Das galt sogar für Otto Wolff, meinen Freund und Nachfolger als DIHT-Präsident, der sonst nie ein Blatt vor den Mund nahm.

Die Tagesordnungspunkte waren bis ins kleinste Detail mit den sowjetischen Wirtschaftsvertretern abgesprochen. Während endloser Ausschußsitzungen hatten wir selbst die Protokollentwürfe schon vor dem eigentlichen Treffen verabschiedet, um später lange Diskussionen zu vermeiden. Sicher gab es dann noch manche Änderung, aber im wesentlichen verliefen die Gespräche genau nach Plan.

In der Sache ging es darum, die Rahmenbedingungen für einen erweiterten Handel zu verbessern. Und das bedeutete in der Praxis, daß wir uns einen Überblick über den Bedarf der Russen in den verschiedenen Sparten zu verschaffen suchten. War die Deckung eines solchen Bedarfs dann auch tatsächlich im Fünfjahresplan vorgesehen, konnten wir deutschen Herstellern raten, ihre Angebote zu präsentieren. Wir kamen als Abgesandte der Regierung und der Verbände und mußten uns deshalb davor hüten, Einzelgeschäfte zu diskutieren oder auch nur bestimmte Konzerne offiziell ins Gespräch zu bringen. Und offiziell hielten wir uns auch daran. Hinter den Kulissen wurde jedoch mit Sicherheit manches konkrete Geschäft in die Wege geleitet.

Die Realisierung der Geschäfte brachte dann manchmal ungeahnte Schwierigkeiten mit sich. So kam beispielsweise ein deutscher Elektrokonzern mit den vereinbarten Lieferungen in die Sowjetunion in Verzug, weil in die entsprechenden Produkte ein elektronisches System amerikanischen Ursprungs eingebaut war. Und das System unterlag der Geheimhaltung. Es gehörte zu den technischen Errungenschaften, die allein den westlichen Verbündeten vorbehalten bleiben sollten.

Erst nach langwierigen Verhandlungen erhielt der deutsche

Konzern von den Amerikanern die Genehmigung, den potentiellen Gegnern die Systeme zu verkaufen.

Die Kommission kam zunächst zweimal und später einmal im Jahr zusammen. Auch auf sowjetischer Seite blieben die Delegationsmitglieder in der Regel die gleichen. Die Verhandlungen leitete der stellvertretende sowjetische Ministerpräsident, Nowikow, und ihn begleiteten Vertreter der verschiedenen Staatskomitees, so auch der stellvertretende Leiter des Staatskomitees für Wissenschaft und Technik, der ein Schwiegersohn von Ministerpräsident Kossygin war.

Mit den Jahren entspannte sich das Verhältnis, und der Tonfall wurde lockerer. Wir konnten auf russisch «Danke schön» sagen, und manche der sowjetischen Delegationsmitglieder sprachen bald ein recht gutes Englisch. Als feststand, daß die nächste Olympiade in Moskau stattfinden sollte, reisten wir mit Tribünen- und Rasenexperten in die sowjetische Hauptstadt, boten unsere Hilfe an und wollten unsere Erfahrungen mitteilen. «Nicht alle Erfahrungen, wenn wir bitten dürfen», spottete ein sowjetisches Delegationsmitglied in Anspielung auf das Massaker in München. «Nun, darüber brauchen wir Ihnen wohl nicht viel zu sagen», so etwa antwortete ihm Beitz, «die Jungs sind ja schließlich bei Ihnen ausgebildet worden.» Wir lachten – und die Russen lachten mit. Wir hatten allerdings an jenem Abend auch schon sehr viel Wodka getrunken.

Als die Olympiade, die wir Deutschen wegen des Einmarschs sowjetischer Truppen in Afghanistan boykottierten, vorüber war, brachte mir der Leiter der Außenhandelsbank, Iwanow, einen Satz Olympia-Münzen mit nach Bonn. Darauf waren die heldenhaften Sportler mit ihren Medaillen abgebildet. «So haben Sie doch zumindest etwas», tröstete er mich ironisch, «denn leider konnten Sie ja nicht persönlich kommen.» Wir hatten unseren Umgangston gefunden.

Unsere Besuche in der Sowjetunion beschränkten sich nicht auf Moskau, sondern als Delegationsmitglieder lernten wir nach und nach auch verschiedene Landesteile kennen.

Selbst in den ärmsten Regionen blieben wir vom Luxus umgeben. So reisten wir beispielsweise durch Sibirien, und in jedem Ort erwartete uns ein Festmahl. Die Tafeln bogen sich förmlich unter der Last gewaltiger Braten, und weder die Gastgeber noch wir konnten die ungezählten Speisen bewältigen. Ein deutscher Journalist, der in Moskau akkreditiert war, begleitete uns. Er sprach fließend Russisch. In einem dieser Orte entfernte er sich von der Delegation und fragte wohl in einem Dutzend Läden nach Fleisch. Ohne Erfolg. «Vielleicht nächste Woche», lautete bestenfalls die Antwort. Und wieder hatte eine kapitalistische Klischeevorstellung sich bestätigt.

Obwohl unsere antikommunistische Haltung doch eigentlich keiner Beweise mehr bedurfte, nutzten wir die Reisen stets aufs neue, um Widersprüche und Fehler im System zu sammeln. Ich will nur noch zwei Beispiele erzählen. Die Sibirienreise endete in Irkutsk, einer schönen Handelsstadt aus dem 17. Jahrhundert mit altertümlichen russischen Häusern und einer bekannten Universität. Während einer Führung berichtete die Dolmetscherin stolz von der wissenschaftlichen Tradition der Stadt. Sie berichtete auch von den Studenten, und ich erkundigte mich, ob und in welcher Höhe sie vom Staat finanziell unterstützt würden. Bis vor einiger Zeit, so wurde mir erklärt, hätten alle Studenten den gleichen Unterhalt bekommen. Einige wären darüber jedoch faul geworden, und deshalb würden die Zuschüsse jetzt nach Leistung gestaffelt. Wir Zuhörer lächelten wissend.

Bei anderer Gelegenheit besuchten wir ein großes Autowerk an der Kama, einem Nebenfluß der Wolga. Neben dem Werk war eine Arbeitersiedlung entstanden. Die Neubauten wirkten allerdings schon verkommen, obwohl das Werk selbst noch nicht einmal ganz fertiggestellt war. Unsere Gastgeber erklärten uns, warum: Die Wohnungen gehörten dem sowjetischen Staat, und deshalb hätten die Arbeiter nicht das geringste Interesse an der Instandhaltung. Nun würde man darüber nachdenken, ob die Arbeiter die Wohnungen nicht erwerben sollten. Anstelle der Miete würden sie dann die Tilgung und Zinsen in Höhe von zwei Prozent – das entsprach dem üblichen Landeszins – an den Staat zahlen. Ihr Eigentum, so argumentierten unsere Gastgeber weiter, würden die Leute mit Sicherheit besser pflegen.

Ich weiß nicht, ob die Werkarbeiter in Kama jemals zu Eigentumswohnungen kamen, aber natürlich ließ ich später keine Gelegenheit aus, die Geschichte in der Verpackung der urkapitalistischen Anekdote zum besten zu geben. Mehr, so fügte ich in der Regel hinzu, brauchte man über den realen Kommunismus wohl kaum zu erfahren.

Das alte Mütterchen Rußland hielt sich meistens verborgen, wenn wir westlichen Wirtschaftsführer durch das Land reisten. Der Geruch von Weihrauch und der Schein des roten Lämpchens unter der Ikone im Alkoven – eine Vorstellung im übrigen, die ich heimlich nährte, seit ich selbst russische Ikonen sammelte – schienen sich verflüchtigt zu haben. Ich kann mich nur an ein einziges Kloster etwas außerhalb von Moskau erinnern, das noch «arbeitete», wie die Russen es nannten.

Im Februar 1973 waren wir zum erstenmal in Moskau gewesen, und schon im Mai des gleichen Jahres kam KP-Generalsekretär Leonid Breschnew nach Bonn. Der korpulente Kremlchef wirkte fremd in unserer Hauptstadt. In Moskau war Breschnew in gewisser Weise selbstverständlich und deshalb bei aller Verschiedenheit weniger unnahbar erschienen. In Bonn blieb die Kluft unüberwindlich.

Sicher war der sowjetische Staatschef nicht allein unseretwegen an den Rhein gereist. Immerhin verblüffte er jedoch sowohl die diplomatischen Strategen als auch die politischen Beobachter, weil er uns Wirtschaftsführern und den zuständigen Ministern anstelle der vorgesehenen sechzig Minuten ganze zweieinhalb Stunden seiner knapp bemessenen Zeit widmete. Wer noch nie an einem solchen Gespräch teilgenommen hat, mag großartige Geheimabsprachen und gewichtige Entscheidungen hinter den geschlossenen Türen des Konferenzraumes vermuten. Und so nahmen auch damals die Spekulationen in der Öffentlichkeit kein Ende. In der Tat ging es bei solchen Begegnungen jedoch im wesentlichen darum, die Atmosphäre für zukünftige Handelsgeschäfte zu verbessern. In der Regel kamen allenfalls globale Absichtserklärungen dabei heraus. Das galt auch für den Breschnew-Besuch. Beide Seiten hatten einander bekundet, daß sie an einem weiteren Ausbau der wirtschaftlichen Beziehungen interessiert wären. Und wir unterzeichneten ein entsprechendes Abkommen, das ebenso langfristig wie unverbindlich gehalten war. Die entscheidenden Verhandlungen fanden später ohne jedes Aufsehen in untergeordneten Ausschüssen statt.

Während wir noch engere Bande an die sowjetische Wirtschaft knüpften, hatten die Amerikaner sich Gedanken über eine erweiterte «westliche» Allianz gemacht. Schließlich gab es auch im Osten potentielle Verbündete, die ideologisch allemal in unser Lager gehörten: die Japaner. Und die Japaner kamen zu kurz. Ihre Produkte begannen zwar – zum Leidwesen mancher westlicher Konzernchefs – unsere Märkte zu überschwemmen, aber als gleichwertige politische und wirtschaftliche Partner wurden die emsigen Arbeiter aus dem Reiche Nippon noch lange nicht akzeptiert. Zwei Amerikaner, der Wirtschaftler David Rockefeller und der Politiker Gerald B. Smith, hatten deshalb die Initiative ergriffen. Sie hatten eine Kommission gegründet, in der Japan, die Vereinigten Staaten und Europa gleich stark vertreten sein sollten: die Trilateral Commission. Einmal im Jahr, so der Plan der beiden Gründer, sollten Wirtschaftsführer und Politiker der drei Regionen sich zu einem informellen Meinungs- und Informationsaustausch treffen.

Im Herbst 1973 reiste ich zum erstenmal als Vertreter der deutschen Wirtschaft nach Tokio. Aus Bonn kam Graf Lambsdorff, der damals gerade erst in den Bundestag gewählt worden war. Später als Minister durfte er nicht mehr teilnehmen. In der Trilateral Commission galt die eiserne Regel, daß ein Mann, der ein Regierungsamt innehatte, der Gesprächsrunde fernbleiben mußte. Eine Regelung, die meines Erachtens viel Sinn machte, denn die Regierungsverantwortung konnte dem freien politischen Meinungsaustausch kaum dienlich sein. Bemerkenswert war allerdings, wie viele zukünftige Staatschefs und Minister – von Jimmy Carter bis zu Raimond Barre – der Runde ursprünglich angehört hatten.

Erster Generalsekretär der Kommission wurde Carters späterer Sicherheitsberater Brzezinski. Und die ersten Sitzungen verliefen in der Tat informell. Die Kommission hatte keinerlei institutionalisierte Rechte, sondern es handelte sich um eine reine «private citizen initiative». In Japan war der Kreis noch klein, wir waren kaum mehr als dreißig Leute, und es gab manche heftige Diskussion.

Später verlor das Attribut «private» seine Bedeutung, denn die Treffen wuchsen sich zu monumentalen Veranstaltungen aus. Der Mitgliederkreis war kaum noch überschaubar, und während der Sitzungen führten jeweils drei Professoren aus den drei Regionen das große Wort. Sie hatten bücherdicke Gutachten ausgearbeitet, und das Ganze bekam einen professoralen Beigeschmack. Die Trilateral Commission erlitt das gleiche Schicksal wie manche andere Einrichtung: Kaum hatte sie sich einen Namen gemacht, konnte sie sich vor dem Ansturm der «wichtigen Leute» nicht mehr retten. Die internationalen Tänzerlisten waren eben zu lang geworden. Mit den spannenden Diskussionen im kleinen Kreis war es dann jedenfalls vorbei.

Jene Veranstaltung in Tokio 1973 fand in der japanischen Wirtschaft und in der japanischen Presse ein großes Echo. Die Japaner hatten ihre Isolation in der «westlichen» Welt sehr deutlich gespürt. Sie waren stolz und begrüßten uns zunächst kühl. Ich kann mich noch gut daran erinnern, daß während der ersten Begegnungen eine beklemmende Atmosphäre herrschte. Die Spannung hielt jedoch nicht lange an. Die gemeinsamen ökonomischen und politischen Interessen waren größer als der Stolz. Und schließlich konnten die Japaner auch nicht ganz verbergen, daß ihnen die psychologische Aufwertung gefiel, die sie durch die Trilateral Commission erfuhren.

Im übrigen kam – genau wie Breschnew – auch der japanische Ministerpräsident Kakuei Tanaka noch im gleichen Jahr in die Bundesrepublik. Und bevor er den Regierenden seine Aufwartung machte, ließ er sich als Ehrengast der deutschen Wirtschaft im Düsseldorfer Parkhotel feiern. Wir kamen eben mit jeder Regierung aus, das galt nicht nur für das eigene, sondern weit mehr noch für andere Länder. Ganz gleich, welche Ideologien in den Köpfen der Herrschenden rumoren mochten und ob die Güter nach dem Leistungsprinzip oder nach dem Gleichheitsprinzip verteilt wurden, jede Nation war ein potentieller Handelspartner. Und hatte nicht das Verhalten von Breschnew und Tanaka aufs neue bewiesen, wie wichtig die wirtschaftlichen Beziehungen waren? Sicher diente die politische Entspannung dem Handel, aber umgekehrt waren auch gute Handelsbeziehungen für das außenpolitische Verhältnis zu einem anderen Land schon immer von großem Nutzen gewesen.

«Macht» war das Wort der anderen

Die Überzeugung von unserer starken Position im gesellschaftlichen Gefüge erlitt meiner Meinung nach während Brandts Kanzlerschaft nur eine einzige nachhaltige Erschütterung: Im Oktober 1973 verabschiedete der größte Landesverband der SPD in Dortmund eine Resolution, in der die Verstaatlichung der Banken gefordert wurde. Damals war ich Präsident des Bundesverbandes deutscher Banken, und so forderte ich meinerseits von Brandt öffentlich Rechenschaft. Er sollte eindeutig zu dem Beschluß der Nordrhein-Westfalen Stellung beziehen. Anders als in der Adenauer-Erhard-Ära hatte ich unter Brandt auch nur die Möglichkeit eines öffentlichen Appells. Der erste sozialdemokratische Kanzler der Republik wahrte gegenüber der Wirtschaft Distanz. Seine Tür blieb uns in der Regel verschlossen.

Und auch jetzt ließ Brandt sich mit der Antwort Zeit. Sein Finanzminister Helmut Schmidt wurde zwar nicht müde, uns zu versichern, daß er von Verstaatlichung ebenfalls nichts halte. Aber der Kanzler selbst verbarg sich hinter unklaren Äußerungen und schürte so unser Mißtrauen und unser Unbehagen. Die Macht der Banken war damals ein zentrales Thema der politischen Auseinandersetzung. So mancher SPD-Abgeordnete – auch außerhalb von Nordrhein-Westfalen – hatte sich die Juso-Forderung nach einer Verstaatlichung der gesamten privaten Kreditwirtschaft zu eigen gemacht. Wir glaubten zwar nicht im Ernst an die Realisierung eines solchen Vorhabens, aber die Dortmunder Resolution ließ uns befürchten, daß die Sozialdemokraten zumindest die Staatskontrolle verschärfen würden.

So entschlossen wir uns zu einem Schritt, der für uns ungewöhnlich war: Wir wollten uns der Diskussion stellen. Im März 1974 luden wir Politiker und Journalisten zum Bankentag ein, um auf dem Podium über die angebliche Macht der Kreditinstitute zu debattieren. Daß ausgerechnet wir Bankiers, die wir die öffentliche Auseinandersetzung bisher als proletarisches Spektakel geschmäht hatten, nun aus unseren getäfelten Räumen hervorkamen, um uns schutzlos der Kritik auszuliefern, sorgte für Aufsehen und Unruhe – auch in den eigenen Reihen.

Selbst im Bankenverband wurden manche Bedenken angemeldet: Nährte der klassische Bankier sich nicht immer noch zu einem guten Teil von der Aura seiner Unnahbarkeit? Er durfte sich nicht geschwätzig unter das Volk mischen, sondern mußte kühle Zurückhaltung wahren. Nur mit einem bevorzugten Kunden unter vier Augen im eigenen Kontor ließ er scheinbar die Maske fallen. Dort erschien er zuvorkommend und plauderte – ganz im Vertrauen – über manche verborgenen Wege des Geldes und manche geheime Methode zu seiner Vermehrung. So ein Mann gehörte nicht ins Rampenlicht.

Und es waren nicht wenige, die eine solche Auffassung teilten. Selbst in den Großbanken, in denen man das Massengeschäft längst als lukrative Einnahmequelle entdeckt hatte, umgaben die Vorstandsmitglieder sich gerne mit dem alten, vornehmen Glanz. So hatte ich einige Mühe, die Podiumsdiskussion durchzusetzen. Denn obwohl ich in vieler Hinsicht zu den Konservativen meiner Branche gehörte, war ich damals der Meinung, daß wir energisch versuchen mußten, aus der Defensive hinauszugelangen.

Auf dem Podium gelang uns das allerdings nicht. Wir, das heißt vier Vorstandsmitglieder namhafter Großbanken und ich, wollten nach bewährter Fernsehmanier Politikern und Journalisten Rede und Antwort stehen. Die drei großen Parteien waren durch Ehrenberg, Biedenkopf und Lambsdorff vertreten, die Moderation übernahm Frau Dingwort-Nusseck. Nun hatten wir Bankiers uns ein Leben lang in höflichen Formen geübt und hatten innere Zurückhaltung und verbales Entgegenkommen gelernt. Wir hatten jedoch nie gelernt, eine Kontroverse auszutragen. Für ein öffentliches Streitgespräch war das eine schlechte Ausgangsposition.

Wir wollten niemanden verärgern, und so versprachen wir immer wieder zu ändern, was zu ändern sei. Nur sei eben kaum etwas zu ändern. Wir sammelten nicht etwa Aufsichtsratsmandate, um uns Einfluß auf die Unternehmensführung zu sichern, sondern die Unternehmer würden uns doch um die Mitgliedschaft bitten. Wir wollten auch auf den Hauptversammlungen der großen Aktiengesellschaften niemanden entmündigen. Wir übernahmen für die Aktionäre, deren Wertpapierdepots wir verwalteten, nur deshalb das Stimmrecht, weil die Hauptversammlungen sonst gänzlich veröden würden. Und schließlich – bei diesem Punkt wurden wir sehr energisch – sei das sogenannte Depotstimmrecht ohnehin längst abgeschafft. Seit 1965 mußten unsere Kunden uns nämlich eine Vollmacht geben, wenn wir auf den Hauptversammlungen für sie abstimmen sollten. Wir sprachen seither vom «Vollmachtsstimmrecht».

Natürlich, so gaben wir bereitwillig zu, hätten die Banken einen gewissen Einfluß – «Macht» war das Wort der anderen –, nur sei dieser Einfluß doch beschränkt, und zwar in erster Linie durch den Wettbewerb. In der Tat hatten wir schon 1967 freiwillig unser Zinskartell aufgegeben und warben uns seither mit unterschiedlichen Zinssätzen gegenseitig die Kunden ab.

Um die Zinsliberalisierung hatte es damals eine Menge Streit gegeben. Jürgen Ponto, Vorstandsmitglied der Dresdner Bank, und Franz Heinrich Ulrich, Vorstandsmitglied der Deutschen Bank, die jetzt beide mit mir auf dem Podium saßen, hatten sich Mitte der sechziger Jahre noch dezidiert gegen die Aufhebung des Kartells ausgesprochen. Ich selbst war dafür gewesen. Schließlich hatte ich auch schon als DIHT-Präsident für Erhards Kartellgesetzgebung gefochten. Warum sollten wir in der Geldwirtschaft eine Ausnahme machen? Obwohl wir Kleinen von der bestehenden Regelung profitiert hatten – die Privatbankiers durften einen geringfügig höheren Zinssatz gewähren als die Großbanken –, hatten wir Privatbankiers uns schließlich geschlossen gegen das Kartell ausgesprochen. Der Beschluß war bei einer Ausschußsitzung in Hamburg zustande gekommen, die ich eigens zu diesem Zweck einberufen hatte. Bald darauf – am 1. April 1967 – war das Kartell gefallen. Und nur deshalb konnten wir sieben Jahre später unsere politischen Gegner auf den harten Wettbewerb und die natürliche Kontrolle durch den Markt verweisen.

Sachlich, so meine ich noch heute, waren wir dann auch während der Podiumsdiskussion auf dem Bankentag 1974 vollkommen im Recht. Es mangelte uns nicht an Argumenten, sondern es mangelte uns eben an der Fähigkeit, die Argumente vorzutragen und zu verteidigen. Wir waren unsicher. Wann immer wir eine Meinung äußerten, betonten wir, daß es eine persönliche sei, eine Meinung, die wir weder untereinander noch mit den übrigen Verbandsmitgliedern abgestimmt hätten. Dergleichen Beteuerungen und Versicherungen nahmen mehr Zeit ein als unsere eigentlichen Aussagen, und so wurden wir bald an den Rand des Gesprächs gedrängt. Die Politiker dachten nicht daran, uns zu fragen, sondern sie gaben umfassende Statements ab und antworteten allenfalls den Journalisten. Wir saßen meistens nur dabei, nickten höflich und behielten unser Unbehagen und unser «besseres Wissen» für uns. Am Ende der Diskussion war nichts geblieben als die gute Absicht.

Einen Erfolg konnten wir auf dem Bankentag jedoch verbuchen: Fast ein halbes Jahr nach der Dortmunder Resolution zum Thema Verstaatlichung erteilte Bundeskanzler Brandt seinen nordrhein-westfälischen Kollegen eine Absage: «Im übrigen sehe ich keine Veranlassung – ich greife hier einfach noch einmal etwas auf, was der Bundesfinanzminister heute vormittag schon gesagt hat –, einer grundsätzlichen Änderung unseres Bankensystems das Wort zu reden.» So erklärte er am Abend des 11. März vor rund 1500 Bankern in Bonn. Und wir sparten nicht an Beifall. Obwohl Brandt gleich darauf erklärte, daß er von Tabus nichts halte und daß noch lange kein Verfassungsfeind sei, wer den staatlichen Einfluß im Bankbereich verstärken wollte, waren wir fürs erste zufrieden.

Schon die Tatsache, daß der Kanzler unsere Einladung angenommen hatte, hatten wir als versöhnliche Geste gewertet. Die Zusage war ihm vermutlich nicht leichtgefallen, denn immerhin repräsentierten wir jenen Teil der Gesellschaft, den Brandt meines Erachtens nicht sonderlich gut leiden konnte. Und obwohl wir in winzigen Zeichen anzudeuten suchten, daß unser elitärer Anspruch im Wandel begriffen wäre – wir nannten unsere Veranstaltung nicht mehr «Bankiertag», sondern «Bankentag» –, schien Brandt sich zu Anfang in der Bonner Beethovenhalle nicht sehr wohl zu fühlen.

Er mochte sich auch darüber wundern, mit welcher Selbstverständlichkeit sein Parteigenosse, Finanzminister Schmidt, die mächtigen Kapitalverwalter behandelte. Wo blieb da das Klassenbewußtsein des Sozialdemokraten? Brandt ließ uns zunächst deutlich spüren, daß er auf keinen Fall bereit sei, sich in ähnlicher Weise mit der Hochfinanz zu verbrüdern. Unsere massenhafte Präsenz verunsicherte ihn jedoch sichtlich. Er wirkte beinahe ein wenig unbeholfen, und so gewann er manche Sympathie. Und wie schon am Nachmittag während der Podiumsdiskussion boten wir Bankiers auch beim Abendessen wenig Angriffsfläche. Wir begegneten Brandt mit perfekter und glatter Höflichkeit.

In meiner Rede gab ich mir dann jedoch alle Mühe, die kalte Förmlichkeit mit Humor zu überwinden. Natürlich hätten wir bei der Veranstaltung des Bankentages auch an Public Relations gedacht, erklärte ich mit Blick auf den Kanzler. Man dürfte das jedoch nicht mit Werbung oder Reklame verwechseln, der Unterschied wäre etwa folgender: «Wenn ein junger Mann zu einem reizenden Mädchen sagt: ‹Ich bin ein sehr kluger Kerl, ich bin tüchtig, dynamisch, und ich werde meinen Weg machen›, dann ist das Reklame. Wenn er zu dem jungen Mädchen sagt: ‹Sie sind reizend, charmant und so wunderschön angezogen›, dann ist das Werbung. Aber wenn das Mädchen sich für den jungen Mann entscheidet, weil es von Dritten gehört hat, er sei ein großartiger Kerl, dann sind das Public Relations.» Wenn der sehr verehrte Herr Bundeskanzler, so fuhr ich fort, nun nach dem Bankentag über uns verbreiten würde, wir wären alle großartige Kerle, dann wäre das die beste PR-Aktion, die wir uns wünschen könnten.

Lachte Brandt? Ich kann mich nicht erinnern. Alle anderen lachten, ich selbst auch. Und ob Brandt nun lachte oder nicht, in seiner Antwort griff er diesen ironischen Tonfall auf, und der Bann war gebrochen. Wir hatten gewonnen.

Der Kanzler versuchte nicht, uns zu stellen, sondern ließ sich auf unsere gefälligen Umgangsformen ein. Ob er allerdings die Pointe meiner Rede absichtlich mißverstand, weiß ich bis heute nicht zu sagen. Brandt ging in folgender Weise darauf ein: «Im übrigen, wenn ich den Hinweis auf die Public Relations richtig verstanden habe, soll ich mir den dritten Mann aussuchen, der mir erzählt, daß Sie – um Ihre Sprache zu benutzen – alle ausgezeichnete Kerls seien. Herr Präsident, ich will mir dies gerne bestätigen lassen und auch zu eigen machen.»

Natürlich hatte er selbst der dritte Mann sein sollen, aber so weit wollte er offenbar nicht einmal im Scherz gehen. Die Grenze zwischen Verbrüderung und politischer Diplomatie war vermutlich ohnehin schwerer zu ziehen, als Brandt anfangs erwartet hatte. Im Rückblick beneide ich ihn nicht um seine Rolle. Wie hätte ich mich wohl auf einem Gewerkschaftstag im Ruhrgebiet ausgenommen? Nach dem Abendessen, so konnte die *FAZ* später berichten, wäre Brandt sogar noch an der Bar der Banker gesehen worden. In den Chefetagen der Geldhäuser schmunzelte man wohlgefällig darüber. In der Dortmunder Parteizentrale dagegen mag man dergleichen Randbegebenheiten ebenso zornig registriert haben wie Brandts Absage an den Gedanken der Bankenverstaatlichung.

Die gesellschaftspolitischen Angriffe hatten auch eine positive Wirkung: Im Kreditgewerbe rückte man näher zusammen, Große und Kleine vertrugen sich bestens, der Solidarisierungseffekt war bemerkenswert. Obwohl die drei Großbanken ihre führende Position mehr und mehr ausbauten, hielten wir still. Kaum einer aus den eigenen Reihen kam auf den Gedanken, den Konzentrationsprozeß zu kritisieren. Und die Spitzeninstitute gaben uns auch wenig Anlaß. Sie ließen den Kleinen genügend Geschäftsnischen, denn sie wollten unsere Existenz auf keinen Fall gefährden. Das Wettbewerbsargument hätte sonst leicht seine Schlagkraft verloren, und die politischen Gegner hätten mit bloßem Finger auf die Orte verweisen können, an denen sie eine unzulässige Machtkonzentration vermuteten. Die Großbanken brauchten die mittelständischen Institute und uns Privatbankiers als eine Art «Cordon sanitaire» – eine Formulierung im übrigen, die damals häufig gebraucht wurde.

Die Großbanken brauchten die Kleinen nicht nur als Schutzwall. Sie überließen ihnen auch manche Aufgaben und Ehrenämter, um eine gleichmäßige Verteilung des Einflusses zu dokumentieren. Allein aus diesem Grunde war der Verbandspräsident damals immer ein Privatbankier. Hinter den Kulissen änderten die Machtstrukturen sich jedoch langsam, aber stetig. Die Großbanken legten zu. Oft waren die Veränderungen zunächst kaum spürbar. Es erschien selbstverständlich, daß die perfekt ausgerüsteten Zentralabteilungen der Spitzeninstitute mehr und mehr die technische Abwicklung der Verbandsaktivitäten übernahmen. Und später pochten sie dann leise auf das alte Prinzip, daß derjenige doch wohl am meisten zu sagen hätte, der den größten Beitrag zu der gemeinsamen Sache leistete.

Zu meiner Zeit hatte ich dennoch nicht das Gefühl, daß die Großen versuchten, die Verbandspolitik zu dominieren. Das mag zum einen daran gelegen haben, daß als Vertreter der Deutschen Bank damals Franz Heinrich Ulrich im Verbandsvorstand saß. Ulrich war ein persönlicher Freund von mir. Er stammte aus Bremen, und wir hatten schon in unserer Jugend gegeneinander Hockey gespielt und später viele gemeinsame Reisen unternommen. Im Bankenverband wurden wir uns dann immer schnell einig, und so war die Harmonie mit dem Größten unter den Großen schon einmal gesichert. Und zum zweiten war ich wohl eine geeignete Integrationsfigur. Ich hatte es schon immer verstanden, mich mit allen gutzustellen, und dafür brachte ich auch jetzt günstige Voraussetzungen mit: Niemand hielt mich für eine echte Gefahr, weil ich zu klein war und nicht irgendeine Hausmacht hinter mir stand. Ich bot wenig Angriffsfläche und stieß daher auch nur selten auf Widerstand. So gelang es, den Verband als harmonische Einheit erscheinen zu lassen.

In der Regel entsprach dieses Bild auch der Wirklichkeit. Nur manchmal wurde dann doch dieser oder jener Privatbankier aufmüpfig, beklagte sich über die Großbanken und machte sich in endlosen Tiraden über die wachsende Beherrschung Luft. Er mobilisierte seine Kollegen, und im ärgsten Fall kam es zu einem Abspaltungsversuch. Während meiner Zeit als Bankenpräsident brachte der Frankfurter Privatbankier Bethmann einmal Unruhe in den Verband. Er und einige andere bekundeten energisch, sie würden die Bevormundung durch die Großbanken nicht länger dulden und aus dem Verband austreten. Der Aufstand war jedoch nicht von langer Dauer. Schließlich stand doch wohl außer Frage, daß gerade in dieser schwierigen Zeit eine gemeinsame Organisation und einheitliche Aussagen in der Öffentlichkeit von großer Wichtigkeit waren. Bethmann und die übrigen Abtrünnigen ließen sich überzeugen.

Nun hatten wir zwar bald kaum noch Anlaß, von der Regierung bedrohliche Einschränkungen zu erwarten, denn Brandt war von einem DDR-Spion ausgehorcht worden, und Schmidt wurde Kanzler. Aber schon gut einen Monat nach dem Wachwechsel in Bonn lieferte uns einer aus den eigenen Reihen hinreichend Grund zur Sorge: Iwan Herstatt hatte sich mächtig verspekuliert, und im Juni 1974 brach sein Institut mit einem großen Krach zusammen.

Kaum war die Pleite bekannt geworden, ertönte aufs neue der Ruf nach dem Staat. Der Staat sollte die Geldströme strenger kontrollieren, und der Staat sollte im Notfall verlorene Sparguthaben ersetzen. Gegen eine verschärfte Bankenaufsicht hatten wir im Prinzip nichts einzuwenden. In der Tat mußte unmäßigen Devisenspekulationen Einhalt geboten werden. Die Garantie für die Einlagen der Sparer wollten wir dem Staat allerdings nicht überlassen. Ein Einlagensicherungsfonds, gespeist aus öffentlichen Geldern, hätte die Regierenden berechtigt, unsere Bücher bis ins letzte Detail zu prüfen und uns möglicherweise weitreichende Vorschriften zu machen. Wir wollten jedoch niemandem ein offizielles

Mitspracherecht einräumen, und zu viele Augen auf unseren Zahlen ließen sich unserer Meinung nach auch nicht mit dem Bankgeheimnis vereinbaren.

Es gab damals bereits einen privaten Fonds des Kreditgewerbes, den sogenannten Feuerwehrfonds. Aus diesem Topf wurden im Fall Herstatt alle privaten Einleger mit Guthaben bis zu 20 000 Mark entschädigt. Die Regelung reichte den Kritikern allerdings nicht aus. Und um die Pläne für eine staatliche Depositenversicherung aus der Welt zu schaffen, schlug ich vor, die private Garantie für die Sparer zu erweitern: In Zukunft sollten im Fall einer Pleite bis zu dreißig Prozent des Bankkapitals pro Anleger aus dem Feuerwehrfonds erstattet werden. Da kaum anzunehmen war, daß auf einen einzelnen Anleger je mehr als dreißig Prozent des Bankkapitals entfallen würden, entsprach der Vorschlag einer nahezu unlimitierten Garantieerklärung.

Der Plan sorgte zunächst einmal für Aufruhr im Verband. Die Großbanken wollten nicht mitspielen. In der Tat waren sie diejenigen, die gegebenenfalls mit den größten Beträgen zur Kasse gebeten werden würden. Denn die Beiträge zum Feuerwehrfonds errechneten sich in Relation zur Bilanzsumme. Umgekehrt konnten die Großen sich kaum einen eigenen Nutzen von dem Fonds versprechen. Sollte beispielsweise die Deutsche Bank einmal von Zahlungsunfähigkeit bedroht sein, würde unser Staatsgebäude in den Fugen krachen. Da könnte das private Kreditgewerbe noch so umfassende Garantieerklärungen abgeben, im Verhältnis zu einer drastischen Liquiditätslücke bei dem größten deutschen Kreditinstitut würden die finanziellen Mittel der übrigen fast lächerlich wirken.

So war denn auch Altmeister Abs, damals Aufsichtsratsvorsitzender der Deutschen Bank, zunächst anderer Meinung als ich. Die entscheidende Sitzung fand bei Siemens in München statt. Der Konzern hatte gerade seine Bilanz festgestellt und aus diesem Anlaß – wie in jedem Jahr – einige Vorstandsmitglieder seiner Hausbanken eingeladen. Unter anderen gehörten auch Abs und Ulrich zu der Runde. Und natürlich gab es am Abend nur ein Thema: den erweiterten Feuerwehrfonds. Es wurde spät, und nach und nach wechselten die anwesenden Großbanker die Fronten. Dem Staat wollte ohnehin keiner von ihnen mehr Einfluß gewähren. Und sie ließen sich davon überzeugen, daß sie sich den Schutzwall aus kleinen und mittleren Banken nur erhalten konnten, wenn sie die Garantie übernahmen und im Notfall bereit waren zu zahlen.

Für den nächsten Morgen hatten wir eine Sitzung des Verbandsvorstands geplant. Und noch ganz unter dem Eindruck der nächtlichen Diskussion beschlossen die Vorstandsmitglieder den erweiterten Feuerwehrfonds. Kaum war der Beschluß verabschiedet, unterrichteten wir die Journalisten. Vorsorglich hatte ich schon eine Pressekonferenz organisiert, um das Ergebnis so schnell wie möglich an die Öffentlichkeit zu bringen. Wenn die Sache erst einmal in der Zeitung stand, konnten die Großbanker es sich nicht mehr anders überlegen.

Langfristig hatte diese Entscheidung mit Sicherheit die dominierende Stellung der Großbanken untermauert. Da sie sich nun mit einigem Recht als Garanten für das gesamte Kreditgewerbe betrachten durften, bekam ihre Stimme noch mehr Gewicht. Im übrigen wurde dann auch ein Vorstandsmitglied der Deutschen Bank, Friedrich Wilhelm Christians, mein Nachfolger als Bankenpräsident, und mittlerweile wechseln sich Groß-, Regional- und Privatbanker an der Verbandsspitze ab.

Schon kurz nach der Herstatt-Pleite forderten manche Großbanker den Stuhl des Präsidenten für einen von ihresgleichen. Damals galt es dann, auch die Regierung davon zu überzeugen, daß der erweiterte Feuerwehrfonds jeden staatlichen Sicherheitsfonds überflüssig machte. Eine solche Überzeugungsarbeit, so meinte beispielsweise Commerzbankvorstand Paul Lichtenberg, könnte ein Großbanker weit besser leisten als ein Privatbankier. Er forderte mich offiziell zum Rücktritt auf. Ich glaube, mein Freund Ulrich hat ihm dann kräftig die Leviten gelesen. Jedenfalls kam das Thema nie wieder zur Sprache.

Hans Apel war damals für uns der entscheidende Mann in der Regierung. Als Finanzminister mußte er die SPD-Fraktion davon überzeugen, daß unsere Vorschläge gut und richtig waren. Unser Verbandsgeschäftsführer, Helmuth Cammann, hatte vorgearbeitet. Er kannte Apel seit Jahren, hatte den Kontakt sorgfältig gepflegt und erklärte dem Minister nun während eines langen Mittagessens die privaten Haftungsmodalitäten. Als ich dann selbst noch einmal zu Apel gerufen wurde – im übrigen ließen sich auch Kanzler Schmidt und sogar Bundespräsident Walter Scheel persönlich über die Einzelheiten des privaten Fonds unterrichten –, wurden wir uns schnell einig. Apel war mit unseren Vorschlägen weitgehend einverstanden, und er setzte sich in seiner Fraktion durch.

Der Angriff kam dann von unerwarteter Seite. Kaum hatten die Sozialdemokraten sich bereit erklärt, den Staat auch weiterhin aus unserem Gewerbe zu verbannen, da forderten die Christdemokraten im Parlament einen staatlichen Sicherheitsfonds. Der Antrag war unter Federführung des Bundestagsabgeordneten Rudolf Sprung entstanden, und man hatte es nicht für nötig befunden, uns auch nur ein einziges Mal um Rat zu fragen. Manche der CDU-Abgeordneten glaubten noch immer, den wirtschaftlichen Sachverstand allein für sich gepachtet zu haben. Der Antrag wurde abgelehnt. Eine endgültige Einigung zwischen Regierung und Bankenverband kam allerdings erst zustande, als ich das Präsidentenamt schon abgegeben hatte.

Knapp zehn Jahre später war die SMH-Bank eines der ersten Institute, das den erweiterten Feuerwehrfonds in Anspruch nahm. 1974 war ich jedoch noch auf der anderen Seite, umgeben von untadeligen Bilanzbüchern mit schwarzen Zahlen darin, geborgen in dem sicheren Gefühl der Rechtschaffenheit. Die Kölner Pleite ließ mich dieses Gefühl besonders deutlich spüren. Es war nicht unangenehm.

Über die Grenzen der Herkunft hinaus

Sicher habe ich in meinem ganzen Leben nicht ein einziges Mal die Sozialdemokraten gewählt. Schließlich würde ich meinem Chauffeur auch nicht das Du anbieten, der Königin von England ein anzügliches Gedicht senden oder nach einem Diner auf dem Luusbarg persönlich die Teller spülen. Es gibt einfach eine Reihe von Dingen, die mit meinem Wesen unvereinbar sind. Helmut Schmidt war dennoch der Kanzler meiner Wahl. Auf dem Stimmzettel durfte er natürlich nicht mit meiner Unterstützung rechnen, aber von diesem demokratischen Vorgang einmal abgesehen, machte ich aus meiner Sympathie für ihn keinen Hehl.

Wir hatten uns schon in den fünfziger Jahren kennengelernt. Schmidt saß damals als Abgeordneter der Hansestadt im Bundestag, und ich war Präses der Hamburger Handelskammer. So führten wir die ersten Gespräche über die wirtschaftlichen Belange unserer Vaterstadt, und ich war überrascht darüber, daß ein junger Sozi so intelligente Fragen stellen konnte.

1962 wurde er Hamburger Innensenator, und als ausgewachsener Politiker überraschte er mich noch viel mehr. Er tat nämlich etwas, das in seiner Berufssparte nicht unbedingt üblich war: Er handelte. Er lamentierte nicht lange, sondern traf Entscheidungen und betrieb das Geschäft der Politik mit unternehmerischem Elan. Das gefiel mir.

Privat begegneten wir uns zum erstenmal im sogenannten Dönhoff-Kreis. Marion Dönhoff, Herausgeberin der *Zeit*, lud damals monatlich zu einem Herrenessen ein. Neben Helmut Schmidt gehörten Karl Klasen, Otto A. Friedrich, Rolf Stödter, Carl Friedrich von Weizsäcker und ich zum festen Stamm. Gelegentlich wurden auch Gäste eingeladen, so zum Beispiel der General de Maizière, Theodor Eschenburg und andere Professoren oder auch Politiker, und dann war das Thema für den Abend vorgegeben. In der Regel kamen wir jedoch unvorbereitet zusammen und diskutierten über die aktuellen Tagesthemen.

Der beeindruckendste Kopf in der Runde gehörte ohne Zweifel von Weizsäcker. Selbst wenn es um eine Sache ging, von der er zunächst nichts verstand, zog er am Ende meistens ein frappierendes Fazit. Er hatte eine Weile zugehört und war dann auf analytischem Weg zu überraschenden und einleuchtenden Ergebnissen gekommen.

Schmidt interessierte sich am meisten für die Außen- und die Wirtschaftspolitik. Er begegnete mir als reiner Pragmatiker und hatte einen klaren, ökonomisch ausgerichteten Verstand. Und er sprach auch am liebsten über die politischen Tagesfragen. Abstrakte und eher philosophische Überlegungen zum Thema geistige Freiheit und Demokratie, wie beispielsweise der Hamburger Bürgermeister Herbert Weichmann sie immer wieder anstellte, schienen Schmidt damals noch weniger Spaß zu machen. Doch Weichmann, den ich später mehr und mehr kennen- und schätzenlernte, war nicht bei Marion Dönhoff, und so blieb von Weizsäcker der einzige Philosoph in der Runde.

Es mag erstaunlich erscheinen, aber ich habe mich nie darüber gewundert, daß ausgerechnet eine Frau uns zu diesen Herrenessen einlud. Ich kannte Marion schon lange, und sie war die einzige Frau, mit der ich mich über Wirtschaft und Politik unterhalten konnte. So hatte sie für mich ihren Platz in der Männerwelt. Selbst bei ihr zu Hause wäre mir nicht einen Augenblick lang eingefallen, sie etwa in der Rolle der Hausfrau zu sehen. Sie war eine ebenbürtige Gesprächspartnerin, und so konnte ich sie mir in der üblichen Sphäre der Weiblichkeit einfach nicht vorstellen. Wir Männer behandelten sie als unseresgleichen.

Während der Herrenessen vergaß ich auch Marions Beruf, den Journalismus. Ich glaube, sie war die einzige Person aus der ganzen Branche, der ich rückhaltlos vertraute und in deren Gegenwart ich kein Blatt vor den Mund nahm. Natürlich half ihr das Wissen um manche Zusammenhänge bei der Beurteilung bestimmter Probleme, und sie nutzte dieses Wissen für ihre Zeitung. Sie hätte allerdings nie auch nur einen Halbsatz aus den vertraulichen Gesprächen in der *Zeit* zitiert. Sie selbst hielt sich im übrigen meistens zurück. Sie brachte uns auf bestimmte Themen und äußerte selbst nur selten eine Meinung. Insoweit blieb sie eben doch Journalistin. Damals kam ich zu dem Schluß, daß sie einfach lieber schreiben als reden würde, denn in ihren Artikeln und Kommentaren machte sie aus ihrer Meinung keinen Hehl. Einer Meinung im übrigen, die sie dann meistens mit Helmut Schmidt teilte.

So zählte Schmidt schon beinahe zu meinen alten Bekannten, als er 1974 Kanzler wurde. Daß er auch als Regierungschef die wirtschaftlichen Fragen für die dringlichsten hielt, bewies er noch im gleichen Jahr. Als Schmidt im Dezember zu einem Staatsbesuch nach Washington reiste, nahm er nicht nur seine Beamten, sondern auch zwei Unternehmer und zwei Gewerkschafter mit. Zu der Delegation gehörten Hans Merkle, Vorstandsvorsitzender von Bosch, Adolf Schmidt, Vorsitzender der IG Bergbau, Karl Buschmann, Vorsitzender der IG Textil, und ich. Schmidt zeigte, daß er wirklich neue Wege gehen wollte, und erntete schon vor Reisebeginn reichlich Beifall aus Wirtschaftskreisen. Der Kanzler hatte sich im übrigen mit Schmidt und Buschmann zwei sehr gemäßigte Gewerkschaftsführer ausgewählt. Schmidt kannte ich aus dem Aufsichtsrat der Ruhrkohle AG, Buschmann aus der Konzertierten Aktion, und beide hatten sich – in meinen Augen wohltuend – durch Einsicht und ökonomische Vernunft qualifiziert.

Die Amerikaner veranstalteten zu unserem Empfang ein gewaltiges Spektakel. Mit Böllerschüssen, Ehrenbataillonen und einem roten Teppich war es in Washington nicht getan. Das Zeremoniell erinnerte mich an längst vergangene Zeiten. Als würden wir noch einmal den Geburtstag des Kaisers feiern, so hatten auch hier die deutschen Schulklassen freibekommen, und die Kinder schwenkten ungezählte Fähnchen zur Begrüßung. Und als müßten wir noch einmal die Kernsätze aus der alten Benimm-dich-Fibel des Herrn Knigge lernen, so wurden hier weiße Büttenbogen mit Verhaltensmaßregeln für die Feierlichkeiten verteilt.

Allein, dem Gastgeber mangelte es an Charisma. Gerald Ford wirkte aus der Nähe nicht weniger farblos als auf dem Fernsehschirm. Später stellte sich allerdings heraus, daß er in wirtschaftlichen Dingen recht gut Bescheid wußte und auf eine angenehm sachliche Art zu argumentieren verstand. Seine Stärke lag denn auch in seinem guten Verhältnis zum Parlament. So konnte er mehr durchsetzen als mancher andere. Und mit seinem Gast aus der Bundesrepublik gab Ford sich alle Mühe. Der Kanzler durfte sogar als einziger im Blair House residieren, im Gästehaus der amerikanischen Regierung, während man uns im Hay Adams Hotel nahe beim Weißen Haus untergebracht hatte.

Und Helmut Schmidt bewegte sich in Washington, als sei er alle Tage bei dem amerikanischen Präsidenten zu Gast. Er kannte die gesamte Polit-Prominenz beim Vornamen und beherrschte alle Feinheiten der Sprache. Schon als Verteidigungs- und später als Finanzminister war er häufig in Washington gewesen, und so lud er am ersten Abend alle diejenigen in die Residenz des deutschen Botschafters, Berndt von Staden, ein, die er seine Freunde nannte. Dazu gehörten unter anderen der Gewerkschaftsboss George Meany, der Ex-Finanzminister und heutige Außenminister George Shultz, der Notenbankchef Arthur Burns, der frühere Verteidigungsminister Melvin Laird und John McCloy.

McCloy war von 1949 bis 1952 Oberkommissar für Deutschland gewesen, und ich kannte ihn noch aus jener Zeit. Anfang der sechziger Jahre hatte ich ihn wiedergetroffen, und er hatte eine angebliche Anekdote aus seiner eigenen Soldatenzeit erzählt, die mich hellhörig gemacht hatte: Sein General hätte ihn aufgefordert, einen aussichtslosen Posten zu verlassen, und hätte hinzugefügt: «Please don't call it withdraw, call it disengage.» Disengagement war damals als neuer und bedrohlicher Terminus in der Außenpolitik aufgetaucht und umschrieb den möglichen Truppenabzug der Amerikaner aus Westeuropa. Sollte selbst McCloy, der die deutschen Verhältnisse besser kennen mußte als jeder andere, für einen Rückzug der amerikanischen Schutzmacht plädieren? Als ich ihn jetzt in Washington auf die alte Anekdote ansprach, wollte er sich nicht erinnern. Er wurde beinahe ärgerlich und behauptete fest, daß die amerikanische Verteidigungspräsenz in der Bundesrepublik für ihn immer erste Priorität gehabt hätte. Das Klima hatte sich offenbar wieder geändert, und wir konnten auf unsere Schutzmacht vertrauen.

Am folgenden Tag fanden dann im Blair House die offiziellen Gespräche statt, an denen auch Präsident Ford, sein wirtschaftlicher Berater Greenspan – später Nachfolger von Volcker Chef der Federal Reserve Bank – und Finanzminister Simon teilnahmen. Da ging es um die Ölpreiskrise, die Inflation, die Rezession und die bedrohliche Weltwirtschaftsflaute überhaupt – die, wenn man einmal die politischen Äußerungen der vergangenen Jahrzehnte vergleicht, fast immer zu beklagen war, zumindest aber doch drohte oder als beinahe überwunden galt.

Für dieses Treffen hatte Helmut Schmidt sich jedoch etwas einfallen lassen. Er brachte einen Begriff ins Spiel, der von nun an durch die Konferenzen aller Wirtschaftspolitiker und Regierungschefs der westlichen Welt geistern sollte: die Lokomotivfunktion. Schon das Bild, das man sich dabei vorzustellen hatte, war leicht verunglückt: Ein Land sollte die Lokomotive spielen und seine Handelspartner aus der Flaute ziehen. Im Prinzip steckte jedoch ein vernünftiger Gedanke dahinter. Wenn ein Land seine Wirtschaft mit staatlicher Unterstützung ankurbelte, dann würde, so die ökonomisch einleuchtende These, der Aufschwung über die engen Handelsbeziehungen bald auch die übrigen Länder erfassen. Nur fand sich eigentlich nie eine Regierung dazu bereit, diese Funktion zu übernehmen.

Damals hatte Schmidt den Amerikanern die Rolle der Lokomotive zugedacht, aber auch daraus wurde nichts. Um ihre Wirtschaft entsprechend anzukurbeln, hätten die Amerikaner ihre Geldmenge beträchtlich ausweiten müssen und so die ohnehin bedrohliche Inflationsgefahr im eigenen Land erhöht. Die Aufforderung des Kanzlers erschien mir deshalb als Zumutung. Ich äußerte Bedenken, und natürlich war es Arthur Burns als Wächter über die amerikanische Geldmenge, der mir zustimmte. Die übrigen Teilnehmer verharrten in höflicher Zurückhaltung.

Am Abend gab der Präsident zu Ehren des Kanzlers ein großes Staatsbankett im Weißen Haus. Jetzt fühlte ich mich nicht mehr an die Kaiserzeit, sondern an Disneyland oder Hollywood erinnert. Rosa hatte Betty Ford zur Farbe des Abends erkoren, und so glänzte das Weiße Haus in prächtigen Bonbontönen, die seinem Namen allerdings wenig Ehre machten. Ebenso schillernd wie die Ausstattung erschien mir bei näherem Hinsehen auch das Publikum. Sicher waren hier die Großkopfeten der Vereinigten Staaten versammelt, von der Regierungsmannschaft bis zu zahlreichen Vorstandsvorsitzenden namhafter und umsatzträchtiger Konzerne. Nur erschienen mitten unter den seriösen Repräsentanten des Staates und der Wirtschaft Leute wie der schwarze Football-Star Larry Brown, die Kosmetikkönigin Elisabeth Arden und einfache Bürger aus Grand Rapids, der Vaterstadt des Präsidenten. Ein solches Szenario wäre auf Schloß Brühl oder gar in dem patrizischen Rathaus meiner eigenen Vaterstadt kaum denkbar gewesen.

Die Amerikaner jedoch verstanden es, aus jedem Anlaß eine Show zu zaubern. Der Teil des Abends, der auch im offiziellen Programm so genannt wurde, begann allerdings erst nach dem Bankett. Joel Grey, Hauptdarsteller in dem Film «Cabaret», sang seinen weltberühmten Song, «Money makes the world go round», und ließ ungezählte nachgemachte Dollarscheine durch die Luft wirbeln. Grey hatte zumindest eine klare und einfache Formel für das Thema gefunden, das wir den ganzen Tag über sehr viel umständlicher behandelt hatten. Ernsthaft machten sich in diesem Augenblick wohl nur noch zwei Menschen Gedanken um die weltwirtschaftlichen Probleme. Helmut Schmidt und Henry Kissinger hatten den Saal beizeiten verlassen und besprachen sich unter vier Augen in einer Limousine vor dem Weißen Haus.

Nachdem wir am nächsten Tag noch mit Kissinger im Foreign Office zu Mittag gegessen hatten, reisten wir weiter nach New York. Für den Abend hatte uns dann Exxon-Chef Jamesson zum Essen im «kleinen Kreis» eingeladen. Und für Jamesson bedeutete das ein offizielles Diner im Smoking mit etwa fünfzig Gästen. Immerhin wurde dort nicht gesungen, sondern diskutiert.

Helmut Schmidt hatte noch nie ein Blatt vor den Mund genommen – nicht umsonst hatte er schon als Hamburger Senator den Beinamen «Schmidt-Schnauze» bekommen –, und das gleiche verlangte er nun von uns. Noch im Flugzeug hatte der Kanzler Merkle, Adolf Schmidt, Buschmann und mich ermahnt, nicht etwa in die Rollen der schweigsamen Statisten zu schlüpfen. In New York fiel mir das zunächst schwer, denn in New York kam auf ausdrücklichen Wunsch des Kanzlers ein ausgesprochen kontroverses Thema zur Sprache: die paritätische Mitbestimmung. Und daß wir in Gegenwart der Amerikaner unsere internen Streitigkeiten austragen sollten, verstieß gegen meine anerzogene Vorstellung von Diskretion. Schließlich hätte ich auch familiäre Zwistigkeiten nicht in Anwesenheit Dritter diskutiert, sondern wäre darauf bedacht gewesen, den Clan als Einheit zu präsentieren.

Als ich dann allerdings gefragt wurde, hielt ich mich doch an die Kanzlerworte und erklärte ausführlich den unternehmerischen Standpunkt. Natürlich hatte ich die Konzernmanager schnell auf meiner Seite, und in typisch amerikanischer Manier machten sie daraus auch keinen Hehl. Allein der Gastgeber bezeichnete die sozialdemokratischen Vorstellungen aus purer Höflichkeit als «interesting» – schließlich saß der Kanzler neben ihm. Ich war zufrieden. «Die paritätische

Mitbestimmung», so bemerkte ich am nächsten Morgen auf dem Flughafen, «wird wohl kein bedeutendes Exportprodukt werden.» Im Inland wurde sie allerdings – in abgeschwächter Form – im Frühjahr 1976 Wirklichkeit.

Ich hatte schon vorher Gelegenheit gehabt, mit einer Variante des sozialdemokratischen Modells Erfahrungen zu sammeln. In der Montanindustrie waren die Aufsichtsräte seit 1951 paritätisch besetzt. In Pattsituationen entschied der sogenannte neutrale Mann, der als «ungerades Mitglied» in dem Gremium saß und weder den Anteilseignern noch den Arbeitnehmern angehörte. Das Modell war nach dem Krieg noch unter dem Einfluß der Alliierten entstanden – und manche Bedenken der Gegner hatten sich meiner Ansicht nach als richtig erwiesen.

Entscheidungen kamen oft erst nach langwierigen Verhandlungen zustande, und die unternehmerische Flexibilität litt beträchtlich. Zwar bevölkerten nicht ausschließlich Kompromißfiguren die Vorstandsetagen – die Gegner der Mitbestimmung hatten gefürchtet, daß man sich in einem paritätisch besetzten Aufsichtsrat nicht auf die besten, sondern auf die gefälligsten Kandidaten einigen würde –, aber bis die Entscheidung für den richtigen Mann gefallen war, verging manchmal eine halbe Ewigkeit. Ich kann mich an einen Fall erinnern, in dem ein Unternehmen sechs Monate lang ohne Vorstandsvorsitzenden blieb, weil der neutrale Mann nicht entscheiden wollte. Da jenes Unternehmen ohnehin tief in den roten Zahlen steckte, machte die Führungsschwäche sich kaum bemerkbar. Nur hätte sie im Normalfall natürlich katastrophale Folgen haben können.

Ich selbst saß von 1969 bis 1974 im Aufsichtsrat der Ruhrkohle AG und wurde 1972 auch in den Aufsichtsrat der Nordwestdeutschen Kraftwerke (NWK) berufen. Das mag zunächst überraschend erscheinen, denn immerhin waren die Unternehmen Konkurrenten. Die Konstellation war jedoch keine Ausnahme und machte meines Erachtens auch Sinn: Da ich mich bei der Ruhrkohle ohnehin mit Energiefragen zu befassen hatte, war ich für die NWK gut vorbereitet. Daß ich keine Vertraulichkeiten ausplaudern würde, nahm man wohl an, und zudem galt ein Aufsichtsrat immer auch als Renommiergremium für das Unternehmen. Weil ich damals viele Ämter hatte, war ich ein begehrter Mann.

Als Aufsichtsratsmitglied bei den NWK stimmte ich dann auch für den Bau der Kernkraftwerke Brokdorf und Krümmel. Die Tragweite und die politische Dimension dieser Entscheidungen – die ich im übrigen noch heute für richtig halte – hat damals wohl keiner von uns ganz erfaßt. Das machte sie leichter. Über die Gefahren waren wir ohnehin einer Meinung: Sicher ließ jenes Restrisiko sich nicht aus der Welt schaffen, nur blieb es in unseren Augen unscheinbar klein.

Wie bildeten wir uns diese Meinung? Ich selbst habe mich auf die Berichte des Vorstands und das Urteil anderer Aufsichtsratsmitglieder verlassen, die in technischen Fragen kompetenter waren als ich. So saß bei den NWK ein Kernphysiker im Aufsichtsrat, und der Fachmann hatte offensichtlich keine Bedenken. Auch in einem solchen Gremium galt das Prinzip der Arbeitsteilung, und mein Fachgebiet waren die Finanzen. Ich fühlte mich in erster Linie für das Geld verantwortlich: Konnte das Unternehmen den Milliardenaufwand verkraften? Wo und zu welchen Bedingungen ließen sich günstige Kredite beschaffen und so fort.

Und dann gab es noch eine andere verantwortliche Instanz: den Staat. Der Staat bestimmte die Sicherheitsauflagen. Und solange wir dafür sorgten, daß die offiziellen Bestimmungen eingehalten wurden, hatten wir unseren Teil zur Begrenzung des Restrisikos beigetragen. Davon waren wir überzeugt. Die Vorstandsmitglieder berichteten uns natürlich stets mit langen Gesichtern von neuen Vorschriften, denn jede Auflage kostete Geld. Manche Vorsichtsmaßnahme mochte den Unternehmenstechnikern auch überflüssig erscheinen, aber in solchen Fällen blieb der Aufsichtsrat hart. Die Anordnungen der Regierung mußten befolgt werden. Und schließlich konnten gerade die Energieversorgungsunternehmen zusätzliche Kosten ohne große Probleme auf die Strompreise umlegen.

Über eines war man sich sowohl bei den NWK als auch bei der Ruhrkohle einig: Alternative Energiequellen, ganz gleich, ob sie von Sonne, Wind oder sonst einem Naturelement gespeist wurden, konnten nur einen äußerst geringen Beitrag zur Versorgung leisten. Maximal fünf Prozent des Bedarfs, so rechnete man uns damals vor, ließen sich aus dem Alternativbereich decken. Und obwohl beide Unternehmen handfeste Eigeninteressen zu vertreten hatten, sah ich auch jetzt keinen Anlaß, die Zahlen zu bezweifeln. Warum? Ich fürchte, daß in unserer komplexen Welt selbst die Beurteilung technischer und statistischer Daten – zumindest für den Halbwissenden – irgendwann zu einer Glaubensfrage wird. Und Glauben schenkt man doch wohl am ehesten demjenigen, dessen Denkart einem vertraut ist, dessen Weltsicht der eigenen gleicht, und dessen Ansicht man in vielen Punkten teilt. «Vertrauen in den Sachverstand» heißt das dann in der unternehmerischen Diktion. Und ich glaubte den Vorstandsmitgliedern der Unternehmen.

Die Fragen der Energieversorgung und die Entscheidungen über den Bau von Kernkraftwerken bildeten jedoch Ausnahmen. In der Regel hatten wir über Sachverhalte zu befinden, die nicht gleichzeitig Themen von politischer Brisanz darstellten. Wir hatten Personalentscheidungen zu treffen, die Bilanz festzustellen, Investitionen zu genehmigen und dergleichen mehr. Ich will die Bedeutung dieser Aufgaben keineswegs abschwächen. Im Gegenteil. Gerade die Investitionsentscheidungen sind heute kaum noch überschaubar. Die Aufsichtsratsmitglieder, die doch bis zu einem gewissen Grade immer Außenseiter bleiben, können sich auch in solchen Fragen kaum ein unabhängiges, fundiertes Urteil bilden. Sie sind auf Rentabilitäts- und Marktprognosen aus dem Unternehmen angewiesen.

Im Gesetz steht allerdings noch immer die altväterliche Formel, nach der das Aufsichtsratsmitglied seine Pflichten mit «der Sorgfalt eines ordentlichen Kaufmanns» wahrzunehmen hat. Und wer diese Sorgfalt im herkömmlichen Sinne versteht, ist überfordert – es sei denn, er hätte nur ein einziges Mandat und keinen eigenen Beruf. Daß die Aufsichtsratsmitglieder dennoch haftbar gemacht werden können, wenn die Aktionäre nachweislich geschädigt worden sind, erscheint mir aus heutiger Sicht zumindest fragwürdig.

Ich selbst habe mich schon damals in zwei Fällen von der Verantwortung im Sinne einer Haftung freisprechen lassen. In beiden Unternehmen herrschten allerdings besondere Umstände. Die deutschen Gesellschaften waren hundertprozentige Töchter ausländischer Mütter, und die Mütter trafen häufig weitreichende Entscheidungen. Der deutsche Aufsichtsrat wurde jedoch nur gefragt, wenn die deutsche Tochter selbst entscheiden durfte. Und die Beschlüsse ferner Muttergesellschaften wollte ich in der Tat nicht verantworten und mir im Falle von Fehlinvestitionen gar eine Verletzung meiner Sorgfaltspflicht vorwerfen lassen. Gemeinsam mit einem Hamburger Anwalt, der ebenfalls in einem der Aufsichtsräte saß, setzte ich einen entsprechenden Schriftsatz auf, und wir ließen uns die Freistellung von möglichen Ansprüchen bestätigen. Die Angelegenheit geriet bald in Vergessenheit. Ich glaube kaum, daß eine solche Sonderregelung in einem mitbestimmten Unternehmen noch genehmigt worden wäre.

Als 1976 das Mitbestimmungsgesetz verabschiedet wurde, hatten die Politiker sich auf eine Fassung geeinigt, die die Bezeichnung «paritätisch» nicht mehr verdiente. Die Aufsichtsräte wurden zwar formal paritätisch besetzt, aber in Pattsituationen zählte die Stimme des Vorsitzenden doppelt. Und in der Praxis war der Vorsitzende immer ein Vertreter der Kapitaleigner. Ohne dieses Privileg, darüber waren wir Unternehmer uns einig, hätte die Mitbestimmung die deutsche Wirtschaft ruiniert.

Kaum wurde das neue Gesetz in die Wirklichkeit übertragen, stellte sich allerdings heraus, daß die Gegensätze gar nicht so groß waren. Im Grunde kam es immer nur darauf an, welcher Typ von Gewerkschaftsvertreter einem gegenübersaß und ob es gelang, einen persönlichen Kontakt herzustellen. Sicher gab es am Anfang manche Probleme. Auch ein Aufsichtsratsmandat war eine Art Führungsposition. So mancher Arbeitnehmer brauchte Zeit, um in diese Position hineinzuwachsen. Die meisten von ihnen hatten bisher kaum Gelegenheit gehabt, sich mit den ökonomischen Zusammenhängen zu befassen. Sie mußten sich den notwendigen Sachverstand erst mühsam aneignen.

Und natürlich mußten sie erst einmal umdenken. Für mich gab es keinen Zweifel darüber, daß mit dem Wechsel vom Fließband in den Aufsichtsrat nun auch die Verpflichtung bestand, im Geist die Fronten zu wechseln. Jetzt ging es nicht mehr um ideologische Spielereien, sondern jetzt saßen die Arbeitnehmer in einem verantwortungsvollen Gremium. «Als Aufsichtsratsmitglieder», so etwa eröffnete ich den neuen Mandatsträgern in der jeweils ersten Sitzung, «sind Sie nun in erster Linie verpflichtet, die Interessen des Unternehmens wahrzunehmen.»

Viele von uns dachten so. Es war die alte Vorstellung von der Interessenidentität, die schon in den vergangenen Jahrzehnten für die Rechtfertigung aller möglichen gesellschaftlichen Umstände hatte herhalten müssen. Sie hatte ihre Gültigkeit nicht verloren und ließ sich auch für die Mitbestimmung auf einen einprägsamen Satz reduzieren: Was dem Unternehmen dient, dient auch den Arbeitnehmern. So einfach war das.

Nicht für die Arbeitnehmer. Als Gewerkschaftsvertreter waren sie daran gewöhnt, sich mit jedem Zugeständnis, das sie den Arbeitgebern abgetrotzt hatten, vor ihren Mitgliedern und Wählern zu brüsten. Die Aufsichtsratssitzungen waren jedoch streng vertraulich, und alle Papiere unterlagen der Geheimhaltung. So durften die neuen Mandatsträger keine Informationen an ihre Basis weitergeben. Das war hart, und es kam zu manchen Verstößen. In einem Unternehmen verfaßten die Arbeitnehmervertreter sogar einmal ein Rundschreiben, in dem sie ihre ersten Erfolge im Aufsichtsrat rühmten – und so natürlich Vertraulichkeiten ausplauderten. Mit großer Strenge hoben wir unsere Kapitaleigner-Zeigefinger und erteilten einen Verweis. Dergleichen kam nicht wieder vor. Wir waren zufrieden.

Die Arbeitnehmer dagegen waren oft verunsichert. Viele von ihnen fanden sich in der neuen Rolle anfangs nur schwer zurecht. So drängten sie auch nicht energisch auf eine Ausweitung ihres Einflusses – wie es dem Klischee des Gewerkschaftsfunktionärs entsprochen hätte –, sondern sie füllten selbst die ihnen zugestandenen Bereiche nur zögernd aus. Einmal habe ich sogar erlebt, daß sie die Kapitaleigner darum baten, den stellvertretenden Aufsichtsratsvorsitzenden zu benennen, obwohl die Besetzung dieses Postens zu ihren Rechten gehörte. In jenem Unternehmen herrschte allerdings eine Sondersituation: DAG und DGB waren gleich stark vertreten, und nun konnte man sich nicht darüber einig werden, ob der DAG-Mann oder der DGB-Mann zum Stellvertreter gewählt werden sollte. Wieder erteilten wir eine Lektion: Die Kapitaleigner würden auf keinen Fall anstelle der Arbeitnehmer entscheiden, ob die Angestelltengewerkschaft oder der Gewerkschaftsbund den Sieg davontrüge. Ohne Vorschlag der Belegschaft würde es eben gar keinen Stellvertreter geben. Und dann einigten die Beschäftigten sich.

So spielten wir für eine Weile die Schulmeister, aber schon bald wurden die neuen Mandatsträger erwachsen. Funktionsunfähig waren die Gremien deshalb noch lange nicht, und das lag nicht allein am Privileg der doppelten Stimme. Ich selbst habe insgesamt in sechs mitbestimmten Aufsichtsräten gesessen und war in drei Fällen sogar Vorsitzender. Meine zweite Stimme habe ich in all den Jahren nur ein einziges Mal eingesetzt, und das war nicht einmal in einem Aufsichtsrat selbst, sondern in einem Personalausschuß. Die psychologische Wirkung, die das Vorrecht der Kapitaleigner auf beide Seiten ausübte, darf allerdings nicht zu gering veranschlagt werden. Das Wissen darum, daß der Vorsitzende theoretisch immer von seiner zweiten Stimme Gebrauch machen könnte, erleichterte manchen Kompromiß.

Immerhin hatte die Regierung unter Schmidt sich schließlich auf ein Modell geeinigt, mit dem wir gut leben konnten. Unsere alte New Yorker Kontroverse hatte sich erledigt. Unsere Freundschaft nicht. Wir wurden zwar nie so vertraut miteinander, daß wir die Probleme dieser Welt auf sonntäglichen Spaziergängen erörtert hätten, aber wir bewahrten uns gegenseitig einige Sympathie.

Und diese freundschaftliche Verbindung diente zugleich als Beweis für eine Eigenschaft, mit der wir uns beide gerne schmückten: Wir zeigten uns liberal. Wir stiegen leichtfüßig über die engen Grenzen des parteigebundenen Denkens. «Was macht denn Ihre CDU da wieder für einen Unsinn», spottete der Kanzler manchmal, und oft gab ich ihm recht. Umgekehrt neckte ich ihn mit jenen Forderungen der Sozialdemokraten, die meines Erachtens von totaler ökonomischer Unkenntnis zeugten. Und er entgegnete mit wegwerfender Handbewegung: «Ach, meine Freunde, die Sozis, die...» Und gelegentlich fand er Ausdrücke für seine Parteigenossen, die mir aus der Seele gesprochen waren.

Der Kanzler teilte meinen Sinn für schnellen Witz, und wir unterhielten uns selten ohne einen leisen ironischen Unterton. Vielleicht war es in der Begegnung mit Schmidt, daß ich mich zum erstenmal über die Grenzen meiner Herkunft hinauswagte, daß ich jene merkwürdige Mischung aus Scheu und Arroganz zu überwinden suchte, die mich bisher im Bannkreis der Gesellschaft meiner Väter gehalten hatte.

Viele Jahre fuhren Gertrud und ich am 22. Dezember nach Langenhorn, wo Schmidt seinen Geburtstag feierte. Als wir zum erstenmal dort waren, half er uns mit großer Leichtigkeit über die anfängliche Unsicherheit hinweg. Er nahm Gertrud beim Arm und sagte: «Sie sind hier wohl die einzige CDU-Frau, wir essen zusammen.» Umgekehrt hatte ich es

335

leichter. Wenn Helmut und Loki Schmidt zu uns auf den Luusbarg amen, bedurfte es keiner besonderen Vorkehrungen. Die Formen waren festgelegt, und die Riten galten für jeden Gast. Alles übrige besorgte Gertrud. Sie hatte sich noch immer etwas von ihrer Unbefangenheit bewahrt, und gesellschaftliche Funktionen und dergleichen mehr hatten für sie ohnehin noch nie gezählt. So waren auch formale Gesten nicht ihre Sache. Sie hatte ihre eigene Art, unseren Gästen das Gefühl zu geben, sie seien von Herzen willkommen.

Zahme Abweichler

Knapp zwei Jahrzehnte nachdem ich ein «wichtiger Mann» geworden war, näherte sich die Zeit der Blitzlichter, der blumengeschmückten Rednertribünen und des öffentlichen Beifalls langsam dem Ende. Im Frühjahr 1975 übernahm der Deutschbanker Christians den Vorsitz im Bankenverband. Nun mußte ich mich an das unscheinbare Wort «ehemaliger» gewöhnen und wurde ohnehin mehr und mehr aus den Wirtschaftsteilen in die Klatschspalten verbannt. Dort residierte ich als Senior mit Bowlerhat in einer Loge beim Hamburger Derby oder wurde als Prototyp des vornehmen Hanseaten «menschlich gesehen». Erst drei Jahre später, als ich meinen siebzigsten Geburtstag feierte, kramten die Journalisten noch einmal den Wirtschaftsführer aus ihren Archiven hervor und räumten mir für einen Tag einen seriösen Platz in ihren Blättern ein.

Der Rückzug fiel mir schwer. Ich hatte mich nicht nach Ruhe gesehnt und wußte mit Muße nichts anzufangen. Mir fehlte die Herausforderung. Und der Abschied vom Amt des Bankenpräsidenten blieb in jenem Jahr nicht der einzige.

Etwa zur gleichen Zeit mußte ich mich auch in der Firma im Altenteil einrichten. Ich schied aus dem Partnerkreis der SMH-Bank aus und übernahm den Vorsitz des Beirats. Als verantwortlicher Partner hatte ich mein Soll ohnehin schon überzogen. Gleich nach der Fusion hatten wir uns in der Tat darauf geeinigt, daß die Seniorpartner mit dem 65. Lebensjahr in den Beirat wechseln mußten.

In den folgenden Jahren gelang es mir dennoch ohne große Mühe, mir das Lebensgefühl eines sehr beschäftigten Mannes zu bewahren. Noch saß ich in zahlreichen Aufsichtsräten und anderen Gremien. Noch türmten sich die Aktenordner auf meinem Schreibtisch, und noch wimmelte es in dem kleinen Taschenkalender aus dunkelrotem Leder von unleserlichen Bleistifteintragungen. Nur meine Sekretärin, Frau Scheurembrandt, und ich konnten daraus meinen Terminplan entziffern. Ich gewöhnte mich allerdings mehr und mehr daran, bei der Bearbeitung meiner Post eine winzige Silbe zu verändern: Statt «ab-» kritzelte ich immer häufiger «zu-sagen» in die linke obere Ecke der ungezählten Einladungen, die mir unverändert täglich ins Haus flatterten.

Und schließlich bekam ich das Altersprädikat, das die Gesellschaft all jenen verleiht, für die nichts mehr zu leisten übrig bleibt. Ich wurde Ehrendoktor der Hamburger Universität, Ehrenmitglied, Ehrenvorsitzender oder Ehrenpräsident aller möglichen Gremien und Vereine. Die Augenwischerei ließ ich mir gerne gefallen. So gehörte ich zumindest weiter zu jenem Kreis, der für Außenstehende immer ein bißchen geheimnisumwittert bleibt, ganz gleich wie simpel die Verteilung von Macht und Einfluß im Innern vor sich gehen mag. Ich gehörte weiter dazu.

In der zweiten Hälfte der siebziger Jahre war diese Zugehörigkeit nicht immer nur ein Privileg. Als Mitglieder des sogenannten Establishments hatten wir uns nicht mehr allein gegen verbale Angriffe zu verteidigen. Die Terroristen hatten uns den Kampf angesagt, und sie sorgten schnell dafür, daß unser Feindbild klare Konturen gewann. Zum erstenmal seit

Bestehen der Republik gab es unter ihren Bewohnern unversöhnliche Gegensätze.

«Toleranz», so etwa hat Herbert Weichmann es einmal formuliert, «endet dort, wo man der Intoleranz begegnet.» Hatten die radikalen und gewalttätigen Gegner der freiheitlichen Demokratie demnach nicht den Anspruch auf ihre Grundrechte verwirkt? Ich gebe zu, daß die liberalen Grundsätze, die wir in der Regel gerne unser eigen nannten, damals weniger wertvoll erschienen. Wir hatten Angst, und Angst ist nicht gerade die beste Voraussetzung für abwägende Betrachtungen. Und dann hatten wir auch ein Argument parat, das unserer Meinung nach einen strammen Kurs rechtfertigte. Der Staat, so äußerten wir mit ernsten Mienen, sollte seine Muskeln ruhig ein wenig spielen lassen, denn andernfalls würde das Volk aufs neue nach einem starken Mann rufen. Konnte sich denn niemand außer uns an die «jüngere Vergangenheit» erinnern? Es war eine jener wenigen Gelegenheiten, bei denen uns ein Blick zurück nützlich erschien.

Nach der Entführung des Berliner CDU-Vorsitzenden Peter Lorenz im Februar 1975 wurde bekannt, daß die Baader-Meinhof-Gruppe angeblich auch für mich schon einen Entführungsplan ausgearbeitet hatte. Anders als Lorenz sollte ich dann allerdings nicht gegen bereits verhaftete Terroristen ausgetauscht werden, sondern von mir, dem Bankier, wollte man Geld. Ich habe keine Ahnung, in welcher Höhe die Terroristen meinen Wert veranschlagten, denn glücklicherweise ist es nie soweit gekommen. Immerhin hielt die Polizei es jedoch für notwendig, mich eine Zeitlang sorgfältig zu bewachen.

Später siegte bei manchem von uns die Eitelkeit über die Erinnerung, und die Bewacher wurden leichtfertig in die Reihe der übrigen Statussymbole eingeordnet. Sie galten als zusätzliches Kriterium für einen Platz in der Kategorie «wichtiger Mann». Damals hätte ich auf einen solchen Beweis allerdings gerne verzichtet. Auf Reisen konnte ich mir nicht einmal die vergessene Zahnbürste ohne Aufsicht besorgen, und in der Tat fühlte ich mich in meiner persönlichen Freiheit eingeschränkt.

Und dann meldete sich wirklich ein Erpresser in Rissen. Daß der Mann, der in anonymen Briefen und später auch per Telefon etwa 200 000 Mark forderte, mit den Terroristen nichts zu schaffen hatte, konnte die Polizei uns schon bald versichern. Beruhigt waren wir deshalb noch lange nicht. Der Unbekannte ließ uns immer neue Drohungen zukommen. Erst wollte er mich umbringen, dann meinen Sohn. Einige Wochen später kündigte er die Entführung meiner Frau an, und schließlich teilte er – ebenso bedrohlich wie unpräzise – mit, er würde in meiner Familie ein Blutbad anrichten.

Als der Erpresser nach ein paar Monaten verhaftet wurde, stellte sich heraus, daß es sich um einen arbeitslosen Maschinenschlosser aus der Tschechoslowakei handelte. Gertrud und ich mußten vor dem Hamburger Landgericht als Zeugen aussagen. Dort sahen wir zum erstenmal den Mann, dessen Briefe und dessen Stimme wir so gefürchtet hatten. Klein und unscheinbar kauerte er auf der Anklagebank und hatte dort gar nichts Furchterregendes mehr an sich. Waren wir vielleicht die ganze Zeit über die Stärkeren gewesen? Die Angst in der Erinnerung sagte etwas anderes, und die Angst saß tief. Der Mann wurde zu viereinhalb Jahren Haft verurteilt.

Die Terroristen dagegen ließen keinen Zweifel aufkommen. 1977 ermordeten sie Jürgen Ponto, den Vorstandsvorsitzenden der Dresdner Bank, und den Arbeitgeberpräsidenten Hanns Martin Schleyer. Beide hatte ich persönlich gekannt, und Ponto war sogar ein paarmal bei uns im Haus gewesen. Während Schleyers Mörder jedoch hinter dem anonymen Feindbild «Terroristen» verborgen blieben – Namen spielten dabei für mich keine Rolle –, rückten Pontos Mörder bedrohlich nahe an unsere eigene Wirklichkeit. Susanne Albrecht war nicht irgendein elternloses Subjekt unbekannter Herkunft, dem man in der verderblichen

Atmosphäre linker Universitäten den Kopf verdreht hatte. Susanne Albrecht war die Tochter einer angesehenen Hamburger Familie und Patenkind des Opfers. So wog ihr Verbrechen in meinen Augen doppelt schwer. Sie hatte ihresgleichen verraten.

Und sie hatte uns aufgestört, hatte unser Weltbild für einen kurzen Augenblick in Unordnung gebracht. Jetzt konnten wir die Trennungslinie zwischen unseren und anderen Kindern nicht mehr so leicht ziehen. Die Gegner unterwanderten unsere eigenen Reihen. Am Ende würde jeder für sich selbst entscheiden müssen, wo die Gefahren lauerten. Wir wollten uns jedoch nicht so schnell aus der alten Geborgenheit vertreiben lassen. Wir sagten: «Die armen Eltern» und erklärten die Tochter für abnorm. Wir wollten nicht sehen, daß unser Gemäuer mancherorts zu bröckeln begann. Und in der Tat blieben die Grundfesten unversehrt. Daß wir unsere Gesinnung noch immer vor tiefgreifenden Zweifeln bewahren konnten, lag meiner Meinung nach daran, daß wir bei allem Konservativismus nicht vollkommen erstarrt waren. Sehr behutsam trugen wir die alten Werte in die neue Zeit, und so blieben sie ganz.

Auch in meiner eigenen Familie gab es Mitte der siebziger Jahre noch nicht die geringsten Anzeichen für eine Erschütterung. Im Gegenteil. Die traditionelle Ordnung stimmte und wirkte stabil. Der Luusbarg war der Stammsitz geblieben. Noch immer kamen wir dort zu großen Familienfesten zusammen, noch immer reimten wir ungezählte Verse auf Hochzeitspaare und Jubilare, und noch immer schickten wir am Sonntag vor dem Abendessen alle Fremden fort. Viel hatte sich nicht verändert. Zum Sonntagsfrühstück bekam nun allerdings jeder ein Ei, ganz gleich, ob er vorher schon geritten war oder nicht. Das Schwimmbad war geheizt, und die Gartenarbeit erledigten andere – andere, denen wir im übrigen bald die Anrede «Herr» zubilligten. Schließlich waren wir sozialen Veränderungen gegenüber aufgeschlossen. Nur in ihrer Abwesenheit nannten wir den Gärtner, den

Chauffeur und den Pferdepfleger – Stallknechte gab es nicht mehr – weiterhin beim bloßen Nachnamen.

Die Hausmädchen wurden dagegen noch immer beim Vornamen gerufen, ihre Nachnamen kannte ich nicht einmal. Und sie trugen auch noch bis Anfang der achtziger Jahre gestreifte Kleider. Sie sprachen allerdings anders. Ich war vom «gnädigen Herrn» zu «Herrn Münchmeyer» geworden und wurde auch nicht mehr in der dritten Person angeredet. Und wenn Gertrud und ich fort waren, hieß es am Telefon nicht mehr: «Die Herrschaften sind aus», sondern: «Herr und Frau Münchmeyer sind nicht da». Meistens wurde das Telefon jedoch gar nicht beantwortet. Die Angestellten wohnten nämlich nicht mehr bei uns im Haus. Die Mädchenzimmer unter dem Dach standen leer, und das Abendessen stellte Gertrud auf den Tisch. Mich ließ die neue Zeit unberührt. Den Herd und seine Umgebung kenne ich bis heute nur vom Hörensagen.

Und noch eine Kleinigkeit hatte sich verändert. Unser Haus lag auf der Elbhöhe, und ein breiter, zum Teil mit Heide bewachsener Abhang führte hinab ins Tal. Dort war eine Wiese, die damals noch zu unserem Grundstück gehörte. Und jahrelang hatten wir dort im Sommer unsere Pferde weiden lassen – erst recht, wenn Gäste kamen, denn es war ein schönes Bild. Jetzt taten wir das nicht mehr. Die eigenen Pferde im Garten erschienen mir plötzlich «angeberisch». Sicher hatte ich in der Öffentlichkeit schon vor Jahren zu bescheidener Lebensführung aufgerufen, um sozialen Zündstoff zu vermeiden. Aber hinter geschlossenen Toren war der Reichtum doch selbstverständlich gewesen. Ich weiß nicht genau, warum mein Gefühl sich dann plötzlich änderte. Vielleicht hatte es etwas damit zu tun, daß nun auch Menschen wie Herbert Weichmann und Helmut Schmidt in der Mittagssonne auf unserem kurzgeschorenen Rasen standen. Vielleicht sah ich dann manches mit ihren Augen – und wollte keinen Anstoß erwecken.

Meine politische Einstellung änderte sich deshalb noch

lange nicht. Ich mußte sie nur öfter formulieren, denn in Rissen redeten wir jetzt häufiger über Politik. Die Belange des Gartens traten in den Hintergrund. Bis etwa Ende der sechziger Jahre waren meine Kinder mir auch in der Frage der Partei widerspruchslos gefolgt. Geschlossen hatte die Sippe hinter den Christdemokraten gestanden. Jetzt zeigten manche von ihnen plötzlich ungewohnte Sympathien. Wie ein Erdbeben noch Hunderte von Kilometern vom Ort des Geschehens entfernt als kaum wahrnehmbare Erschütterung zu spüren ist, so etwa machte sich auch die 68er Bewegung auf dem Luusbarg bemerkbar. Zwar hatte meine Tochter Birgit bereits eine vielversprechende CDU-Karriere begonnen, aber auf Gabrieles Wahlzettel stand das Kreuz bald sicher an der falschen Stelle. Selbst mein Sohn wählte irgendwann – allerdings nur ein einziges Mal – die SPD. Und er behielt den Streich, für den er eigentlich schon viel zu alt war, nicht einmal für sich. Die Hanseaten raunten unwillig über seine Untat. Schließlich war er Bankier und Erbe und hatte Verantwortungsgefühl zu beweisen. Ihr Geld ließen sie glücklicherweise trotzdem bei unserer Bank.

Bei den großen Sonntagsfrühstücken in Rissen ging es dann jedenfalls lebhafter zu. Die Abweichler sorgten für manche Diskussion. Sie blieben allerdings alle miteinander zahme Abweichler, und es gab kaum eine Kontroverse, die sich nicht friedlich beilegen ließ. Darauf legte ich auch großen Wert. Die Harmonie zu erhalten war und blieb das oberste Gebot. Und eben weil niemand gegen dieses Gebot verstieß, konnte ich sicher sein, daß unsere Ordnung von innen nicht bedroht war. Daß manche der Kinder gelegentlich eine linke Meinung zum besten gaben, daß sie ihre Freunde nur beim Vornamen kannten und auf die herkömmliche Standardfrage: «Was macht der Vater, was ist die Mutter für eine Geborene?» keine Antwort mehr wußten, spielte keine Rolle. In den wichtigen Dingen hielten sie sich schließlich noch an unsere Spielregeln.

So hatten sie alle standesgemäß geheiratet, hatten in weißen Kleidern und im schwarzen Frack in der Kirche ihr Jawort gesprochen und später an der üppigen Tafel auf dem Luusbarg den langen Reden der Väter gelauscht. Das Hochzeitsritual hatte sich seit 1934 kaum geändert und dauerte noch immer mehrere Tage. Danach nannten die Schwiegerkinder Gertrud und mich «Mami» und «Papi» und wurden mit Haut und Haaren der Familie einverleibt. Es schien ihnen zu gefallen. Daß diese Ehen nicht mehr für die Ewigkeit gemacht waren, wäre mir damals noch nicht in den Sinn gekommen.

Es dauerte jedoch gar nicht lange, und unsere heile Welt bekam Risse. Ausgerechnet meine älteste Tochter Karen, deren Familienverhältnisse ich für ebenso stabil gehalten hatte wie meine eigenen, nahm sich Ende der siebziger Jahre einen neuen Mann. Anfangs konnte ich das nicht verstehen – und verbieten konnte ich es auch nicht. Als ich mich jedoch von meinem ersten Schrecken erholt hatte, unternahm ich zumindest den Versuch, der unschicklichen Angelegenheit etwas von der alten Form zu geben. Sicher wollten die beiden ohnehin heiraten, aber konnten sie das ohne mich? Bisher war keine meiner Töchter eine Ehe eingegangen, ohne daß ich vorher mit dem zukünftigen Schwiegersohn ein ausführliches Gespräch unter vier Augen gehabt hatte. Ich hatte zwar bei den jüngeren nicht mehr unumwunden nach Einkommen und Erbkrankheiten gefragt, aber wir hatten diese Themen zumindest gestreift. Schließlich mußte ich mir doch ein Bild von jenen Männern machen, die meine Töchter übernehmen wollten. Und so kam dann auch Karens zweiter Mann – er war damals immerhin schon mehr als vierzig Jahre alt – nach Hamburg gereist und machte mir in der Bank seine Aufwartung. Wir aßen gemeinsam zu Mittag, und jetzt hatte alles wieder seine Ordnung. Als die beiden verheiratet waren, wurde Ernst einer von uns und nannte Gertrud und mich «Mami» und «Papi».

Später ließen sich auch meine beiden jüngsten Töchter scheiden, und bei ihnen konnte ich nicht einmal einen Nachfolger unter die Lupe nehmen. Sie wollten alleine leben – und das ausgerechnet in New York. Irgendwann kehrten sie zurück, und Gabriele heiratete schließlich in München. Das war allerdings eine heimliche Heirat, und ich erfuhr erst zwei Jahre später davon. Offenbar ging es doch ohne mich.

Nur in meiner eigenen Sphäre bestanden die alten Gesetze fort. Auf dem Luusbarg und während der Ostertouren blieb meine Autorität unangetastet. Die hierarchischen Familienstrukturen entsprachen noch immer jenen aus der Zeit meiner Väter. Da mochte meine Tochter Birgit Breuel Wirtschaftsministerin in Niedersachsen werden und ein ganzes Regiment von Beamten befehligen. Wenn sie am Wochenende nach Hause kam – sie wohnte mit ihrem Mann und ihren Söhnen jetzt auf dem Luusbarg in dem alten Haus meiner Mutter, die 1967 gestorben war –, gebührte ihr der Platz der Tochter. Sicher war ich stolz auf sie, aber deshalb wurde die Rangordnung noch lange nicht durchbrochen.

Und natürlich ärgerte sie sich manchmal darüber, besonders an meinem 70. Geburtstag. Aus diesem Anlaß gab ich in Rissen ein Herrenessen, und die Großkopfeten der Republik, von Bundespräsident Walter Scheel bis zu Helmut Schmidt, von Bundestagspräsident Carstens bis zu Hermann Josef Abs waren auf dem Luusbarg zu Gast. Meine Töchter, die Frau Ministerin eingeschlossen, durften jedoch nicht mitessen. Sie waren in den ersten Stock verbannt und bewirteten dort ungezählte Sicherheitsbeamte. Erst später, als das Diner beendet war und sich um einzelne Herren – je nach ihrer gesellschaftlichen Bedeutung – kleine oder größere Kreise aus Lauschern und Bewunderern bildeten, erlaubte ich meinen Töchtern, sich für den Rest des Abends unter die Gäste zu mischen. Nur Gertrud war als Gastgeberin auch schon beim Essen dabeigewesen. So entsprach es der Sitte, und daran hielt ich mich.

Die Regierenden bekam ich von nun an seltener zu Gesicht. Sicher reiste ich noch gelegentlich nach Bonn – so zum Beispiel zu den Tagungen des Außenwirtschaftsbeirats –, aber die Anlässe wurden mit der Zeit weniger. Als Vorsitzender des Außenwirtschaftsbeirats unternahm ich dann auch meine letzte große Fahrt in offizieller Mission: Im August 1980 reiste ich mit der Delegation des Wirtschaftsministers Graf Lambsdorff nach China.

Die Chinesen hatten damals gerade begonnen, sich in der Wirtschaftspolitik neu zu orientieren. Begriffe wie Dezentralisierung, Wettbewerb und Belohnung von Leistung geisterten durch das kommunistische Land und gaben seinen emsigen Bewohnern manche Rätsel auf. Und natürlich ließen die Ratgeber aus der westlichen, kapitalistischen Welt nicht lange auf sich warten. Kaum hatten die Herrscher aus dem Reich der Mitte signalisiert, daß sie in Zukunft größere und bessere Geschäfte machen wollten, da gaben sich die Delegationsmitglieder der Handelspartner in Peking die Türklinken in die Hand. Nur wenige Wochen bevor ich selbst dort eintraf, hatte meine Tochter Birgit mit einer Abordnung der niedersächsischen Wirtschaft das Land bereist.

Die Diskussionen, die damals in Peking geführt wurden, verliefen wohl alle nach einem ähnlichen Muster. Die Chinesen sprachen viel und gerne von ihren Zielen und betonten gleichzeitig: «Wir werden dem leninistisch-marxistischen Wirtschaftssystem treu bleiben.» Die Westler schlugen dann die Hände über den Köpfen zusammen und antworteten auf lateinisch, das sei eine «contradictio in se» – was der ohnehin schwierigen Verständigung nicht eben dienlich war.

Mit uns wollten die Chinesen nun besonders günstige Handelsbedingungen vereinbaren. Sie kauften unsere Waren auf Kredit und wollten für diesen Kredit weniger Zinsen zahlen. Die Differenz zum Marktzins sollte die Bundesregierung übernehmen. Die Delegation wurde nach den Fachgebieten der Mitglieder aufgeteilt, und ich gehörte zu der Verhandlungsgruppe, in der wir mit Vertretern der Bank of China eben jene Zinsfragen erörterten. Wir blieben hart, und Lambsdorff stärkte uns später, als das Problem im größeren Kreis besprochen wurde, den Rücken. Und wir behielten recht. Auch ohne Zinsverbilligungen wurden in den folgenden Jahren zahlreiche Aufträge in die Bundesrepublik gegeben.

So hatte die Regierung ganz im Sinne eines immerwähren-
den Sparprogramms verhandelt. Nur für die einzelnen Delegationsmitglieder war die Reise mit dem Wirtschaftsminister
ein teurer Spaß. Wir wohnten zwar alle in den Gästehäusern
der Regierung, aber eingeladen waren wir nicht. Mir hatte
man drei Zimmer zugewiesen. Dort gab es Air-condition,
täglich frisches Obst und Süßigkeiten und einen Boy, der
mich ständig bediente und mein Schnupftuch schon zur
Heißmangel trug, bevor ich noch meine Nase fertig geputzt
hatte. Der Luxus hatte seinen Preis: Mehr als fünfhundert
Mark pro Nacht, so erfuhr ich später, mußte ich dafür ent-
richten. Nur die Staatskarossen bekamen wir umsonst. Hinter dem beziehungsreichen Namen «Rote Fahne» verbarg
sich eine Sonderanfertigung, die die Ausmaße aller Limousinen übertraf, die ich bisher gesehen hatte. Und natürlich
waren diese Fahrzeuge, genau wie in Moskau, Funktionären
und Gästen vorbehalten.

Als die Konferenzen vorüber waren, ließ ich die Delegation alleine mit ihrer Luftwaffenmaschine nach Deutschland
zurückkehren. Ich war noch nie in China gewesen und noch
immer neugierig. So fuhr ich ungefähr zehn Tage alleine
durch die rote Republik und gehörte wohl zu den ersten Tou-
risten, die ohne Gruppe durch das Land reisten.

Und es war ein wunderschönes Land. Noch einmal ließ ich
die fernöstliche Zauberwelt an mir vorüberziehen, die monumentalen und mystischen Bauten aus einer längst vergangenen Zeit und die verwunschenen Plätze, an denen diese
Zeit noch nicht vergangen war, die pastellfarbenen Hügel-
ketten, die primitiven Lehmhütten am Flußufer, die Fischer
mit ihren kleinen zerknitterten Gesichtern in ihren einfachen
Bambusbooten und das weißhaarige Männchen mit den drei
langen Barthaaren, das mir sechs winzige Magenpillen in altes Zeitungspapier wickelte. Eine fremde Welt, Bilder, die im
Fotoalbum mit der Zeit ihre Farbenpracht verlieren, in der
Erinnerung nicht.

Eine Spur im Sand

Im März 1980 verkaufte die SMH-Bank die Wibau an den Baumaschinenkonzern IBH. So begann unsere unselige Liaison mit Horst Dieter Esch. Damals war ich zunächst erleichtert. Die Wibau hatte schon seit Jahren kurz vor der Pleite gestanden und uns eine Menge Sorgen gemacht. Und immerhin war ich es gewesen, der die Beteiligung an der hessischen Maschinenfabrik noch vor der Fusion erworben hatte – die einzige Industriebeteiligung im übrigen, zu der ich mich je verleiten ließ. Der Grund war einfach. Ich hatte in den sechziger Jahren den Leiter des Unternehmens, Herrn Mathias, kennengelernt. Und der Mann war mir genial erschienen, die Inkarnation des Erfinders schlechthin, ein As in Sachen Technik. Zudem anständig. Ich glaubte, einen Glücksgriff getan zu haben. Und in der Tat gab es zu Anfang beträchtliche Ausschüttungen. Die Beteiligung erwies sich als glänzend verzinste Kapitalanlage.

Es dauerte jedoch nicht lange, bis mein genialer Erfinder starb und sein Wissen mit ins Grab nahm. Von nun an flossen die Gelder spärlich. Das Engagement wurde inzwischen von den Frankfurter Partnern betreut, denn nach der Fusion hatten wir die Aktivitäten natürlich auch nach regionalen Gesichtspunkten aufgeteilt. Und die Frankfurter machten Fehler. Obwohl wir schon über die Beteiligung einiges Kapital in der Maschinenfabrik stecken hatten, übernahmen sie mehr und mehr auch die Finanzierung der Geschäfte. Mit der Wibau ging es bergab, und nun konnten wir nicht mehr heraus.

Dann kam Horst Dieter Esch. Er kaufte damals im ganzen Land marode Maschinenfabriken auf und bastelte so den IBH-Konzern zusammen. Die Wibau war nämlich bei weitem nicht als einziges Unternehmen der Branche in Schwierigkeiten geraten. Baumaschinen waren zu jener Zeit nicht gefragt. Wenn der Markt sich allerdings erholen würde, so das Konzept des Herrn Esch, würde er aus dem Nichts zum

Herrscher über ein riesiges Imperium aufsteigen. Hatte der legendäre Onassis nicht auf ähnliche Weise den Grund für sein Reich gelegt? Hatte er nicht Schiffe gekauft, als die Schiffahrt in der Flaute steckte? Esch versuchte eben das gleiche mit Maschinenfabriken.

So war ich denn auch keineswegs beunruhigt, als ich die Konditionen des Wibau-Geschäfts erfuhr, die die Frankfurter Partner ausgehandelt hatten: Esch übernahm die Wibau zum Preis von einer Mark, und wir bekamen dafür sieben Prozent der IBH-Aktien.

Aber damit nicht genug. Gleichzeitig wurden Esch Kredite in beträchtlicher Höhe in Aussicht gestellt – und später auch nach und nach gewährt. Die Frankfurter machten dann den gleichen Fehler, den sie schon bei der Wibau begangen hatten. Ganz am Anfang vertrauten wir jedoch darauf, daß Eschs Rechnung aufgehen würde.

Und im übrigen waren wir damals nicht die einzigen. Erst später, als das Desaster bekannt und Esch als Betrüger entlarvt worden war, wußte auf einmal alle Welt mit tugendsamer Miene zu verkünden, daß man dem zwielichtigen Emporkömmling seine ganze Schlechtigkeit doch auf den ersten Blick angesehen hätte. Das war natürlich Unsinn. Sicher hatte Esch es schon damals in der Bankenwelt nicht leicht, und in der Tat gab es nicht viele bundesdeutsche Institute, die sich an der Finanzierung des IBH-Konzerns beteiligen wollten. Nur war die Meinung in der Wirtschaft keineswegs so einhellig, wie es später immer wieder dargestellt wurde. Da gab es genügend andere Stimmern, die den namenlosen Aufsteiger als Wirtschaftswunderknaben priesen und dem konservativen Geldgewerbe vorwarfen, der wahre Unternehmertypus könnte unter seiner knauserigen Kapitalherrschaft in diesem Land nicht mehr gedeihen.

Ich selbst hatte wenig Gelegenheit, mir ein persönliches Urteil über Esch zu bilden, denn als Beiratsvorsitzender hatte ich mit den Verhandlungen nichts mehr zu schaffen. So begegneten wir uns nur zwei- oder dreimal zufällig, und wir begegneten uns dort, wo ich ohnehin keine ausgemachten Schlitzohren vermutete: Auf einem Cocktail, zu dem VW-Chef Hahn aus Anlaß der Hannover-Messe eingeladen hatte, und auf einem Fest bei Walther Leisler Kiep, der dann bei der IBH im Aufsichtsrat saß. Und Esch war damals schon zu einem unserer wichtigsten Geschäftspartner geworden. Vielleicht trug auch dieser Umstand dazu bei, daß ich ihm einen Vertrauensbonus gewährte. Das mag sonderbar erscheinen. Hatte Esch nicht erst durch die SMH-Kredite an Reputation gewonnen? Fiel ich nicht auf jemanden herein, den unsere Bank erst zu dem gemacht hatte, den er jetzt darstellte – auf ein selbstgeschaffenes Trugbild sozusagen? So ähnlich wird es wohl gewesen sein. Esch war wegen der Geschäftsverbindung mit unserer Bank zu einem gewissen Ansehen gekommen, und sogleich ordnete ich ihm viele jener Eigenschaften zu, die ich von Kindheit an einem Geschäftspartner zugeordnet hatte. Es reichte aus, um ihn unbefangen als «gewieften unternehmerischen Burschen» zu bezeichnen, der mir keinen Anlaß gab, mißtrauisch zu werden. Auch seine Frau, die er mir bei einer dieser Gelegenheiten vorstellte, machte auf mich einen ordentlichen Eindruck.

Für eine differenzierte Beurteilung fehlten mir zudem die Kriterien. Was ich von meinen Vätern gelernt hatte, schien in der modernen Wirtschaftswelt seine absolute Gültigkeit verloren zu haben. Geschäftsmann und Geschäftemacher ließen sich nicht mehr so eindeutig voneinander trennen. Das galt auch für Esch. Er hatte sich weder in jahrelanger Strebsamkeit einen guten und soliden Ruf erworben, noch brachte er Empfehlungsschreiben renommierter Unternehmer mit. Und doch sagten manche Leute ihm eine große Zukunft voraus.

Seine Vergangenheit blieb im dunkeln. Erst Jahre später erfuhr ich aus der *Spiegel*-Serie über den Zusammenbruch, daß sich in dieser Vergangenheit mancher nützliche Hinweis auf den jungen Geschäftsmann Esch hätte aufspüren lassen. Nur wäre ich in meinem ganzen Leben nicht auf den Gedanken gekommen, die Dienste einer Detektei in Anspruch zu nehmen. Jemand, den ich hätte ausspionieren lassen müssen, wäre als Geschäftspartner einfach nicht in Frage gekommen – und als es ernst wurde, war Esch längst unser Geschäftspartner. Es war immer der gleiche Teufelskreis. Damals ging ich selbstverständlich von der falschen Annahme aus, daß es in Eschs Vergangenheit keine dunklen Flecken gab.

Und wenn ich Hinweise bekommen hätte? Mein Urteil hätte ohnehin nicht viel gezählt. Gegenüber den Frankfurter SMH-Partnern konnte sich später nicht einmal mein Sohn durchsetzen, obwohl er doch selbst dem Partnerkreis angehörte. Seine Ermahnungen stießen auf taube Ohren. Für die beiden Schröder-Brüder, die gleich mir die Altersgrenze überschritten hatten, waren Lampert und Stryj nachgerückt. Auch sie saßen am Main und hatten sich der Wortführerschaft des Grafen Galen schnell untergeordnet. Die Frankfurter dominierten. Das Ende unserer Geschichte mit dem Baumaschinenhersteller Horst Dieter Esch habe ich am Anfang schon erzählt.

In der folgenden Zeit schonte man mich. Man gewährte mir die Schonung, die dem Alter gebührt, und zum erstenmal in meinem Leben nahm ich mein Alter dankbar an. Man hielt die schadenfrohen Mienen und den zynischen Spott vor meinen Augen und Ohren verborgen. Was mich erreichte, waren Freundschaftsbeweise, waren ungezählte Briefe von nahen und fernen Bekannten. Das tat wohl.

Dennoch konnte ich nicht jede Konfrontation mit dem zweifelhaften Bild meiner selbst in fremden Augen vermeiden. Ganz so glimpflich kam ich dann doch nicht davon. Seit 1953 hatte ich dem Aufsichtsrat der ehemaligen Vereinsbank und heutigen Vereins- und Westbank angehört, seit 1963 war ich in diesem Gremium Vorsitzender gewesen – und jetzt nahmen die Vorstandsmitglieder mein Rücktrittsangebot an. Das war ein harter Schlag. Hatte ich das Angebot überhaupt ernst gemeint? Zumindest hatte ich wohl gedacht, daß die Vereinsbanker entschieden ablehnen würden. Sicher wußte ich, daß Ferdinand Galen bei dem Münchner Schwesterinstitut, der Bayrischen Vereinsbank, noch im letzten Augenblick mehrere Millionen lockergemacht hatte, die die Bayern jetzt als Verluste verbuchen mußten. Aber damit, so meinte ich, hatte ich nichts zu schaffen. Ich wurde eines Besseren belehrt – und ich lernte auch, es zu verstehen. Persönlich bewahrten die Vereinsbanker mir ohnehin die alte Solidarität. Und als ich mein Kontor am Ballindamm verlassen mußte, richteten sie mir in einem ihrer Gebäude ein bequemes Büro ein. Auch das tat wohl.

Der Auszug aus der Firma tat weh – mehr als alles andere. Zwar hatten wir am Ende der sechziger Jahre das alte Kontorgebäude mit seiner schneeweißen, klassizistischen Fassade abgerissen und durch ein modernes siebenstöckiges Bürohaus aus schwarzem Schiefer ersetzt. Aber für mich war es der gleiche Ort geblieben, an dem ich 1926 als Lehrling mein Arbeitsleben begonnen hatte. Und seither war ich jeden Tag dorthin gegangen, es sei denn, ich war auf Reisen gewesen oder es hatte einen Krieg gegeben. Jetzt mußte ich fort. Seit ich das wußte, stand ich meistens am Fenster und sah auf die Alster. Für eine Weile hatte ich noch gehofft, die neuen Herren am Ballindamm würden mir mein Zimmer lassen, aber natürlich war diese Hoffnung unsinnig gewesen. Meine Anwesenheit hätte allen Beteiligten nichts als Peinlichkeit eingebracht. Noch im Dezember 1983 sollte ich deshalb mein Büro räumen.

Der bewußte Abschied vom Bankhaus blieb mir erspart. Ich wurde krank. Als ich am Tag, bevor mein Herz eine Ruhepause forderte, durch die Glastür schritt, ahnte ich nicht, daß es das letzte Mal war. Erinnern kann ich mich nur noch an den Abschied von wenigen alten Angestellten. Ich hatte eine kleine Wohnung im Raboisen, gleich um die Ecke vom Ballindamm, in der ich als Senior fast jeden Tag einen Mittagsschlaf gehalten und mich für manche Abendveranstaltung umgezogen hatte. Und dorthin hatten Gertrud und ich alle diejenigen eingeladen, die wir «die Alten von früher» nannten und die mich auch in den letzten Jahren noch persönlich betreut hatten. Meine Sekretärin, Frau Scheurembrandt, gehörte dazu, mein Fahrer, Herr Kruse, Frau Nedebock aus der Personalabteilung, der Kassierer, der Portier und mancher andere, insgesamt ein gutes Dutzend Leute. Ich schätze, daß sie im Durchschnitt mindestens zwanzig Jahre bei uns beschäftigt gewesen waren.

Und mit ihnen standen wir nun im Raboisen, wo die Atmosphäre weder dienstlich noch privat war, weil beides nicht gepaßt hätte. Wir standen dort und tranken Wein und aßen belegte Brote, und gemeinsam wehrten wir uns gegen die Wehmut, die durch alle Tür- und Fensterritzen zu dringen schien. Wir wehrten uns mit Anekdoten, und wir wehrten uns mit lautem Gelächter, aber die Wehmut war hartnäckig, und in meiner Erinnerung trug sie den Sieg davon.

Wir hatten nun zwar eine Menge Geld verloren, aber im Vergleich zu den meisten anderen Menschen ging es uns immer noch gut. Wir konnten auf dem Luusbarg an der Elbe wohnen bleiben. Das Grundstück war ohnehin geschrumpft, weil uns schon früher die Erhaltungskosten zu hoch erschienen waren. Jetzt mußten wir – für unsere Verhältnisse – wirklich sparen. Leicht war das nicht. Obwohl Bescheidenheit und Sparsamkeit zu unseren ersten Tugenden zählten, hatten wir doch immer nur im Kleinen beweisen müssen, daß sie uns nicht verlorengegangen waren. Und im Kleinen begann ich nun auch, mich einzuschränken. So machte ich mir sehr ernsthaft darüber Gedanken, ob ich mir wohl in Zukunft nach dem Reiten noch zwei Spiegeleier erlauben könnte. Es brauchte eine Weile, bis ich begriff, daß es wohl weniger um die Eier als um das Pferd ging. Dann hatte ich bald für meine Frühstückseier sehr viel Zeit, denn das Pferd war verkauft und der Pferdepfleger entlassen.

So ähnlich ging es uns anfangs mit vielen Dingen. Wir zählten die Rotweinflaschen und versteckten die teure Marmelade im Nachtschrank. Und wir wunderten uns darüber, daß diese drastischen Maßnahmen sich auf dem Konto nicht bemerkbar machten. Dann verlegten wir uns darauf, unsere Wertsachen zu zählen, und begannen nach und nach, einiges davon zu verkaufen. Meinen alten Mercedes, ein Cabriolet, das schon einen Liebhaberwert besaß, einen Kaulbach und einen Teil von Gertruds Schmuck. Im übrigen war es wieder Gertrud, die einen solchen Handel in Schwung brachte. Der Unterschied zu der Zeit nach dem Zweiten Weltkrieg bestand nur darin, daß sie jetzt mit ihren Geschäften unseren Lebensstandard finanzierte. Während sie damals Porzellanfiguren gegen Kartoffeln, Kaffee und Schinken getauscht hatte, bezahlten wir jetzt von den Verkaufserlösen unsere Ferien und dergleichen mehr.

Ich selbst hielt mich von solchen Geschäften fern. Es wäre mir unangenehm gewesen, beispielsweise mit dem Mercedeskäufer über den Preis zu verhandeln, obwohl der Verkauf natürlich – anders als der Schwarzhandel in den vierziger Jahren – nicht gegen die offizielle Gesetzgebung verstieß. Wenn ich im Auftrag der Firma Handel trieb, war das etwas anderes. Dann konnte ich mich hinter der Firma verbergen. Der Erlös kam nicht mir persönlich zugute, sondern diente «dem Wohl des Familienunternehmens», und der beste Abschluß war gerade recht. So hatte ich es gelernt. Daß ich von dem Unternehmensgewinn mein aufwendiges und angenehmes Leben finanzierte, spielte dabei keine Rolle. Auch das war einer der vielen erlaubten Umwege, auf denen ich schon meine hell gekleideten Vorfahren beobachtet hatte.

So mußten wir nach dem Firmenzusammenbruch unser Leben nicht wirklich ändern, sondern nur ein wenig einschränken. Ich glaube, die entscheidende qualitative Veränderung bestand darin, daß wir uns jetzt über Geld bewußt wurden und anfangs fast ununterbrochen unsere Ausgaben berechneten.

Von meiner Krankheit hatte ich mich bald erholt, und der Fall SMH verschwand aus den Schlagzeilen. Erst 1986 rückte er noch einmal auf die ersten Seiten der Gazetten: Den Partnern wurde der Prozeß gemacht. «Galen-Prozeß» hieß zu

Recht das Stichwort in der Öffentlichkeit, denn mein Sohn war nur am Rande beteiligt. Sein Verfahren wurde abgekoppelt und war nach zwei Verhandlungstagen beendet. Er selbst hatte auf Eile gedrungen, denn damals war er schon längst damit beschäftigt, sich eine neue Existenz aufzubauen.

Um den Prozeß abzukürzen, akzeptierte er dann ein Urteil, das meines Erachtens falsch war. Ich bin bis heute davon überzeugt, daß er nicht einmal ein paar Monate auf Bewährung, sondern einen Freispruch verdient hätte. Er hatte beizeiten mündlich und schriftlich gewarnt, und die Verantwortung lag allein bei den Frankfurter Partnern. Und ich bin sicher, daß auch die Richter zu dieser Überzeugung gelangt wären, wenn mein Sohn auf einer ausführlichen Untersuchung seines Verhaltens bestanden hätte. Viele Menschen, deren Ansicht mir wichtig war, bestätigten mich in dieser Auffassung. So wertete ich den Richterspruch als eine Art notwendiges Übel, nicht jedoch als untilgbaren Makel auf unserem Namen. Die wahren Begebenheiten – diesen Glauben ließ ich mir nicht nehmen – sprachen für uns.

Nun habe ich für eine geraume Zeit in der Vergangenheit gelebt. Am Ende dieses Buches kehre ich in die Gegenwart zurück. Und ich kehre auf den Luusbarg zurück, an den Ort meiner Herkunft. Die Bäume, die mein Vater einst auf den sandigen Elbhügeln zwischen spärliche Heideflecken pflanzte, sind ebenso alt wie ich. Wir sind miteinander gewachsen. Ihre weiten, ausladenden Wipfel erscheinen mir als das letzte Dach, das sich über Vergangenheit und Gegenwart zugleich ausbreitet.

Seit es die Firma nicht mehr gibt, ist der Luusbarg zum letzten Hort der Tradition geworden. Die Werte meiner Väter schweben nicht frei und können nicht an beliebigen Plätzen ihre Kraft entfalten. Sie sind an diesen Ort gebunden. Hier blieb meine Welt, von der meine Vorfahren glaubten, sie sei für immer gemacht, bis heute unversehrt. Und ich bin der letzte, der eine fertige Welt vorfand und der sich den festen Glauben an eine unverbrüchliche Ordnung bewahren konnte.

Für meine Nachkommen liegt das Leben nun nicht mehr bereit wie ein Maßanzug. Und die Kleider, die ich bestenfalls noch hinterlassen könnte, sind den meisten von ihnen zu altmodisch. Die Kontinuität ist unterbrochen. Für unsere Sippe findet das zweifelsfreie Zeitalter mit mir ein Ende. Meine Kinder verfügen nicht mehr über jene angeborene Sicherheit, mit der sie in jedem Fall über richtig und falsch entscheiden könnten. In ihrer Welt gibt es genügend Raum für Zweifel. Zweifel, die mir von Kindheit an verboten waren und die ich auch später niemals zugelassen habe. Manche ihrer Grübeleien befremden mich. Kann Leben so kompliziert sein? So höre ich ihnen oft schweigend zu, und gelegentlich schweife ich ab und gleite in jene Ferne, die dem Alter vorbehalten bleibt. Dort verwischen sich die Konturen. Fremde Empfindungen dringen in die Sphäre meiner Wahrnehmung vor. «Er ist weise geworden», sagt Gertrud, «weich» sagen Kinder und Enkel, und «rührselig» hätte ich selbst es früher genannt. Jetzt gefällt es mir.

Und doch bleibt eine leise Unruhe. Ich kehre aus jener Ferne zurück und finde mich inmitten meiner Familie vor. Über Jahrzehnte haben sie mir einen Platz freigehalten, obwohl ich selten dort war. So fällt es mir leicht, mich für eine Weile im Wohlgefühl der Geborgenheit niederzulassen. Nur mag ich die Rolle des Vaters und Großvaters noch immer nicht als meine Hauptrolle akzeptieren. Mein eigentliches Leben spielte an einer anderen Bühne. Die Kulissen wechselten häufig, und die Claqueure hatte ich nicht bezahlt. Auf dieser Bühne zu bestehen habe ich als einzige wirkliche Herausforderung in meinem Leben empfunden. Und so reise ich auch heute noch überall dorthin, wo ich – nunmehr als Statist – gefragt bin. Obwohl sie mir nicht mehr zufallen, studiere ich die tragenden Rollen bis ins letzte Detail. Nur selten lasse ich mich dabei ertappen, daß mir die Stellungnahme irgendeines Wirtschaftsführers entgangen ist.

Hinter den Kulissen ist das Leben still. Zumindest für mich, denn hinter den Kulissen fällt mir die Rolle des Betrachters zu. Es ist ein beschauliches Leben, und langsam läßt die Unruhe etwas nach. Ich freue mich über Kleinigkeiten, die ich sonst kaum wahrgenommen habe. Über den Zaunkönig in den niedrigen Rhododendren vor dem Fenster meines Arbeitszimmers und über die vielfarbigen Dahlien, die im Herbst in unserem alten Gemüsegarten wachsen.

Über die Ordnung meiner Väter hinaus scheint es noch eine andere Ordnung zu geben, eine Ordnung, in der ich bisher nur formal meinen Platz hatte. Jedes Jahr zu Ostern und zu Weihnachten ging ich in die Kirche. Die äußere Form des Glaubens bedeutet mir noch immer wenig. Wenn ich jedoch – wie in letzter Zeit so oft – die kleinen Belanglosigkeiten in der Natur beobachte, so will es mir immer häufiger scheinen, als verberge sich hinter all jenen Zufälligkeiten ein geheimer Sinn.

Vor gar nicht langer Zeit erzählte der Pastor bei einem meiner wenigen Kirchbesuche folgende Geschichte: Ein Mann blickt auf sein Leben zurück und sieht es als eine lange Spur im Sand. Neben den eigenen findet er die Fußabdrücke Gottes, der ihn alle Zeit begleitet hat – mit wenigen Ausnahmen: In den schweren und hoffnungslosen Phasen seines Lebens kann er nur eine Spur entdecken. Anklagend ruft er zu Gott: «Herr, wenn ich dich am meisten gebraucht hätte, hast du mich alleine gelassen.» Doch Gott antwortet: «In den schweren Phasen deines Lebens habe ich dich getragen.»

Vielleicht werde ich irgendwann jener Mann sein und wissen, warum mein Leben gut war und warum seine Zufälligkeiten für mich einen Sinn ergeben haben.

Peter Koch

Konrad Adenauer

Eine politische Biographie

Wissenschaftliche Mitarbeit Klaus Körner
540 Seiten. Gebunden

«Koch analysiert nicht den Politiker, sondern er schildert den Menschen. Er präsentiert einen Adenauer zum Anfassen, und er macht nachdenkliche Leser dadurch neugierig auf das, was hinter dem Sichtbaren steckt.»   DIE ZEIT

«Koch schwankt zwischen der Faszination, die von Adenauer ausgegangen ist, und der Ablehnung seines autoritären Stils, die er als junger Journalist in den sechziger Jahren selbst empfunden hat, als er Adenauer in Pressekonferenzen in Bonn erlebt hat. Mir scheint, dieses Schwanken ist eine gute Voraussetzung, um das Leben des ersten Kanzlers der Bundesrepublik in seinen verschiedenen Facetten anschaulich zu beschreiben.»   Süddeutscher Rundfunk

Rowohlt

Klaus Harpprecht

Georg Forster
oder
Die Liebe zur Welt

Eine Biographie

640 Seiten. Gebunden

«Die große, bedeutende Biographie ist hierzulande immer noch verhältnismäßig selten. Viele unserer Historiker interessieren sich zuwenig für den Menschen, und sie schreiben so schlecht. Jetzt kommt uns ein politischer Publizist als Biograph, Klaus Harpprecht, und liefert mit ‹Georg Forster oder Die Liebe zur Welt› gleich ein Meisterstück.»   WDR

«Harpprecht wirft weder mit Jahreszahlen um sich noch malträtiert er seine Leser mit den Meinungsverschiedenheiten der selbstredend rezipierten Sekundärliteratur. Seine Biographie kommt ohne eine einzige Anmerkung aus. Deshalb läßt sie nach der Lektüre auch keine Daten- und Zitatenmoräne zurück, vielmehr bleibt uns das farbige Lebensbild eines Menschen im Gedächtnis, dem nach seiner großen Reise eine hartnäckige skorbutische Gicht in den Knochen steckte und ein Südseetraum in der Seele.»   DIE ZEIT

Rowohlt